地域包括
ケアシステムの深化

integrated care 理論を用いたチェンジマネジメント

筒井孝子

中央法規

はじめに

-Tout ce qui était là n'existe plus,tout ce qui sera là n'existe pas encore. [注1]

　数年前から、国は地域における効率的・効果的な医療提供体制を確保するという目標を掲げ、都道府県別に「地域医療ビジョン」を策定させ、その実行を求めてきた。特に慢性期病床数は、療養病床の入院受療率が最も低い「県」の水準まで低下させることを目指しており、これが実現されれば、療養上の世話や終末期の支援機能は、病院から地域、居宅へ移転されることになる。しかし、この達成には従来の医療、介護および生活支援サービスの提供体制を組み替えるための地域包括ケアシステムがいずれの地域にも構築されることが前提となる。

　国は、このシステムの遂行に際し、すべての自治体に対して断片的な成功例を示し、これらは参考になると喧伝している。だが、こういった伝統的な行政手法の枠組みの踏襲は効果を現わさず、その歩みはいまだ遅々としている。

　われわれは、このような医療や介護サービスの提供体制の抜本的な改革といった課題だけでなく、到底、解決を見出せないと思われる問題が次々と顕在化する社会を生きている。しかもこれらの課題の解決に際して、政治や行政はこれまでの枠組みを用いて解決しようとする。これは仕方のないことで、これまでに解決の枠組みをつくってきた政治家、高級官僚等には従来の手法によっ

注1）　かつてあったものは、もはや存在せず、この先のものは、まだ存在していない。

ての成功体験があり、これに基づいた枠組みを使うしかない。彼らが自分の過去を否定することになるような、これまでと違う方法を採ることは決してないのである。本質的には、これこそが問題を深刻化させている原因であり、この繰り返しによって、われわれの国は追い込まれてしまったといえる。

　地域医療ビジョンも地域包括ケアシステムも地域の問題を解決しなければ実行できないし、システムを円滑に運用できない。また、これらの問題は、多くの地域で共通しているものもあればそうでないところもある。

　しかし、問題というものは、いずれの地域においても解決されないと年を追うごとに大きくなるし、解決はさらに難しくなっていく。

　これまで、このような医療や介護、生活支援にかかわる問題は「公」が解決すべきと考えられてきたし、実際になんとか解決もしてきた。しかし、平成が終わり、令和となっても、国をはじめとする県、自治体の組織としての弱体化は進み続け、コミュニティにおける「公」が占める場も狭まっている。

　それでも「公」には、人々の生活にかかわる問題の本質を理解し、解決する方法を与えてくれることが期待されている。ただし、「公」機能の低下が顕在化してきた地域では、市民は、自らの生き抜く力を向上させなければ、自らの生活を守ることはできなくなっている。

　さて、今日、企業はさまざまなステークホルダーと協働して共に新たな価値を創造するという価値共創（Co-Creation）を戦略の中核にしつつある。このため、マーケティングにおいては、市場を価値創造の「場」ととらえ、消費者を価値創造プロセスのパートナーとして商品開発やサービス、新しいアイデアの創出などに一緒に取り組むことで新たな価値を見出すことが主流となりつつある。

　Prahalad and Ramaswamy（2004）は、このような価値共創の考え

方について、「価値は企業と消費者が様々な接点で共創する体験の中から生まれる」と定義している[1]。彼らが創ってきた価値共創モデルは、インターネットやソーシャルメディアの普及によって国際的な広がりを見せている。

　企業はターゲットとなるユーザーとの直接的な双方向コミュニケーションを深めることで、モノやサービスの利用者のニーズを集め、そして多様な意見を交わすことで、利用者に「参画によって創出される経験」という新たな価値を創り出した。これが価値共創モデルの本質である。このモデルは、参加し、協働して価値を創るというプロセスにおいて、両者が価値を見出せるかが重要な点であり、単に、このプロセスに参加しようとする態度を求めているものではない。

　地域包括ケアシステムには、この価値共創モデルを包含したシステムとなること、そして、そのためのイノベーションをいかにして起こすのかという方法論が求められている。

　そもそも医療や介護、生活支援サービスは、現状では、サービスの仕様も、提供方法も、サービスにかかわるほとんどすべての内容を、専門職とされるサービス提供者側が決定してきた。特に、医療サービスでは顕著であった。これは、医療サービスにおいては情報の非対称性が大きいからである。

　これまでは、提供側が圧倒的に優位な状況で提供型価値の向上を目指すことが是とされ続けてきたのである。こういった状況下で提供側と利用側の両者での共創型価値を生み出していけるのか、そのためのイノベーションをいかに起こしていくかは、まさに新たに生まれた課題である。

　ところで現在、終活という言葉がさかんにマスコミに取り上げられ、書店ではエンディングノートが山積みされる多死時代を迎え、死への旅立ちの準備、いわば世俗における命の終わりへの準備は人々にとって重要な関心事となってきた。家族に引き継ぐ財産の相続、葬儀の内容、お墓のあり方などの日常的な相談事・心

配事に対応したプランニングには、世俗的プランニングといえ、死ぬ前にやっておく身辺整理をといった内容が含まれる。現在、こういった世俗的なプランニングに「公」が関与することはほとんどない。

　しかしながら、地域医療ビジョンの遂行は、これまで病院が担ってきた終末期の療養や看取り機能を地域へ移行することになる。死は、生活の場に戻ってくる。これは、今日の地域医療ビジョンの実行と、そのための地域包括ケアシステムの構築という、これまでのわれわれが変わることがないと思い込んできた生活スタイルが変革することを意味している。この期に至って、提供型の価値だけでは、医療や介護、生活支援サービスの領域での対応は難しくなってきた。だからこそ、この価値共創モデルによる共創型の価値が必要とされるようになったのである。

　われわれの社会は、1日も早く、地域で迎える死と、これに至る道筋を支えることができる仕組みを早急に整備しなければならなくなっている。このためには、いわゆる世俗的プランニングだけでなく、死に至る道筋に寄り添う、エンド・オブ・ライフケアや医学的「アドバンス・ケア・プランニング（Advance Care Planning：以下、「ACP」）」が生活のなかに取り込まれなければならない。

　さらに、これらがプランニングとされ、プランではない理由は、絶えず見直し、作り続けることが前提となるからである。しかも、この見直し作業の過程は、価値共創モデルに基づくものでなければならない。

　地域での生活に死を迎えるためには、提供型価値や適応型価値を超えた共創型価値が創られなければならない。なぜなら、死への旅立ちは、本人にしかできないからである。提供者側が決めることはできないのである。例えば、「終末期には、どのような治療やケアを受けたいのかや、延命措置をするか、蘇生処置は、どのレベルまでとするのか、あるいは、自身が自分の意志を伝える

ことができなくなったときに、誰に意思の表示・判断を任せるか（代理決定者）」などを確認し、文章にしていくことが必須となる。

これは、利用者の身体、精神的状況によって、随時、変更がありうるし、この変更プロセスに、死に逝く者が参画しなければ成立しない。さらに、この参画によって創出される経験には、新たな価値が付加されなければならない。

家族をもたない単身者が増加する今、世俗的プランニングやACPに関する支援システムに自治体が重い腰をあげ、「公」として取り組むところも出てきた。これは「傍らで見守る力」を地域包括ケアシステムがもちうるかという大きなチャレンジでもある。この傍らで見守る力を向上させるためには、価値共創モデルによるシステムイノベーションが必要であり、このイノベーションをすすめる方法として、チェンジマネジメントがある。

本書では、このマネジメントの理論について詳解する。これから、わが国では、医療や介護を含む、社会保障制度の変革に備え、人々の現世の旅立ちにあたって準備する力として「生き抜く力」と「死に逝く力」を向上させていかなければならない。そして、地域包括ケアシステムには「傍らで見守る力」や「隣人の思いに共感する力」が求められている。

地域包括ケアシステムのなかに、「傍らで見守る力」を醸成するためには、これまで提供されてきた医療や介護、生活支援のサービスのあり様を価値共創モデルによって大きく転換させなければならない。

さらに、ほとんどの人がどこに向かって旅をするのかをわからずに準備をしなければならない状況のなかで、この旅の準備を楽しむという新たな価値を見出せるかが、われわれの社会には問われている。どこに行くかがわからない旅の準備は難しい。旅というものは、旅立つ先がある程度、見通すことができてこそ、楽しく準備できるものだからである。

本来、旅立つ場所もわからずに、プランニングはできない。こ

のプランニングにかかわる人は、死に逝く道しるべと、逝く先という、これら2つについて、一定の知識が求められるということなのであろう。「この旅立つ先を確認し、その道筋をガイドできるのは、誰なのだろうか」。医療や介護や生活支援サービスを担う関係者がこのガイドとなりうるのだろうか。

今回の変革により、われわれが生きる、この社会は、生活の場に死を日常的に受け入れる社会となる。これを人々が受け入れるためには、最期まで、自らが幸せだと思える「生き抜く力」と、死出の旅を喜びとする新たな「死に逝く力」を向上させるしかない。そして、「傍らで見守る力」を向上させるためには、共感力を育みながら公私を含めた価値共創を推進するしかないのである。

このような社会を創っていくには、多くの人々の知恵が求められるが、地域包括ケアシステムとして、このシステムを構築できるかどうか、改めて検討すべき時期がきたといえよう。

本書では、この地域包括ケアシステムを取り上げ、近年の国内外の理論的背景を整理するとともに、諸外国の実践を紹介しながら、わが国におけるシステム構築の方法論と、いくつかの改革の要素についてまとめている。

また、価値共創によって地域包括ケアシステムをつくり上げるための方法論としてのチェンジマネジメントを取り上げ、この具体についてステップごとに詳述し、国内における事例と対照させながら解説した。

本書の内容が、各地域で進められている地域包括ケアシステム構築とその深化にわずかでも役立てれば望外の喜びである。

[引用文献]
1) Prahalad, C. K. & Ramaswamy, V. (2004). The future of competition: Co-creating unique value with customers. Harvard Business Press.

謝 辞 に よ せ て

　本書は、事業者、専門職（臨床家）、管理者に向けて、地域包括ケアシステムにおける課題を整理し、展望した『地域包括ケアシステム構築のためのマネジメント戦略――integrated care の理論とその応用（2014 年)』に続く書籍である。

　この 5 年間で、地域包括ケアシステムにおいては、深化を遂げた自治体もあったが、そうでないところもあった。そして、この差は顕著となりつつある。

　前書では、「地域住民すべてが、地域包括ケアシステムのビジョンを共有し、この理解を深めることなしには、地域をベースとした統合的なケア提供システムを可能にすることは困難であった」と述べたが、やはり、システムの構成員となる人々が相互に依存し合って生きていることを認め合うことができない自治体では、このシステムは構築できないし、その深化もなかったということであろう。

　日本では、これまでの分相応という慣習に基づいた社会基盤を失った多くの国民に新たな時代の相応さを提示することが求められている。そして、この根本には、価値共創を基盤とした文化が必要なのではないか、このような問いへの解を求めて、本をつくってきたが、この間、多くの方々から、ご指導、ご助言をいただいた。

本書の出版に際して推薦の言葉をいただいた田中滋先生（埼玉県立大学理事長／慶應義塾大学名誉教授）からは、適宜、適切なご指導、ご助言をいただいた。また、地域包括ケアシステムに関する現場の動向や喫緊の課題について、髙橋紘士先生（東京通信大学教授／高齢者住宅財団顧問）から、ご教示いただいた。

　2010年に初めて参加させていただいた地域包括ケア研究会を組織された宮島俊彦氏（日本製薬団体連合会理事長、元厚生労働省老健局長）や神田裕二氏（社会保険診療報酬支払基金理事長、元厚生労働省医政局長）からは、地域包括ケアシステム推進の施策が国政に与える影響について今日に至るまで、時宜に応じて教えていただいている。

　前書から、研究を継続し、その施策への展開を検討してきた保険者評価尺度の開発に際しては、この評価尺度の施策への応用、これを用いた市町村行政における地域包括ケアシステム構築にあたっての戦略等について、5年以上にわたって研究会を組織してきたが、この研究会のメンバーとなっていただいた武蔵野市副市長笹井肇氏、武蔵野市総合政策部企画調整課茅野泰介氏、大垣市福祉部社会福祉課長篠田浩氏、岡山市保健福祉局長福井貴弘氏、岡山市環境局環境施設部環境施設課管理係橋本淳氏、岡山市保健福祉局医療政策推進課医療福祉戦略室日下裕介氏、岡山市産業観光局商工観光部産業政策課企業立地推進係守安正和氏、駒ヶ根市民生部地域保健課介護予防係長浜達哉氏、昭和伊南総合病院院長村岡紳介氏、厚生労働省政策統括官付情報化担当参事官室室長補佐草野哲也氏（前松戸市福祉長寿部審議監）、あおぞら診療所院長川越正平氏、社会福祉法人川崎聖風福祉会事業推進部長中澤伸氏ら多くの方々から、自治体の現状、課題等、多くのご示唆をいただいた。

　本書第3部第7章第1節において詳述しているように、この研究の成果は、2018年から始まった保険者機能強化推進交付金の創設という施策へとつながったが、市町村における保険者機能の

強化という困難な課題の解決に向けて、さらに発展していくことを期待している。

　25年以上前に、この国の介護や医療に関する研究をはじめた頃から、小山秀夫先生（兵庫県立大学大学院特任教授、元国立保健医療科学院経営科学部部長）からは、一貫して研究を援助していただき、さらに研究者として、社会とのかかわり方を教えていただいた。また本書の発行にあたってもご支援いただいた。

　恩師である早島理先生（元滋賀医科大学教授）からは、卒業後も長年にわたって指導を受け続けているが、今回も地域包括ケアシステムの本質に係る終末期にかかわる貴重な示唆に富んだ論文をいただき、改めて、人々に必要とされる「生き抜く力」と「死に逝く力」、そしてこれを「傍で見守る力」について、今後の大きな課題であることを教えていただいた。

　草稿の段階から、最終稿にいたる過程で海外の膨大な文献や資料の整理などに関しては、静岡県立大学の東野定律教授、国立保健医療科学院の大夛賀政昭主任研究官ならびに遠竹徳子氏、宮本佳奈子氏、河口真澄氏、北川香織氏、古川裕子氏、横田結子氏の協力を得た。特に大夛賀政昭氏には、先の自治体関係者との研究会の運営や、本書の図表等の整理など、多大なご支援をいただいた。

　この場を借りて、ご協力いただいた、多くの皆様に心よりお礼申し上げる次第である。

　最後に、本書の出版に際しては、中央法規出版編集部の米澤昇氏および小宮章氏には、大幅に脱稿が遅れたにもかかわらず、常に励ましをいただき、この膨大な原稿の整理もしていただいた。本当に随分、迷惑をおかけした。それにもかかわらず、時々に、適切な助言とご配慮をいただき、なんとか出版することができた。深く感謝申し上げる次第である。

2019年7月

筒井 孝子

本書の構成と概要

　本書は、4 部 11 章および序章、終章から構成され、わが国が迎えることとなる大きな社会変革の状況と、これに対応すべく実施されることになる社会保障改革の今後を考察している。また、すでに変革が始まった先進諸国で推進されている integrated care とこれを支える理論の最新のトピックや、これにかかわる国際的なプロジェクトの詳細を解説している。

　さらに、今後の社会保障改革に伴い、わが国の行政にはイノベーションが求められている。特に現業を含む行政事務を担う自治体が、イノベーションを実現するためにはチェンジマネジメントが必要であることを述べ、この理論に基づいた手法に沿って、すでに変革に取り組みつつあるいくつかの自治体の事例を紹介し、このチェンジマネジメントステップに基づいて解説を加えている。

　第 1 部は、第 1 章と第 2 章で構成されている。ここでは、わが国が 1960 年代はじめに構築した社会保障制度が、昨今の社会の変化に対応すべく抜本的な改革が求められていることに言及している。そして、この見直しには、従来のガバナンスを大きく転換せざるをえないことを述べている。

　第 1 章では、都道府県、市町村、そして地域包括ケアシステムの関係においては、System of Systems（SoS）の進展により、ガバナンスのあり方を改めていかなければならないが、この実行には、多くの課題が山積していることを明らかにしている。

第2章は、わが国で進められてきた地域包括ケアシステムには、いくつかのkey概念があるが、従来のintegrated careとcommunity-based careに加え、地方自治体によるmanaged careが追加されなければならないことを説明している。

また、社会保障改革の基盤となる地域包括ケアシステムと地域医療構想との関係を整理し、これらの実現には、自治体のmanaged careの一部となる保険者機能の強化が必須であることを説明している。

さらに、急速な人口減少を迎える過疎関係自治体が急激に増加している現状を受け、わが国の自治体が直面するcommunity-based careの基盤整備の難しさを述べ、それでも、これを実践していかなければならないことから、この基盤整備に必要となる知識や考え方に言及している。

第2部は、第3章と第4章で構成されている。地域包括ケアシステム構築における理論的基盤となるintegrated care理論の国際的な動向とその概略を述べている。

第3章では、先進諸国でのintegrated careにかかわるプロジェクトを紹介し、それぞれの特徴を示している。また、このような先進諸国でのintegrated careの研究的なプロジェクトや、community-based careと日本で地域包括ケアシステムの構築によって、変化してきた地域の実情を比較し、その共通点や相違点を論じている。

第4章では、integrated careという医療と介護サービスの提供体制の新たな構築に際して、特に困難とされている臨床的統合の調整を担う専門職がいかにあるべきかが考察されている。ここでは、これから地域包括ケアシステムの構成員として機能することとなる多様な専門職のそれぞれが担うべき役割を認識する際に重要となる点を示している。

同様に、地域包括ケアシステムの構成員として、大きな期待がよせられている患者や利用者のセルフマネジメントをいかに実行

本書の構成と概要　011

すべきか、そして、この振興に際しては、いかなる支援が必要とされるかについて述べている。

さらに、このセルフマネジメント支援のあり方は、地域包括ケアシステムにおいて、ディジーズマネジメントをどのように位置づけるかを考える公衆衛生上の課題を検討する際に参考となることを示している。一方で、昨今、新たな価値モデルとして登場してきた「価値共創モデル」が医療・介護、福祉分野に応用できる内容であることを解説している。

第3部は、第5章から第7章までの3つの章から構成されている。ここでは、現在の日本の地域におけるサービス提供の現状を具体的な事例を基にわかりやすく解説している。

この部では、現行の地域包括ケアシステムに不足しているサービスがどのようなものであるかを示し、これらの不足するサービスを提供する体制を構築するための方策について提案している。

第5章は、COPD（慢性閉塞性肺疾患）の単身高齢者が地域で生活するためには、具体的にどのような支援がなされるべきかを物語ふうに述べている。これを読むことで、今の日本に不足している支援がどのような内容なのか、これを提供するには地域包括ケアシステムにいかなる提供システムを包含させるべきかについて読者の理解が深まるように工夫している。

ここでは、地域包括ケアシステムを構築し、これを推進させる基本は、患者中心のケアの実現にあること、すなわち、真の意味で患者中心の支援スキームをつくる場合に必要となる試行的な運営方法など、多様なアプローチを紹介している。

第6章では、今は地域包括ケアシステムを構築することだけで自治体は必死になっているわけだが、このシステムは動的システムであることから、このシステムの評価をいかにすべきかが課題となることを述べている。

また、基本的にはこういったシステム評価も、地域包括支援センター等の組織の評価も、また、このシステムから提供される利

用者の状態の評価においても、その基礎となるのはデータであることを論じている。

さらに、データとその解析結果の解釈はきわめて重要であるが、この解釈にあたっては、利用者における実効性、すなわち、利用者にとっての新たな価値の創造（共創型価値）となるような患者中心のケアが提供されているかの評価が最優先されなければならないことを論じている。すなわち、患者あるいは利用者が、地域包括ケアシステムの構成員となることで、どのような価値を新たに享受したかについて問われなければならないことに言及している。

このため、現状の測定に際しては、あらゆる条件をコントロールするようなRCT（ランダム化比較試験）のような手法が最善であるとされているが、実態の測定には多様な条件が付与され、RCT的な方法をとることができない場合が少なくないことを説明している。逆に言えば、社会実験的な手法における測定に際しては、コントロールすべき条件をどのように考えるべきかという問題が残ることを意味している。

これは、さらに言うならば、地域包括ケアシステムの機能の現状に関する評価は、システムの成長とともに常に刷新されるべきであるが、評価に際しては、動態的なシステムに合致した評価手法が採用されなければならない。しかも、この継続的な動的評価結果を政策形成に利用できるようなシステムが地域包括ケアシステムにサブシステムとして包含されなければならないことを論じている。

第7章では、地域包括ケアシステムのシステムを評価する方法の1つとして、パフォーマンス評価としての「地域包括支援センターの評価ツール」が紹介されている。これは、今日のわが国の施策は、国、都道府県、市町村という重層的な構造から施行されているが、この3者の関係性はSoS（System of Systems）となっている。したがって、まず、このシステムの構造を十分に理解すべきことが述べられている。

地域包括ケアシステムは、これらのシステム的な統合を強化す

ることによって、よりよいパフォーマンスとなる。このことから、本書では、地域包括支援センターのパフォーマンスを評価するための14項目の簡易的な指標である業務達成度評価項目、CPIC（Care integration Performance Index for Community-based care）が開発されたことを述べ、第7章で、この評価指標の開発過程や、これによって評価される具体的な内容を示している。

そして、このようなセンターのパフォーマンスの向上は、常に意識されていなければならないが、これが動的な過程の一断面であることに留意し、この評価を自治体がどのように地域包括ケアシステムの向上に寄与すべき内容とすべきかに言及している。

さらには、これまで市町村の保険者機能を評価する指標は、提案されてこなかったことから、第7章では、市町村における保険者機能を評価できる新たな指標としてCCOI（Long-term Care Cost Optimization Index by Estimated Care Time）を開発し、この指標に基づいた自治体の保険者機能についての分析結果を述べている。

この結果として、保険者機能の得点とCCOIとの関連性は高く、しかも保険料の高さや、要介護認定率との関連性が示唆されたという新たな知見を示している。

ここに述べられている実際の介護保険制度運営と保険者機能との関連性という新たな知見は、今後のわが国の介護保険制度における市町村行政のあり方において、特に重要な指標となることを予想させる内容として記されている。

第4部は、第8章から第11章までの4つの章から構成されている。最終部となるここでは、SoSを前提とした地域包括ケアシステムの推進に苦慮している多くの自治体のために、この実現には、行政だけでなく、システムを構成するすべての組織と構成員には、チェンジマネジメントが必要となることを論じている。

第8章では、企業等でのチェンジマネジメントは8工程が一般的であるが、日本の自治体でチェンジマネジメントを成立させるには、具体的な9つの工程が必要となること、そして、この工程

の1つひとつについて詳しく説明している。さらに、第9章では、これらの9工程を実行するためには、いかなるサポート体制が必要であるかを示し、これを地域包括ケアシステムに応用した具体例を解説している。このように、第8章・第9章では、これから、あらゆるサービスにおいて基本となる価値共創型サービスを提供する人々にとって、共通の課題解決のための手法となるチェンジマネジメントのステップを詳解している。

第10章では、地域包括ケアシステムを構築・深化させてきた岡山県岡山市、長野県駒ヶ根市の2つの自治体の変革過程をチェンジマネジメントステップのフレームを使って説明している。

第1節では、長野県駒ヶ根市におけるセルフマネジメント支援を核とした自治体の managed care の強化の方法を説明している。

この駒ヶ根市で実現されたチェンジマネジメントは、自治体とサービス提供者に利用者を含めた新たな価値共創モデルを実現した国際的にも稀少な実践である。

第10章第2節では、通所介護サービスがもっている機能（価値）に着目し、その価値向上をどのように考えるべきかを、通所介護事業者らや利用者と慎重に議論を重ねるという規範的統合を実現し、サービス提供に際しての価値共創モデルをつくり上げてきた岡山県岡山市の例として紹介している。なお、ここで実施された「デイサービスインセンティブ事業」は、平成30年度介護報酬改定で初めて導入されたアウトカム評価の原型となった事業である。そして、第3節で、継続的なチェンジマネジメントとして駒ヶ根市のセルフマネジメント支援システムの構築や岡山市における認知症早期発見プログラムの例を紹介している。

第11章では、千葉県松戸市を取り上げ、多くの自治体で課題となっている会議体を核とした managed care の方法論をほぼ確立し、その結果として、都市部における医療介護連携をすすめるための組織的統合を、チェンジマネジメントによって実現した例を分析し、そのマネジメントステップを第2節で詳解している。第

3節では、価値共創モデルを具現化した「松戸市在宅医療・介護連携支援センター」を紹介する。さらに、これらのチェンジマネジメントを達成するための自治体の実力を保険者機能として評価できることを考察している。

　以上が本書の内容である。第1部で、社会保障制度の動向と地域包括ケアシステムについて論じ、第2部は、先進諸国で取り組まれている integrated care のプロジェクトについて、その理論を基に詳細に分析した内容が述べられている。これらの国際的な動向から、わが国における地域包括ケアシステムの進展の状況とその課題が考察され、昨今の最新の理論の紹介を含め、理論的な内容が中心となっている。

　第3部は、integrated care 評価の考え方と、社会保障施策における EBPM（Evidence-Based Policy Making）の実現に向けて、保健医療福祉領域のデータの取り扱いと、その分析結果の評価を含め、これらをいかに政策に利活用すべきかを第5章から第7章に述べている。

　ここは、医療保健福祉、そして介護にかかわる領域のデータと分析、評価といった一連の過程は、国民生活の基礎となるものであることから、これらは厳正に実施されなければならないこと、そして、分析結果の解釈に関しては、いっそうの慎重さが求められることを述べた評価編となっている。

　第4部は、理論と評価の考え方を整理したうえで、わが国の社会生活の基盤となる地域包括ケアシステムの構築とその推進が滞っている理由を考察し、これを進展させるためには、新たなマネジメント手法として、チェンジマネジメントが必要であることを述べている。

　さらに、ここでは地域包括ケアシステムを構築し、その推進に際して特徴的な取り組みを始めている自治体を取り上げ、その実践をチェンジマネジメントのステップごとに解説するという実践編となっている。

　以下に、本書の構成を示した。

理論編

第1部 社会保障制度の動向と 地域包括ケアシステム	第2部 integrated care の理論と 国際的な動向からみる 地域包括ケアシステムの深化
第1章 国のかたちとしての 社会保障制度のあり方	第3章 国際的な動向からみた地域包括 ケアシステム進展のフェーズ
第2章 地域包括ケアシステムの構築を 支える3つの key 概念	第4章 integrated care の 新たな方向性を示す多様な成果
地域包括ケアシステムをめぐる 政策動向と key 概念	integrated care 理論の展開と実際

評価編

第3部
integrated care の評価を通した地域包括ケアシステムの推進

第5章　わが国の地域包括ケアシステムの現状と多様な統合へのアプローチ

第6章　地域包括ケアシステムにおける評価の考え方

第7章　地域包括ケアシステム構築のためのパフォーマンス評価ツールの紹介

integrated care 評価の考え方と
EBPM を実現するための CCOI および CPIC

実践編

第4部
地域包括ケアシステム推進のためのチェンジマネジメントとその展開

第8章　チェンジマネジメント導入の背景と実際

第9章　チェンジマネジメント実行のためのステップ

第10章　わが国におけるチェンジマネジメントによる
地域包括ケアシステムの構築の実際

第11章　地域包括ケアシステムの深化のためのチェンジマネジメント

地域包括ケアシステム推進にむけた新たなマネジメント手法と解説

地域包括ケアシステムの深化
――integrated care 理論を用いたチェンジマネジメント
目次

はじめに………001

謝辞によせて………007

本書の構成と概要………010

序章　政府のかたちと共同体：
　　　岐路に立つ社会保障制度………023

第1部　社会保障制度の動向と
　　　　地域包括ケアシステム

第1章　国のかたちとしての社会保障制度のあり方
　　　　　──「共創型価値」を基盤とする
　　　　　　サービスへの転換………032

第1節　都道府県、市町村における System of Systems（SoS）の
　　　　進展と課題　032

第2節　社会保障制度における地域包括ケアシステムの導入　055

第3節　新たな社会サービスに求められる共創型価値　064

第2章　地域包括ケアシステムの構築を支える
　　　　3つの key 概念………087

第1節　地域包括ケアシステムの構築と地域医療構想の進展　087

第2節　地域包括ケアシステムを構成する
　　　　3つの主要な care の概念　092

第3節　community-based care の進展と地域共生社会　101

目次　019

第2部 integrated care の理論と国際的な動向からみる地域包括ケアシステムの深化

第3章 国際的な動向からみた地域包括ケアシステム進展のフェーズ………108

第1節 integrated care の進展における6つのフェーズ　108
第2節 先進諸国における integrated care にかかわるプロジェクト　114
第3節 地域包括ケアシステムの進展に向けての示唆　124

第4章 integrated care の新たな方向性を示す多様な成果………148

第1節 臨床的統合において調整を担う専門職の重要性　148
第2節 患者中心のケアを実現するセルフマネジメント支援　157
第3節 地域包括ケアシステムにおけるディジーズマネジメント　166

第3部 integrated care の評価を通した地域包括ケアシステムの推進

第5章 わが国の地域包括ケアシステムの現状と多様な統合へのアプローチ………176

第1節 患者中心のケアの実現　176
第2節 試行的な運営および組織的統合のすすめ　189
第3節 地域包括ケアシステムの推進のためのアプローチとその課題　196

第6章 地域包括ケアシステムにおける評価の考え方………203

第1節 評価を支えるエビデンスの現状　203
第2節 integrated care の評価と今後の展望　210
第3節 利用者への実効性に関する測定と評価　214

第7章 地域包括ケアシステム構築のための
パフォーマンス評価ツールの紹介……221

第1節 自治体における保険者機能強化推進施策の背景と
新たな評価指標の考え方　221

第2節 地域包括支援センターに求められる機能と評価指標の開発
240

第3節 地域包括支援センターのパフォーマンス評価の
開発とSoS　253

第4節 保険者機能評価指標を活用した分析の実際　263

第4部　地域包括ケアシステム推進のための
チェンジマネジメントとその展開

第8章 チェンジマネジメント導入の背景と実際……286

第1節 導入の意義　286

第2節 実現のための3つの活動　297

第3節 推進を担うシステムの構成員　308

第9章 チェンジマネジメント実行のための
ステップ……322

第1節 専門職におけるチェンジマネジメント　322

第2節 各ステップの詳細　324

第3節 イノベーションのための活動との関係　340

第10章 わが国におけるチェンジマネジメントによる
地域包括ケアシステムの構築の実際……354

第1節 駒ヶ根市における組織的統合による入退院支援モデル
——セルフマネジメント支援を核としたチェンジマネジメント　354

第2節 岡山市における規範的統合による介護サービスの質の向上
——「デイサービスインセンティブ事業」を核とした
チェンジマネジメント　373

第3節 医療および介護サービスの提供体制における
チェンジマネジメントの必要性　397

目次　021

第11章 地域包括ケアシステムの深化のための
　　　　チェンジマネジメント⋯⋯408

　　第1節　継続的なチェンジマネジメントのための要件
　　　　　　——会議体を利用した managed care の推進　408
　　第2節　「松戸市在宅医療・介護連携支援センター」
　　　　　　新設におけるチェンジマネジメントのステップ　420
　　第3節　チェンジマネジメントによって誘起された価値共創モデル
　　　　　　——「在宅医療・介護連携支援センター」の創設　425

終章　　「分相応」の社会の地域包括ケアシステム
　　　　⋯⋯445

おわりに——「捨命住寿」、いのちへの転回⋯⋯455

索引⋯⋯459

著者紹介

序 章

政府のかたちと共同体：
岐路に立つ社会保障制度

(1) 政府のかたちと社会保障のあり方

　日本は、市場経済を建て前としていながら、国際的には自由で競争的な市場経済にはほど遠い状態であると評価されてきた[注1]。

　それでも 1968 年には、日本の GNP（国民総生産）は、当時の西ドイツを上回り、アメリカ合衆国に次ぐ世界第 2 位の経済大国となった。1970 年は福祉元年とされ、年金等の社会保障制度は急拡大した。

　これは、日本の身の丈を超えた施策であったのだろうか。

　社会保障制度における医療や介護、福祉や公共事業に巨額の歳出を続けることは、慢性的な財政赤字を表出させるが、今日まで日本政府は、この財政赤字を補うために国債を発行し続け、内閣府の発表では、2002 年度に約 601 兆円だった公債等残高は、2017 年度には約 1042 兆円となった[注2]。

注 1）　このため、かつて、ミハイル・ゴルバチョフ元ソ連最高指導者は、このような意味で
　　　　「日本は、最も成功した社会主義国である」という皮肉を口にしたという。また、
　　　　これまで日本の都道府県、市町村、そして民間企業でさえ、国という抽象的な権力
　　　　に対し、おおむね受け身であった。これは、日本は経済分野において、第 2 次世
　　　　界大戦直後に財政破綻を経験したが、通商産業省による産業政策のもとで奇跡の
　　　　復興を遂げたという誤謬によって、より助長されることとなった。これは他省庁も同
　　　　様であるが、通商産業省の施策は、ある特定の産業だけに特化して、支援や手厚
　　　　い保護をするという方法であったことから、全般的に経済の自由化・民主化は不徹
　　　　底なままでおかれているとされる。

2011 年に小泉政権が打ち出した基礎的財政収支（プライマリー
バランス（以下、「PB」））の黒字化は達成できず、PB での黒字化目
標は遠いものとなった。年間 60 兆円の税収に対し、100 兆円ほ
ど支出というのが最近の状況であり、この不足分を補うための国
や地方自治体の借金は、とうに 1000 兆円を超え、経済規模に対
する借金比率は主要 7 か国（G7）の中でも突出して高い[注3]。

　IMF（国際通貨基金）は、2023 年になっても GDP（国内総生産）
の 1.9％ もの赤字を抱えている見込みであることから、日本を先
進国で最悪と評している。

　政府は従来の計画で国と地方を合わせた PB を 2020 年度に黒
字にする目標を掲げてきたが、達成の見込みがたたず、これを先
送りすることとした。内閣府は、バブル期から実現していない成
長率を前提にし、追加の歳出削減をしなければ黒字化の時期は
2027 年度になるとの試算を示している。

　この歳出削減に関する新たな計画は、2018 年 6 月の経済財政
運営の基本方針（骨太の方針）に盛り込まれている。これにより、
政府は今後、社会保障費の見直しを歳出抑制策の中心とし、2019
年度から 2021 年度の伸びを抑える目安をつくるとされる。

　実は、日本は今、戦後では 2 番目に長いという好景気を続けて
いるが、国民の生活にはこの景況の実感はない。また、先に述べ
てきたように黒字化目標にも届かない。しかも、少子高齢化の影
響から、社会保障費は 2 倍以上となった。今後も増加が見込まれ
るなかで、制度の抜本的な見直しがなされない限り、財政健全化
は達成できないと考えられている。

　国と地方の財政悪化は、自治体が国からの補助をあてにできな
いという不安を募らせている。そして、善し悪しはともかく、大

注2）　日本銀行は、金融緩和策として国債を大量に購入し、金利を抑え込んでいるが、
　　　このような債務増加が、国債金利の上昇をもたらす可能性は低くない。財政の持続
　　　力を高めるには債務を減らす、すなわち「基礎的財政収支の黒字化」が必要であ
　　　るが、日本はバブル期以降、一度も黒字化していない。
注3）　これは、バブル崩壊後の景気対策などで支出が膨らんだことが要因とされている。

きな政府から小さな政府への転換は、明らかに目に見えるかたち
でなく、見えないかたちで進められており、これは、2016年度
末に地方全体の積み立てた基金総額が21.5兆円と最高を記録し
たことからも明らかである。

　10年前と比べて約8兆円も増えた基金は、自治体が条例に基
づいて積み立てる「貯金」にあたるが、年度をまたいで特定の事
業に資金を活用できるため、自治体にとっては使いやすい財源と
なっている。今、地方自治体は懸命に基金を貯め込んでいる。

　国から自治体に配分する地方交付税交付金などの額は15.6兆
円となっているが、国からみれば、配分しても配分しても貯金さ
れるという状況であり、「余裕の表れ」とみなすのは当然であろ
う。すでに、地方へは国の歳出の16％を配分していることにな
る。この金額は社会保障費に次いで多く、この地方交付税交付金
の削減もまた、この国のかたちを考えていくうえでの論点となっ
てくるだろう。

　では、日本が目指すべき新たな「小さな政府」とはどのような
姿であろうか。

　例えば、1979年にイギリス首相に就任したサッチャーが断行
した新保守主義による政府は、最低賃金法を廃止し、固定資産税
から人頭税[注4]へと地方税を切りかえ、国営企業を民営化し、国
立大学をエージェンシー化し、市場原理を導入し、「小さな政
府」を実現した。

　このような「小さな政府」への移行は効率的で望ましい姿とさ
れ、時の日本の首相であった中曽根、小泉政権もサッチャーほど
ではないが、類似の政策を実施してきた。とりわけ、サッチャリ
ズム下の福祉施策は、セーフティネットに重点を置いたとされ
る。

　この用語は日本では、しばしば誤用されるが、イギリスでは、

注4）人頭税とは、納税力に関係なく、すべての国民1人につき一定額を課す税金のこ
　　と。

序章　政府のかたちと共同体：岐路に立つ社会保障制度　│　025

高齢者や心身に障害のある人、失業者、生活保護世帯など社会的にネガティブな立場にある人々に必要最低限の生活費を支給する、という意味での「ネガティブ福祉」を意味した。つまり、サッチャリズムと整合する福祉施策というのは、「生産力が最低賃金にも満たない人々には、速やかに職場から撤退させ、生活保護を受けたほうが、社会的費用は安くてすむ」という意味で利用された。

　日本も、これに類する福祉施策のあり方とともに、「小さな政府」が求められているのだろうか。

(2)　多死時代における死のありようと共同体

　1950年代から70年代の高度経済成長を支えるために、長時間懸命に働いてきた団塊の世代は、若くして上京した人々であった。彼らは地方から首都圏をはじめとした都市圏に移住し、家族をつくった。都会への流入が最も激しかったのは、高度経済成長期であるが、この大移動を引き起こした経済の急拡大は敗戦国が世界第二の経済大国にのし上がっていく道のりだった。この間に多くの人が故郷を離れ、単純な、あるいは単一の仕事を行う工場労働者となった。彼らの生活を支えるための専業主婦制度も確立され、家族のありようは変化し、同時に農村における共同体は、崩壊への道筋をたどった。

　一方、都市への移住者は郊外に開かれた新しい町に住まいを構えたが、いわゆるニュータウンにおける都市共同体はほとんど成立することはなかった。なぜなら、一般に、こういった共同体は当該地域で仕事も生活もともに過ごすなかで成立していくが、都心で働く父親とその家族は地域と切り離されており、地縁による共同体を形成することは困難だったからである。

　しかし、日本では、今後、浅い人間関係しかもてなかった都市

に、多くの団塊の世代の人々が定年後も生活し続ける。なぜなら、故郷の農村の協同体は崩壊したか、すでに瀕死の状態となっており、帰るところもなくなっているためである。

　これから後期高齢者（女性も男性も）と団塊の世代のほとんどが、都市での暮らしを選択し、そこで死を迎えることとなる。これは、政府や自治体、そして、すべての国民が都市における多死社会をどのように形成すべきかという重い課題に対して向き合わなければならないことを意味している。

　しかも、この現実は亡くなった方をどう弔うべきかという、社会の成立にとって根源的な問題に対応しなければならなくなってきたことを意味している。この準備期間はきわめて短く、2025年には、高度経済成長期に農村から移住してきた団塊の世代が後期高齢者となる。そこで、日本は都市を中心にした多死時代を初めて迎えることになる。

　この多死時代において、まず課題となることは、「どこで死ぬか」ということである。自宅での死亡割合は、2005〜2006年の12.2％が最も低く、2016年で13.0％程度である。ただし、この「自宅」には、サービス付き高齢者向け住宅での死亡も含まれているため、いわゆる本来の自宅での死亡割合は統計からは不明である。

　現在、最も多い死亡場所は医療機関であるが、2005年に82.4％とピークを迎え、2016年の75.8％へと11年間で6.6％低下した。どこに代替されたかといえば、特別養護老人ホーム（有料老人ホームを含む）や介護老人保健施設での死亡割合が同じ期間に2.8％から9.2％へと6.4％ポイントも増加している[1]ことから、自宅での死亡が増加したわけではなく、介護系施設等での死亡が増えたと考えるべきであろう。

　今後、多死社会を迎えるにあたって、われわれが選択しうる死亡場所は、在宅か、医療機関か、介護施設を含む高齢者用の居住施設か、そして、これらの組み合わせとなるが、これは終末期ケ

アの場所も同様といえ、当該高齢者の状況に合わせて在宅、病院、介護系施設等でのケアが容易に選択でき、これらを移動できる環境が整備されなければならないことといえる。

だが、実は死亡後の問題も大きい。現状では、十分に議論もされていないが、地方から都市部へ先祖の墓を移すこと、つまり死後の住処の問題も2025年からはさらに深刻な状況となるという。

近年、都市部では承継を必要としない永代供養墓などに遺骨を移す改葬が増えている[注5]。これまでは都市部へ人が流出した後も、何とか残った人々で墓を守ってきたが、地方でも少子高齢化が進み、墓の維持は困難となっていることを示している。また、死亡者数の増加[注6]に伴って、都市で新たに墓を建てた人たちであっても、少子化で承継者がいないというケースが増加している。

2016年度の衛生行政報告例によれば、いわゆる納骨堂は2万5000件程度であるが、2040年の死亡者推計数は168万人と推定されている[注7]。このことは将来、納骨堂が大きく不足することを予想させる。しかし、墓地や納骨堂、火葬場の整備・経営は自治体の許可が要る。国は2000年に規制指針をつくり、多くの自治体は指針に基づき条例等を定めてきたが、充足しうるかについての見通しは不明とされる。

さらに、初めて都市と農村が同時に迎える多死時代における大きな問題は無縁遺骨の増加とされる[注8]。全国で死者数が増加する一方で火葬場は減少しており、都市部では火葬を待つ遺体を保

注5）厚生労働省の「衛生行政報告例」によると、2015年度の改葬の届け出件数は約9万1500件で、5年前に比べて約30%増加し、改葬の件数は年々増加傾向にある。無縁墓が改葬された例も約3600件となった。
注6）厚生労働省の「厚生統計要覧」によると、2016年に死亡者数は戦後初めて130万人を超えた。
注7）厚生労働省の「衛生行政報告例」によると、納骨堂は全国で約1万2000件（2015年度）と、その数の増加はほとんどないが、首都圏1都3県と京都府、大阪府、兵庫県では、2015年度は計1386件と、10年前に比べ32%増となった。人口の多い都市部を中心に墓地不足も深刻となり、納骨堂の需要も高まっている。

管する遺体安置所の需要が高まっている。

　家族が同じ墓に埋葬され、その1つの墓を子や孫が守っていくという、今のスタイルも実は庶民に定着したのは明治期でわずか100年しか経過していない。だが、こういった慣習もまた生涯未婚率の上昇等、日本人の家族形態・家族観の大きな変化によって、従来の葬送形式にこだわっていては、多死時代を乗り切ることはできなくなっている。

(3)　日本に相応しい地域包括ケアシステムを求めて

　本書で扱う地域包括ケアシステムのあり方は、「日本という国において、地域で生活することとは、いったい、どのような生き方を求めることになるのか、どのような死のありようを考えるべきなのか」を多様な価値観を基盤とした選択肢のなかから、国民それぞれが選び取っていける環境を整備できるかを問うている。

　都市と農村で同時に少子化に加え、多死時代を迎える国は人類の歴史において日本が初めてである。この困難な時代の前提となる社会保障制度のありようとは、国家の姿、すなわち国民の文化、風土、価値観等を反映した、これまでの慣習に強い影響を受けるわけだが、日本という共同体の国力は、かつてと比べて弱まっており、その弱体化の速度をどのように平準化し、この難局を乗り切れるかが試されている。

　これまで国民の生活を支えていた社会保障制度は、まさに岐路にあるし、イノベーションとともに、ダウンサイジングは必須と

注8）墓地埋葬法は遺体を埋葬したり火葬したりする人が見当たらない場合、市町村長が行うことが定められている。同様に行き倒れの遺体も発見された自治体が火葬する義務がある。65歳以上の単身世帯の割合は10年の30.7％から15年に31.8％、35年には37.7％に増えると予想され、無縁遺骨の増加もその影響を受けているという。多くの自治体は、2000年に国が制定した墓地経営・管理の指針に沿って墓地に関する条例を整備しているが、これには納骨堂の需要の高まりは予想されておらず、この指針には納骨堂に関する基準はほとんど示されていない。

序章　政府のかたちと共同体：岐路に立つ社会保障制度

なるだろう。しかし、その着地点となる姿はみえない。

　本書では、integrated care（統合ケア）理論を援用し、社会保障改革の方向性についても言及している。日本は、現在国際的にみてもユニークな地域包括ケアシステムという政策を施行してきている。

　本書では、このシステム構築の現状と進展を示しながら、社会保障制度のイノベーションの選択肢として、国・都道府県・自治体といった公的団体と民間団体を複合した多様なステークホルダー（利害関係者）を要する高次の公私ミックス型のシステム構築の可能性がありうるかも含め、この国の新たな社会保障制度の方向性について述べていくこととする。

［引用文献］
1）　厚生労働省（2018）. 厚生統計要覧（2017年度）第1—25表　死亡数・構成割合, 死亡場所×年次別. https://www.mhlw.go.jp/toukei/youran/data29k/1-25.xls

［参考文献］
・厚生労働省（2017）. 2016年度衛生行政報告例, 第4章生活衛生第5表, 墓地・火葬場・納骨堂数, 経営主体・都道府県—指定都市—中核市（再掲）別

第 **1** 部

社会保障制度の動向と
地域包括ケアシステム

第 **1** 章

国のかたちとしての
社会保障制度のあり方
──「共創型価値」を基盤とする
サービスへの転換

第 1 節

都道府県、市町村における
System of Systems（SoS）の進展と課題

(1) 2018 年医療・介護保険制度改革による SoS の推進

社会構造の変化がもたらす社会保障改革

　日本では、1989 年に「高齢者保健福祉推進十か年戦略（ゴールドプラン）」と呼ばれる長期ビジョンから、介護の長期的なニーズを予測し[1]、2000 年には「家族によるケアから、社会によるケアへ」というスローガンの下で介護保険制度の導入がなされた[2], [3]。

　この歴史的な改革により、日本では 65 歳以上の高齢者すべてに対して、収入と家族介護者の有無を問うことなく、身体的および精神的な状態に基づいて、在宅、地域、施設でさまざまなサービスが提供されることとなった。一方で、伝統的な息子の妻（嫁）による介護という規範はほぼ消滅し、コミュニティが内包

032　｜　第 1 部　社会保障制度の動向と地域包括ケアシステム

していた地縁に基づく互助等の豊かな社会資源もまた、急激に減少することとなった[1]。

一方、医療のあり方は、2013年の「社会保障制度改革国民会議」の報告書[4]に示されたように、従来の青壮年期の疾患に対応する救命・延命、治癒・社会復帰を前提とする「病院完結型」の体制から、病気と共存しながらQOL（Quality of Life：生活の質）を維持しつつ、地域で生活するという新たな「地域完結型」体制への転換が目指された。

2018年は、このような医療サービスの転換を目指して、診療報酬・介護報酬の同時改定が実施された。しかも医療計画・介護保険事業（支援）計画の策定や国民健康保険（以下、「国保」）の財政基盤の都道府県への移行等も同時になされた。

昨今の年金、医療、介護システムなどの社会保障制度や、これを基盤として成立してきた地域経済、さらには国家経済に大きな影響を及ぼしてきた社会構造の主たる変化は、これまでの若い世代の離村等による農村地域における少子高齢化だけでなく、都市における少子高齢化が同時に生起していることに起因する。特に地方の中核都市では、農村と同様に、あるいはそれを超えるスピードで急激な少子高齢化が進んできた。

日本は、農村と都市の急速な高齢化を問題として取り組まねばならない世界で初めての国となるが、こうした社会の急激な変化に対応するために、介護や医療サービスとの統合と、その効率的な提供体制への構築を目指す新たな仕組みとして地域包括ケアシステムは選択された。

「医療介護総合確保推進法」と地域医療構想

政府は、前述した急激に変化する社会に対応するために、「社会保障・税一体改革」も進めてきた。また、社会保障制度改革国民会議の報告書の内容を基本とする「地域における医療及び介護の総合的な確保を推進するための関係法律の整備等に関する法

律」（以下、「医療介護総合確保推進法」）[注1] を施行し、「病床の機能強化・分化」と「地域包括ケアの展開」「病院完結型から地域完結型への転換」を中心とする医療介護総合確保計画策定の推進と医療法・介護保険法の改革もすすめてきた。

　これにより、①病床機能報告制度の新設、②各都道府県による地域医療構想の策定、③「協議の場」の設置、④新たな基金の設立、⑤知事の権限強化がなされ、介護保険法における改革としても予防給付の地域支援事業への移行等が実施された。

　都道府県には、特に医療費の伸びが著しいことへの対応[注2] に際して、地域の医療提供体制の将来のあるべき姿を医療計画に反映させるよう求められた。

　2014 年 4 月からは、各都道府県は医療機関からの病床機能報告を踏まえ、医療サービスの供給体制の適正化を目指した地域医療構想に基づいた医療提供体制の再編、すなわち、病床機能の整理、統合等の適正化が進められている。

過疎問題への対応としての市町村への都道府県支援

　2018 年は、自営業者や定年後の会社員、非正規労働者らが加入する国保の財政運営を市町村[注3] から都道府県に移した年でもあった。この改正の目的は、国保を都道府県単位の運営に拡大することで財政基盤を安定させることであった。すなわち、都道府県が国保の保険者になることによって、国保制度と医療計画、保健事業（特定健康診査・特定保健指導など）を都道府県内部で一体的

注1）医療介護総合確保推進法については、医療介護総合確保推進法に関する全国会議（2014 年 7 月 28 日）の資料「医療介護総合確保推進法等について」に詳しい。

注2）2013 年までの 10 年間で国民医療費は 28％増、入院患者 1 人当たり医療費も 32％増、外来患者 1 人当たり医療費は 49％増となったことや、特に 75 歳以上の伸びが著しいことがあげられる。

注3）日本の基礎的自治体については、東京都には、特別区があるため市区町村と表記することがあるが、本稿では市町村と表記することとする。なお、2018 年 10 月 1 日現在の基礎自治体の数は、市 792、町 743、村 183 で 1718 であり、これに特別区の 23 を足すと 1741 となる。

に運営することとされた。都道府県は医療提供体制整備の責任者と保険者という2つの立場から、効率的・効果的な医療機関の整備・協力連携を進められるようになったといわれている。

例えば、地域医療構想の実行に際しては、医療の地域偏在を是正するために、医師・医療機関の確保、適正配置を主体的に推進できること等が期待されている。

一方、市町村は、住民に直接、保健事業を実施するという面で、都道府県よりも住民に近く、効果的な手法を展開できるという強みがあるとされてきた。しかしながら、保健事業を担う人材の育成や確保においては、規模の小さな市町村では、相当困難となっている。

このため、2014年の改正では、都道府県が保健事業の人材の育成・確保・市町村への配置に一定の役割を果たし、市町村が実際の事業展開を担当することで、都道府県内の地域格差が是正され、保健事業を展開することが可能となるといった効果が期待されている。

1967年以来、政府は四次にわたり議員立法として過疎法を成立させ、住民に身近な公共サービスを提供する市町村の財政基盤の強化を行ってきた。昨今の「平成の大合併」もその1つだったが、この行政の集約は、結果としては過疎に悩む地域に、一段と厳しい人口流出を引き起こすことになった。

2017年4月現在で817市町村（全市町村の47.6％）が過疎地となり、その面積は国土の59.7％を占めている[注4]。このような過疎関係市町村では、先にも述べたが、自治体職員等の担い手不足は深刻である。このため、政府は地方の人手不足に備え、行政サー

注4）総務省地域力創造グループ過疎対策室の発表した「平成28年度版過疎対策の現況（平成30年3月）」によると、現行の過疎地域自立促進特別措置法では、中長期的な人口減少および、長期的な人口減少の結果としての年齢構成の偏りから過疎地域をとらえるだけでなく、平成8〜平成10年度の3か年平均の財政力指数が0.42以下で、公営競技収益が13億円以下という「財政力要件」にも配慮し、また、いわゆる「みなし過疎」や、「一部過疎」への対応も定められている。

ビスを担う自治体行政の広域化のために 2018 年 7 月に地方制度調査会（首相の諮問機関）を立ち上げた。この調査会では、複数の市町村でつくる「圏域」を新たな行政主体とし、基礎自治体の枠組みを残したかたちで行政を効率化する自治体連携を進めるという新たな行政の仕組みが模索されている。

　すなわち、すべての自治体が同等の役割を果たすことが難しくなっていることから、市町村の境界を超えた広域政策がすすめられている。だが、日本のほぼ半数の市町村が過疎関係市町村となっているにもかかわらず、統廃合への批判は強く、これを進めることは至難の業となっている。このため、都道府県制度を見直し、新しい広域自治体をつくる道州制の議論は停滞している。

　それは、多くの住民が慣れ親しんだ基礎自治体がなくなることに対して、簡単には納得できないからである。だが、地方制度調査会で検討される歳出効率化や公共サービスの供給を確保するための「圏域」の法制化は、合併から広域連携に軸足を移すという流れの一環といえる。すでに、2018 年 7 月 3 日には「個々の市町村が全分野の施策を手がけるフルセット主義を脱却し、圏域単位の行政を標準にしなければならない」との指摘もなされた[5]。地方制度調査会は、こうした提言を踏まえ、法制化に向けた具体的な議論を担うことになった。

　深刻な過疎問題に直面している市町村だけでは担えなくなった国保については、都道府県も国保の保険者になる。国も国保事業全体にかかわる指針の策定や財政責任、医療提供体制や保健・健康づくりの体制の整備について、統一的な指針に沿った適切な事業運営がなされるよう、都道府県（保険者）に対して適宜、指導を行うことが求められている。つまり、国は、国保制度を安定的に維持・継続するための最終的な責任を負うことが明示された。

　このような状況については、後述する System of Systems（システムオブシステムズ、以下、「SoS」）の考え方を理解することが必須となる。

社会保障改革下におけるサービス提供主体の
公私ミックス型への移行

　これまで述べてきたように、多くの市町村の行政能力の低下に伴い、日本では2008年頃から、新しい社会保障のあり方をめぐる議論として、行政の広域化構想等、さまざまな議論がされてきた。2012年8月の「社会保障・税一体改革大綱」の閣議決定からは、これを実現するための、一体改革関連法案も成立させてきた[6]。

　これらの法案には、日本の社会保障制度を基本的に、自助・共助・公助の最適な組み合せに留意して形成すべきものとされることが明記されている。すなわち、労働による生活基盤の確立および健康維持に関しては、個々の「自助」が基本とされる。だが、高齢化や疾病・介護をはじめとする生活上のリスクについては、こうしたリスクを分散する「共助」が「自助」を支え、「自助」や「共助」では対応できない状況について、必要な生活保障を行う公的扶助や社会福祉などの「公助」が補完する仕組みを確立していくとされている。

　生産年齢人口が減少する一方で、核家族化の進行や高齢世帯の増加、さらには夫婦共働きの増加、家族や親族の支え合いの希薄化、地域の支え合いの機能の低下等、日本の「互助」機能は急激に低下している。

　こういった状況下で、高齢者が住み慣れた地域で人生の最期まで自分らしい暮らしを続けるためには、地域に存在する既存の医療機関や社会福祉法人等のあらゆる地域の社会資源がもつ「公助」や「共助」にかかわる機能を適正に活用する方策が考えられなければならない。

　また、これらの社会資源だけでなく、移動、食事、見守りなど生活全般にわたって機能してきた「互助」を代替する機能をどう考えるかについては、各地でそれぞれ検討せざるを得ない時代と

なってきた。人口減少過程に入った日本では、従来の互助システムで供給されてきた社会資源量もまた激減しており、これらをすべて共助、公助システムによって代替することは、国力の低下も相まって、もはや不可能となった。

だからこそ、日本では現在、それぞれの地域において、住民自らが所有する社会資源量を把握する必要に迫られている。そして、彼らに不足している資源量を推計し、それらが地域で充足できるかどうかを、精緻に検証しなければならなくなっている。

また、当該地域で必須とされる資源量と、その種類をいかなる提供主体で供給すべきであるかについても、地域の住民に対して、明確にし、これを公開することで、透明性を確保しなければならない。

さらに、存在している資源量を見きわめた後に、地域で供給できるサービス量が需要と合致しない場合には、この消費先の優先度を論じる必要性が生じている。しかも、これに対しては、住民から納得を得ることが、当然ながら求められる。

もちろん、これらのサービスの提供にあたっては、その供給システムが、効率的に機能するようにデザインされることが前提となる。そして、このデザインのありようこそが、地域包括ケアシステムと呼ばれるものである。

したがって、このシステムの構築にあたっては、実は、当該地域における資源量とそのマネジメントすべてを含んだ財源等の制約が存在する。だが、留意すべきは、これは単なる現行サービスの抑制とは同義ではないことである。なぜなら、サービス提供システムの改革は、地域包括ケアシステムの主要な課題となるが、多くの地域にとって供給量が不足しているという問題よりは、その効率性の向上を目指すためのサービス提供システムの改革こそが主眼となるからである。

基本的には、サービス供給体制は、当該地域で考えられることとなる自助、互助、共助、公助の組み合わせのありようが重要な

のであり、供給量よりは、これら4つの機能のバランスが課題と
なることを正確に理解しておく必要がある。

　したがって、このシステム内の主要なサービス提供主体となる
医療機関や社会福祉関連施設は、自らのサービスが単に抑制の対
象となると考えるべきではない。地域包括ケアシステムは、第一
次的には、これらの機関が提供するサービスの提供方法の改革を
伴うが、供給量の抑制を必ずしも伴うものではなく、提供に際し
てのビジョンや、提供方法、あるいは価格設定を変更することに
なると認識すべきであり、主にシステム内のマネジメントの向上
とガバナンスが求められていると理解しなければならない。

　例えば、日本において地域の社会福祉サービスを支えてきた社
会福祉法人は、介護保険制度が成立してからも地域の介護サービ
スを担ってきた。だが、2018年こそ診療報酬と介護報酬はプラ
ス改定で終わったが、介護報酬はここ数回マイナス改定が続いて
きた。その背景には、優遇されてきた社会福祉法人に対する批判
があったとされる。

　これまで入所系施設は地域に対する貢献を前面に出さずとも、
入所者に対するケアを適切にしていれば社会的責任を果たしてい
るとされたし、そう考えている経営者は今も少なくない。しか
し、介護保険制度施行以降、介護サービスをめぐる状況は急激に
変化した。現在は税制優遇や補助金を受ける立場の社会福祉法人
には厳しい目が向けられている。

　これは社会福祉法人が税制優遇と補助金を受けながら、介護保
険や障害福祉のサービス提供にかかる報酬も得ているからであ
る。つまり、その優遇措置にふさわしい事業を実施しているの
か、社会福祉法人の組織そのものの運営、すなわち、マネジメン
トやガバナンスに透明性があるのか等、サービス提供にあたって
のビジョンや、これを提供している社会福祉法人そのものの是非
さえも問われている状況にある[7]〜[10]。

　この現状について、厚生労働省は2014年に『「介護・保育事業

等における経営管理の強化とイコールフッティング確立に関する
論点整理」に対する考え方』を公表した。これには、社会福祉事
業を取り巻く環境は大幅に変化しており、介護保険制度の導入以
降、介護サービス市場が株式会社やNPO法人が参入した競合市
場になったことが記されている。

そして、この状況下では、第一に、補助金や非課税措置などの
財政上の優遇措置を受けている社会福祉事業者は、ガバナンスの
確立と経営基盤の強化を行わなければならないとされたのであっ
た[11]。

また、すでに市場に参入している多様な事業者に対しては、利
用者の立場に立ってサービスの質や多様性を競い、豊富な福祉
サービスが提供されるためには、経営主体間のイコールフッティ
ング[注5]を確立すべきであるとの論が示された。

この経営主体間のイコールフッティングについては、介護や保
育分野は、営利法人と非営利法人が共存し、同種のサービスを提
供する特殊な市場であることを鑑み、社会福祉法人に対して、補
助金や非課税措置などの財政上の優遇措置が採られてきた。

だが、株式会社やNPO法人の参入により、同種の事業が展開
されるようになっており、経営主体間で異なる財政上の措置は見
直すべきとの見解が含まれていた[12]。

このように、サービス提供主体が公私ミックス型に移行しつつ
あるなかで、社会福祉法人と営利法人等とのイコールフッティン
グについては「法人固有の役割を踏まえたうえで、同じ市場で
サービス提供を行ううえでの規制と優遇の公平性をどのように考
えるか」といった観点と「多様な主体が参入する準市場におい

注5) イコールフッティングとは、商品やサービスの販売において、双方が対等の立場で
競争が行えるよう、基盤・条件を同一にそろえることを指す。社会福祉法人改革に
おける議論においては、同法人が事業を行う介護・保育等の分野が営利法人と非
営利法人が共存し、同種のサービスを提供する特殊な市場であることを踏まえ、多
様な経営主体がサービスの質を競い、利用者の利便が高まるよう、営利法人と非
営利法人が対等の立場での競争が行えるような経営主体間のイコールフッティング
について検討がなされている。

て、利用者の選択と最小限のサービス供給を確保する」という点から、各事業体の特性をどのように活かすことができるかが論じられてきた。

　こういったイコールフッティングの議論を雑駁にしないためには、社会福祉法人の地域貢献活動の内容や、その程度を把握していくこと等が、今後は強く求められることになるだろう[注6]。

　こういった地域の現状を把握し、システム化することは後述するSoSに基づく典型的な現象といえる。それは、個別に運営されている介護事業所が創発的ふるまいをできることが想定されているからである。

　現状では、市町村等の保険者が想定されているが、地域包括ケアシステムに対しては、強い意図的なマネジメントへの介入が必要と考えられている。この介入をどのような方法で実施すべきかが、市町村だけでなく、国、都道府県にも問われている。

　経済財政諮問会議による社会保障改革においても「予防・健康・医療・介護のガバナンス改革」という資料が示され、地域の「予防・健康・医療・介護」は、それぞれ密接に関連するが、制度が分立し、ガバナンスが不足しているとの指摘がなされた[13]。

　そのようななかで、とりわけ都道府県には、個人・保険者・医療機関等の自発的な行動変容を促す司令塔としての役割が期待されている。制度（権限）・予算（財政）・情報（データ）・人材などの面で都道府県の保健ガバナンスを抜本的に強化し、SoS的システムが構築されることが求められている。

注6）　このような現状把握は、後述するエビデンスに基づく政策立案（Evidence-Based Policy Making：EBPM）の基礎となる。

第1章　国のかたちとしての社会保障制度のあり方　｜　041

(2) SoSによる国・都道府県・市町村各レベルにおける政策管理強化

システム科学におけるSoSの考え方とヘルスケアへの応用

SoS（System of Systems）は、1990年代後半に示された比較的新しい概念で、そのシステムの特徴は、運用の独立性とマネジメントの独立性とされる[注7]。一般的には、以下の5つの特徴をもったシステム[14]が、SoSと呼称されている。

表1-1　SoSの5つの特徴

1　運用の独立性：SoSの構成システムは、個別に運用されている。
2　管理の独立性：構成システムは別々に調達され、統合されている。しかし、運用中の構成システムはそのまま運用する。
3　進化的開発：機能や目的が追加されたり、削除されたり、途中で変更されるなど、開発とシステムが進化的である。
4　創発的ふるまい：構成システム単独では、実現できない目的をSoSとして実現する。
5　地理的な分散：構成システムが離れており、構成システム間では、質量やエネルギーの物理量でなく、情報を交換する。

つまり、現在、全国で進められている地域医療構想における取り組みは、医療行政におけるSoSといえる。例えば、国保の広域化に伴い、都道府県の医療計画の策定にあたって、国保保険者の

注7）SoSは、MW.Maierが1998年にINCOSE（International Council on Systems Engineering）のジャーナルで発表した「Architecting principles for systems-of-systems」で提唱したものである。このINCOSEにおけるSystems Engineering Handbookの例として示されたのは、デジタルカメラとカラープリンターを統合した複合機であった。周知のとおり、複合機とは、撮影したものを印刷するというサービス（機能）を提供する。これに対し、デジタルカメラは、カメラという機能を提供する。もちろん、デジタルカメラという機器自体にも意味がある。また、カラープリンターも、デジタルカメラがなくても単独で利用でき、それ自体に意味がある。しかし、これらの機器の開発にあたっては、統合的なマネジメントはなく、個別にマネジメントされて完成されるのである。こういった別の性能をもった機器（要素）が集まって、1つのサービスや機能を提供することを意味する内容として新たに提唱されたのがSoSである。これは、従来のシステム科学を超えた事象であるとされている[14]。

立場から医療提供体制のあり方に積極的に関与することが望ましいことを国は医療計画策定の基本指針のなかで明記した。

また、保健・健康づくりの推進に必要となる保健師等の人材についても、各都道府県が個別で行うより、国が統一的に育成・確保を進めることが、地域格差の是正を推進すると考えられているが、これも、SoS の考え方と共通する。

SoS の進展と政策管理としての財政的インセンティブの導入

SoS の推進は、国・都道府県・市町村各レベルにおける政策管理が必要となる。だが、一般に地域、特に市町村行政や保健医療サービスの提供に携わる関係者らが、地域医療構想のありようが、自らが働く自治体や保健所、あるいは病院と、いかなる関係があるかを実感としてとらえることは容易ではないし、これがわかったとしても、その実行はかなり難しいと予想される。

それは、第一に、これから実現される地域医療構想で、地域における医療サービスの供給体制が、介護や社会福祉といった生活支援サービスも含む多様なサービス提供体制整備のなかで、どのような位置を占めるか、あるいは、位置すべきかについて客観的分析はなされていないし、冷静な対応を当事者に期待することはできないと考えられるからである。

第二に、現時点の分析結果を基礎とした、当該地域に想定されるあるべき新たなサービス体制を描き出すデザイン能力は著しく劣っているものと想定されるからである。なぜなら、こういった地域独自の提供体制をデザインする能力は、これまで都道府県にも、市町村にも要求されてこなかったからである。

第三に、地域のサービス体制の実態と、描き出された新たなサービス体制との乖離を踏まえて、再構築のためのステップを考え、これらのステップを踏まなければならない多くのステークホルダー（利害関係者）らに、その内容を納得させるだけでなく、実行させていかなければならない。

しかし、これらの一連の内容を理解し、実行に移すことはかなりの困難が予想される。というのも、その実行にあたって中核的な役割を担うことになるだろう行政担当者、地域包括ケアシステムの構成員となる住民、そして、すべてのステークホルダーもこのような経験はないからである。

　以上の困難な状況を克服する第一のステップとして、2017年に「地域包括ケアシステムの強化のための介護保険法等の一部を改正する法律（以下、「地域包括ケアシステム強化法」）」が成立した。これもまた、こういった地域包括ケアシステムの構築に関して一定の役割を果たすとされる保険者の機能の強化が目的とされたものであった。

　ここでは、市町村が国から提供されるデータを分析し、介護保険事業計画に介護予防・重度化防止などの目標を記載するとされた。そして、その分析に際しては、都道府県の支援を受けることや要介護状態の維持・改善度合いや地域ケア会議の開催状況などの実績の評価を、都道府県および市町村で行い、その結果の公表という「見える化」がされること、これらの保険者が、自らの実績に対して、PDCAサイクルに則って改善していくという手法を制度化することが明示された。

　これにより、2019年度から市町村介護保険事業計画の記載事項への被保険者の地域における自立した日常生活の支援等に関する施策等の追加がされ、当該施策の実施に関する都道府県および国による支援が強化され、これに加え、市町村の権限強化策として財政的インセンティブ[注8]が新たに導入されたのである。

　これは、自立支援や介護予防などで成果を上げている市町村や

注8）この財政的インセンティブとは、介護保険法第122条の3関係に示された「国は、市町村による自立支援等施策の取り組みを支援するため、市町村に対し、予算の範囲内において、交付金を交付するとともに都道府県による市町村の自立支援等施策の実施状況および目標の達成状況に関する分析の支援および市町村の自立支援等施策の支援のための事業に係る取り組みを支援するため、都道府県に対し、予算の範囲内において、交付金を交付する」と示されたものを意味する。

その支援する都道府県を評価し、国からの交付金を増額するという市町村に対する競争原理の導入を企図した政策ともいえる。こういった施策をわが国が導入したことはこれまでほとんどないことから、地方行政に及ぼす影響は小さくはないと考えられる。

　ただ、このような取り組みは、イギリスで実施された公教育への市場競争原理の導入を思い出させる。このイギリスでの政策は、国民生活へ深刻な問題、すなわち貧しい家庭と豊かな家庭の子弟との教育を峻別し、イギリスは教育の機会均等が保障されない国への端緒となったという。その失政のツケはあまりに大きく、このイギリス国民の分断は、今日のイギリスにおける EU 離脱の遠因となったとされている。

　イギリスのような失政をしないためには、政策担当者は関係者や、関連機関、そして国民との議論を尽くし、慎重な対応をすべきであるが、そのためには 2018 年の医療・介護保険制度改革によって行われる都道府県のガバナンス強化という文脈において進められる SoS のあり方の基本についても、十分に理解しておくことが求められる。

　一方、こうした流れは、これまでの介護保険制度の状況からは、かなり異なった風景を見せることとなる。なぜなら、介護保険という制度は、これまで国と市町村との関係は密であったが、都道府県との関係は比較的薄く、その役割も補足的な内容となっていたからである。

　つまり、介護保険制度における都道府県、そして市町村といった複合的なシステム化の流れは、まさに日本の行政における SoS の始まりであるとも説明できる。

SoS の進展によるマネジメントの重要性

　政策管理としての目標の設定および取り組み評価を政策の改善につなげるためには、都道府県が市町村とともに与えられたデータを分析し、目標を設定することが重要となる。さらに、その目

標を達成させるためには、市町村に対する都道府県によるマネジメントが必須となる。

2017年の改正法では、国、都道府県、市町村行政のシステムは独立しており、これらには個別のマネジメントが存在することが前提となっている。しかし、これらのシステムの運用にあたっては、階層化されたガバナンスとシステムマネジメントの強化が目標とされなければならないだろう。

すなわち、現在、国、都道府県、市町村は、行政機関として施策の計画、実行、評価等の独立したシステムが存立している。これらはそれぞれ単独で意味をもち、固有のマネジメント手法が存在している。

しかし今後、社会サービス、特に医療および介護サービスに関しては、これらの3階層のシステムは互いに部分的にシステムを共有することになる。それらは独立して存在しているが、システム間の相乗効果があるようなマネジメントが求められる。さらに、実際にこの階層的マネジメントの基盤は、全国各地で構築され、進展が図られている多様な地域包括ケアシステムのモジュール化である。

高齢化と少子化を、都市も農村も同時に経験する国は有史以来存在しておらず、どちらも高齢者の生活を支援するための具体的方策が必要となること、そのために都市、農村を問わず、地域（community）自体の再構築がなされなければならないことを意味している。だからこそ、国、都道府県、市町村が相互に連動するような新たなシステム構築や、システム的統合をするためのモジュール化の手法が新たに開発されなければならない。

これは、インダストリー4.0の考え方[注9]によれば、都道府県はグローバルな工場管理に関するシステム管理が必要という立場を示している。また、市町村においては、いわば、それぞれの工場の操業ラインの最適化が求められていると説明できる。つまり、工場でのラインは複線化されていることが前提とされるのと

図 1-1　インダストリー4.0 の考え方からみる地域包括ケアシステムの最適化

製造の各段階をモデル化、各段階での最適化を図る

同様に、市町村は多様なサービス提供組織のラインの適正化を考えなければならないということであろう。

本書においては、このサービス提供組織の適正化に役立つ1つのツールとして、地域包括支援センターの取り組みに関する評価尺度を取り上げており、その活用方法についても第7章で詳述している。

地域医療構想や地域包括ケアシステムの取り組みは、SoS の例として考えればわかりやすい。これから国、都道府県、市町村行政におけるガバナンスの強化は必須とされる。同様に、多様な地域包括ケアシステムおよび地域医療構想をモジュール化[注10]することを含むマネジメントスキルの向上も求められる。また、これを担当する行政官に対する研修のあり方もこれらシステムのマネジメントを担う者の人材育成もきわめて重要となる。

注9）インダストリー4.0 とは、ドイツ政府が主導し、産官学共同で進めている製造業のデジタル化・コンピューター化を目指す国家プロジェクトを指す。そのコンセプトは「スマートファクトリー」（考える工場）とされ、工場を中心に水平方向にも、垂直方向にも、リアルタイムに連携し、少量多品種、高付加価値の製品を大規模生産することが目指されている。このプロジェクトをもとに、「IoT や AI を用いることによる製造業の革新」の総称として、インダストリー4.0 が用いられることもある。

(3) EBPM（Evidence-Based Policy Making）による 社会保障制度改革

EBPM の必要性

　日本は、少子高齢化・人口減少等、さまざまな課題を抱えているが、それゆえに行政に対して求められるサービスは多様化し、その量も肥大化の一途をたどっている。特に、社会保障行政においては、より的確かつ効率的な事業・施策の立案・評価が求められている。

　これからも財政制約は厳しくなる一方であり、限りあるリソースのなかでより効率的に情報を収集・分析しながら、的確な政策オプションを提示し、効果の高い政策を実施していかなければならない。

　このようななかで、政策担当者にとって、「エビデンスに基づく政策立案（Evidence-Based Policy Making：EBPM）」という言葉は魅力的である。なぜなら、これは多様な政策から政策の優先順位を決定し、選択していく際に、現段階では最も有益なエビデンスの誠意ある明確な活用を行うことと説明されているからである[15]。なお、このようなエビデンスに基づく政策は、医学分野の「エビデンスに基づく医療（Evidence-Based Medicine）」と同様のものとみてよいだろう。

　EBM は、「良心的に、明確に、分別をもって、最新最良の医学知見を用いること」とされ、1990 年代前半に主にイギリスにおける医療で導入されたが、アメリカ合衆国では医療だけでなく、

注 10）モジュール化とは、コンピューター業界で使われる用語で、ハードウェアやソフトウェアの生産で、標準化された部品を使うということ、あるいはシステムを部品（モジュール）に分割することを意味する。モジュール化、部品の標準化によって 1 とおりのみの組み合わせのみならずさまざまな組み合わせが考えられ、システムの多様性を生み出すことができる。現在は、自動車業界、金融業界、エネルギー業界など、多くの業界でモジュール化が進められている。

教育や開発援助等、ほかのさまざまな分野に適用されてきた。

　EBM の代表的な例としては、医療分野の研究成果のレビューからエビデンスを集約する「コクラン共同計画[注 11]」があり、これに続いて、社会科学分野版の「キャンベル共同計画[注 12]」が実施された。ブレア政権やキャメロン政権では、継続的に EBPM を制度的に推進する政策が採られた。これは、政策決定を為政者によるものとせず、これにおもねる忖度（そんたく）に依存しないためには、EBPM の推進は重要であるとされたからである。

行政における EBPM 導入の課題

　政府は、「経済財政運営と改革の基本方針 2015[16)]」や「世界最先端 IT 国家創造宣言[17), 注 13]」において、データ・エビデンスに基づく行政運営を求めるとした。続く、2017 年に取りまとめられた統計改革推進会議最終取りまとめでも EBPM 推進体制の構築が掲げられ、政策、施策、事務事業の各段階において EBPM を推進し、政策の評価を、政策改善と次なる政策立案につなげ、2017 年度から順次 EBPM の実践を進めてきたとされている。

　また、統計等データの利活用状況、分析の妥当性等について、各府省から提出された評価書をチェックするとともに、必要に応じ具体的改善策を提示する。加えて EBPM のリーディングケー

注 11）コクラン共同計画（Cochrane Collaboration）は、イギリス政府が国民保健サービス（NHS）の支援のための研究調査機関として UK コクランセンターを設立したのに始まり、1993 年から実施されている。ヘルスケアの介入の有効性に関するシステマティック・レビューをつくり、メンテナンスし、アクセス性を高めることによって、人々がヘルスケアの情報を知り判断することに役立つことを目指す NPO の形態をとる国際プロジェクトを指す。

注 12）キャンベル共同計画（Campbell Collaboration）は、コクラン共同計画の成功に刺激され、社会政策全般に関する評価研究のシステマティック・レビューを行い、そこから生み出されるエビデンスを、電子媒体を通じて、政策担当者、実務家、研究者そして一般市民に提供しようという目的で 2000 年に発足した国際的ネットワークを指す。

注 13）官民データ活用推進基本法第 8 条第 1 項の規定に基づいて策定された「世界最先端 IT 国家創造宣言・官民データ活用推進基本計画」によって、世界最先端 IT 国家創造宣言（平成 28 年 5 月 20 日閣議決定）は廃止された。なお、同宣言・同計画は、2018 年 6 月 15 日の閣議決定により変更がなされている。

第 1 章　国のかたちとしての社会保障制度のあり方　｜　049

スの提示を目指し、総務省、関係府省および学識経験者による政策効果の把握・分析手法の実証的共同研究を行うという。

しかしながら、各省庁では各種統計・データや企業・国民のニーズ調査といった情報を多角的に入手し、アウトカム・アウトプット指標といった数値目標を設定し、エビデンスやデータに基づいた企画・評価を実施しているとされるが、情報収集や分析に関するスキルの不足やエビデンスの欠如により、的確な課題設定、評価の実行は十分とはいえない。

ただし、エビデンスといっても、例えば、社会的課題の規模や現状の施策の状況などを把握するためのエビデンスと政策効果把握のためのエビデンスとでは、若干、性質は異なるし、そのとらえ方もさまざまである。したがって、エビデンスについては、検証する内容に応じて共通理解を図らなければならない。

さらに、エビデンスの基準を設定する際には複数の段階を想定すべきとされており、エビデンスの質（分析手法等による信頼性の高さ）と、エビデンスの用途（当該政策の重要性等）をあわせて考慮すべきとされている。

したがって、すべての政策に対して一律に高い水準のエビデンスを求めることは現実的ではなく、エビデンスを収集するにも費用が発生するため、費用対効果の面についても考慮せざるをえない。

RCT（Randomized Controlled Trial）等による EBPM の推進の可能性

アメリカ合衆国では、州ごとの独自の大規模な実証、特段の配慮が不要な場合には RCT（Randomized Controlled Trial[注14]）が効果的な第一選択肢との認識がなされ、幅広い政策分野での RCT の活用がなされてきた[18]。そして、特に効果の検証においては厳密さ

注14）ランダム化比較試験と訳し、評価の偏りを避け、客観的に効果を評価するための研究方法。

が求められてきた。

すでに 1980 年代から教育政策について、エビデンスを活用した政策が採られ、2000 年代には、「子どもを 1 人も落ちこぼれにしないための 2001 年 法（No Child Left Behind Act of 2001：NCLB 法[注15]）」が施行され、地域独自の実験的教育プログラムに対する支援に、「科学的に厳密な評価」の実施が義務化され、補助金に対しては、RCT の実施が要件化されてきた[19]。

2016 年には、エビデンスに基づく政策策定委員会法が制定され、連邦政府におけるエビデンスやデータ利用に向けた検討や査定が委員会において実施されてきた[注16]。この規制の事前評価等では、社会的に影響が大きいことが想定される規制の場合、詳細な事前評価が必要である一方、そうでない場合には簡素な評価で十分であるという「比例的分析の原則（principle of proportionality analysis）」と呼ばれる考え方も導入され、これは欧州でも適用された[20]。

EBPM を実践する際の基本的な流れは、①ロジック・モデルや指標の設定、②エビデンスの収集（調査設計、データ収集、分析・評価）、③エビデンスの活用といった 3 段階となる。ただし、これらの段階を実施するには相当の時間を要する。

翻って、日本の RCT の現状であるが、介護保険制度によってはじめて介護給付の一部となった福祉用具の選定に際しては、RCT に基づく調査研究が実施された[注17]。これは RCT による検証から、政策決定がなされた稀有な例といえるだろう。

このように、RCT はエビデンスを示すための最も重要な手段

注15）正 式 名 称 は、An act to close the achievement gap with accountability, flexibility, and choice, so that no child is left behind. P.L. 107-110.

注16）ここでは、エビデンスの水準が 4 段階（①強いエビデンス（Strong Evidence）、②中 等 度 の エ ビ デ ン ス（Moderate Evidence）、③将 来 有 望 な エ ビ デ ン ス（Promising Evidence）、④根拠を示す（Demonstrates a Rationale）で規定され、階層化資金拠出モデル（Tiered Evidence Grant Model）を適用した補助金では、その規模・段階に応じて区分され、必要なエビデンスの水準が設定されている。

の1つであるが、先に述べたように手間も時間もかかる。しかも、このような社会実験の対象範囲には限りがあるし、すべてのケースを網羅できるわけではない。そのため、多くの場合、政策決定がなされる時点で必要なデータが十分にそろえられることはほとんどない[21]。

したがって、喫緊の政策とされる場合にはエビデンスが不十分でも、まずかたちにすることが優先されることもある。例えば、本書のテーマである地域包括ケアシステムにおける integrated care について、この RCT を用いて評価しようとする場合、その関連するプロセスやアウトカムに的を絞って行うという RCT の性質と、integrated care が進展している背景や関連のある多種多様なケア提供の（サービス利用者、提供者等）観点とそのレベルがいかなるものであるかを念頭におく必要がある。

すなわち、さまざまな背景によって、提供される統合のプロセスをとらえる必要があるが、これまで施行されてきた RCT で

注17) この調査研究が実施された背景には、1990年代は、電動ギャッチベッド、電動車いす等の福祉用具は高価で、今日ほど普及していなかったため、在宅で利用する世帯は限定されていた。このように実際には使われていない福祉用具のニーズがどの程度であるのか、また介護給付として、いかなる福祉用具を準備すべきかについての検討は、介護保険制度発足にあたっては大きな課題であった。このため、国は福祉用具や住宅改修を介護給付の一部とするにあたって、どのような状態の高齢者に、どのような福祉用具や住宅改修をすべきかの一定の基準を必要とした。これを明らかにするために、全国社会福祉協議会に委員会が設置され、1990年代前半から、全国的な調査が実施されることになった。その調査の詳細は以下のとおりである。
　当時、全国のホームヘルプサービスを担っていた社会福祉協議会のネットワークを通じて、収集された要介護高齢者1000世帯への調査が実施された。この調査によって、これらの世帯の中で、現在、介護給付となっている杖や、ポータブルトイレ、電動ギャッチベッド、電動車いすといった福祉用具をすでに利用している群の状態像が明らかにされた。この分析結果を基礎として、日本で福祉用具を利用するにあたっての身体、精神、居住環境等の基準が明らかにされた。
　次に、これらの基準を用いて、同様の身体や精神状況、居住環境であるにもかかわらず、福祉用具を用いていなかった世帯に対し、無償で福祉用具を利用することを依頼した。同時に、これらの依頼群と同様の身体、精神状況であったが、福祉用具をもたない群を設定し、この2群の身体、精神、医療等の状態像の変化が6か月ごとに3年間測定された。
　これらの調査結果をもとに、電動ギャッチベッドの導入時期やその条件等に関する指標についての検討が行われた。この一連の調査研究は、厳密な意味での RCT とはいえないが、介護保険制度における給付として、福祉用具を政策に位置づけるにあたっては重要な研究であったといえよう。

は、失敗してしまうことも少なくない。これは、すでに報告されている事実である[22]。

　その結果、現時点で得られる最良のエビデンスを参考にしながら、個々の政策の文脈や状況を踏まえ、国民的な価値観なども加味しながら意思決定されるというのが、日本の現状といえる。つまり、エビデンスは政策決定のための判断の材料の1つであって、意思決定をするのはあくまでも人間だからである。

　2018年の診療報酬改定で中央社会保険医療協議会の下部組織である「入院医療等の調査・評価分科会」では、事務局が誤って示した分析結果によって議論がされた[23]。このような根拠のない政策は意図せざる結果を生むことが少なくない。

　例えば、医療政策における失政としては、2006年度診療報酬改定で実施された急性期入院医療の実態に即した看護配置を適正に評価する目的で、看護実質配置7対1入院基本料という上位区分が創設された際の混乱が思い出される。2006年度の診療報酬改定で出されたこの上位区分の創設のインパクトは大きく、短期間に数多くの病院がこの7対1入院基本料の届出を行った。しかも翌春の新卒者を大量に採用しようとする都市部の医療機関が地方の看護師を集めるといったことが起こり、地域医療に深刻な影響を与えることになった。このため、中央社会保険医療協議会において実情把握と審議が行われた結果、2007年1月、7対1入院基本料の取り扱いについては建議が出され、次の2008年度診療報酬改定で急性期等手厚い看護を必要とする患者の「看護必要度」を測定する基準が導入された。しかし、「時すでに遅し」であった。なぜなら、厚生労働省は、すでに7対1入院基本料を算定してきた病院の既得権益を守らざるをえないため、実態にそった重症患者割合を改定ごとに少しずつ、採用するという方法しか採りえなかったからである。

　こういった失政の影響は大きく、10年をかけても政策が実行される前の状況を取り返すことが困難であった。「政府は政策、

第1章　国のかたちとしての社会保障制度のあり方 | 053

国民は対策」というが、政策の実行にあたっては、人間の行動原理や社会の姿をよく理解している必要があるということであろう。

　人は必ずしも合理的な選択ばかりをするわけではない。だからこそ、政策に伴う状況の変化において、人々がどのような選択をし、またそれが政策の意図と合致するかについては、事前に実証的な根拠を得ることが重要であり、一定の経過期間が必要とされるのである。

　これまで述べてきたように、地域医療構想は地域包括ケアシステムとは不可分な医療分野における政策となっている。地域医療構想と地域包括ケアシステムの本格的な評価が始まったのは、2018年4月からであり、医療および介護の分野で集められる各種データをどのように活用し、EBPMを推進していくかについては、まさにこれからの課題であろう。

　EBPMを推進するための評価の考え方、そして、これを国・都道府県・市町村といった公的機関、民間団体といった多様なステークホルダーで推進していくために必要な理論的フレームワークと実践モデルについて、本書では、国外・国内の動向から考察を進めている。

第 2 節

社会保障制度における地域包括ケアシステムの導入

(1) 慢性疾患患者の増大に対応するためのケアシステムのパラダイムシフト

日本における急性期病床とは

　日本を含めた先進諸国における医療分配システムは、急性期入院医療を核としたシーリングによってきた。これは、高額な費用を要する急性期医療の提供システムの高度化に伴い、その期間を短縮することで効率化を達成させなければならなかったからである。

　一方、日本の国民医療費のうち、高齢者（65歳以上）の医療費は全体の5割を超え、主たる入院者は高齢者となった[注18]。すなわち、日本の急性期医療病床の多くは慢性疾患をもった高齢者の急性増悪への対応に利用されている。

　そのため、日本の一般急性期病院では、少なくとも看護師が補助する医療処置がほとんどないにもかかわらず、入院している患者の割合が50％を超えている[24]。

　現行の急性期病床では、高齢患者は、いわゆる手術等の侵襲の後に療養上の世話を受け、ADL（Activities of Daily Living：日常生活動作）の自立度を高めるための入院期間が若年患者よりも長いこと

注18）2015年度の国民医療費を年齢階級別にみると、0〜14歳は2兆5327億円（構成割合6.0%）、15〜44歳は5兆3231億円（同12.6%）、45〜64歳は9兆3810億円（同22.1%）、65歳以上は25兆1276億円（同59.3%）となっている。

第1章　国のかたちとしての社会保障制度のあり方　｜　055

図 1-2　日本の医療機関に入院する患者の看護必要度得点の状況[注19]

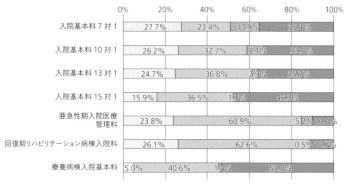

が知られている。それは、高価な急性期医療サービスを短期化し、医療の効率性を向上させるようなシステムのなかに、サービスの性質が異なる長期ケア、介護サービスを包含せざるをえない状況になっていることを意味しており、医療供給体制全体としてこういった高齢者への医療サービスをどのような方向へ導くべきかについて、検討しなければならないことを示している。

急性期医療体制における高齢患者へのケアの現状

　一般に、高齢患者は術後の急激な ADL 低下によって、若年患者よりも、多くの時間を要すことが多い。つまり、高齢患者が入院前の体力を取り戻し、自宅で元の生活を取り戻すには若年患者よりも、はるかに長い時間を必要とする。しかし、高齢患者の急性期病棟での入院長期化は、急性期医療体制の中では、医療の効率性を低下させる要因となるだけでなく、高齢患者にとってもリ

注 19）調査期間中に入院していた患者の重症度、医療・看護必要度の得点の状況を入院基本料別に分析したところ、一般病棟入院基本料を算定する病棟の入院患者の 5 割程度は、A 得点が 0 点、つまり医療処置が実施されていない患者となっていた。さらにこのうちの 2 割程度は B 得点も 0 点、ADL 介助も必要ない患者であった。

スクがあることが明らかにされてきた[25]。

このような高齢患者の入院長期化に対して、病院では早期退院を促進するためのリハビリテーションや認知症への対応[26], [27] が行われてきたが、これらのスキルは、急性期医療体制ではなく、これらの患者の状況に合わせた体制で供給されてこそ効果が発揮される。

このため、高齢患者は入院が長期化すると、ADL 状態が入院前よりも低下することで慢性疾患が悪化することが少なくない。さらに、入院期間が 1 か月以上と長期化すると、最悪の場合には、寝たきり状態となり、せん妄も発症し、やがては、これが認知症の前駆症状となり、自宅復帰もできず、介護保険施設への入所を急性期病院のベッドで待つという状況となる。

こういった現状を改善し、まずは患者や当該サービスの利用者にとって何が最適かということに立ち戻り、医療や介護機関が提供するサービスの機能強化を図ることを企図して構築されようとしているのが、地域包括ケアシステムである。

このシステムが目指しているのは、医療や介護、生活支援を担う福祉領域の社会サービスへのアクセスの向上であり、これらのそれぞれのサービスの質の向上である。

すなわち、日本では、医療や介護保険、社会福祉制度間の連続性を高めることで、社会保障制度自体の持続可能性も高めようとしているのである。

(2) ヘルスケアシステムのデザインの 1 つとしての integrated care

integrated care 導入の背景

地域包括ケアシステムは、integrated care というヘルスケアシステムのデザインの 1 つであるが、これまで国際的な文脈において

第1章　国のかたちとしての社会保障制度のあり方　｜　057

は、その多くが医療提供体制の低パフォーマンスの改善を目的に導入されてきた。すなわち、地域の貴重な社会資源である医療や介護サービスが重複なく、なおかつ、全体としてモレなく、相互によい影響を与えながら供給できるようになることを目指して導入されてきた。

　日本のように病院と介護保険施設という異なった機関でありながら、長期にわたる療養上の世話が、両者で同様に提供されることが常態化した例は、国際的にはほとんどない。このシステムが維持できた理由は、安定した医療財源があり、人材を供給できていたからである。この仕組みは、それなりに必要悪として機能してきた。だが、高度急性期という「器」に合わない患者を大量に病床に抱え続けたことで、日本の一般病床は、きわめて非効率な仕組みを温存することになった。

　日本の入院医療の大勢を占める高齢の入院患者は、術後に集中的な医療サービスが投下された後、疾病は治癒しても、ADL が著しく低下するため、若年患者とは異なった術後経過をたどる。

　病院は、高齢患者の術後の経過に適応できるような医療と介護を総合的に提供する仕組みを模索してきた。だが、この仕組みを急性期医療の枠組みで提供するということは、いわば短期的なケアと長期的なケアを同一の機関で提供することになるため、両方のケアの効率性を著しく低めることになる。

　介護保険制度は、急性期病院が抱えていた長期ケアの部分を代替することを目指して 2000 年に発足した。つまり、病院での非効率なサービス提供を地域の介護サービス提供機関で代替し、病院はこれらの機関との連携を図ることで本来の医療サービスの提供に特化するという機能分化を進めることが目指されたのである。

国外における integrated care 導入の影響

　国際的な文脈では、1990 年代にこのような医療と介護の統合

と機能分化を図り、サービスの効率性を高める概念としての integrated care が特にヨーロッパを中心に発展してきた。日本の地域包括ケアシステムは、この理念を具体化した1つのシステムのかたちといえる。

すなわち、このシステムは慢性疾患を抱える高齢患者に対して、必要な医療や介護サービスを効率的に、しかも質を落とさずに提供するための体制の構築という政策課題に対する1つの解として生まれてきたのである。

もちろん日本が、このような integrated care の文脈下にある地域包括ケアシステムを選択した理由の1つとして、他の欧米諸国と同様に財政的な制約があった。これから25年にわたって増加し続ける高齢者集団に対して、年金をはじめ社会保障給付の増加が見込まれるにもかかわらず、増税もできず巨額の財政赤字を膨らませ、潜在的に財政破綻状況にある日本の社会保障制度を継続していくためには、この地域包括ケアシステムをやってみるという方法しかなかったのである。

しかし、諸外国ですでに指摘されているように、地域包括ケアシステムによって社会保障制度の継続、端的に言えば財政の効率的な運用がなされたことを証明する確固たるエビデンスは示されていない[28]。

例えば、integrated care システムの経済的評価はその複雑な介入方法に対処するために既存の評価枠組みで信頼性と再現性が不十分であるという指摘もあり[29]、イギリスにおける integrated care の各種プログラムの費用対効果を検証した研究報告書では、短期間では費用の削減は明確に示されず、長期的にも必ずしも費用の削減が示されることばかりではないことが報告されている[30], [31]。

ただし、一方では、プログラム利用されたケースマネジメントのアプローチはプライマリケアより、セカンダリケアの費用を削減したというエビデンスも示されつつある[30]。

また、日本が抱える社会保障費の増大においては、病院や介護

施設などの供給体制をどう見直すかという視点や、現在、医師や病床が多い地域ほど医療費が高い傾向にあることや、「供給が需要を生む」との側面が強いことを十分に理解したうえで、マクロ的な施策を実施する必要があった。このため、すでに病床については、都道府県ごとに2025年度の必要数を試算し、適正化を促すとされる「地域医療構想」が2016年度にまとめられ、すべての都道府県がこの実行段階に入ったところである。

　急性期医療サービスの提供下において、長期ケアという介護サービス提供システムが混在していることによって、システムは非効率になっている。これを是正するためのサービス提供システムの改革として、地域医療構想は実施されなければならないとされてきたが、その実現は、地域包括ケアシステムの構築が前提とされる。

　そして、このシステムの基盤には豊かな community-based care があることが望ましいと考えられる。これについては、第2章第3節に後述する。

(3)　地域包括ケアシステムの普遍化と地域格差の是正を目指す managed care

保険者機能強化としての managed care

　2010年以降、日本では地域包括ケアシステムによる社会サービスの提供システムの改革を推進してきた。そのキーワードは integrated care であり、これはシステム内での医療や介護サービスといった提供主体間の統合を意味してきた。そして、このマネジメントを担うこととされてきたのが介護保険制度における保険者である市町村であった。

　ただし、このシステムはこれまでのサービス提供に関する哲学や思想だけでなく、政治的、行政的、財政的にも大きく影響を与

えるため、これらの要因を勘案して構築されなければならなかった[32]~[34]。

すなわち、市町村の行政機能には地域圏域内における多様な社会サービスの integration にあたり、大きな役割を果たすことが期待されてきたし、今もそれは継続している。ただし、この実現にあたっては、政治的にはさまざまな利害関係者の調整が必須とされ、行政的には既存の政策との関係性の整理がされなければならなかった。

しかも当該市町村における人口推移の予測を踏まえた新たなビジョン設定に際しては、関係者間の文化・価値観の共有がなされなければならないが、地域におけるサービス提供にあたっては多くのステークホルダーがいることから、その実現は容易ではなく、いずれの地域でも十分な成果が示されている状況にはない。

市町村には、これまで地域包括ケアシステムの射程となる住まい・医療・介護・予防・生活支援等を含む福祉サービスを一体的に提供するシステムの構築の経験がなかった。これに加えて、住まいや医療分野の施策やその政策形成に際しては、ほとんど関与してきておらず、あまりにも経験不足であった。

それでも市町村は、自らが設定した圏域内での介護や医療サービスの需要と供給にかかる量を調査によって把握し、さらには将来の需給量を予測しながら、圏域間調整を含めたマネジメント、すなわち managed care[注20]を強化することが求められている。

アメリカ合衆国における managed care の現状と課題

アメリカ合衆国では、医療サービスの保険者が指定した医師に、まずは受診することが求められ、必要に応じて専門医療機関

注20) ここでの managed care とは、アメリカ合衆国で管理型医療（システム）といわれる医療サービスの提供を保険者側がコントロールすることによって効率的に医療サービスを供給するシステムという考え方を援用し、介護サービスの保険者としての市町村が行うことになるサービスの効率性を向上させるための施策やそのプロセスも含んだ概念として用いることとする。

に受診することができるというのが一般的である。アメリカ合衆国における managed care では、基本的に提供される医療サービスは保険者が指定した医師および保険者が決定する。これが医療費抑制に効果をもたらしたといわれているが、その弊害も指摘され、日本では積極的な導入には至っていない。

アメリカ合衆国で用いられた managed care というヘルスケア手法は、もともと医療の質を確保しながら、不必要な医療コストを抑制することを目的とするものであり、これを利用した健康保険プランは「マネジドケア型健康保険プラン（Managed Care Plan）」と呼ばれ、比較的、低廉な保険料で保険加入できるメリットがあるとされた。

また、managed care では、保険者が選定した医師や病院によって構成されたネットワーク内の医療プロバイダーへのアクセスを促進するインセンティブがはたらく仕組みがある。

一方で、その弊害として、加入者の選択の自由が制限されることや保険者が介入し、医師・病院へのアクセスを制限すること、医療プロバイダーの診療内容や診療期間の管理が行われたりすることへの批判は大きい。

日本における managed care の目標とは

2014 年の「医療介護総合確保推進法」には、要支援者に対する予防給付を介護保険制度から地域支援事業に移行する等、市町村が柔軟な事業運営をできるという内容が含まれている。これは、全国一律の基準に従った介護（予防）給付ではなく、市町村が独自にサービスを規定し、運用していく地域支援事業の拡大であり、市町村裁量の拡大を意味していた。

また、2015 年 4 月からは市町村が主体となって取り組む子ども子育て新システムも本格的に実施されており、こういった「ローカルオーナーシップ」の範囲の拡大は、今後の行政運営の流れであり、市町村における managed care をいかに機能させるか

が地方自治における課題となっているとも説明できる。換言するならば、地域包括ケアシステムの構築とは、地域主権体制の下でのサービス需給システム整備の実施といえる。そして、新たな時代に求められているシステム、いわば「器」に相応しいサービスにも、これまでとは異なった価値観が要求されることになるということである。

第1章　国のかたちとしての社会保障制度のあり方

第 3 節

新たな社会サービスに求められる
共創型価値

(1) サービス産業が抱える 生産性向上にかかわる課題

サービス産業の推移

　現在、日本のサービス産業（第三次産業）は GDP（国内総生産）の約 7 割を占めており、市場規模も 286.7 兆円、労働者数は 2610 万人となった。ここ 20 年間に産業別の GDP は、製造業（第二次産業）の生産額が 50 兆円近く減少しているのに対し、サービス産業の生産高は 60 兆円近く増加した。同様に、就業者も製造業は 600 万人ほど減少したが、サービス産業は 760 万人ほど増えた[35]。

　このようにサービス産業は市場規模、労働者数ともに増え続けており、経済全体に与える影響も大きくなった。社会の成熟は、より高度なサービスを望む人の増加を生み出すが、欧米先進国もまた経済成長とともにサービス産業の市場規模は増大している。

　産業が、第一次産業→第二次産業→第三次産業へと移行することは、ペティ＝クラークの法則[注21]にしたがっていることを示しており[36]、アメリカ合衆国でも 8 割がサービス産業になった。このように、先進国ではサービス産業の重要性はさらに高まることになるだろう。

注21）ペティ＝クラークの法則とは、ある一国の経済が発展すると、それに伴い国民経済の中心の産業が第一次産業から第二次産業、第二次産業から第三次産業へと変遷すること。また、この現象を「産業構造の高度化」とも呼ぶ。

日本では、医療や介護、保育といった社会保障制度の中核となる社会サービスの供給量も増加している。このうち、介護サービスは、2000 年に介護保険制度が疑似市場システム[注22), 37)]を導入したことにより、供給量の確保には成功してきたが、そのサービスの質の担保については、制度発足から、20 年が経過した今日においても、大きな課題とされている。

　このように介護サービスの質の評価を困難としている理由は、以下に述べる「モノ（Goods）」とは異なるサービスが有する特徴によって引き起こされる。

サービスの特徴

　サービスには形がない。これを、サービスには無形性（非有形性）という特徴があるという。こういった特徴をもったサービスの購入にあたっては何らかの方法でサービスを可視化する工夫が求められる。例えば、介護保険施設で提供されるサービスを可視化するためには、実際に施設を訪問して、介護の提供現場を見学することや、過去にサービスを受けた方々に感想を聞くといったことや、あるいは、実際に短期の入所を経験してみるといった多様な取り組みによって、可視化への努力がなされてきた。

　だが、サービスには生産と消費が同時に発生するという同時性（不可分性）という特徴もある。そのため、たとえ体験入所で介護サービスを受けたとしても、経験する時間や空間によって、感

注22）疑似市場とは、準市場とも呼ばれ、部分的に市場原理を取り入れている場合の総称である。日本では、社会保障（医療、保育、教育等）にかかわるサービスの供給のあり方として用いられてきた。この概念を体系的に説明したのは、ルグランであり、「準市場は、顧客を獲得するために競争する独立した複数の供給者が存在するという意味で市場と同じである。しかし、準市場は、少なくとも 1 つの決定的に重要な点で通常の市場とは異なる。それは、通常の市場のように、利用者はモノやサービスを買うために自分自身の資源をもって準市場に来るのではなく、サービスは国家によって支払われるのであり、しかもバウチャーや、使途が特定された予算や資金提供方式などの形式を通じて、利用者の選択に従って動く資金によって支払われる。それゆえ、通常の市場において人々の購買力の差から生まれる不平等のほとんどを避けるような仕方で公共サービスが提供されることを可能にするので、準市場は根本的に平等主義的な仕組みである。」と説明されている。

じ方が異なることは少なくない。これによって、多くの人にとって、入所後に受けたサービスが、同じ質であったかを評価することは難しくなる。

また、介護サービスと類似する教育サービス等では、塾や学校でグループレッスンや映像授業を取り入れて、同等のサービスを多人数へ提供し、その生産性を向上させる取り組みをしているが、介護サービスには厳格な同時性だけでなく、非均一性（変動性）にかかわる課題もある。

さらに、多くの介護サービスは、サービスを受ける側の身体に触れることが前提となるため、同時性だけでなく距離的な問題が恒常的に発生する。これは、単に人員が確保されているだけでは十分とはいえず、具体的に同等の技術を有する人が緊急事態に備えて存在していなければならないことを意味する。

このように、サービスのなかでも医療や看護、介護サービスは特定の時間に特定の場所で生産が行われ、その場で消費されるという性質がある。医療サービスもあらかじめ決められた時間に病院に出向くことで、サービスが受けられる。これは、遠くに需要があっても、必ず生産場所まで来てもらわなければならない距離的な問題を常に有するサービスであるという性質を示している。

そのうえ、サービス利用者の身体へのサービスには、提供者と、これを受ける利用者との間に信頼関係がなければ成立しないものが少なくない。そのため介護サービスは、「誰が」「いつ」提供するかによって、そのサービスの質の評価が異なることが少なくない。これは、品質を標準化することが困難という非均一性（変動性）という性質を克服しなければならないという課題があることを意味する。

対人サービスの特徴

非均一性という性質をもつ、人が人にサービスを提供する対人サービスの場合、いわゆるサービスの質は、その提供者の経験、

技術などの専門性によって異なる。

一般的に、サービスを提供する企業は、この問題に対して、訓練やマニュアル作成、管理者の監督によって統制するという方法を採ってきた。医療や看護、介護の領域も同様の手法を援用し、非均一性への対処がなされてきた。

だが、サービスが利用者にどのように評価されるかについては、サービス提供者の内発的な動機と志向性によっても変わる。つまり、利用者の評価は、提供者側の組織体のもつビジョンや、組織の統制のあり方によっても異なるのである。

さらに、医療や看護、介護サービスは、貯蔵や保管ができないという消滅性（非貯蔵性）という特徴もある。

類似のサービス業としての観光業では、ホテルの部屋やレストランの席の確保などは、いわばサービスの持ち越しや保管方法が工夫されてきた。例えば、ホテルの部屋は、非ピーク時には、割引され、これによる需要喚起を図っている。同様に、ピーク時にだけパート社員を雇用し、供給量を増やすといったマネジメントも実施されている。

もちろん、介護保険施設や介護事業所でも食事時間や入浴時のピーク時の対応に関するマネジメントは行われている。しかし、ホテルの部屋やレストランの席とは異なり、介護サービスにおいては、食事や排泄介助というサービス本体の保管はできない。このような消滅性（非貯蔵性）という性質があるために、介護サービスは、常に厳密な受給管理の徹底が要求される。

サービス業である限り繁忙期の需要の対応に際しては、それなりの人材を用意しておかなければならない。とりわけ、日本においては、医療サービスも介護サービスも法律によって人員配置基準が厳格に定められているため、今日においても人材マネジメントは重要な課題として認識されている。

また、時間的に生じる需給ギャップへの対応は医療や介護サービス業にだけでなく、サービス産業全体で大きな課題である。

これに加えて、提供者の力量や、提供のタイミングによっても、品質が異なることが知られている。あの利用者には、特定の介護職員しか対応できないといったことは、現場では少なくない。これは非均一性（変動性）と呼ばれ、同じ品質で、サービスを提供し続けることが容易でないことを示している。

　同じようなサービス業で、美容院での美容師による髪を切るというような接客サービスがある。これも美容師の技量の差という非均一性の特徴をもったサービスである。ただし、美容師の提供する美容サービスよりも、介護職員が提供する介護サービスの力量を利用者が判断することは難しいと考えられている。これは、介護サービスには提供者と共につくる共同生産性という性質があるためである。この性質によって、介護サービスを受けた利用者の評価、あるいは印象は、単に介護職員の知識や経験によって異なる介護技術の差異（力量）だけでなく、利用する側の能力や利用者の協力の程度によって異なることが知られている。

　以上のように、介護サービスが有する共同生産性という性質は、医療や看護でも同様であることから、後述する価値共創との親和性は高いと考えられる。

　ところで、日本だけでなく多くの国で介護という行為は、もともと家族等によって提供されてきた行為であり、インフォーマルなケア領域として成立してきた。そのため、現在も介護事業所等では、技術をもった専門職（看護師や医師など）がかかわる割合は、急性期におけるケアの現場に比べるとかなり低い。

　このような状況から、これまでは介護サービスを提供する者を専門職として確立し、家庭で実施されている世話との違いを明確にするような専門性や介護技術の適切性等を評価し、これに付加的な報酬を追加しようとする動機は乏しかった。

　これは、インフォーマルな世界で成立している家族介護にも現金給付をしているドイツ等でも同様である。長期ケアにおける技術を評価する指標を作成し、これを評価して何らかの報酬を検討

すべきとの認識は現在においても、日本だけでなく国際的にもそれほど高いとはいえない。

しかし、日本では、介護を含む長期ケアを介護保険制度で担うこととなり、しかもここに疑似市場が生まれたため、その評価手法の確立は強く求められることになった。なぜなら、介護サービスの供給は、公から私（営利企業等）まで多岐にわたるにもかかわらず、公定価格が示されたからである。

現段階では、介護サービスそのものを客観的に評価する手法は確立されていないため、価格に相応しい介護サービスが確かに供給されているというプロセスを示す資料として、提供マニュアルの整備や業務フローの定型化、プロセスのマネジメントなどの方法によってその評価を代替しようとしてきた。

しかし、このようなストラクチャーを基本とする評価には限界があり、実態に適した評価方法の確立が求められた。こういった背景の下で生まれてきたのが、「介護プロフェッショナルキャリア段位制度」[注23] である。

(2) 「介護プロフェッショナルキャリア段位制度」による適応型価値の評価

介護保険制度の導入以降、株式会社やNPO法人が参入した競合市場になったことを受け、多様な事業者が介護サービスの質や多様性を競う状況が望ましいと考えられた。したがって、介護サービスにおいては経営主体間のイコールフッティングを確立すべきであるとの論は強くなっている。

注23) 制度の詳細は、一般社団法人シルバーサービス振興会内にある介護プロフェッショナルキャリア段位制度のHP（https://careprofessional.org/careproweb/jsp/）を参照のこと。現時点で、このスキル評価を現認できる人材は、日本では、2万2758人、この評価を受けて、介護プロフェッショナルキャリア段位を取得した介護職員が5125人、この評価制度を運用している施設・事業所は2268か所となった（2019年3月12日現在）。

一方、将来的に介護サービスの供給が本格的な市場によって担われることが想定されるとするならば、その品質が担保される仕組みを構築しなければならないと考えられてきた。

　日本では、国際的にもユニークな取り組みとして介護サービスを担う介護福祉士を国家資格とし、そのサービスの専門性の確立に努めてきた。しかし、既存の研修・資格制度では、介護に関する知識の有無の証明はかろうじて可能とされてはいるものの、実際に現場で何ができるのかという実技の部分の説明や、その評価方法の開発は十分に行われてこなかった。

　また、従来の家族によるインフォーマルな介護が目的としたのは、介護サービスを利用する者が失った機能の代替であった。

　これに対して、今日の介護保険制度は、利用者がもつ機能をできる限り、維持させながら、彼らの日常生活における自律性を向上させることが目的とされ、介護保険法の理念とされてきた。このような自立に資する技術は、代替や補完を目的とした技術とは、異なった理念の下で提供されているだけでなく、その技術体系のあり方も異なるものといえる。

　特に、ここでいう自立に資する介護技術がいかなるものであるかについては、昨今の介護サービスの疑似市場化に伴い、高い関心が寄せられるようになった。また、この技術には専門性が必要であり、高い価値があるとの共通理解は得られつつある。これは、成熟した社会には、高度なサービスが求められるというサービス産業社会の興隆とも共通している。

　このため、介護事業者に対して、介護保険制度の保険者となる市町村から自立に資する技術を提供することが、介護保険制度におけるサービス提供事業者としての要件とされることや、あるいは、高い基本報酬を得ることができる要件とされるようになれば、将来的に介護サービス提供者間のイコールフッティングが実行され、競争的な市場となっても、良質な介護事業者が生き残ることになるかもしれない。

しかし、どのような技術が自立に資するのかといった根拠に基づいた資料や、これを判断するための評価体系は未整備のままである。これは、長らく、日本では介護職員の OJT が進んでおらず、現場でケアにかかわる技術の評価が定期的になされる仕組みがなかったことが大きく影響している。しかも、現行のほとんどの OFF-JT は、知識取得に重点がおかれ、座学といわれる講習形式の研修となっている。

　そのため、実際に介護技術が提供「できる」かについての評価システムは、日本ではほとんど機能してこなかった。これは、利用者の自律性を尊重するといいながら、実際は介護現場でのサービス提供が、提供者から利用者への一方向の作用が主であったことを意味する。すなわち、介護はサービスであるにもかかわらず、事前に価値を定め、それを利用者に提供することで価値を生み出すという「モノ」を前提とするような、いわゆる「提供型価値」[注24] に基づいた提供体制が想定されてきた。

　このような考え方は、製造業などで商品開発をする際に利用者の希望は把握しているという考え方を基本としている。つまり、提供型価値とは、企業が製品開発する際には、利用者を事前に想定し、その利用者の使いやすさを考慮して、製品設計を行うことである。通常は、これは仕様という形式に変換され、要求仕様を満たす製品がつくられる。

　言い換えるならば、「モノ」を扱う場合は、概ね生産者側だけで提供する価値を考え、これに従って設計を行うことを意味する。このように、モノの生産については、設計仕様に、提供時に利用者がどのように満足するかといった価値の問題を入れることは難しく、よいモノができれば、必ず消費者からは受け入れられ

注24）提供型価値とは、本文中においても説明しているが、製品やサービスの提供主体とサービス利用者の価値が独立に明示でき、かつ、環境が事前に確定できる価値のことをいう。この提供型価値が扱われる提供モデルは、閉じたシステムとして完全に記述が可能であることが特徴となっている。

るとの考え方によって、この提供型価値は定められるということになる。

　しかし、モノとは性質が異なるサービスにおいては、提供者と利用者間のプロセスを排除することはできない。そのため、現行の介護サービスで、知識があればできるだろうという仮定のうえで運用されてきた介護サービスの提供型価値は、厳密な意味からいえば、仕様どおりの価値が生まれていたかを判断する術はない。

　さらに、現行のこういったサービスの管理においては、サービスの非均一性（変動性）という性質から、ストラクチャーの評価しか存在していない。例えば、排泄に関するマニュアル、入浴に関するマニュアルや文書が存在していれば、介護サービスの提供型価値に問題はないだろうとされてきたのであった。

　介護サービスの提供にあたっては、通常、どのような方法で食事の介助をするかは事前に決まっている。しかし、生産と消費が同時に発生するという同時性（不可分性）があることによって、途中で、例えば、嚥下がうまくいかないといった緊急の問題が生じた場合、介護職員は確実に、その状況に適応したかを検証することは困難であった。これは、サービスには無形性（非有形性）という性質があるためと説明できる。

　一方で、今日の介護サービスにおける価値は、その場で適応的に形成されるような、予期せぬ環境変化にいかに適応してふるまえるか（適応型価値）が重要とされており、介護サービスの設計（仕様）に際しては、そのサービスで生み出される価値については、設計時に考慮されるべきと考えられている。しかしながら、この価値はサービスが提供され、それが利用された結果として生じる。

　このことから、臨床的には、介護職員の力量は、この適応型価値の高さ、いわば臨機応変の対応ができるかどうかが高い評価の根拠となってきた。つまり、あらかじめ事故を想定した仕様をつ

くり、これを実行できたかどうかを、すなわち、介護サービスの同時性を考慮して評価は行われなければならなかった。

介護プロフェッショナルキャリア段位制度は、提供型価値だけでなく、こういった適応型価値を有する介護サービスを現認評価する仕組みを包含している。

これは、介護サービスを提供する事業者におけるOJTを通じた人材育成のスキームの1つとして、2010年6月に閣議決定された新成長戦略の下で制度化された。介護プロフェッショナルキャリア段位制度にOJTを利用するにあたっては、介護の実践スキル評価項目をもとに評価対象となる介護職員のある時点での実践スキルの習得度合いを評価者[注25]（以下、「アセッサー」）が、その多くを現認で評価（期首評価）し、その介護職員の「できていない」項目を抽出して明確にする。そして、OJTを通じて「できていなかった」実践スキルを「できる」ようにするための現場での教育システムを整備することが求められる。そして、この制度で現認評価される介護技術の項目には、提供型価値と適応型価値を想定した内容が網羅された。

この介護プロフェッショナルキャリア段位制度は、国内外を含めての唯一の介護職員の実践的スキルの向上を目的としたOJTのツールである。これによって、当該職員が「何ができていないか」をアセッサーが現認によって測定できる仕組みを内包した現場教育のシステムといえる。

また、これらの介護技術の習得状況に関するデータは逐次、収集され、分析されてきた。その結果、日本の介護職員の技術が想定されたレベルに達していないことも明らかにされた。さらに

注25）アセッサーとは、事業所・施設内において介護職員のキャリアアップを推進・支援していく役割を担う人材で、アセッサーは、介護職員の管理的立場の人であり、被評価者である介護職員の「できる（実践的スキル）」の度合いを評価（アセスメント）するとともに、職場における被評価者のスキルアップのための具体的な方策を被評価者と一緒に検討を行い、スキルアップの支援（OJT = On the Job Training）を行う役割がある。

第1章　国のかたちとしての社会保障制度のあり方

は、国家資格の有無で介護技術の習得の程度も説明できなかった。このことは介護福祉士資格の有無や国が求める研修を受講した者とそうでない者との介護技術に統計的な関係が示されなかったことからも明らかにされた[38]。

　先にも述べたように、介護サービスは提供型価値が想定されたサービスでありながら、利用者にその内容を明らかにすることができなかった。これは、介護現場で提供されていたサービスの体系化や標準化がなされなかったためである。そして、このことは、長年にわたって、介護サービスの適応型価値を高めることへの阻害要因となってきたのであった。しかし、今回、開発された介護プロフェッショナルキャリア段位制度においては、介護サービスのもつ提供型価値を具現化した。しかも、適応型価値が高い介護サービスも明示されたことによって、これまで発展が滞ってきた介護サービスの価値をさらに高めていく可能性が示されたのである。

地域包括ケアシステムの構築に向けた介護職員の技術評価の活用可能性

　介護プロフェッショナルキャリア段位制度で認定されるレベル4[注26]には、日本の新たな地域の器ともいえる「地域包括ケアシステム」に関連する技術を評価する項目も網羅されている。現段階では、介護系入所施設の多くの介護職員は、この技術をほとんど獲得できていないことが明らかにされている。

　以下の**図1-3**、**図1-4**に示されたように「できない」と評価された割合がほかの基礎介護技術等に比較して、著しく高い項目となっている。

注26）介護プロフェッショナルキャリア段位制度は、日本で初めてのケアに従事する職員の実践能力を把握するための仕組みであり、ケアの提供場面という、「ケア提供者とその受け手である利用者とのサービスの共同生産の現場」を評価するという点において、世界に類をみない評価の仕組みである。

図 1-3 介護プロフェッショナルキャリア段位制度のレベル認定者におけるカテゴリー別介護技術の習熟度（経験年数 10 年未満と 10 年以上の職員の比較）

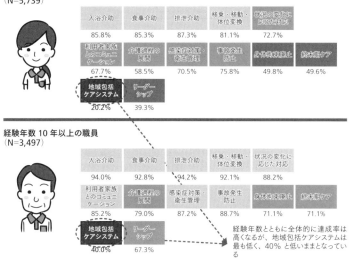

　しかも、介護プロフェッショナルキャリア段位制度においてレベル認定を受けた者のうち、10 年以上の経験を積んでも介護老人福祉施設に勤務する介護職員は、「身体拘束廃止」や「リーダーシップ」にかかわる一部項目を除き、「できない」割合はほぼ 30％未満となっているのに対し、「地域包括ケアシステム」に関連する項目は、ほぼ 50％以上ができないことが明らかにされた[39]。このような結果からは、先に述べた社会福祉法人として存立してきた介護老人福祉施設の地域への貢献が乏しい実態が示されたといえる[注27]。

　これは、営利法人が多いとされる訪問介護を担当する職員と比較すると顕著である。訪問介護で働く職員は、介護老人福祉施設

注27）ただし、この地域包括ケアシステムに関する技術は、レベル 4 以上と高い専門性をもった介護職員に対して要求している技術であることに留意する必要がある。

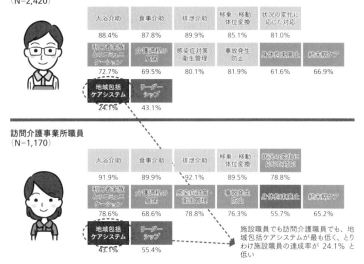

図1-4 介護プロフェッショナルキャリア段位制度のレベル認定者におけるカテゴリー別介護技術の習熟度（介護老人福祉施設職員と訪問介護事業所職員の比較）

の職員よりも地域包括ケアシステムの技術に関する達成率は高い傾向があることが明らかにされた。

　介護老人福祉施設の職員において、地域包括ケアシステムに関する項目の達成率が介護現場の経験年数が10年以上であっても著しく低いことからは、介護系入所施設では、地域に対する貢献活動がほとんど実施されてこなかったことを意味している。

　今後、日本が地域包括ケアシステムを構築し、システム内での介護サービスの公私ミックスを検討していく時期がやってくる。その際には、実践的なケア技術である基本介護技術や地域包括ケアシステムへの貢献の程度を評価し、比較的、安価に提供されてきたサービス価格にいかなる検討を加えるかが、当該地域内での実効性の高いシステム構築に関する議論の端緒となる。そして、これには利用者視点での評価が重要となることが予想される。

これは、従来、指摘されてきた顧客満足度だけでなく、新たな
サービスの考え方であるサービス・ドミナント・ロジック（Service-
Dominant Logic、以下、「SDL」）を基礎とした「共創型価値」[注28] につ
いても言及すべきことを意味している。おそらく、イコールフッ
ティング後の新たな供給体制を検討する場合、適応型価値に加え
て、何らかの共創型価値を含む技術を有する職員を社会資源とし
て育成していかなければならないようになるだろう。このこと
は、今後の介護事業所の評価にあたっては、共創型価値が高い人
材の有無やその人数も含まれなければならないことを意味する。
さらに、このような地域包括ケアシステムに関する介護技術の達
成率を示した現時点のデータは、市町村が地域包括ケアシステム
構築に向けた取り組みを地域レベルで検討していく際に利用でき
る有用な資料となる。

　現時点では、介護保険事業計画を策定する際に、当該地域包括
ケア圏域に単に介護老人福祉施設が何か所あるかといったデータ
のみで十分とされているが、今後は、まさしくサービスの内容を
示すことになる、これらの施設に確かな介護技術を習得した者、
すなわち、提供型価値としての介護サービスだけでなく適応型価
値や共創型価値を生み出せる介護職員が何人いるかを明確にする
といった緻密な積み上げが必要となる。

　換言するならば、今後、当該地域が必要とする情報は事業所の
数ではなく、質の高い介護サービスを生み出すことができる職員
の有無であり、その人数を含む内容となることが期待される。

注28）「サービス・ドミナント・ロジック（SDL）」とは、「モノ（有形の商品）」と「サービ
　　　ス（無形の商品）」を区別することなく包括的にとらえ、「企業がいかにして顧客と
　　　ともに価値を創造できるか」という価値共創の視点からマーケティングを組み立てよ
　　　うとする考え方のこと。2004 年にロバート・F・ラッシュとステファン・L・バーゴに
　　　よって提唱された。また、「共創型価値」とは、製品やサービス提供主体の価値と
　　　サービス利用者の価値が独立に確定できず、両者が相互作用し分離できない価値
　　　のことをいう。製品やサービス提供主体が利用者に参入する提供モデルであること
　　　に特徴がある。

(3) 新たなシステムに必要とされる新たなサービスの展開——Co-creation Value（価値共創）を超えるサービスのあり方とは

　伝統的な製造業では、メーカーがモノを開発する際には、このモノの価値を創造し、それを顧客が購入して価値を消費するという交換価値が成立してきた。すなわち、消費者にとっての魅力的な価値をモノにつくり込み、その価値で顧客の購買意欲をかき立てる「グッズ・ドミナント・ロジック（Good's Dominant Logic、以下、「GDL」）[注29]」が前提とされていた。

　しかし、現代においては、モノが提供してきた機能的価値や感情的価値だけでは、コモディティ化[注30]、低価格志向化を解消できなくなった。そこで今、企業では消費者との共感を醸成し、ともにモノをつくり上げていくという顧客体験「コト」を継続的に提供することでモノを売る、つまり「モノ発想からコト発想へ」の転換が急ピッチですすめられている[40]。

　その背景には、消費者（利用者）と直接的な双方向コミュニケーションを深める手段として、インターネットやソーシャルメディアが簡易に利用できるようになり、消費者がモノづくりに参画することへの垣根が低くなったこと等が理由とされている。この状況は、消費者の立場が大きく変化していることを表している。

　これから想定される消費者は企業とともにモノをつくる新たな経験により、同様のモノをつくる他社の製品やサービスを差別化することで特徴づけられる。もはや、消費者は企業からモノを購

注29）グッズ・ドミナント・ロジック（GDL）とは、商品自体に価値を埋め込み、顧客との価値の交換を重視しているマーケティングの考え方のことであり、サービス・ドミナント・ロジック（SDL）と対比して用いられる。

注30）コモディティ化とは、市場参入時に、高付加価値をもっていた商品の市場価値が低下し、一般的な商品になること。

入する立場だけでなく、企業から、「モノづくり」という価値、あるいは、そのサービスを含めて購入するという立場を得ているのである。すなわち、従来、企業だけで担ってきたモノの価値の創造過程に消費者が入り込むことで、新たな価値（共創型価値）が生み出されるのである。

　これまでの製造業のビジネスでは、メーカーがモノを開発し（提供型価値を創造）し、それを顧客が購入して、価値を消費する（交換価値）ことで、モノの開発と消費という関係は成立してきた。だからこそ、企業は、魅力的な価値をモノにつくり込み、その提供型価値がよければ、顧客は購買意欲をかき立てられ、モノは売れるというGDLを前提としておけばよかった。

　しかし、今日、企業は消費者が求めている新たな価値を提供するためには、従来のモノやサービスを売るだけでなく、消費者とともに課題と向き合い、ともに解決方法を考えるという新たなビジネスモデルを企業活動の基本としなければならなくなっている。すなわち、消費者を交渉の相手ととらえるのではなく、課題を解決したい当事者として、対等な立場で議論を進め、新たな価値（共創型価値）を生み出すことが企業活動の根本となりつつあることを示している。

　例えば、ダイソンの掃除機にはセンサーが組み込まれ、使用者の使用状況が逐次把握できるようになっている。だからこそダイソンは、その使用状況に合わせて、製品の機能や性能について、組み込まれたソフトウェアをアップデートさせることができる。つまり、掃除機は購入されて終わりではなく、購入後もその性能を向上させ続けるという価値を与え続けるのである。このほかにも、使用状況から故障やトラブルを予見し、事前に対処して、使用者の安全・安心を担保するというサービスも検討されている。そして、ダイソンでは、日本における実際の使用状況をデータとして、これに基づいた日本の家屋構造にあったよりよい製品を開発するといった取り組みをしているという。

第1章　国のかたちとしての社会保障制度のあり方

図 1-5　GDL と SDL の比較[注 31]

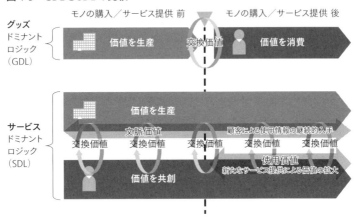

　このようなダイソンの例は、先にも述べたが、単に掃除機という「モノ」をつくって売るだけではなく、購入後の使用段階でも継続的につながり、サービスを提供し続けるという新たなビジネスモデルによる企業活動がなされていることを示している。さらに、購入後のサービスも一体的に提供することに価値を生み出すこと（交換価値）の向上によって、商品そのものの魅力や提供型価値を高めている。
　ダイソンのような商品、そして購入後のサービスを含めたビジネスモデルの確立に際しては、SDL という新たなサービス概念の考え方があったとされる。SDL では、モノ（有形の商品）とサービス（無形の商品）を区別せず、たとえモノの場合であっても、生産活動から、利用者の消費活動を包括的にとらえるべきとされている[41]。
　また、SDL では、製品の生産過程もサービス提供プロセスそのものも、ナレッジスキルの適用と考えられる。また、消費者は

注 31）ポーターマイケル, E., ヘプルマンジェームズ, E. & 有賀裕子（2016）. 組織とバリューチェーンはこう変わる IoT 時代の製造業. Harvard business review, 41(1), 84-109. 筆者一部改変.

製品やサービスの購入により、価値共創がなされている状況と位置づけられるため、顧客は価値の共創者となる。

このように SDL では、サービスはモノとの対比としての「無形の商品」という意味ではなく、顧客が利用することで、はじめて価値（使用価値・経験価値）をもつ商品として定義される。従来の商品自体の価値を重視する GDL から、この SDL の登場によって、商品やサービスにかかわる価値の考え方は、大きな転換がなされた[42]。

さらに、SDL はサービスをプロセスとしてとらえることに特徴があり、相互作用や関係性といった概念を基盤に置いてきた北欧学派のサービス研究が提唱してきた S ロジック（Service logic）に影響を受けている[43]。おそらく、これからの医療や看護、介護サービスの考え方は、この S ロジックに基づいた検討が求められていくことになる。

以上のように、今日の産業界では企業が価値（提供型価値）を決め、それを「モノ」に埋め込み、交換価値によって市場取引に臨むという従来の企業活動から大きな転換をしようとしている。つまり、顧客が真に求める商品やサービスをつくり、その情報を届け、顧客がその価値を効果的に得られるようにするために、企業と顧客が価値を共創し（共創型価値）、これを顧客が判断するという共創的なプロセスを重要とするようになる。これらの活動全体を説明する理論モデルも SDL や S ロジックなど多様な理論が示されつつある。

地域包括ケアシステムが提供すべきサービスは多様であるが、このような価値の観点から、とらえ直す必要がある。例えば、車いすという福祉用具を用いた自宅から診療所への移動のためのヘルパーによる介助サービスは、SDL の考え方では、どのようにとらえられるだろうか。

車いすは、自宅から診療所に移動するというサービスの手段に過ぎず、その本質は移動というサービスにある。その移動の介助

第1章　国のかたちとしての社会保障制度のあり方

というサービスがヘルパーによってなされると仮定する。

　そうすると、まずこの移動サービスの過程としては、ヘルパーは、①利用者の自宅へ迎えに行く、②利用者の身体状況や心理的な状況をアセスメントし、その結果によっては、③車いすでの移動サービスを、利用者との話し合いによって、中止あるいは、自力での移動に変更するといったことがありうる。

　この変更は、SDL理論で説明すれば、「ナレッジスキルの適用」によって、提供型価値を適応型価値へ変更したとの説明ができる。

　また、このあらかじめ用意された移動サービスの提供（提供型価値）に際して、利用者が車いすではなく自力で杖を使って移動したいとの希望があった場合、ヘルパーは、利用者の状態を③再度、アセスメントし、そして、サービス遂行にあたっては、④使用予定であった車いすというモノを杖に変更して、移動サービスを提供することになる。

　これが成立するためには、第一に、このヘルパーにサービスの変更の根拠を示すアセスメント力があること、第二に、ヘルパーが杖歩行という移動において、これを介助できる能力があるかが問われる。

　これら2つの条件が整い、移動サービスが提供できれば、これは、当初の提供型価値を超えた、利用者の希望による共創型価値を生み出すサービスを提供したといえることになるだろう。

　介護サービスは、サービスのもつ共同生産性という特徴をいかすことで、以下の**図1-6**に示したように、提供型価値モデルや適応型価値モデルから共創型価値モデルへ高める可能性を有している。価値共創モデルは「価値は企業と消費者が様々な接点で共創する体験の中から生まれる」と定義され[40]、介護サービスの特徴となる共同生産性を基底とする共創体験が新たなサービスのあり方を生み出す端緒となることを示している。

　介護保険施設の利用者や病院、クリニックに通院する患者らに

082　│　第1部　社会保障制度の動向と地域包括ケアシステム

図 1-6　介護サービス提供と価値モデル

サービス提供前後を問わず

・サービス提供内容を計画していない／計画通りにサービス提供されない
・インシデントが起きる

価値が提供されないモデル

・サービスの提供の仕方を受け手と一緒に考え、提供する
・一緒にサービスを考えられるようにあらかじめ説明する

共創型価値モデル

・サービスの受け手の状況を評価し、あらかじめ計画したサービスを標準的に提供する

提供型価値モデル

・受け手の状況に合わせて提供するサービスを変える

適応型価値モデル

サービス提供時（前）に行う

受け手に合わせてサービス提供内容を変えない　　　受け手に合わせてサービス提供内容を変える

　とって、医療や介護サービスは、これまでは、情報の非対称性という特徴によって、その関心は、サービスを経験する空間や時間に寄せられることが多かった。

　しかし、介護サービスにおける情報の非対称性は、医療サービスよりは低い。このことから、介護サービスにおいては、共同生産性という性質によって、つくり上げられる豊かな共創型価値を利用者が経験することで、このサービスが潜在的にもつ新たな価値を高めることができるかもしれない。

　新たな時代には、現時点では、最も価値が高いとされている介護サービスにおける「適応型価値」のさらなる向上を目指して、「共創型価値」を生み出す職員をいかに増やすかが求められている。前述したように、これからは当該地域に共創型価値をつくることができる職員が在籍している病院、施設、事業所が何か所あ

るのか、そして、これらが存在する地域全体で「価値共創」の事業・取り組みがなされているかといった評価軸が求められていくことが期待される。

　また、このことは、managed care を担う自治体にとって、どの地域包括ケア圏域に、これらの技術をもった人が何人いるのか、その所属はどこで、どのような技術ができるかといった「介護プロフェッショナルキャリア段位制度」がもたらす、さらに詳細な社会資源の情報は公私ミックス型の地域包括ケアシステムをマネジメントするうえできわめて重要な情報となる。

　すでに、深刻な人手不足問題が顕在化した地域もあり、行政サービスを担う自治体行政は広域化のための地方制度調査会という内閣府の審議会[注32] が立ち上げられていることは述べた。ここでは、すでに複数の市町村でつくる「圏域」を新たな行政主体とする仕組みが議論されている。

　このような議論においても、地域包括ケアシステムに資する技術を有する介護に精通した職員の存在は、将来的には介護だけでなく、ほかの生活支援サービスも含めた地域包括ケアシステム構築にあたって、サービスの生産性向上における重要な役割を担うことが期待されるものと考えられる。

　今後、公的サービス提供主体が公私ミックス型に移行せざるを得ないなかで、自治体は提供主体がいずれであっても、利用者にとっての適正なサービスが提供できる体制を一刻も早く構築していかなければならない。その際に、新たな介護サービスの価値をどのように向上させるかについては、本書の第4部で述べる。

注32）地方制度調査会設置法の規定に基づき、日本国憲法の理念を十分に具現するように、現行地方制度に全般的な検討を加えることを目的として設置され、地方制度に関する重要事項を調査審議することを任務とする。1952年に第1次調査会が設置されて以来、現在までに32次（2018年7月に発足）にわたって設置されてきた。

［引用文献］

1) Tsutsui, T., Muramatsu, N.（2007）. Japan's Universal Long-Term Care System Reform of 2005: Containing Costs and Realizing a Vision. Journal of the American Geriatrics Society, 55（9）, 1458-1463.

2) Campbell JC., Ikegami N.（2000）. Long-term care insurance comes to Japan. Health Affairs, 19（3）, 26-39.

3) Tsutsui, T., Muramatsu, N.（2005）. Care-Needs Certification in the Long-Term Care Insurance System of Japan. Journal of the American Geriatrics Society, 53（3）, 522-527.

4) 首相官邸（2013）. 社会保障制度改革国民会議報告書〜確かな社会保障を将来世代に伝えるための道筋〜. https://www.kantei.go.jp/jp/singi/kokuminkaigi/pdf/houkokusyo.pdf

5) 総務省自治体戦略2040構想研究会（2018）. 総務省自治体戦略2040構想研究会 第 二 次 報 告（2018年7月）. http://www.soumu.go.jp/main_content/000562117.pdf

6) 厚生労働省（2013）. 持続可能な社会保障制度の確立を図るための改革の推進に関 す る 法 律 案.（2013年10月15日提出）http://www.mhlw.go.jp/topics/bukyoku/soumu/houritu/185.html

7) 週刊ダイヤモンド. 批判続出の社会福祉法人 たまる内部留保のカラクリ.（2014）. 102（43）, 42-43.

8) 佐橋克彦（2014）. 福祉サービスの契約化・多元化時代における社会福祉法人のあり方. 月刊福祉 97（13）, 18-22.

9) 岡田光也（2014）. 福祉を忘れた一部の社会福祉法人：背景に政府主導の市場原理. 月刊ゆたかなくらし（389）, 32-37.

10) 鈴木俊彦（2014）. この人に聞く 国民の期待に応える 社会福祉法人制度へ見直しを：鈴木俊彦氏. 週刊社会保障 68（2797）, 36-37.

11) 内閣府規制改革会議（2014）. 介護・保育事業等における経営管理の強化とイコールフッティング確立に関する論点整理.

12) 社会福祉法人の在り方に関する検討会（2014）. イコールフッティングについて.

13) 首相官邸（2017）. 塩崎臨時議員提出資料：予防・健康・医療・介護のガバナンス改 革. 平成29年第5回経済財政諮問会議（平成29年4月12日）. http://www5.cao.go.jp/keizai-shimon/kaigi/minutes/2017/0412/shiryo_04.pdf

14) Maier, M. W.（1998）. Architecting principles for systems of systems. Systems Engineering: The Journal of the International Council on Systems Engineering, 1（4）, 267-284.

15) OECD.（2007）. Centre for Educational Research and Innovation（CERI）. Evidence in education: Linking research and policy. OECD, Paris, France.

16) 首相官邸（2015）. 経済財政運営と改革の基本方針2015〜経済再生なくして財政健 全 化 な し〜. http://www5.cao.go.jp/keizai-shimon/kaigi/cabinet/2015/2015_basicpolicies_ja.pdf

17) 首相官邸. 世界最先端IT国家創造宣言. https://www.kantei.go.jp/jp/singi/it2/kettei/pdf/20130614/siryou1.pdf

18) Jowell, R.（2003）. Trying it Out: The Role of 'pilots' in Policy-making: Report of a Review of Government Pilots. Cabinet Office, Strategy Unit.

19) 松山幸弘（2001）. アメリカの教育改革から学ぶこと. Economic Review 5（4）：93-109.

20) 政策評価審議会政策評価制度部会（2017）. 規制に係る政策評価の改善方策.

21) 筒井孝子（1995）. 福祉機器導入・住宅改造実施が在宅要介護高齢者世帯に及ぼす影響に関する研究. 日本大学大学院理工学研究科修士論文.

22) Vrijhoef, B.（2010）. Measuring the Impact of Integrated Care. London, Nuffield Trust seminar, 26 March.

23) 一般社団法人日本臨床看護マネジメント学会「看護必要度」研修ワーキングチーム（2018）. 医療機関における患者評価の意義——様式化されたデータとしての「看護必要度」. 嶋森好子, 筒井孝子. 看護必要度データから始まる臨床看護マネジメン

ト—医療機関における患者評価と体制整備—サイオ出版；東京, 8-17.
24）Tsutsui, T., Higashino, S., Nishikawa, M., et al.（2015）.Medical and long-term care services provided to hospitalized patients in Japan : Data analysis from a 2012 national survey. 経営と情報 27（2）, 51-61.
25）Clarke, JL., Bourn, S., Skoufalos, A., Beck, EH., Castillo, DJ.（2017）. An innovative approach to health care delivery for patients with chronic conditions. Population Health Management, 20（1）, 23-30. Mary Ann Liebert, Inc.
26）Dreyer, T. Care transitions: best practices and evidence-based programs. Home Healthcare Nurse. 2014;32（5）:309-316.
27）Hirschman, KB., Hodgson, NA.（2018）. Evidence-Based Interventions for Transitions in Care for Individuals Living With Dementia, The Gerontologist, 58,1（18）, 129-140.
28）Nolte, E. and Pitchforth, E.（2014）. What is the evidence on the economic impacts of integrated care? Copenhagen: European Observatory on Health Systems and Policies.
29）Nolte, E., Knai, C., Saltman, RB.（2014）. Assesing chronic disease management in European health systems: concepts and approaches. Observatory studies series: European Observatory on Health Systems and Policies.
30）RAND Europe, Ernst & Young LLP.（2012）. National evaluation of the Department of Health's integrated care pilots: appendices. Cambridge: RAND Corporation.
31）Ovreteit, J.（2011）. Does Clinical Coordination Improve Quality and Save Money? London : Health Foundation.
32）Conrad, DA., Shortell, SM.（1996）. Integrated Health Systems: Promise and Performance. Frontiers of Health Services Management, 13, 3-40.
33）King, G., Meyer, K.（2006）. Service integration and co-ordination: A framework of approaches for the delivery of co-ordinated care to children with disabilities and their families. Child: Care, Health & Development, 32,477-492.
34）Wulsin, LR., Sollner, W., Pincus, HA.（2006）. Models of integrated care. Medical Clinics of North America, 90, 647-677.
35）内閣官房（2014）. サービス産業の生産性. 経済財政諮問会議「選択する未来」委員会. 第 3 回 成長・発展ワーキング・グループ. 資料 1 https://www5.cao.go.jp/keizai-shimon/kaigi/special/future/wg1/0418/shiryou_01.pdf
36）コーリン・クラーク（大川一司ほか訳）（1953）. 経済進歩の諸条件. 下巻. 勁草書房.
37）ジュリアン・ルグラン（後房雄訳）（2010）. 準市場 もう一つの見えざる手——選択と競争による公共サービス. 法律文化社.
38）東野定律, 木下隆志, 大夛賀政昭, 筒井孝子.（2014）. キャリア段位制度における介護職の技術評価に関する研究——職員の属性別にみた業務内容の比較. 経営と情報 27（1）, 1-13.
39）一般社団法人シルバーサービス振興会（2018）. OJT を通じた介護職員の人材育成に関する調査研究報告書（2017 年度老人保健健康増進等事業）.
40）東利一（2012）. コトの多義性を整理する. 流通科学大学論集, 流通・経営編, 24（2）, 75-87.
41）Lusch, R. F. & Vargo, S. L.（2014）. Evolving to a new dominant logic for marketing. In The Service-Dominant Logic of Marketing（pp.21-46）. Routledge.
42）Vargo, S. L. & Lusch, R. F.（2008）. Why "service"?. Journal of the Academy of marketing Science, 36（1）, 25-38.
43）Grönroos, C.（2006）. Adopting a service logic for marketing. Marketing theory, 6（3）, 317-333.

第2章

地域包括ケアシステムの構築を支える 3 つの key 概念

第 1 節

地域包括ケアシステムの構築と地域医療構想の進展

(1) 終末期におけるケアの提供のあり方と地域包括ケアシステム

さらなる高齢化を迎える日本の終末期医療の行方

　人類にとって長寿は、長年にわたって求めてきた強い願望であり夢であった。だが、これに伴い、人々は高齢期に複数の慢性疾患による症状や身体機能・認知機能の低下も背負うことになった。このため人々は、おおむね 20 年以上も老化による機能低下を徐々に感じながら終末期を過ごし、本当の最期を迎えることになる。

　社会保障制度が整備された OECD（経済協力開発機構）諸国をはじめとする先進諸国にとっても、この終末期におけるケアの提供のあり方は大きな課題となっている。

　2010 年に OECD に属する国々の人口の 15％が 65 歳以上とな

り、2030年には、これが22％に達すると予測されている[1]。このような65歳以上人口の増加は、長寿化、すなわち、高齢期の長期化を意味する。例えば、2009年には65歳の女性の寿命はさらに21年間延伸すると予測され、これは50年前と比較すると40％も寿命が延びたことを意味する。これまで、わが国で終末期を支えてきたのはいわゆる一般病床であったが、地域医療構想策定のガイドラインによれば、慢性期病床は療養病床の入院受療率が最も低い長野県の水準0.122％まで低下させることが目指されている。現行の全国の中央値は0.213％であることから、例えば療養病床数は、現在の約34万床（介護療養が7万床、医療療養が27万床）から20万床へ削減されなければならないとされているのである。

　そもそも療養病床の定義は「主として長期にわたり療養を必要とする患者を入院させるための病床」とされ、実際の入院適用基準は曖昧で最も療養病床の多い高知県と最も少ない長野県とでは、約5倍の入院受療率の差がある。

　しかも過去において、医療療養を15万床に削減、介護療養は介護系施設に転換して廃止する計画が頓挫しており、いわば国でうまくいかなかった施策を都道府県に託したという状況となっている。

　療養病床だけでなく、医療における地域差の是正や適切な医療供給体制整備という問題は、国が地域医療計画や診療報酬改定等を利用して、10年以上も解決を目指してきたが捗々しい成果は上げられていないのである。都道府県はこのような実に重い課題を担わなければならないのである。

地域医療構想の実現を支える地域包括ケアシステム

　地域医療構想のガイドラインには、「都道府県の2次医療圏ごとに、2025年に必要な機能別病床数を算出し、それに近づける取り組みをする」ことが求められている。これは、端的にいえ

ば、過剰な高度急性期病床を急性期・回復期病床等に転換させることや慢性期病床（≒療養病床）を削減し、在宅医療を推進することを意味している。

このように国が示す地域医療構想とその実行のためのガイドラインでは、療養病床の代わりを在宅医療が担うと考えられている。これは、これまでは病院に入院していた患者が、今後、病院に入院できないだろう「元患者」となり、地域で療養生活を送らなければならなくなることを意味している。

つまり、これらの元患者である在宅療養者らに対して、医療および介護サービス、そして、生活支援のための適切なサービスの提供を可能とするシステム整備が地域包括ケアシステムとして求められているのである。これは地域医療構想を実現するためには、地域包括ケアシステムの構築は必須であり、わが国の医療提供体制の改革における前提条件となっていることを示している。

(2)　生活支援体制の整備と地域包括ケアシステム

単身高齢者世帯の増加

今後、地域包括ケアシステムのなかで、その提供に際して特に留意すべきサービスとして生活支援にかかわるサービスがある。このサービスが重要である理由は、在宅療養者に占める単身高齢者の割合がいっそう高まるからである。2015年に23.1％であった単身高齢者の割合は、2035年には28.0％になると予想されている[2]。しかも、認知症の高齢者数も2015年の345万人から、2025年には470万人に増加するという推計が示されている。おそらく、単身の認知症高齢者も大きく増加することになる。地方自治体は、これらのインフォーマルサービスを期待できない多くの高齢者に対して、インフォーマルサービスを代替する、何らか

の策を提示しなければならない。

　慢性疾患や認知症を患った単身の高齢者が在宅生活を送るためには、医療や介護サービスだけでなく、衣食住をはじめとする社会生活を送るためのサービス提供体制が地域になければならない。これまでのように家族や地縁に期待した互助等を含む生活支援体制をつくるべきだという夢物語を話している状況ではない。本当にこのような体制を自治体が整備できるかが厳しく問われているのである。換言するならば、「community-based care（地域を基盤としたケア）が実現できるか」が自治体には突きつけられている。

　2018年4月に施行された改正介護保険法では、市町村介護保険事業計画の作成に関する事項において、community-based care を表現した「各市町村においては、それぞれの地域が目指すべき方向性を明確にし、地域の特性を活かした地域包括ケアシステムを深化・推進していくことが求められている」との記述がある。

　地域包括ケアシステム強化法においては自治体はそれぞれの地域の実態把握・課題分析を行ったうえで、自立支援や介護予防に向けたさまざまな取り組みを推進して、これらさまざまな取り組みの実績を評価したうえで、計画について必要な見直しを行うというPDCAサイクルを回していくことが求められた。

　ただし、このサイクルの各部門の担当者は明確にされていない。したがって、責任主体も曖昧となっている。これは、いわゆる地域についての政策が地域包括ケアシステムについては、介護保険制度によって推進され、厚生労働省老健局が主に担当してきたという経緯があるからといえよう。しかし昨今、示された地域共生社会という概念によって示される政策の展開は、同じ厚生労働省でも社会・援護局が担当している。

　また、内閣官房のまち・ひと・しごと創生本部でも地方創生推進交付金1000億円が確保された。これは、地方財政計画の策定に際して、「まち・ひと・しごと創生事業費」（1兆円）に計上さ

れ、国から地方への財政移転である地方交付税の配分に反映されている。これらの構造は、まさに、SoSの状況を呈しているものといえよう。

求められる一体的な行政

こういった国の状況が地方行政にも反映されるため、本来、一体的に進めなければならない医療や介護、そして生活支援にかかわる施策は、いわば乱立の観もあり、果たして、成果をあげられるのか微妙な状況となっている。重要であるからこそ、多くの省庁・部局がとりあげ、政策にしているともいえるが、まさにSoSの状態となっており、これが縦割り行政の弊害を引き起こしていないか、真摯に検討し、何らかのシステムコントロールの方法を講じる時期がきている。

すでに地方の自治体では、これらの施策を整理し、どの部署がこれらを担当すべきかの検討さえも困難な状況であり、過疎化に伴う行政機構の脆弱化も相まって、施策の実行は滞っている。

しかも、地域包括ケアシステムの構築に重要なcommunity-based careの実現に向けた生活支援サービスの整備には、これからは、サービス提供システムの公私ミックス化が求められることになり、そのマネジメントは複雑さを増すことになる。

第 2 節

地域包括ケアシステムを構成する 3 つの
主要な care の概念

(1) integrated care と community-based care を 内包する日本の地域包括ケアシステム

integrated care の定義の変遷

　地域包括ケアシステムは、国際的にはケアの統合を意味する integrated care の文脈上にある[3]。これまで述べてきたように日本では、このシステムの成立が地域医療構想の実行を左右する。

　さて、この integrated care の定義については、WHO（World Health Organization：世界保健機関）は、2002 年に、Kodner と Spreeuwenberg による定義を用い、「財源レベル、行政レベル、および／または提供者レベルにおいて、保健医療セクターおよび福祉セクターの内部と両セクター相互において結束、提携、協力を創出するためにデザインされたテクニックと組織モデルの集合体」としてきた[4]が、2014 年に変更された。

　すなわち、WHO は、integrated care に、資金や管理、展開方法においての根本的なパラダイムの変化が必要となったとして、「継続的な健康促進、予防医療、診断、治療、疾患管理、リハビリや緩和医療などをヘルスシステムのなかで異なるレベルやケアサイトで管理、実行されるものであり、患者との継続的なディスカッションや彼らの生活全体を通じたニーズにより実施される」と変更した。

　そもそもの integrated care の意味としては、これまでも「統合的ヘルスサービス（integrated health service）」「コーディネートケア

092　｜　第 1 部　社会保障制度の動向と地域包括ケアシステム

（coordinated care）」「包括ケア（comprehensive care）」「シームレスケア
（seamless care）」「シェアードケア（shared care）」といったさまざまな
呼称が存在してきた。当然、かなり多義的な用語として理解され
てきたわけだが、明確なことは、これらの反対語がいずれも断片
的なケア（fragmented care）だということである。

　したがって、ここでいう integrated care とは、増大する複雑な
ニーズの管理における連続性を改善するためにデザインされた柔
軟性のある一連のメカニズムと、その結果として概念化されるケ
アやシステムの実態を意味する。

　また最近まで、integrated care は、プライマリヘルスケア
（primary healthcare）や慢性的なケア（chronic care）にフォーカスした
専門的なケアの供給側での連携、調整、統合が目指されてきた。
しかし、今日では、統合の対象はさらに広がり、精神科病院の内
部および外部のメンタルヘルスサービスや、患者とケア供給側の
インフォーマルケアの統合や緩和ケアとの統合等、初期のヘルス
ケアおよび公衆衛生、ヘルスサービスやソーシャルサービスの統
合についても議論がなされている。そして、日本では、地域共生
社会という理念が新たに示され、生活支援サービスもその射程と
された。

community-based care の進展

　急性期医療体制を中核とした従来のヘルスケアシステムのリ
フォームとして、地域包括ケアシステムが位置づけられているこ
とは、これまでに繰り返し述べてきた。その概念的な特徴として
は integrated care と、community-based care を合流させる試みが継
続されていると説明できる[3]。したがって、各種のサービス提供
主体は、この両方の流れと協調しながら、このシステム内での役
割を強化することが求められるようになった。

　2013 年の社会保障制度改革国民会議報告書でも、「今後、認知
症高齢者の数が増大するとともに、高齢の単身世帯や夫婦のみ世

帯が増加していくことも踏まえれば、地域で暮らしていくために必要なさまざまな生活支援サービスや住まいが、家族介護者を支援しつつ、本人の意向と生活実態に合わせて切れ目なく継続的に提供されることも必要」と述べられ、こうした地域での高齢者の状況を踏まえた地域づくり、すなわち community-based care の基盤づくりは、喫緊の課題とされてきた。

このため、すでに 2012 年の診療・介護報酬同時改定から、在宅医療を強化する内容が盛り込まれていた。すなわち、病院の入院日数が短縮されるなか、退院後の受け皿となる在宅療養支援診療所などの機能を強化、緊急時や夜間の往診の報酬等の医療の必要性が高い患者への往診の報酬も上げられた。

同様に、介護報酬改定でも要介護度が高い独居や認知症の高齢者の在宅生活を支えるため、従来の夜間対応型訪問介護サービスを日中、夜間を通じて、訪問介護と訪問看護が密接に連携しながら、定期的に巡回し、24 時間対応で電話を受け付け、相談援助や随時訪問を行い、食事介護や服薬確認、床ずれの対処や血圧測定、体温のチェックなどといったケアを 24 時間体制で提供する「定期巡回・随時対応サービス」が創設され、刻々と変化する利用者像に対応することができるようになった。

このような医療との連携を前提とした介護サービス展開において、サービス提供主体が積極的に参画していくことで、integrated care を理念とする地域でのサービス提供体制のイノベーションも起こってきたのである。

(2) community-based care と日本における地域社会の変化

行政が支える地域のありよう

一方、地域包括ケアシステムを構成する、もう 1 つの

community-based care と各種のサービス提供主体とのかかわりは、日本における地域社会の大きな変化との関連が深い。

日本は戦後の高度経済成長政策によって、生活構造の分業化、都市の過疎・過密化、人口構成の高齢化など、多くの社会的事象の変化を受け、これらの時々のニーズに応じて貧困者対策、高齢者福祉施策、身体障害者や知的障害者福祉施策を展開してきた。

特に、1990年代以降は高齢者や障害者福祉サービス基盤の計画的な整備が行われ、2000年以降は介護保険法に基づく介護サービスや障害者自立支援法（現・障害者の日常生活及び社会生活を総合的に支援するための法律（障害者総合支援法））に基づく障害福祉サービスなど、公的な福祉サービスは質的な側面でも量的な側面でも飛躍的に充実してきた。

とりわけ介護分野では、介護保険制度成立以降、疑似市場が成立したことによって介護サービスの供給体制が飛躍的な発展を遂げてきたものの、これまで地域社会の基盤として機能してきた自助にあたる家族介護、特に互助としての嫁による介護や近隣住民、近隣企業の支援は、これに反比例するかのように大きく減退してきた。

介護保険制度実施前後に老親扶養義務感を測定した先行文献によれば、息子の妻である嫁の義務感のみ有意に低下しているという結果も示されている[5]。このことは、まさに「家族の介護」から、「社会による介護」という流れを受け、互助としての介護の担い手であった嫁が急速に老親扶養に関する規範から外れていったことを表している。

結果的に、この国では、市町村が行政サービスを拡大することで自助、互助機能の代替を図ってきた。すなわち市町村行政は高齢者や障害者、児童や子育て世帯に対する支援を現業機関として担うことになった。

これは、家族や地域共同体による助け合いによって対処してきた多様な生活課題は、工業化、都市化、核家族化といわれる社会

の変容により、多くの互助（助け合い）機能が市場から購入する
サービスや行政が提供する公的な福祉サービスとなり、外部化さ
れたともいえる。そして、この結果として、地域の連帯感は希薄
化し、これまでのような地域の活力を期待することは甚だ困難
となったのである。

失われた互助機能

　こうしたことに加え、都市部では地域で助け合うのは当然とい
う生活文化をもたない若年世代等が地域の世帯構成の中心となっ
たこと、彼らの生活様式が多様化したこと等により、住民の連帯
感は希薄化した。このため伝統的に地域における公共サービスを
総合的に担ってきた町内会や自治会などの組織への加入率は低下
し、伝統行事等の担い手不足、活動の停滞等の問題は解決の目途
が立たない状況にある。

　これは都市部だけの問題ではない。むしろ、地方のほうが急速
に過疎化が進み、若者世代の首都圏をはじめとする都市圏への人
口流出が進んでいることで、深刻化している。少子高齢化はいっ
そう進んでおり、すでに過疎関連市町村はわが国の半数近くを占
めている。

　2015年の統一地方選挙では、およそ4分の1の町村で無投票
当選となったが、これは議員の立候補がなかったという状況を反
映したものである。現時点でも議員定数が6人以下の町や村は全
国に12ある[注1]。こうした現状は、高齢化と過疎を抱える、今は
過疎ではないが、これから過疎地域となる可能性が高い他の町村

注1）四国山地の山間部にある大川村は日本一人口の少ない村で、人口は約400人で
　　有権者は350人である。この大川村は議会を廃止し、「町村総会」を検討すると
　　報道されたことで注目を浴びているが、大川村議会議員の平均年齢は70歳を超え
　　ており、しかもその半数が75歳以上・後期高齢者である。有権者である65歳以
　　上の高齢者も人口の4割を超えており、議会の維持が困難となった。このことから
　　地方自治法第94条「町村は（中略）議会を置かず、選挙権を有する者の総会
　　を設けることができる」に基づき、町村総会を検討すべきという提案をしたとされて
　　いる。

にとっては他人ごとではない。

これは、「地方自治は民主主義の学校」[注2] であることから鑑みれば、これが成立しなくなっているという過疎の町村が直面する問題は、日本にとっての民主主義そのものの課題ともいえる。

community-based care の成立が不可能となる市町村の増大という問題は、社会保障制度の存立を脅かし、わが国の将来に大きな影響を与える。

(3) community-based care の担い手としての地域住民

期待される新たな人材とは

家族、そして地域社会の変容や住民意識の変化が進む一方で、「団塊の世代」が退職年齢に達し、職域を生活の中心としていた多くの人々が新たに地域社会の一員となりつつある。2012年に内閣府が実施した「団塊の世代の意識に関する調査[6]」によると、今後の社会活動への参加意向を調査した結果は参加したいと答えた人が31.8%であった。最も高い割合を示した「趣味、スポーツ活動」に次いで高く、この他にも「1人暮らしなど見守りが必要な高齢者の支援をする活動」18.2%、「地域行事（地域の催し物の運営、祭りの世話役など）」15.1%という内容が挙げられ、団塊の世代については、地域で社会を支える活動への参加意識は高いようである。

現在、これらの団塊の世代の人々が少しでも community-based care の担い手となっていくことが期待されている。しかし、この世代は、社会経済情勢や社会構造の変化、個々のライフスタイルにおける価値観が現行の高齢者世代とは大きく異なり、彼らが今

注2）イギリスの政治学者・ジェームズ・ブライスの言葉。

後、自らが居住する地域の公共サービスに求めるニーズもまた多様化、高度化すると予想されている。

こうした団塊の世代の人々からは、従来、福祉や介護や保育といった地域の社会サービスを担ってきた公共のサービス提供主体や行政によるサービスだけでなく、介護サービスと同様に疑似市場あるいは、市場から供給されるサービスも選択肢としたいという要望が示される可能性は高い。

このことは、これらの社会サービスの提供体制の整備を行うこととされている市町村が、地域住民側から多様な提供主体のあり方が要求されることを想定し、前述した managed care 的な機能を強化すべきことを意味している。多くの先進諸国が取り組んでいる integrated care のシステム化が目指すところは、ケアサービスの連続性と統合の向上であり、ケアの質・アクセス・効率性を改善することである[7]。

また、地域包括ケアシステムの基本コンセプトのもう1つの概念である community-based care とは、いわばローカルオーナーシップの象徴的な事象ととらえられ、「地域住民こそが主体」という意味をもつ。ただし、ここで前提となる地域住民は、知識があり、かつ、地域活動にも積極的である人々と定義されている。

彼らについては、近年、integrated care の提供を支え、包括的なケアの実現や、組織間の境界を越えた継続性や調整を促す新たな役割を果たす者として注目されている。

イギリスでは、すでにケアナビゲーター、地域ファシリテーター、エネイブラー（ものごとを可能にする人）、リンクワーカー（連携をつくり出す・連携のなかで働く人）といった人々が登場しているという。名称はさまざまであるが、彼らの役割は、integrated care の利用者（患者）や地域で利用できる幅広いケアについてアクセスし、案内することを目指している[8]とされる。

地域社会の活性化を促すための managed care

　しかし、これらの新しい役割に関する確固たるエビデンスや評価は十分とはいえない。なぜなら、こういった新たな役割をうまく発展させるためには、かなりの管理上の課題を伴うことになるからである。

　一般的には、既存の仕事や組織のアイデンティティを守ろうとする動きは、新しい働き方の導入における最大の障壁の1つとなる。これは特にすでに確立された技術や役割が再編される場合に顕著となるし、他にも障壁となるものとして、統合ケア提供における個人の役割の能力を過大評価しすぎること、新たな役割を長期にわたって持続可能にすることの難しさ、既存の構造に合わない（新たな）役割を任されたスタッフへの監督や説明責任の不足等も問題となる。

　これらの新たな役割をもった人々を管理すること、または、これらの機能を評価するためには、地域包括ケアシステム内のマネジメント機能、すなわち managed care を強化するシステムを内包させる必要があると考えられる。

　前述した現行の要介護高齢者の主流となっている75歳以上の高齢者集団像は、イギリスで活躍しているケアナビゲーター、地域ファシリテーターといった住民像と重なるだろうか。例えば、これから団塊の世代が高齢期を迎えるわが国の特徴と重なるイギリスで新たな役割として登場しつつある非専門職の患者ナビゲーター等が、わが国に定着する可能性はありうるだろうか。

　いずれにしても、これらの人々が地域において今後、構築される新たな提供システムである地域包括ケアシステムにおけるサービス提供のあり方に対して、積極的な提案をしていくことを想定する必要はあるだろう。

　こういった新たな提案に対して、サービス提供主体がいかに対応しうるか、すなわち、community-based care を基盤とした地域包

括ケアシステムをマネジメントできるか、ここに日本流の managed care を導入できるかが、このシステムが発展するか否かの岐路となるのかもしれない。

第 3 節

community-based care の進展と
地域共生社会

(1) community-based care の強化とアウトカムの設定

地域包括ケアシステムの基盤となる community-based care は、健康改善にかかわる地域主導型ケア（community-led care）ともいえる。これは、個人の健康が単に医学的要因によるものだけでなく、社会経済学的および心理学的要因における関係性が強いという包括的な社会健康モデルに則っている。したがって、ここでいう地域主導とは、「不利益や公衆衛生の課題に直面しているコミュニティの公衆衛生および福祉にとって何が重要なのかを明確化し定義するため、その地域をサポートすること」という定義によっている[9]。

従来は、この地域主導の健康度を評価する際に、死亡率、生活習慣的要因、心理的要因などの定量的なアウトカムに主な焦点が当てられてきたが、こうした狭い領域のアウトカムに焦点を置いてきたことで、地域主導型の健康改善に関する理解が十分になされてこなかった。

これから、community-based care を基盤とする地域包括ケアシステムの進展に際しては、当該地域圏域における健康改善にかかわるアウトカムの設定は必須となるだろう。

地域主導型の健康改善に向けた非効率的な体制を改める動きは、2017 年に介護保険法をはじめとし、老人福祉法、医療法、児童福祉法、高齢者虐待防止法など 31 本の法改正を束ねる「地域包括ケアシステム強化法」においても目指されてきた。この改

第 2 章 地域包括ケアシステムの構築を支える 3 つの key 概念　｜　101

正により、2018年度以降の医療と介護のcoordinationレベルの連携に加え、生活支援サービスを司る福祉領域との連携という第一歩が示されたといえる。ここでは、高齢者の自立支援と要介護状態の重度化防止という第2期で実施された介護予防の取り組みを健康改善に発展させるという、さらなる強化への方向性が示されている。しかも、これを地域共生社会の実現という新たなビジョンのもとで実現することが明示されている。

(2) 地域共生社会が示すビジョンと今後の課題

　地域共生社会は、「高齢者、障害児・者、子どもなど地域のあらゆる住民が役割をもち、支え合いながら、活躍できる地域コミュニティであり、この実現を目指すもの」[10]と定義された。
　また、地域共生社会の創造にあたっての新たな施策として、「共生型サービス」が創設され、このサービスの指定基準等は、2018年度介護報酬改定および障害福祉サービス等報酬改定時に位置づけられた。
　共生型サービスとされたのは、介護保険と障害福祉の両制度に共通する、訪問（ホームヘルプ）・通所（デイサービス）・短期入所

図2-1　共生型サービスの概要

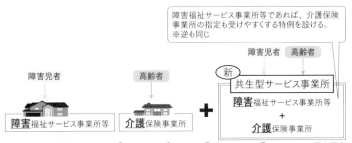

出典：社会保障審議会介護給付費分科会（第142回）．共生型サービス（参考資料）．18（2017）[11]

（ショートステイ）などのサービスに関するものであった。これらは、従来は制度上、介護サービス事業所の指定を受けていれば、障害福祉サービスを基準該当サービスとして提供できるが、障害福祉サービス事業所の指定を受けているだけでは、介護保険サービスは提供できなかったが、今回の改定で、これらのサービス体系が統合された。その結果、障害福祉サービス事業所は介護サービス事業所の指定を受けやすくなる。これにより、障害者が高齢化した場合にも対応でき、高齢者、障害児・者に一体的に通所や短期入所サービスなどが提供できるようになった（**図 2-1**）。

　すなわち基準緩和によって、要介護高齢者と障害児・者といったようなサービスを受けるための根拠法が異なるものであっても、同一事業所でサービスを受けることが可能になった。これによって、いずれかのサービスの供給量の少ない地域でも、サービスを受けることができる可能性が広がることになった。

　しかしながら、このような介護と障害福祉サービスの統合的な運用ははじまるものの、共生型サービスの利点について、アウトカム評価の視点からは明確にされておらず、サービスが提供される科学的根拠は脆弱なままでの導入となった。

　先進諸国では、高齢化によって、これまで整備されてきた公的なヘルスケア制度は変革を余儀なくされている。このためintegrated care を戦略として導入する動きは、21 世紀に入ってから、いっそう加速してきた。しかし、日本と同様に、いずれの国でも例えば、医療サービスと在宅／施設ケアサービスの財源は同じではなく、提供している組織や担当している政府の担当課も異なり、その調整に苦慮している。

　一般に、こういったヘルスケア組織の統合には、多大な時間と労力が求められる。また組織的統合によってつくられた新たな体制は、統合されたサービスを提供するためのプラットフォームを提供することができるが、このプラットフォームは、トップダウンの干渉に対しては、脆弱であるといわれてきた。

このことは、community-based care の基盤なくしては、いかに地域共生社会の実現という新たな理念を示し、その具体としての共生型サービスが新設されたとしても真の意味での組織的統合やシステム的統合は進まないことを意味する。

(3) 地域包括ケアシステムを支える 3 つの概念とこれらに関連する施策

ここまで日本の地域包括ケアシステム導入の背景を多面的に考察し、その概念には integrated care と community-based care の 2 つの概念が内包されていること、さらに近年この 2 つの概念に加えて、将来の需給量を予測しながら、圏域間調整を含めたマネジメントを行う managed care の概念が新たに加わり、3 つの概念によって説明されることを述べてきた。

また、日本の地域包括ケアシステムは、介護保険制度の導入とその機能を他のサービスと統合させる試みから始まったが、当初、その導入が進められてきたのは、医療と介護の連携であり、狭義の integrated care に留まっていた。

しかしながら、「地域包括ケアシステムの深化」という語で表現されるような地域包括ケアシステム構築の試みの進展とともに、高齢者福祉のみならず、障害者福祉や子ども家庭福祉分野といった領域を横断するサービス提供体制を志向する地域共生社会の概念が導入されてきた。また 2015 年の介護保険制度における生活支援体制整備や介護予防・日常生活支援総合事業における住民主体型サービスの導入により、地域住民主体のサービス提供を求める community-based care の概念も強調されてきた。

さらには、managed care の概念についても都道府県・市町村のガバナンス強化やデータの活用による EBPM の推進が強調されるようになり、今まさに変革の時を迎えているのである[注3]。

以上が現在の地域包括ケアシステム構築を巡る状況である。こ

の地域包括ケアシステムを構成する 3 つの概念とその概念のもと
で進められる主な政策および事業内容をまとめると、以下の**図
2-2** のようになる。

次の第 2 部では、国際的な integrated care の理論・実践の動向
を紹介しながら、日本の地域包括ケアシステムの構築とその進展
の現状について考察する。

**図 2-2　地域包括ケアシステムを構成する 3 つの概念とその概念のもとで
進められる主な政策および事業内容**

Integrated care
医療・介護の連携
・在宅医療・介護連携推進事業
・認知症初期集中支援チーム、認知症サ
　ポート医
・介護保険事業計画と医療計画との整合
　性の確保
・介護医療院の整備　など

・入退院支援含む医療・介護連携のシステム化

Community-based care
地域共生社会の実現
・生活支援体制整備支援事業
・共生型サービスの整備
・認知症地域支援推進員、サポーター、
　カフェ　など

・互助のシステム化、セミフォーマルケアの活用

Managed care
保険者機能の強化
・事業計画の PDCA
・地域医療構想の推進
・保険者機能の地域包括支援センターの機能評価
・地域ケア会議を活用した政策推進　など

・都道府県・市町村によるマネジメント・ガバナンス強化

注3)　2017 年 5 月 19 日統計改革推進会議決定の最終とりまとめでは、日本社会はほか
　　　に例を見ない高齢社会に突入することは必至で、限られた資源を有効に活用しな
　　　ければ対処は不可能であり、そのためには情報を正確に分析して効果的な政策を
　　　選択していかなくてはならないとされ、EBPM（Evidence Based Policy Making）の
　　　推進が打ち出された。その後の具体的な動きの一例として、経済産業省では経済
　　　産業省政策評価懇談会（2018 年 3 月 16 日）で、最近の政策評価を巡る動きと
　　　して EBPM の推進を取り上げ議論が実施された。同省においては、2017 年度か
　　　ら EBPM のサポートチームが設けられ、省内の新政策検討に対して、EBPM の観点
　　　からの議論が試行的に実施されている状況にある。

［引用文献］
1) Menz, T. & Kühling, J.（2011）. Population aging and environmental quality in OECD countries: Evidence from sulfur dioxide emissions data. Population and Environment, 33（1）, 55-79.
2) 国立社会保障・人口問題研究所（2013）.（平成 25 年 1 月推計の「日本の世帯数の将来推計（全国推計）」2013）.
3) 筒井孝子（2011）. なぜ地域包括ケアシステムか. こころの科学, 161, 41-8.
4) Grone, O., Garcia-Barbero, M. Trends in integrated care: Reflections on conceptual issues. Copenhagen: World Health Organization, 2002.
5) Tsutsui, T., Muramatsu, N., Higashino, S.（2013）. Changes in perceived filial obligation norms among coresident family caregivers in Japan. The Gerontologist, 54（5）, 797-807.
6) 内閣府（2013）. 平成 24 年度団塊の世代の意識に関する調査結果（概要版）. http://www8.cao.go.jp/kourei/ishiki/h24/kenkyu/gaiyo/pdf/kekka.pdf
7) Banks, P., Policy Framework for Integrated Care for Older People. London: King's Fund. London, 2004
8) Gilburt, H.（2016）. Supporting integration through new roles and working across boundaries. London: King's Fund.
9) Halliday, E., Marwick, S.（2009）. Addressing the Challenges for Evaluation and Learning in Community-Led Health. A practical briefing paper, NHS Health Scotland.
10) 首相官邸（2016）. ニッポン一億総活躍プラン.（平成 28 年 6 月 2 日閣議決定）. https://www.kantei.go.jp/jp/singi/ichiokusoukatsuyaku/pdf/plan1.pdf
11) 社会保障審議会介護給付費分科会（2017）. 共生型サービス（参考資料）, 18.

第 **2** 部

integrated care の理論と
国際的な動向からみる
地域包括ケアシステムの深化

第3章

国際的な動向からみた
地域包括ケアシステム進展の
フェーズ

第 1 節

integrated care の進展における
6つのフェーズ

(1)　先進諸国におけるヘルスケアシステムの変革

　地域で生活する高齢者のなかには、複数の慢性疾患の治療にかかわる医療や介護といったヘルスケアサービスだけでなく、衣服の着脱、入浴、買い物、食事の準備といった日常活動への支援サービスや、家族やインフォーマルな介護者によって提供されてきたケアを代替する社会的なケアサービスを必要とする人が、一定程度、存在する。そして、これらの人々の割合は、近年高まりつつある。

　しかし、多くの先進国のヘルスケアシステムでは、社会的ケアにかかわるサービスは、ヘルスケアサービスとは別の組織から提供され、財源も異なる。このことから、両方のサービスを必要とする人々へのケアは断片化することが少なくない。

　このような複数のサービスを受ける利用者に不利益を生じさせ

ないためには、複雑なケアニーズをもつ高齢者へのヘルスケアと社会的ケアを統合し、提供するシステムを新たに構築する必要がある。

これを、わが国をはじめ多くの先進国は、integrated care という概念を用いて、提供システムをデザインし、サービス供給側の調整によって解決しようとしている。そして、日本において、この integrated care の文脈に位置づけられるのが地域包括ケアシステムである。

(2) 日本における integrated care としての地域包括ケアシステム

この取り組みは、2006 年に介護保険制度における介護予防事業として、介護と公衆衛生を統合するという国際的にも例がない、ユニークな取り組みとして始まった。

だが、当初、このシステムについての理論構築は、いかにも脆弱であった[注1]。しかもエビデンスに基づかない制度として設計されたため、介護現場には、ビジョンが伝わらないだけでなく、前提となる医療分野との連携が不十分なまま導入された。

この結果、介護保険サービスを提供される側の高齢者の理解は得られなかった。また、介護サービスを提供する側の保健師らは、エビデンスが不十分なままにはじまった介護予防事業への疑念や、いっこうに効果を得られない業務に対する不満を募らせた[1]。

このため 2010 年からは、高齢者にとっては必須の医療サービ

注1) 地域包括ケアシステムという言葉が初めて政策文書に示された 2003 年の「2015 年の高齢者介護」においては、「介護以外の問題にも対処しながら、介護サービスを提供するには、介護保険のサービスを中核としつつ、保健・福祉・医療の専門職相互の連携、さらにはボランティアなどの住民活動も含めた連携によって、地域のさまざまな資源を統合した包括的なケア（地域包括ケア）を提供することが必要である」という記載がなされただけであった。

第3章　国際的な動向からみた地域包括ケアシステム進展のフェーズ　｜　109

スとの連携を強調しながらの統合を目指した制度設計に舵が切られることになった。そして、この間に実施された2012年、2018年の診療・介護報酬の同時改定で医療と介護サービスの提供システムの統合は、主として入退院支援への新たな加算というインセンティブによって進められてきた。

　そして、昨今は、地域共生社会という理念のもとで在宅医療と介護に加え、さらに生活支援サービスとの統合を目指した新たなシステムとして進展しつつある。生活支援サービスとの統合に関しては、第1部でも述べた地域共生社会という新たなキーワードが用いられた。これは、長年の懸案であった、障害福祉制度と介護保険制度との統合に向け、サービス提供システムの再構築が、障害児に対する在宅医療の支援等を含んだ母子生活支援をも含みながら、遅々とした歩みであるが、進められていると説明できよう[2]。

　ただし、そもそも integrated care は目的を達成するための手段であって、目的そのものではない。つまり、患者や住民のために、よりよいサービスを提供することを目的とする戦略の1つとして役割を果たすものといえる。そして、その目的とは、サービスの品質の向上である。

　したがって、アメリカ合衆国等で強調されるようなコスト削減は、このシステムデザインにおいては、元来、主たる目的ではなかった。しかしながら、社会保障制度の持続性に悩む日本を含む先進諸国の多くは、付随的に起こる可能性が高いとされたコスト削減を狙って integrated care を採用したという経緯がある。

　すなわち、社会保障費用の削減のための戦略の1つとして、この integrated care を理解している者は少なくないため、さまざまなレベルで取り上げられ、実施されてきたし、現在もこれは続いているのである。

　おそらく、先進国が社会保障システムを持続し、これを効果的なものとするためには、integrated care の試みを当該国の全体の社

会システムのレベルから、個々のレベルに至るサービス提供システム全体のバリューチェーン[注2] の全層に浸透することが不可欠となる。

換言するならば、integrated care の実現は臨床的統合に始まり、組織的統合やシステム統合といった道筋で実施されてきた。だが、国際的な状況を鑑みて、果たして日本は、どのレベルに達しているのか。また、先進諸国での取り組みとは、どのようなものなのかについて、再度、確認しておくことは重要であろう。

そこで以下では、integrated care のレベルを示すとされる 6 つのフェーズ[3] を紹介することとした（**表 3-1**）。

表 3-1　integrated care のレベルを示す 6 つのフェーズ

① 全く統合されていない状況（断片化された状況）
② ほかの医療従事者と共通認識（情報共有）をもっている状況
③ 突発的な協働の発生
④ 個人のつながりによらない専門職によるグループ間の提携
⑤ チームワークとパートナーシップ
⑥ 完全な統合（例えば、異なるサービス提供組織の合併など）

⑶　integrated care のレベルを示す 6 つのフェーズ

先の「日本が、今、どのレベルにあるか」という問いに対しては、「地域では、すべてのレベルのシステムがある」といえるだろう。

①から⑤まで、数の多少はあるにしても、全国を見渡せば、す

注2）バリューチェーンとは、企業活動における業務の流れを機能単位に分割してとらえ、業務の効率化や競争力強化を目指す手法のことを指す。例えば、メーカーであれば、技術開発、資材調達、製造、販売、出荷物流、代金回収などの業務に分割できる。ヘルスケア領域においても同様に、医療機器メーカーからの資材の調達から患者に対する医療の提供までの業務といったように業務機能に分割して考えることができる。

べての状況が混在している。では全体として、どのレベルが多い
のかといえば、②のレベルをおおむね充足させており、③の取り
組みが始められているところであろうか。

　先行研究によれば、①から③のフェーズは、南アフリカやフラ
ンスなどの国が該当すると報告されている[3]。具体的には、これ
らの国々では、専門家はそれぞれ個別に、自身の専門のガイドラ
インを使用しており、ヘルスケアも専門職が個別に提供している
とされる。

　④のフェーズは、日本の現状と比較すると、現行の診療報酬や
介護報酬における入退院支援加算が算定できていれば、この④の
レベルに達しているということになろう。すでに日本でも先駆的
な地域では、異なる専門領域の人々が同じ言語や定義を使い、共
通のルールをもったガイドラインやソフトウェアを利用しなが
ら、コミュニケーションをとり、情報を共有している状況となり
つつある[注3]。

　例えば、地域ケア会議の開催により、linkage レベルの統合は進
んできており、⑤の組織としてのチームワークとパートナーシッ
プが形成された地域包括ケアシステムも増加している。したがっ
て、先駆的な自治体であれば、⑤のレベルといえる。

　最後の⑥のフェーズは、同じ組織で専門職の業務を実施し、そ
の内容が構成するメンバーに共有化されている状況であり、しか
も組織は同一の財務構造をもっている完全な統合のフェーズであ
るため、この段階にある自治体は、ほとんどないといえる。

　以上のように integrated care をめぐる 6 つのフェーズは、国内
の地域包括ケアシステムの構築と推進に向けた取り組みにおい

注3）　④のフェーズについては、組織間の協力や統合は必須とされておらず、例えば、情
　　　報共有のレベルとして、薬剤師とかかりつけ医の間で存在するような同じ医療用
　　　語、処方のルールを共有しているといった状況を示すだけでよいとされている
　　　（Institute of Medicine 2012）。つまり、インターネット等を介してお互いに連絡を
　　　とってはいるが、実際には顔の見える関係ではないというレベルも含まれることに留
　　　意する必要があり、このことは専門職間の臨床的統合は、相当困難であることを示
　　　唆している。

て、市町村や、そのなかの地域包括ケア圏域の統合の程度を簡易に評価する際に有益であるが、全般的には、わが国の状況はここ数年で大きく進展してきたと評価ができる。

ただし、日本においては、地域包括ケアシステムの構築は、すべての市町村で目指されてはいるものの、その進展度合は、まさに地域包括ケア圏域ごとに異なっている。このため同一市町村内でも異なるフェーズの地域包括ケアシステムが存在する。これはほかの国々も同様である。

今後は、おそらく、すべての地域包括ケアシステムが⑤のフェーズになることで、フェーズ⑥の完全な統合を目指す可能性が広がるかもしれない。しかも、この状況下では、第1部第1章（p.42〜47）で述べたSoSの考え方が取り入れられることになる。

提供システムのさまざまな統合のゴールとしての組織的統合とは、結果として示されるものの1つである。この統合は、共通の構造をもつ統一された組織であり、単一の予算とその使い途を明確に説明できる組織体の成立をもって達成される。

このことからは、最終的な目標を達成するためには、提供組織としてのビジョンの設定や財務に関する統合が重要であることがわかるが、いずれの国でもここに到達している地域は、ほとんどない。

第 2 節

先進諸国における integrated care に かかわるプロジェクト

　先行研究によれば、複雑なニーズを抱える高齢者のためのケア統合の改善を目指すアプローチとしては、いかなる場合にも適応できるような「唯一のモデル」は存在しないと結論づけられている[4]。だからこそ、それぞれの国で、それぞれ異なるアプローチで integrated care が実践されてきたともいえる。

　この理由は、こういった提供組織のありようが、当然ながら、地域や国というコンテクストの違いに依存するからである。

　そこで、本節と次節において Goodwin, N. らがまとめた報告書（2014）をもとに、7 か国で行われている integrated care に関するプロジェクト[5] の特徴を紹介し、日本における地域包括ケアシステム構築への示唆を得ることとした。

(1)　臨床的統合とコスト適正化のプロジェクト例

アメリカ合衆国・マサチューセッツ州のプログラム （Mass General）

① 対象と目的

　アメリカ合衆国のマサチューセッツ州の一般ケアマネジメントプログラム（The Massachusetts General Care Management Programme（Mass General））は、2006 年に発足した。当初は、複数の慢性的症状を抱え、入退院を複数回、繰り返している高コストの患者

を対象とした。彼らに対して、ケースマネジャーが統合された
ケアを提供することで、コストの低減を図ることが目的とされ
た。

② 実施機関と活動内容

　このプロジェクトでは、前述した高コストの患者に対して、
プライマリケア診療に組み込まれたケースマネジャーが統合さ
れたケアを提供することで、コストの抑制ができるかという学
術研究の実証を行う検証事業だったが、これはより多くの場所
で行われるようになるプログラムとなった。

　この事業でケースマネジャーは、患者と定期的な電話（少な
くとも4〜6か月に1度）や、医師の診察時や入院時に会うこと、
自宅訪問や必要な時の訪問等を通して、サービスの調整を行
い、患者と常に良好なコミュニケーションを保ちながら、セル
フケアも促すというプログラムを採り入れていた。

③ 成果

　プライマリケア医師との緊密な連携を実現し、高額な費用を
要していた患者に集中的なケアマネジメントを実施するなかで
強力なセルフケア支援が行われた結果、入院を必要とするよう
な急性増悪を予防し、急性期のケアを減少させた。

オランダのゲライントのプログラム（Geriant）

① 対象と目的

　オランダのGeriantの住民のなかで認知症の人々を対象に始
められた事業で、2000年から実施されている。目的は認知症
の治療とケアサービスの規模の拡大、質の向上、各種サービス
提供機関間、専門職間の連携の改善である。これらを実現する
ことによって、認知症患者が自宅で、できるだけ長く暮らせる
ようにすることが目標とされた。

② 実施機関と活動内容

　24時間、毎日、認知症と診断された人々を対象としたサー

ビス提供システムを学際的に認知症に取り組むチームが、臨床的統合を図りながら活動している。ここでの臨床的統合は、認知症患者に対応するチームで実現され、この統合はケースマネジャー、学識者（老年学、社会学等）、精神科医、リハビリテーション医、臨床心理士、認知症コンサルタント、在宅ケア専門の看護師らという多職種のさまざまな組み合わせによって構成されている。

　このような臨床的統合のあり方は、わが国で実現されつつある認知症初期集中支援チームも同様のアプローチをしているが、いわゆるケアマネジャーの機能が異なっている。

　Geriant の学際的チームにおけるケースマネジャーは、患者と彼らのインフォーマルな介護者らの中心として機能し、チームのサービスやほかの GP（General Practitioner：かかりつけ医）、病院、在宅ケア、福祉施設等からのサービスを調整している。

　また、認知症患者は、より集中的な治療や見守りを受けるために、16 の病床がある短期滞在の診療所にアクセスすることもできる。さらに、認知症患者だけでなく、患者のインフォーマルな介護者にも集中的な学際的な支援が行われるという。この点もわが国の認知症初期集中支援チームの現状と類似する点といえる。

③　成果

　患者は自宅により長く留まれるようになった。しかも、この事業自体、当初は小規模なスタートアッププログラムから始められたにもかかわらず、競争的な環境でも生き残れるような組織へ移行したと報告されていた。

オーストラリア・シドニーのプログラム（Health One）

① 　対象と目的

　シドニー西部の社会的に不利な人々が多い地域で実施されたプログラムである。この地域の健康センターを拠点に近辺に居

住する複雑な健康ニーズを抱える高齢者のために、多様なケア
を調整し、不必要な入院の削減や地域の健康にかかわるサービ
スを提供できるような専門家の適切な紹介ができることが目的
とされた。

② 実施機関と活動内容

地域の健康センターを拠点として、一般診療にかかわる看護
師らが患者についての学際的な会議体を組織し、さまざまなケ
ア提供者らの間の調整を行い患者情報が GP やケースマネ
ジャーに行き届くようにしている。

③ 成果

複雑な健康上のニーズを抱える高齢者のためのケア計画と
ケースマネジメントをよりよくするためには、適切な部門、ケ
ア提供者への「つなぎ」が重要であることが示された。その成
果として、不必要な入院が抑制された。

(2)　会議体による組織的統合の推進例

スウェーデン・ノルテリエのプログラム（Norrtalje）

① 対象と目的

スウェーデンの Norrtalje では、市民を対象として、2006 年
から実施されている。複雑な健康面のニーズや社会的ケアを必
要とする認知症や終末期を迎えた高齢者に対して、彼らが自宅
で生活を継続できるようにケアを持続し、生活の質や安心を向
上させることを目的とした事業である。

② 実施機関と活動内容

この実施者はストックホルムの市議会（ヘルスケアサービスの
管轄部署）と Norrtalje の地方政府における「健康と社会ケアを
管轄する共同運営委員会」である。この運営委員会はケアの購

入と提供の責任をもつ公的な会社を保有し、運営している。す
なわち、このプロジェクトでは、市民1人ひとりに対する責任
を果たすこと、市民の健康改善、患者と利用者の利益の最大化
を目指すために、健康と社会ケア組織の共有と統合がなされた
ものといえる。

　この組織では、病院の入退院や老人ホームから病院への移動
等といったケアの経路や計画を立てる際には、ケースマネ
ジャーを活用することが強調されている。つまり、integrator
の機能をケースマネジャーにもたせている。この内容は、2018
年の診療・介護報酬同時改定で示された入退院支援に関する考
え方と類似している。

③　成果

　この事業の成果として、Norrtalje では、この事業を実施して
いくことでケア提供者の間のコミュニケーションの統合と調整
がなされ、より早期で迅速かつ効果的なケアと治療の提供が可
能となった。また集中的な在宅サービスによって利用者がよ
り、長く自宅に留まれるようになったとの成果も示されつつあ
るという。

イギリス・トーベイのプログラム（Torbay）

①　対象と目的

　Torbay とデボン州南部の地域の高齢者を対象として、2000
年からイギリスの Torbay とデボン州南部で実施されてきたプ
ログラム（Torbay and Southern Devon health and Care NHS Trust）である。

②　実施機関と活動内容

　当初は学際的なチームを組織化することで健康と社会ケアの
提供と委託の責任を負う唯一の組織を設立し、活動が行われて
いた。この組織のなかで、とりわけケアコーディネーターは、
地域圏域単位で病院から退院した後のリスクの高い高齢者に特
化したニーズに対応するために、一般診療からさまざまなサー

ビスまでを調整する役割を担った。

このように、ここでの事業は高齢者のための地域を基盤とした学際的なチームという臨床的統合を特徴としている。

最近では、この事業には、リスク予測ツールなどを用いた高リスクの高齢者の事前ケースマネジメントが入院前に実施されることが追加され、さらに在宅でも継続的なケアや支援が提供されるようになった。

③ 成果

学際的チームによるサポートにより、入院を伴う急性期ケアが減少し、利用者がより長く自宅に留まられるようになっただけでなく、在宅での提供ケア量が減少したという。

カナダ・ケベック州プログラム（PRISMA）

① 対象と目的

カナダの PRISMA は、1999 年にケベック州ではじまったサービス提供ネットワークの統合事業「自律性を維持するためのサービス統合についての研究プログラム（Program of Research to Integrate the Services for the Maintenance of Autonomy（PRISMA））」として始まった。

このプログラム事業では、脆弱な高齢者の健康・エンパワメント・満足度を改善するための統合したサービス提供ネットワークが導入され、同時に、介護者の負担増を防止するため、健康と社会サービスの利用率の向上が目指された。

② 実施機関と活動内容

これは、1990 年代に研究事業として始められ、20 年以上の長きにわたってサービスの調整、加入方法の統一、ケースマネジメント、機能評価ツールの統一化、個人に合わせたサービス計画の作成、情報共有システムの構築など先駆的な取り組みが実施されてきた。

2001 年から、プロジェクトは拡大され、ケベック州の健康・

社会サービス省は、PRISMA のアプローチの 6 つの特徴を導入することを州全体の目標として掲げ、この新しいプログラムは RSIPA（Reseaux de services integres aux personnes agees ＝ Integrated networks of services for the elderly）として実施された。

③　成果

現在進行形のデータと情報をケア提供者らの間で共有するようなケア調整がより早期に、迅速に実施されることでケアは効果的になった。また適切な治療の提供を可能にした。

ニュージーランド・テ・ウィリンガ・オラのプログラム
（Te Whiringa Ora）

①　対象と目的

2011 年から、ニュージーランドの東ベイ・オブ・プレンティ地方の Te Whiringa Ora 地域の慢性呼吸器疾患患者を対象にケアへのアクセスの改善、健康アウトカムにおける格差の削減、長期的症状の管理の改善、回避可能な入院や入院期間の削減、セルフマネジメントの促進を目的として実施された。

②　実施機関と活動内容

東ベイ・オブ・プレンティ地方のケア組織と新しく統合された 3 つの診療所が共同して慢性的な呼吸疾患を対象に始められた事業である。学際的なチームが活動に携わっている。

現在は、このチームの活動成果が示されたことを受け、ヘルスケアの利用率が高い人々へ対象を拡大している。また、評価、ケア調整、電話サポート、自己管理のためのツールとしての遠隔医療モニタリングなどが実施され、こうしたサービスは 2 人 1 組の看護師と地域ベースで配置されるケア調整者によって提供されている。特にセルフマネジメントの教育と支援に着目した事業がなされていることが特徴である。

③　成果

慢性疾患症状のある人々が自身の状況をよりよく管理できる

ようになるセルフマネジメント力の向上や入院が必要になるような急性期ケアが減少した。

以上の7プロジェクトが対象とする集団は少しずつ異なっていた。

今回のモデルで、対象の特定とサービスを供給する体制への加入の明確なプロセスと結び付けるというオランダの Geriant は、その事業の対象を認知症高齢者に特定していた。

アメリカ合衆国の Mass General は、サービスにかかわる費用が高額な者を対象として、その適正化を図る者を対象とするといったように、integrated care の対象が特定されていた。

また、特定の集団といえなくもないが、対象を特定の地域に居住する者としたプロジェクトもあった。ニュージーランドの Te Whiringa Ora やイギリスの Torbay はこの例であるが、両プロジェクトでは、コミュニティ全体に着目したアプローチとして、市民の健康管理に焦点を当て、全体的なアプローチを採用しながら、地域を基盤としたものであった。

ただし、コミュニティ全体といっても実際に対象とされたのは、入院リスクがあり、複雑で慢性的な疾病をもつ人々であった。これはポピュレーションアプローチから、特定の問題を抱える者へアプローチをしていったとも説明できる。

このような事例からわかるように、日本のように対象を地域包括ケア圏域の住民全員とすることが全国統一で定められるという例は国外でもほとんどない。

さらに、integrated care を推進する手法は、地域によって、そしてモデルごとに対象も異なる方法論が採用されていた。

地域の保健センター、診療所、訪問看護師、サービス提供事業所等の水平的統合が基礎となっているものもあれば、学際的なチームにおけるチーム員の臨床的統合の下で他の提供主体と調整するという、いわば調整型の統合というアプローチが採られてい

るカナダの PRISMA のような例もあった。ただし、地域を基盤にしている場合は、そのほとんどにケースマネジメントが導入されていた。

　ニュージーランドの Te Whiringa Ora は、地域を基盤とした学際的チームによる慢性期疾患をもつ住民を対象としたもので、オランダの Geriant やオーストラリアの Health One の例と類似していた。異なる点は、複数の提供者同士の臨床的統合を基礎とした学際的チームによる統合によって、水平的統合が実現したことによって、これらと複数のケア提供者をつなぐ調整型モデルというアプローチが採用されていた。

　以上のように、学際的チーム等の臨床的統合を基礎とする場合は、垂直的および水平的統合が混在している地域では、完全な組織的統合によって、integrated care が推進されるのではなく、複数のケア提供者をつなぐ連携型モデルによるアプローチが採られていた。

　これらと比較すると日本で進められている地域包括ケアシステムは、日常生活圏域という具体的な地域包括ケア圏域が行政によって設定され、しかも、かなりオーソドックスな方法として、臨床的統合からの連携型モデルが採用されている。

　紹介してきた各国での integrated care にかかわるさまざまなプロジェクトをまとめると**表 3-2** のようになる。

　各プロジェクトにおいては、臨床的統合や新たな組織をつくることによる組織的統合が推進されていた。このなかで、組織的統合を積極的に推進しようとしていたのは、スウェーデンだけであった。ただし、これを full integration（完全な統合）モデルへと変化させる意図は見受けられず、また、今後のさらなる発展が見込まれるかについては、予測できないとされていた。

表 3-2 各国での integrated care にかかわるプロジェクトのまとめ

臨床的統合とコスト適正化のプロジェクト例

オランダ （Geriant）	アメリカ合衆国 （Mass General）	オーストラリア （Health One）
・治療とケアサービスの規模、質、連携の改善。認知症患者が自宅でできるだけ長く暮らせるようにする。 ・患者とインフォーマルな介護者の生活の質の維持、向上。	・ケアの質の向上。 ・利用者のアウトカムの向上。 ・プライマリケア医師の労働環境の改善。 ・コスト削減。	・GPと地域の健康サービスによる統合された継続的なケアの提供。 ・専門医や他のケアサービスへの照会プロセスの改善。 ・再入院の削減。

会議体による組織的統合の推進例

スウェーデン （Norrtalje）	カナダ （PRISMA）	イギリス （Torbay）	ニュージーランド （Te Whiringa Ora）
・高齢者が自宅に留まることの支援。 ・ケアの持続性、生活の質、安心の向上。 ・認知症患者や末期患者へのケアの質の向上。	・慢性的疾患の症状のある高齢者のための健康ケアと社会的ケアとの調整の改善。 ・利用者の健康アウトカム。 ・利用者満足度の向上。 ・エンパワメントの向上。	・利用者のケアの質改善。ケアへのアクセスの簡易化。 ・審査回数の減少。 ・照会時間の改善。 ・利用者の自立の向上。 ・入院の削減。	・ケアへのアクセスの改善。 ・健康アウトカムにおける格差の削減。 ・長期的症状の管理の改善。 ・回避可能な入院や入院期間の削減。 ・セルフマネジメントの促進。

出典）Goodwin, N., et al.（2014）. 14. 訳語は筆者による。

第 3 節

地域包括ケアシステムの
進展に向けての示唆

　わが国で地域包括ケアシステムを進めていくにあたって、前節で紹介した事業に共通して見られたいくつかの特徴は、わが国で今後、ますます増加していく慢性疾患患者の integrated care のデザインを検討するにあたっての有益な示唆を与えてくれる。

　第一に、複雑なニーズをもつ高齢者を対象群としていること、しかも、これらの対象をさらに特定の集団とするセグメント化は施策の実効性から考えて有効である。第二として、健康と社会的ケアの統合に焦点を当てた地域基盤のケアモデルでありながら、特定の特徴をもった集団にまずは適用するという手法は、日本の地域包括ケアシステムでも採用できる。

　以下では、さらに、これらのモデルを規範的統合、臨床的統合、機能的統合の観点から、分析的に述べることとする。

(1)　規範的統合
　　　──目標を統一するためのマネジメント

伝統的な統合へのアプローチ

　地域包括ケアシステムは、これから増加する複雑なニーズをもつ高齢者へのヘルスケアと生活支援を主とする社会的ケアとの統合をも試みなければならなくなっている。

　その際に最も留意すべき点は、どのような統合がなされたとしても、結果として、ケアの質の向上が図られなければならないと

いう点である。すなわち、サービス調整は、まずは患者・サービス利用者・介護者のそれぞれの個人にとってのケアの質が向上されることが目指されなければならないということである。

ただし、これを具体化する際の目標設定は、各国の社会保障システムや既存のサービス提供主体の状況に依存する。

表3-2に紹介したプロジェクトで実際に目指された目標を示したが、例えば、カナダのPRISMAやスウェーデンのNorrtaljeモデルでは、ケアスタッフ間のケアの連続性を高めること（臨床的統合）を通じて、利用者が自宅での自立性を向上させて地域で生活が継続できることが目標とされていた。

これは、臨床的統合を図ることで、integrated careを進めるというオーソドックスな方法であり、日本の地域包括ケアシステム構築で進められる手法とも共通している。日本でこの手法を進める際に課題となるのは、自治体との調整や、財源配分のありようということである。

日本におけるintegrated careの中核的なプレーヤーは市町村とされ、自治体の規模、財源状況によるものの自治体がプレーヤーから外れることは、当面は考えにくい。また財源は、これも介護保険財源が主となる構成を当面、大きく変更することはない。

したがって、介護保険制度における保険者である市町村がこのシステムのmanaged careを担うことになると考えられる。ただし、日本においてもサービス提供システムの公私ミックス化は進められると考えられるが、その配分のありようについての道筋はいまだ十分に検討されておらず、新たなモデルとこれを支える理論が必要となるだろう。

さて、前述した複雑な生活や健康ニーズを抱える高齢者のために地域の健康にかかわるサービスの専門家への紹介を適切に実施することが目指されていたオーストラリアのHealth Oneでの方法は、日本での応用を考えると、生活保護受給者における地域包括ケアシステムの構築などにおいて、特に参考になるものと考え

られる。このプロジェクトが実施された地域でも貧困問題の解決策の1つとして、採用した経緯があるとされ、医療と介護、生活支援サービスを統合して提供することが、こういった複合化した問題をもった人々が多い地域においては、取り組み方法として有用といえる。

認知症患者における integrated care のモデル

オランダの Geriant は、プロジェクトの対象を認知症患者に特定し、目標を治療とケアサービスの規模、質、連携状態の改善においていた。すでに日本でも自宅での生活が困難とされる認知症患者ができるだけ長く地域で暮らすために、患者とその親族などのインフォーマルな介護者の生活の質を保障することが目指され、これは、介護保険制度の成立前から、目標として掲げられ続けている。これは、認知症患者が地域で生活していくためには、インフォーマルサポートが特に重要であることを示している。今回、紹介したオランダの学際的チームによる臨床的統合を基盤とした調整型モデルは、すでに日本でも、認知症初期集中支援チームによるアウトリーチ活動として実現されている。

しかも、日本では、このチームをすべての市町村に配置することが目標とされていることから、特定の集団、地域を超えて、全国すべての自治体でこのモデルを普遍化しようとしている。

ただし、普遍化にあたっての課題は、自治体の規模によって、チーム編成や、その方法が異なってくることや学際的チームによる臨床的統合を基盤とするためには、一定の人口規模が必要とされること等、自治体別に工夫が必要となることである。

都市部においては、臨床的統合を基盤としても、調整すべきサービス提供主体が多すぎる。このため、調整モデルを機能させるためには、現時点では、自治体のマネジメント機能を高めることで、自治体が調整をするしかないと考えられる。

国際的な文脈でのセルフマネジメントの進展とその効果

　今回、紹介したプロジェクトのなかで注目すべき点は、セルフケア、セルフマネジメントの推進が本格化してきたということであろう。イギリスの Torbay では、利用者の自立の向上が目標とされ、今日の日本の介護保険制度が目指している重度化防止等の施策と類似していた。同様に、ニュージーランドの Te Whiringa Ora でもセルフマネジメントの促進が目標として掲げられ、その成果も示されていた。

　また、アメリカ合衆国の Mass General では、より明確にコスト削減のために病院や在宅ケアなどの利用率を減少させることに焦点が当てられ、その基本はセルフケアの推進であった。だが、セルフケアによるコスト削減がエビデンスといえるほどの成果は示されておらず、これは今後の課題とされていた。このようなコストについての資料はアメリカ合衆国の報告以外では、ほとんど示されておらず、この点は各国でも模索中ということではないかと考えられる。

　以上のように、今回、紹介した各国のプロジェクトの多くは、多職種からなるスタッフ間の臨床的統合による学際的チーム等を創設し、住民へのケアのアクセスの改善や、サービス提供の断片化を防止し、サービスを調整することが目標として掲げられていた。これは、多職種連携や統合は、費用対効果が高く、よりよいアウトカムにつながるという、ある種の信念に基づいているものと考えられる。

　イギリスでは、異なる境界をまたいでのケアという考え方は、そもそも、それぞれの資金を移動させることが困難であるために、コストの「削減」を、コストの「節約」として解釈することはできないとされている[6]。

　先にも述べたように、コスト削減、あるいは適正化は、integrated care が達成する成果として、長年にわたって示されてき

たものであるが、これに関しての明確なエビデンスはいまだ存在しない[7), 8)]。今回の 7 か国での検討結論も同様といえる。

しかし、それでも各国でこれらのプロジェクトが実施され、現在も進められているのは、先進諸国が慢性疾患症状のある高齢患者がコスト削減という目的のみならず、病院ではなく地域で生活する際の新たな生活モデルを必要としているからである。多様な統合に関するマネジメントにおいては、統合にかかわるさまざまな主体の文化・価値を 1 つにする規範的統合は、サービスの質の向上を行ううえでの重要な動機づけにもなることが報告されている[9)]。

特に地域の住民を対象とする介護サービスの提供者や地域の行政主体が 1 つの方向性としてのビジョンに向かうという規範的統合は、組織を円滑に動かすための重要な戦略といえる。

(2) 臨床的統合
──多様な専門機関および専門職間の協働

臨床的統合が求められる背景

わが国で推進されている地域包括ケアシステムは個人としての患者、利用者のための調整されたサービスを中心としたミクロレベルの統合を含んでいる。特に臨床的統合を基礎とする多職種連携のありようは地域によって大きく異なり、その程度はさまざまである。

このシステムの進展には、地域のあらゆる場で提供されるサービスをモニタリングし、その質に関する情報をシステムに提供することでシステムそのものの改善を促す機能がビルトインされなければならない。

また、このシステムを円滑に機能させるためには、サービスを提供する施設や病院の職員、行政担当者らとの関係構築や、患者

（利用者）とその介護者が抱える潜在的な問題等に対処する人材（チーム）が必須とされる。そして、この機能の高低は、地域間のサービス提供に大きな差異を生じさせるという[10]。

すでに、医療・介護・福祉等のサービス提供にあたっては、1人の利用者（患者）と1人の医師（あるいは、1事業所）間だけという1対1の関係構築では、地域での生活維持は不可能となった。また、サービスを利用する個人も大きく増加しており、1対多、あるいは多対多の関係が主流となりつつある。

これは慢性疾患に急性増悪を併発し、単身世帯というニーズの複合化を特徴とする高齢患者が急激に増大しているためである。地域での生活に医療サービスは不可欠であり、依然として中核的なサービスである。だが、彼らが地域で生活を継続するためには、いわゆる生活支援を中核においた社会的サービスが必要なのである。

このため地域では、すでに他の介護や保健福祉分野にかかわる多様な職種や組織との協働は必須となっている。このような多職種の協働を必要とする業務を効率よく、統合させることを「臨床的統合（Clinical integration）」という[4]。この統合には、システマティックな治療や介護、生活支援という在宅の療養生活を支える管理方法も含まれる。

多職種の臨床的統合によって成立する学際的なチームが地域でケアを提供することが基盤となることに対して、異論を唱える者はいないし、諸外国では、すでに学際的チームによる臨床的統合がなされている地域やプロジェクトもある。

各国のプロジェクトにおける臨床的統合の現状

各国のプロジェクトにおける臨床的統合の現状は、**表3-3**、**表3-4**に示したとおりであるが、現在、臨床的統合における直接的な専門職の統合としては、ほとんどの国で、ケースマネジャーと呼ばれる調整を中核業務にする者と、プライマリケアを担う医師

表 3-3　臨床的統合の現状①直接ケア

	オーストラリア	カナダ	オランダ	ニュージーランド	スウェーデン	イギリス	アメリカ合衆国
ケースマネジャー		ケースマネジャー	ケースマネジャー	ケースマネジャー（登録された看護師）	在宅ケアに特化した学際的チーム	ケアコーディネーター	ケースマネジャー
看護師	看護師		在宅ケア看護師		地区の看護師	地域の看護師	専門看護師
家庭医（プライマリケア医）	GP、プライマリ医	プライマリケア医	精神科医		地区の医師		家庭医
ソーシャルワーカー					在宅ケアワーカー	ソーシャルワーカー	ソーシャルワーカー
心理士			臨床心理士				メンタルヘルスや終末期ケア（のスタッフ）
コンサルタント			認知症コンサルタント・老年学者				
セラピスト						理学療法士 作業療法士	
地域の支援員				地域の支援員			

表 3-4　臨床的統合の現状②間接ケア

	オーストラリア	カナダ	オランダ	ニュージーランド	スウェーデン	イギリス	アメリカ合衆国
病院	病院	病院	病院	病院		病院	病院（急性期含む）
家庭医（プライマリケア医）			家庭医	家庭医		家庭医	
在宅ケア		長期ケア	在宅ケア			在宅ケア	在宅ケア
多職種によるチームケア	ほかの連携している健康サービス	多職種によるチームケア※			多職種によるチームケア		
カウンセリング	カウンセリング						
地域の支援	地域の健康スタッフ			地域の提供者			
財産面での相談							財産に関する相談員（金融ジェロントロジー研修修了者等）

※リハビリ、老年学的ケア、在宅看護、セラピーなどのサービス、福祉用具や薬剤、ボランティアのコーディネーション、ソーシャルワークなど

と、在宅あるいは地域の看護師とのチームでの活動が主となっている。

特に臨床的統合を行う専門職の種類が多かったのは、地域の認知症患者を対象としていたオランダの Geriant であり、ケースマネジャー、在宅ケア看護師、精神科医、リハビリテーション医、学識者（老年学；社会学等）、臨床心理士、認知症コンサルタントといった多様な専門職間の統合が直接的に実現していると報告されていた。これは、認知症患者が地域で生活を継続していくためには、これだけの多様な職種が提供するサービスが必要なことを示しているともいえる。

また、スウェーデンでは、直接的な統合としては、在宅ケアに特化した学際的チームと地区の看護師、医師、在宅ケアワーカーのサービスの統合が目指されていた。また、間接的な統合として、包括的な健康ケアと社会的ケアの提供がなされていると報告されていた。これは、すでに多職種協働が実務となっているものと推測された。同様の統合的なサービス提供は、イギリスのTorbay でも実現されており、これらのプロジェクトがどのように進展するかは興味深いところである。

このほかの国では、間接的な臨床的統合が主となっており、そのなかでも多かったのが、病院と家庭医との統合であった。これらは直接的な多職種協働の相手としてではなく、統合ケアの一翼を間接的に担うといった位置づけであった。

日本でも病診連携は早くから推進されてきた。例えば、尾道方式[注4] のように先進的な地域によっては、かかりつけ医が、患者が入院すると病院に出向き、退院後の医療サービスの提供について病院で調整するといったことが行われていた[10]。しかし残念な

注4）尾道方式とは、1994 年より医師会を中心として実践されてきている慢性疾患を抱える患者に対する定期的な多職種カンファレンスの実施（多職種により構成されるチームが患者の在宅診療支援のための医療・介護情報の確認に訪れ 15 分間のカンファレンスを行う）によるチーム医療に特徴づけられるものであり、近年は、急性期病院と在宅医が電子カルテ情報を共有することで地域医療連携を行っている。

がら、このような試みは、全国には普及しなかった。

一方、カナダの PRISMA は、研究事業から始まったこともあり、間接的な統合を示す職種や機関が他国よりも多く、リハビリサービス、老年学的ケア、在宅看護、セラピー、ソーシャルワーク、福祉用具とその供給、薬局、ボランティアといった広範な職種や機関との統合が試みられていた。

この試みがどのように発展していくか、現在のところは、明らかではないが、日本の地域包括ケアシステムが、このプロジェクトと類似した複雑な機能をさせることができるのかも含め、PRISMA の今後には留意すべきであり、日本においても実験的に類似する取り組みを実施してみることも検討してよいのではないかと考える。

臨床的統合に含まれる専門職と中心的役割について

オーストラリアの Health One や、カナダの PRISMA、ニュージーランドの Te Whiringa Ora では、地域の互助的な機能を提供する健康スタッフやボランティアを間接的な臨床的統合のもとに組織化していた。

このような方法は、和光市で実施されているヘルスサポーターの組織化[11]などが類似した取り組みといえるが、互助機能の組織化は一方で、機能そのものの脆弱化や機能を変性させるリスクも孕むことから、容易ではない。

また、アメリカ合衆国の Mass General は財政面での効果が大きな目標となっていることから、相談員との臨床的統合や組織的統合における費用対効果が目指されてはいたが、明確な効果があるとは示されていなかった。この種の効果を明らかにすることの難しさは、このプロジェクトからもよくわかる。特にアメリカ合衆国で実施されている財産管理へのケアとして、金融ジェロントロジー研修を受けた者の対応も増えており、これはきわめて重要な支援となっている。遅れている日本での支援を検討するために、

参考にすべき内容である。

　スウェーデンの Norrtalje とイギリスの Torbay は臨床的統合によって、専門職の多職種協働が実現しており、さらにスウェーデンでは組織的統合もおおむね成立していたが、それ以外の国の事業では、組織的統合は完全でなく、限定的な統合にとどまっていた。

　例えば、組織的統合を図りつつあるイギリスの Torbay でのプロジェクトは、65 歳以上の住民で退院時にリハビリを必要とする人々や地域に居住し入院のリスクのある人々を抽出し、それぞれのチームが、60〜90 人の患者を診るという方法が採られていた。

　このプロジェクトの進展による実際の組織的統合は、病院から自宅へと続く垂直的統合として実現されているが、これに加えて、臨床的統合がされた学際的チームによる水平的統合がなされている。そして、ほかの提供者とは、完全に統合された学際的チームと調整することで統合度を高める工夫がされる構図となっていた。

　また、この方法が採用されてきた理由としては、複雑な健康問題や合併症のある高齢者のためのケア調整には、プライマリケア医の役割の重要性が高いことがあげられていた。

　日本でも後述する松戸市のように医師会が事実上のかかりつけ医と地域サポート医という重層的な構造[12]をもてれば、病院から自宅への垂直的統合を補完する形で地域の多職種による臨床的統合モデルによるチーム医療が地域で実現できる可能性がある。

　これまでも、integrated care における、より効果的なアプローチとしては、GP やプライマリケア医師によるチームを基盤としたアプローチが中心となると述べられていた[13]〜[15]。

　これについて、今回の 7 つの integrated care のプロジェクトでは、サービス利用者にケア調整やケースマネジメントを直接的に提供する「中核」チームにプライマリケア医師がかかわっている

ケースはオーストラリアの Health One とカナダの PRISMA だけであった。

この結果からは、現状では、プライマリケア医師と彼らの患者に関するデータ共有、また医師らがケア提供において先験的な役割を担うことは難しいことが推察された。このことは、プライマリケアと、地域におけるケアサービスの統合に際しては、大きな障壁となってしまう可能性が高いことをも示していた。

医療とケア、日本的に言えば、介護となるが、介護の重要性を地域で診療をしている医師らは確かに認識しつつある。認識はしているが、その具体までの助言をできる医師はそれほど多くないし、これを医師に求めるべきとも考えられないということであろう。介護に関する方法や、その優先度については、介護福祉士の専門性を期待したいところであるが、彼らの力量の向上を待つだけの時間があるかどうかが課題といえる。

臨床的統合と患者、介護者、患者の家族のかかわり方と医師の役割

患者、介護者、患者の家族のかかわり方のレベルは、それぞれ異なっていたが、最も関与の度合いが高かったのは、ニュージーランドの Te Whiringa Ora プログラムであった。ここでは患者と家族が看護師やコミュニティワーカーやケアコーディネーターらとともに多くの評価や目標計画アプローチを通して、目標設定がされていた。

このやり方は、患者が自ら定めた目標が直接的には、医療やヘルスケアとは関係のない場合もあったとされる。この場合、医師らは、そうした患者の目標を達成するために自分は直接的な役割を果たせないと感じるとされていた。これは、日本でも同様の状況があり、医師や看護師らにとっての目標設定と、患者のそれとは異なることは少なくない。

サービス提供者や地域の支援の強力なネットワークの関係者ら

第3章　国際的な動向からみた地域包括ケアシステム進展のフェーズ　135

は、医師中心のプログラムよりも、より効果的であることへの合意を医師らとさらに話し合わなければならなかったと報告されており、日本と同様の状況がほかの先進国でもあることがわかる。

　以上の結果は、理論的には、プライマリケア医師、日本的には、かかりつけ医が中心となって地域の人々に一貫したケアを提供し、ほかのサービスへの照会といった調整業務を担うことがケアの質の向上や、その効率性の実効性を高めるとされてきたが、現在、実働しているプロジェクトでは医師はケアのプロセスにおいては、むしろ脇役で、医師が中核的な役割を果たすことはほとんどないことを示していた。

　また、複雑な症状を抱える高齢者に対する地域での医療的ケアが必要とするのは、GP（かかりつけ医等）のように万能型（ジェネラリスト）の職種なのか、あるいは、それらは専門家の役割であって医療、非医療サービスのマネジメントは調整役、つまりケースマネジャーの役割となるのかについての結論も出ていない。

　現段階では、GP の作業プロセス、財政メカニズム、専門知識などは、複雑で慢性的な医学的・社会的ニーズを抱える高齢者の治療や管理に求められるものとは、あまり合致していないと考えられている。

　例えば、オーストラリアの Health One の取り組みは、病院の医師らが「専門家のアクセスを制限する」という点で反対した[16]という。同様の障壁はイギリスの Torbay に加え、カナダの SIPA やアメリカ合衆国の PACE といったプロジェクト[注5]でも

注5）カナダの SIPA は、Services intégrés pour les personnes âgées fragiles の略で、CLSCs（Centres de Locaux de Services Communitaires）という公的な地域クリニックを中心に展開されるコミュニティベースド、プライマリケア・ベースドをキーワードとしたケースマネジメントによるプログラムである。一方、アメリカ合衆国の PACE は、Program of All-inclusive Care for the Elderly の略で、慢性疾患や心身の障害があって継続的な治療・療養を必要とするために在宅でのケアが困難で、施設や長期療養型医療機関への入所・入院が必要であると州政府によって認定された高齢者に対し、包括的ケアを提供する 1970 年代から草の根で展開されてきた NPO のプログラムが標準化されてきたプログラムである。

あったと報告されていた。

こうした例から、患者へのケアは、臨床上の自律性を保つ（誰がいつどのように治療するかを決定する）というような提供者側の固有の目的によって影響を被るということである[17]。つまり個々の提供者間の関係調整の問題もケアの統合のなかには織り込まれている。ケアコーディネーター（おおむねソーシャルワーカーとなる）と医師らの関係性が「うまく構築されなかった」[18]ために急性期と長期のケアを統合することに失敗したという報告は少なくなかった。

いくつかの地域では、医師を直接、ケアコーディネーターとつなごうとしたが、医師の関与にかかわる困難さは Torbay（イギリス）とオーストラリアのプロジェクトからも報告されており、GPにとっては、ケア計画のプロセスは煩雑、面倒であり価値が不明瞭であると感じられている[19]ことが報告されていた。すなわち、こういう状況で、GP の能力・業務に、非現実的な高い期待をしてしまうことは、ある種のリスクとなりうるということであろう。

一般に、プライマリケアを専門とする医師（かかりつけ医等）は、共同作業的な活動（医師らの主張が取り入れられた場合でも）のパートナーとはなりえないことが少なくない。それは、プライマリケア医師の多くは、すでに地域の医療を支えるという大きな業務を抱えており、彼らに、ケア計画やケースレビューといった活動に割ける時間はそれほど多くないからである。

日本でも、地域ケア会議において多忙な医師と時間を調整し、出席を依頼することは、多くの地域にとっては難題である。また、これらの医師の残業時間や直接患者を診ていない時間の穴埋め等への報酬を新たに検討せずに、ボランタリーな活動を要請することは非現実的である。

例えば、イギリスの Torbay では、GP に報酬を支払い（能力給を目指している）、登録された患者に一連のサービスが提供されるよ

第3章 国際的な動向からみた地域包括ケアシステム進展のフェーズ　137

うにしたことが報告されている。つまり、医師らに対して、「ケアを調整するためのプログラムへの関与」としての対価を支払うことによって、医師らの参加を可能としたということである。ケア調整プログラムへの関与に対して、応分の支払制度が開発されたからと述べられていた。

　ただし、同時に、このようなプライマリケア医師と、より広いケア調整チームとの関係をいわば商品化することだけでは、十分に機能できないことも明らかにされていた。このことは、単に医師に対する報酬制度があるだけではうまくいかないことを示している。

　例えば、最も組織的統合が進んでいたスウェーデンの Norrtalje では、統合された健康・社会的ケア提供者が統一された契約のもとで、プライマリケア医師が中心となるシステムが期待された。しかし、プライマリケア医師への報酬には、すでに情報交換やケア調整を支援するための支払いなどさまざまな支払いが含まれており、この報酬の内容をどのように設定すべきなのか、その際の対価の基準等については明らかにされていなかった。

　また、複雑なニーズがあって健康ケアと社会的ケアの両方にまたがるような患者に集中的な支援を提供するためには、医師らは、自らの業務範囲を越えてしまう可能性があることから、多忙な医師に期待しすぎることには留意すべきとされていた。

　以上のようなことから、日本で、今日増加し続けている慢性的な疾患を複数抱える高齢者へのケアのサービスレベルの設計においては、全体的なケア評価、ケア計画、シングルエントリー、ケアの調整者の機能が重要となること、これに医師という専門職をあてることの困難さを示していた。

　だが、このような調整機能は、必要かつ重要であることから、個人としての医師やケアマネジャー等だけにこの機能を期待するのではなく、地域包括ケアシステムに、この機能を付加するためのプロセスを検討しなければならない。そして、このプロセスが

確立した後で、個人やインフォーマルな介護者と協力して（患者の）セルフマネジメントを支援することに焦点化することが現実的な回答となる。

(3) 機能的統合
――機関間・専門職間の情報連携と ICT の活用

ワンストップサービスと多職種連携

　地域包括ケアシステムにおいて重点的な目標として掲げられることが多いものに、ワンストップサービスがある。これは複雑な健康・社会的なケアニーズを抱える利用者、特に高齢患者にとっては、サービス提供のためのエントリーが一本化されることはとりわけ重要だからである。これまでに紹介してきた各国のいずれのプロジェクトにおいても、1人のケースマネジャーが、ニーズ評価、情報共有、フォーマル・インフォーマルを問わない複数の介護者によるケア提供の調整等を実施する重要性が強調されていた。

　この coordination（調整）レベルの連携（ケアの調整）に、実際にケースマネジャーが活用されている割合が最も高かったのは、イギリスの78％、次いでオランダの73％であった。一方で最も低かったのは、スウェーデンで41％であった[20]。これは、スウェーデンでは、すでに組織的統合がなされているため、個々のケースマネジャーが実施する調整ではなくなっていたためである。

多職種連携における ICT の活用

　日本でも多職種連携、特に医療と介護の間での入院を介しての連携は長年にわたって懸案事項とされ、2018年の診療・介護報酬の同時改定でも入退院支援を核として、これらの連携が進むよ

うさまざまな報酬が新設されてきた。現在、設定されている入院時の情報連携にかかる診療・介護報酬上のインセンティブの代表的なものを示すと**図3-1**のようになる。

　特に医療機関との連携により積極的に取り組む居宅介護支援事業所については、入退院時連携に関する評価の充実と新たな加算区分が介護報酬上で創設され[注6]、また訪問介護事業所等から伝達された利用者の口腔や服薬の状態等についてもケアマネジャーからかかりつけ医等に必要な情報伝達を行うことを義務づけることとされた。

　患者のケアに携わる専門職の間で情報を共有できるようにするため、日本では診療報酬や介護報酬の改定の度に、加算が設定され、連携強化が推進されてきたし、これらが重要であることは疑いようがない。しかし、その前提となるのは、彼らが所属する組織間でのコミュニケーションの改善である。しかし、このような多職種連携は、わが国だけでなく、多くの国でも、かなりの努力や工夫が必要であることが示唆されていた。

　このように多職種連携においては情報の共有が重要になる。この多職種連携を日本で実現しようとすると、医師や医療機関とのICTを使った統合が重要とされることが多い[21]。

　これについては、例えば、先の7か国の事例において電子カルテを交換しているケア提供者の割合が高かったのは、ニュージーランドで55%であったが、カナダでは14%とかなり低かった。

　また、フォローアップの一貫として、医療に関する専門家とコンタクトしていた患者の割合は、アメリカ合衆国では31%であったが、オーストラリアやカナダでは16%と低かった。これ

注6）2018年度介護報酬改定における居宅介護支援は、「入院時情報連携加算」が従来は入院から1週間以内の情報提供で200単位算定できたところ、新区分では3日以内の情報提供で加算Ⅰ（200単位）、1週間以内の情報提供で加算Ⅱ（100単位）となった。1年間に退院・退所加算算定に係る病院等との連携回数（算定の回数ではない）が35回以上、かつターミナルケアマネジメント加算を1年に5回以上算定していることを要件とする「特定事業所加算Ⅳ」が新設された。

図 3-1　入院時の情報連携にかかる診療・介護報酬上のインセンティブ

ケアマネ

入院

入院時情報連携加算（Ⅰ）
（200 単位 ※提供方法は不問）
医療機関の職員に対して利用者に係る必要な情報を利用者が入院してから 3 日以内に情報提供した場合

入院時情報連携加算（Ⅱ）
（100 単位 ※提供方法は不問）
医療機関の職員に対して利用者に係る必要な情報を利用者が入院してから 7 日以内に情報提供した場合

入退院支援加算 1
3 日以内に退院困難な患者を抽出し、7 日以内に本人・家族と面談、カンファレンスを実施した場合

入退院支援加算 2
7 日以内に退院困難な患者を抽出し、早急に本人・家族と面談、カンファレンスを実施した場合

退院

診療情報提供料（Ⅰ）
患者の同意を得て退院の日の前後 2 週間の期間に診療情報の提供を行った場合

退院時共同指導料 2
● 患者の退院後の在宅療養を担う保険医等と入院中の保険医等とが、患者の同意を得て、退院後の在宅での療養上必要な説明・指導を共同して行った上で、文書により情報提供した場合（400 点）
● 入院中の保険医療機関の保険医が、患者の退院後の在宅療養を担う保険医療機関の保険医若しくは看護のうちいずれか 3 者以上と共同して指導を行った場合（2,000 点加算）

退院・退所加算
（カンファ参加有：600 単位〜900 単位）
（カンファ参加無：450 単位〜600 単位）
退院・退所の際に医療機関等の職員と面談を行い、利用者に関する必要な情報を得た上でケアプランを作成し、居宅サービス等の利用に関する調整を行った場合

認知症 GH

退院・退所時連携加算
（246 単位／日）
退院後の再入居の受け入れ体制を整えている場合
初期加算の見直し
30 日を超える病院又は診療所への入院の後の再入居も算定可能

退院・退所時連携加算
（30 単位／日）
病院等を退院した者を受け入れる場合の医療提供施設との連携等を評価

特養・老健・介護医療院

初期加算
（30 日間）
入所生活に慣れるための支援に係る費用

再入所時栄養連携加算
（400 単位／回）
施設と病院の管理栄養士が連携して、再入所後の栄養管理に関する調整を行った場合

ケアマネ
※各種居宅サービス等利用

特定施設

らの結果からは多くの国で ICT やハイテクケアがこのヘルスケア領域に入ることは未だ困難ということであろう。

　また、実用可能な情報マネジメントや技術システムを導入することの難しさも報告されている。技術的な問題としては、ソフトウェアやハードウェアの不適合、コーディングシステム[注7] や利用者のアクセス権への考え方なども含まれる[22]。また、高度に複雑なシステムの導入に必要とされる資源やスキルを低く見積もりすぎる場合もあるとされる[23]。

　さらに、利用者（患者）にとっては、自らのデータがどのように運用されるかについての懸念もあるだろう。例えば、オーストラリアでは、ケアの調整を支える患者のサービス利用記録の作成には成功したものの患者の不安が高く、もともとあった「GP による提供者への相談」という要求を削除することになったという[16]。

ICT 活用による統合の推進に向けたアプローチ

　いずれの国においても、医療と介護、そして生活支援を統合するという事業の対象は、慢性疾患をもちながら、介護や生活支援を必要とする複雑なニーズをもった高齢者である。彼らが自宅でより長く自立して生活していくためには、彼らの自己モニタリングや自己管理の支援に、ICT を用いることや、遠隔医療（テレヘルス）や遠隔ケア[注8]（テレケア）を利用することは、確かに有効であろう。

注7）医療分野においては、標準病名や標準医薬品コードなど医療情報にかかわる標準化が進められており、さまざまな医療にかかわる情報をコードに置き換えることで情報の共有がなされている。よって、各種情報システムの運用にあたっては、共通情報としてのコードに置き換えるコーディングという行為が必要になり、このコーディングを行うためのシステムをどのように構築するかが重要と考えられている。

注8）遠隔医療について、日本遠隔医療学会は「通信技術を活用した健康増進、医療、介護に資する行為」と定義している。遠隔医療は、①患者に対して実施される遠隔医療、②医療従事者間で行われる遠隔医療の大きく2つのタイプに分けられるとされている。前者の遠隔医療については、伝送された患者の心身の状態をもとに主治医が判断し、患者の療養を支援する行為については、遠隔診療（テレケア）とも呼ばれる。

しかしながら、実態としては、前節で紹介したすべてのプロジェクトで連携や情報システム共有を導入しようとの試みはあるものの、ICT 統合を通した、機能的統合を行っているところはなかった。例えば、共有した電子カルテを使用していたのは、カナダの PRISMA だけであり、スウェーデン、イギリス、アメリカ合衆国では限定的な利用にとどまっていた。それ以外のオーストラリア、オランダ、ニュージーランドでは、いわゆる機能的統合はされていなかった（**表 3-5**）。

　これまでの integrated care に関する多くの文献で（サービスの）導入や分配を支えるために電子的カルテの共有や IT システムを取り入れることの重要性が主張されてきた[4), 8), 13), 15)] が、現実的には、ICT の統合がなくても integrated care を実践することは可能である。

表 3-5　機能的統合（情報）の現状

国	プロジェクト	共有した電子カルテの使用
オーストラリア	Health One	無
カナダ	PRISMA	有：関係するすべての健康関連スタッフがコンピューター化された患者情報にアクセスできる。一次ケアの医師の一部は含まれていないこともある。
オランダ	Geriant	無
ニュージーランド	Te Whiringa Ora	無
スウェーデン	Norrtalje	限定的：共同でのカルテ作成が行われており、将来的な記録の共有化には向かっている。
イギリス	Torbay	限定的：地域の健康ケアと社会ケアの情報システムの統合（GP は含まれない）
アメリカ合衆国	Mass General	限定的：病院の電子カルテ（EMR）とケースマネジメントシステム

出典）Goodwin, N., et al.（2014）. 10. 筆者一部改変。訳語は筆者による。

いわゆる「旧式の」情報技術、つまり電話や FAX などで、専門職間の適切な情報共有が可能となっており、さらに、これらの事業報告で強調されていたのは、ハイタッチのケア、すなわち、利用者あるいは患者との具体的な接触が多いこと、つまり、ケアチームのメンバーやケアコーディネーター、あるいはケースマネジャー、そして患者らが緊密にかかわり合い、頻繁に直接顔を合わせている状況が重要と報告されていた。これは日本の臨床現場でも、「顔の見える関係」という語で表現されるのと同様の状況といえる[24]。

　また、アメリカ合衆国の Mass General では、電話連絡をベースとした支援が多く用いられていた。これは、伝統的に疾病管理サポートが第三者の企業によって、同様の電話相談サービス等のかたちで提供されてきたからではないかと推測される。

　このように名前のわかっているケアコーディネーターやケースマネジャーと個人的にやりとりすることは、遠隔からのモニタリングや電話による支援などよりも効果的であると報告されていた。

　以上のように、国外でのいわゆるハイタッチで個人に合わせたケアと電子カルテや遠隔医療・遠隔ケアといったハイテクなケアの実態からは、必ずしも ICT によるシステムそのものが重要なのではなく、その前提となる緊密な人間関係を基礎としたケアこそが有用ということがわかった。

　ICT を利用したハイテクケアは、さまざまな専門職従事者が、より広範囲なケアチームを形成できる可能性を高める。これらのチームが患者、介護者らと情報を共有し、ケアの調整を本当に円滑にできるのであれば、それを用いる意義はある。だが、これが integrated care の成功に必要不可欠な要素とはいえない。

　これは、介護保険法に位置づけられている「在宅医療・介護連携推進事業」のなかの「（エ）医療・介護関係者の情報共有支援」の全国的な状況として、2015 年 8 月 1 日時点で 1090

（62.6%）の自治体で実施していなかったという結果[注9] があることからも明らかである。情報共有に関して、モバイル機器を用いた研究事業等もさまざまに実施されている[21], [25], [26] が、情報機器を用いることや情報システムの構築が目的となっているような例も見受けられる。

　個人に適合した人と人との関係を密にする、いわばハイタッチケアの質の向上のために、ハイテク機器や情報システムは必要である。しかし、ここで、さらに重要なことは、ICT の活用は、integrated care の実現の要素の 1 つではあるが、必須条件ではないことであり、目的と手段を間違えることのないようにしなければならない。

注9）2015 年度在宅医療・介護連携推進事業（地域支援事業）の実施状況に関する調査結果（概要）. 厚生労働省老健局老人保健課.

［引用文献］
1) 筒井孝子（2014）．地域包括ケアシステムのサイエンス——integrated care 理論と実証．社会保険研究所．31-50.
2) 筒井孝子（2018）．地域包括ケアシステムにおける医療・介護・福祉の連携の課題——integrated care の実現から深化に向けて．老年社会科学．39（4）：415-425.
3) Institute of Medicine.（2012）. Primary Care and Public Health: Exploring Integration to Improve Population Health.Washington: The National Academoes Press.
4) Curry, N., Ham, C.（2010）. Clinical and service integration: the route to improved outcomes（1-64）. London: King's Fund.
5) Goodwin, N., Dixon, A., Anderson, G., Wodchis, W.（2014）. Providing integrated care for older people with complex needs: lessons from seven international case studies. London: King's Fund.
6) Windle, K., Wagland, R., Forder, J., et al.（2009）. National evaluation of partnerships for older people projects. Canterbury: Personal Social Services Research Unit.
7) RAND Europe, Ernst & Young LLP.（2012）. National evaluation of the Department of Health's integrated care pilots: appendices. Cambridge: RAND Corporation.
8) Ovreteit, J.（2011）. Does Clinical Coordination Improve Quality and Save Money? London : Health Foundation.
9) Wistow, G. and Waddington, E. Learning from doing: implications of the Barking and Dagenham experience for integrating health and social care. J Integr Care 2006; 14: 8-18.
10) 小林甲一，市川勝（2015）．医療主導による地域包括ケアシステムの形成と展開：広島県尾道市におけるモデル構築を事例に．名古屋学院大学論集．社会科学篇．51（3），1-18.
11) 和光市（2018）．第二次健康わこう21計画・第三次和光市食育推進計画．http://www.city.wako.lg.jp/home/fukushi/kenkozukuri/kenkozukurijorei/_8942.html
12) 松戸市（2017）．いきいき安心プランⅥにおける 重点施策（案）．平成29年度第2回松戸市高齢者保健福祉推進会議（平成29年10月4日）．13-16.https://www.city.matsudo.chiba.jp/matsudodeikiiki/mokuteki/sonota/suisinnkaigi.files/10-4siryou6.files
13) Bodenheimer, T.（2008）. 'Co-ordinating care —— a perilous journey through the health care system'. The New England Journal of Medicine, vol 358, no 10, 1064-1071.
14) Coleman, K., Austin, BT., Brach, C., Wagner, EH.（2009）. 'Evidence on the Chronic Care Model in the new millennium'. Health Affairs, vol 28, no1, 75-85.
15) Hofmarcher, M., Oxley, H., Rusticelli, E.（2007）. Improved Health System Performance through Better Care Coordination. OECD Health Working Paper No.30, Paris: OECD. Available at:www.oecd.org/health/health-systems/39791610.pdf
16) Gardner, K. and Sibthorpe, B. Impediments to change in an Australian trial of coordinated care. J Health Serv Res Policy 2002; 7: S2-S7.
17) Blomqvist, A. The doctor as double agent: information asymmetry, health insurance, and medical care. J Health Econ 1991; 10: 411-432.
18) Thompson, TG.（2002）. Evaluation results for the social/health maintenance organization II demonstration. Baltimore, MD: US Department of Health and Human Services.
19) Commonwealth Department of Health and Aged Care.（2001）. The Australian coordinated care trials: final technical national evaluation report on the first round of trials. Canberra: Commonwealth of Australia.
20) Goodwin, N., et al.（2014）. 4.

21）株式会社富士通総研（2017）．地域における医療・介護連携強化に関する調査研究（地域包括ケアシステム構築に関するICT活用の在り方）報告書．（平成29年3月）．
22）Glendinning, C., Hudson, B., Hardy, B. and Young, R. The Health Act 1999 section 31 partnership 'flexibilities'. In: Glasby J and Peck E（eds）Care trusts: partnership working in action. London: Radcliffe Medical Press, 2004, 23-37.
23）PricewaterhouseCoopers, Australian Government Department of Health and Ageing. The National Evaluation of the Second Round of Coordinated Care Trials, Commonwealth of Australia, Barton ACT, 2007.
24）森田達也，野末よし子，井村千鶴（2012）．地域緩和ケアにおける「顔の見える関係」とは何か?. Palliative Care Research, 7（1），323-333.
25）高山誠，梅田勝 & 秋山祐治（2013）．モバイルによる医療のモジュール化と障壁破壊．日本情報経営学会誌，33（3），33-43.
26）大塚正雄，丁井雅美（2015）．地域包括ケアでの多職種連携におけるICTの利活用について．シンポジウムモバイル研究論文集，65-70.

第 **4** 章

integrated care の新たな
方向性を示す多様な成果

第 1 節

臨床的統合において調整を担う
専門職の重要性

---

(1) 臨床的アウトカムの評価をめぐる課題

測定できないアウトカム

　各国が integrated care の理論を利用した研究事業を実施してき
た動機は、利用者に提供されるサービスが改善されることであ
る。そして、この結果として、臨床的なアウトカムの改善が達成
され、しかもコストも削減されるといった肯定的な結果が証明さ
れない限り、こういった事業の持続可能性は保証されないという
現実がある。

　しかし、これらの事業において明らかにされたのは、integrated
care にかかわる事業のアウトカムの評価や測定に際しては、すべ
ての国で共通して用いることができる尺度はなく、どのような国
や地域でも利用できる万能なモデルも現時点では存在していない

ということであった。

このことは、二重の問題を生んでいる。第一に、integrated care のイノベーションは、その作用に対応する「価値」を証明する能力が低いということである。第二に、あるアプローチの効果をほかのアプローチに伝達する手法がなく、このため効果を伝播し続けることが困難ということである。

おそらく、これらの問題の解決には長い時間と費用が必要となる。なぜなら、解決したことを示すためには、当然のことながらエビデンスが求められる。しかし、一般化が可能なデータを用いた統計的分析や社会実験によって得られる因果関係に関する実証的な根拠は不足しており、そのデータとして何がふさわしいかや、解決を意味する証明方法についても合意を得られていないからである。

多職種連携の効果とは

例えば、これまで紹介してきた7か国のプロジェクトの多くは、その目的として、利用者に継続的なケアを提供するために提供者側の臨床的統合を高めることをあげていた。そして、この実現のために、ほとんどの国でケースマネジャーを含む、学際的チームによる多職種連携の実現が目指されていた。そして、プロジェクトの多くにサービス利用者の支援（多くの場合、非公式介護者や利用者の家族の支援も含む）の直接的責任を引き受けるケアコーディネーター、あるいはケースマネジャーと呼ばれる役職があった。この役職は、プライマリケアか、地域のいずれかに組み込まれていることが多く、この仕事に就いた者は医療的ケアの面だけではなく、在宅ケアや支援付き住宅などの社会的ケアも調整していた。

また、ケアコーディネーターあるいは、ケースマネジャーは、患者の状況や治療状況などの変化についての最新情報をサービス提供者に伝えるはたらきをもっており、彼らは、患者と直接連絡

を取り、患者が診察予定時間にちゃんと出席し、患者の医学的治療が遵守され、適切なサービスにアクセスできているかどうかを確認する業務を行っていた。それぞれのワーカーやチームは患者の取り扱い件数を定めており、この規模は患者のニーズの程度や複雑さ、プログラムの入退院基準などによって異なる。また、ケアコーディネーターは、その役割が利用者のケアサービスへのアクセスを促進したり、重要な連絡先を提供したりするなど非臨床的な立場になることが多いようであった。

各国におけるケアマネジャーの機能

　このような高度なマネジメントができるためには、ケースマネジャーには複雑なニーズをもつ高齢者のケアについての専門知識や訓練が必要となる。このため、多くの国で、ケースマネジャーと呼ばれる人々は、これに必要とされる研修を受けていた。さらに、ケースマネジャーはケアの調整を担うだけでなく、多くの場合、ケアも直接、提供していた。

　今回、紹介した諸外国のプロジェクトでのケースマネジャーやケアコーディネーターの職歴はさまざまであり、Te Whiringa Oraでは、登録された看護師と地域のソーシャルワーカーらが共同でこの役割を果たしていた。また、カナダのケベック州では、高齢者のためのケースマネジャーは伝統的にソーシャルワーカーによって行われてきたが、PRISMA では看護師とリハビリテーションにかかわる理学療法士や作業療法士等、ケースマネジャーが行っていた。

　イギリスの Torbay では、ケアコーディネーターは、専門的なヘルスケアの経歴がなく、比較的、賃金も安かった。それでもチームに価値ある追加的スキルや能力を提供したとされていた。これらのプロジェクトでは、健康と社会的ケアの複雑なニーズを抱える高齢者のためのケア調整には、一定のプロセスがあり、ケアを受ける資格があるかどうかという、日本的にいえば要介護認

定のような基準があった。統一された紹介経路があり、単一の包括的なケースマネジメントがなされ、これに基づいてケア計画が作成されていた。

　また、今回のプロジェクトのほとんどで、このケースマネジャーやケアコーディネーターを含む学際的チームが活動することで、利用者とスタッフとの相互信頼感が向上したとの成果を報告していた。

　オーストラリアの Health One では、サービスを利用した患者は、スタッフから支援されていると感じていたことが報告されていた。カナダの PRISMA でも利用者の満足度が上がり、エンパワメントが向上したとされていたし、オランダの Geriant では、患者自身だけでなく、インフォーマルな介護者も肯定的な評価をしていたとされた。スウェーデンの Norrtalje でもスタッフの間の情報伝達とコミュニケーションが改善したとされ、イギリスの Torbay でもスタッフのモチベーションが上がったとの GP（General Practitioner：家庭医）からの肯定的な評価も得ていた。

　しかし、示された成果は、いずれも臨床的知見であり、エビデンスとしては弱いとの評価がなされていた。このように、多くの国で、ケースマネジャーと呼ばれる者たちの役割は重要とされ、効果もあるとされていたが、これはエビデンスというには、根拠に乏しいものであった。

　それでも多くの国で肯定的な意見が示された理由は、多職種連携の基盤には、分野間の越境を支える専門職種の存在があり、この存在によって、医療・健康の各現場や介護施設にいるスタッフ間の連携を高める方法しか選択できなかったからであろう。

　彼らが、この役割を果たすことで病院内外で、より柔軟な、多様な技術を有するサービス提供が継続されたことは、プライマリケアにおいて、一定の役割を果たした[1]ことになり、これらは、結果として、肯定的なアウトカムと関連づけられていた。

　このほかにも慢性疾患の管理と直接的ケアの責任を担えるよう

に役割が拡大した看護師は、安全で効果的なケアを提供していることが実証された[2]といったエビデンスや、イギリスにおいては、GP を支える薬剤師は GP の薬の処方を改善させた[2]との研究成果も示された。

一方で、患者のアウトカムに関するエビデンスについては、注目すべき齟齬が生じ[1], [2]、役割を再検討する必要性も高まっているとされていた。それは、患者の自己管理のために、追加的サポートを提供する薬剤師に関する調査によれば、薬剤師らは、しばしば患者の能力や知識に関係なくアドバイスを与え、そのために患者がそのアドバイスに反対した場合は、結果として、高齢者の自己効力感を否定するといった影響があった[2]と報告されていた。だが、これは、患者自身が医療や介護に関する知識を得ていくことの重要性が示唆される結果ともいえ、セルフマネジメントを進める動機となるかもしれない。

ただし、イギリスで示された社会福祉領域のアウトリーチ機能として、地域の人々に情報提供をしたり、さまざまな支援機関の利用を助言したりする人々についての研究では、地域の行政やNHS[3]の負担を軽減することによる経費削減が報告されたが、この費用対効果がどの程度かについての資料が乏しいことが批判的に述べられている。すなわち、このサービスの導入の前後データもない。このような統合による経済的な効果を裏づけるエビデンスはほとんどない[4]ともいわれている。

このように統合に際しての新たな役割を評価するにあたっては、より慎重な対応が議論されるべきで、その効果についても厳密さが必要だということであろう。

(2)　コーディネート機能はどのように強化すべきか

各種コーディネーターの役割とその効果

　これまでに医療や介護、福祉という新たな統合を担う役割が、より広いケア提供システムの文脈において、費用削減を果たしたというエビデンスは少ない。また、統合ケアサービスの提供を実現する際に、効率性という課題も生じている。

　それは、統合が強化され、新たな役割としてコーディネーターなど連携を専ら行う職種が生まれることで地域において患者個人を取り巻く多様なスタッフの種類を減らす効果が生み出されるかという課題である。

　これについてわが国は、これまで「生活支援コーディネーター（地域支え合い推進員）」や「認知症地域支援推進員」等のコーディネートにかかる新たな職種をつくってきてはいる[注1]ものの、彼らの役割は、自律的・包括的に働くことができるという前提のもとで達成される。つまり、これは最もレベルの低いスタッフを用いるという（現行）方法の逆であり、費用は高くなる可能性がある[5]とされ、費用の削減には効果はない。

　あるいは、この調整や統合の役割が、今までの実践範囲を超えてケアを提供できるように拡張される場合は、患者に同じケアを提供するためにスタッフがより長く頻繁にその患者と接触する必要があるため、効率性も低くなる[2]とされている。

　しかも、これらの調整や統合機能の多くは、既存の職種が担う

注1）　生活支援コーディネーター（地域支え合い推進員）は、2015 年の改正介護保険法による地域支援事業の充実に伴って創設された生活支援体制整備事業においてNPO や民間企業、協同組合などが参画し連携を図る協議体の設置とともに配置がなされることとなった。認知症地域支援推進員も同様に同年「認知症地域支援・ケア向上事業」が地域支援事業に位置づけられることによって、配置がなされることになった。これらのコーディネーターは、2018 年 4 月までにすべての市町村に配置が義務づけられていた。

役割の作業を再編する能力によって、高い効率性を達成できるものと考えられているが、これを実証するエビデンスは非常に限られているのである。

これまでの先行研究からは、たとえ多様な技術が提供され、他部門から統合を支援するためのインプットが増えたとしても、それにより追加的な人件費が生じることもあるため、費用削減は部分的にとどまる[1]ことが明らかにされている。

さらに組織的統合によって、プロセスがさらなる費用（削減）に貢献する場合は、既存の役割、そして、調整や統合という新たな役割を網羅しつつ、維持しなければならないために追加的な役割も必要になることが多い。

例えば、従来、介護保険施設からの退所における調整について施設のケアマネジャーがやっていたことを地域のケアマネジャーが代替するという場合、それぞれの能力が高まったとしても、これを実現し持続させるためには、このサービスが複数の介護保険施設において、複数のケアマネジャーによって、一貫して提供されなければならない。これを実現させるためには、これらの人々への研修やシステム構築のための費用も考慮されなければならないのである。

しかも、この種の業務の再編に際しては、施設と地域における調整機能が部分的に重複することもあるため、経費が増大することもありうる。あるいは、施設側のケアマネジャー業務の「削減」が、地域のケアマネジャーに生じる費用を完全にカバーしない場合もありうる。実際的には、人件費の削減効果は、ある役割がすべて停止したり、あるサービスが完全に別の機関に移転されたりするような非常に大きな変化を必要とするものである。このため、組織的統合の成果をエビデンスとして、示した資料はほとんどない[6]。

ただし、イギリスでは、社会的ケアの拡大に伴い、サポートワーカーと呼ばれる新たな職種の役割についての研究がある。こ

の職種は、医療と社会的ケアの活動を統合するものであり、彼らは、そのモチベーションや仕事の満足度を向上させており、おそらく採用率と定職率の向上に貢献しているかもしれないとされている[7]。

しかし、この分野の開発を立証するエビデンスは、多くの疑問があるとされ、先に示したサポートワーカーは、社会的サービスの提供において、今日、ますます、重要な役割を担うようになっているが、効果的な労働力の配備計画や開発のためのエビデンス基盤は欠落しているとされている[8]。

また、（患者の）自宅など特定の分野のケアワーカーの労働が専門的といえるのかどうか、分野を越境する役割の開発にあたってどの専門分野を優先すべきか、また、このことが特に重要だが、「誰にとって」「どのサービスが」「一番うまく作用するか」に関しての議論がほとんどなく標準化された業務といえるかも明確でないといわれている[9]。

日本におけるコーディネーターの役割とは

日本では、地域包括ケアシステムを支えるために、先に述べた「生活支援コーディネーター（地域支え合い推進員）」の配置が義務化された。この職種には、①地域に不足する高齢者向けサービスを発掘する資源開発や、そのサービスの担い手を育成すること、②行政だけでなく社会福祉協議会や地域住民など多様な関係者間のネットワーク構築や、③地域に不足するサービスを発掘し、然るべき事業者につなげるというニーズと取り組みのマッチングを実現するという役割を担うとされている。

このほかにも「認知症地域支援推進員」等には、地域包括ケアシステムに多様なスキルを取り入れようとする変化の際の新たな役割が期待されている。しかし、これらの新たな職種の開発やその評価についての着眼点は、主に新たな役割の内容を説明するものであり、彼らをサポートするために具体的に何が必要かといっ

たことや、時には彼らが現場に与える影響などはある種の期待としては示されてきたものの新たな役割に関するエビデンスは明らかに欠如している。

　これらの新たな職種は、個々の役割に着目することで得られるさらなる知見もあるが、こうした役割の標準化、望むべき特徴や効果に関する合意の欠如が広く、応用可能な確固たるエビデンスの確立には、さらなる困難があるといえる[10]。

第 2 節

患者中心のケアを実現する
セルフマネジメント支援

(1) 患者中心ケアの多様性

セルフマネジメントにおける目標設定の考え方

　患者中心のケアは、複雑なニーズを抱える患者のケアやアウトカムを改善するために、ますます重要なアプローチとなっている。前述した7つのプロジェクトは、すべて患者中心のケアアプローチを採用していたが、各プログラムでの患者、介護者、患者の家族のかかわり方のレベルはさまざまに異なっていた。この結果、そのアウトカムとして、示された内容も異なっていた（**表4-1**）。

　最も患者と関与の度合いが高かったのは、Te Whiringa Ora プログラムであった。このプロジェクトの成果としてケアのアウトカムとして示されていたのが、「サービスに参加してから COPD 発作発症の間隔が長くなった」ことであった。さらにサービスの利用率の変化としても「COPD 患者の病院での病床日数が減少した」ことが報告されていた。

　このプロジェクトでは、患者と家族が看護師やコミュニティワーカーやケアコーディネーターらとともに多くの評価や目標計画アプローチを通して、3つの最も重要な目標を決定することになっており、セルフマネジメントの推進が大きなテーマとされていた。

　ただし、このように患者がケアをセルフマネジメントする場

第4章 integrated care の新たな方向性を示す多様な成果　｜　157

表 4-1　各国のプロジェクトによる成果

国 (プロジェクト名)	成果の視点			
	利用者とスタッフとの相互の信頼	ケアのアウトカム	サービスの利用率	費用対効果
オーストラリア (Health One)	利用者は支援されていると感じており、不満が減った。GPらの満足度は高い。	なし	緊急治療室(ER)の利用と治療後の滞在期間が減少。地域の健康機関への照会が減少。	なし
カナダ (PRISMA)	利用者の満足度が上がり、エンパワメントが向上。	機能低下の発生が減少。対応されないニーズも減少。	ERの利用と入院が減少。健康関連の専門家や在宅ケアサービスへの相談件数は増加せず。	追加的費用なしでシステムのパフォーマンスが向上。
オランダ (Geriant)	インフォーマルな介護者が肯定的な評価。	自宅で過ごす時間が長くなった。	認知症関連の病院でのケアが減少。	なし
ニュージーランド (Te Whiringa Ora)	GPらはサービスを肯定的に評価。	このサービスに参加してからCOPD発作発症の間隔が長くなった。	COPD患者の病院での病床日数が減少。	なし
スウェーデン (Norrtalje)	スタッフらの間の情報伝達とコミュニケーションが改善。	ケアのアクセスがより簡易、迅速になった。	施設入所の減少。	同様の自治体より在宅ケア利用者一人当たりコストが低下。
イギリス (Torbay)	スタッフのモチベーションが上がり、GPから肯定的な評価。	社会的ケア支援を受けるための待ち時間が短縮。	緊急入院、病床日数、滞在日数の減少。施設入所の減少。	追加的費用なしでシステムのパフォーマンスが向上。
アメリカ合衆国 (Mass General)	患者と医師から高い評価。	年間死亡率の改善。	入院件数、緊急入院の減少。	Medicareの費用の低下。

出典) Goodwin, N., et al.（2014）. 10. 筆者一部改変。訳語は筆者による。

合、患者の目標が直接ヘルスケアにかかわらないものである場合は少なくないことが報告されていた。そうなると医師らはこうした患者の目標を達成するために、自分は直接的な役割を果たせないと感じ、この患者への対応が難しいと感じるとの報告もあった。

　このため、提供者や地域の支援は場合によっては医師中心のプログラムよりもより効果的となる場合もあるという合意（規範的統合）は必要となるだろう。

以上のプロジェクトの例からは、日本における地域包括ケアシステムの深化にとって重要な点が示唆されていた。それは今後の臨床的統合に際して、学際的なチームを編成するにあたって、医師の役割をどう定義すべきか、そして、新たに、サービス利用者の役割をどのように設定すべきかという点である。

　これは、換言するならば、調整の機能を、誰が、どのように担い、そのコストをどう賄うかを明らかにしておく必要があるということである。また患者（あるいは、利用者）へのセルフマネジメント支援をどのように実施し、その責任の所在をどうすべきか、また、この費用をどこから充当すべきかという点も重要である。

専門的支援を必要とするセルフマネジメント

　国外では、方針としてこのセルフマネジメントを専門的な支援として確立することが示されている。したがって、決してサービス利用者やインフォーマルな介護者に、現在、実施されているケアを移転する方法ではないとされている。しかしながら、現時点では、セルフマネジメントをはじめとした患者の直接的な関与は、それほど進んではいない。

　国際的には、1960年代に多岐に渡る専門分野のケアの理解を深めることの重要性が認識されてから、これらを、誰が、どう提供すべきかという臨床的統合が課題であったが、70年代は、パートナーシップを考えた取り組みへと変化した。

　そして80年代、90年代はシェアードケアとディジーズケアと変化し、ここに多様な統合モデルの応用が検討され、今日のintegrated care の考え方にいたっている。ただし、セルフマネジメント支援は、専門のケースマネジャーや大規模な学際的チームの支援があってこそ実施できるものである。

　したがって、サービス利用者のセルフマネジメントとしての自己ケアを支援するために必要とされる知識を得るためには、より集中的なケアマネジメントに基づいたアプローチとして実現され

ることになるだろう。

　これは、前述のオランダの Geriant やアメリカ合衆国の Mass General、スウェーデンの Norrtalje の在宅ケアチームなどと比べると、オーストラリアの Health One やカナダの PRISMA の調整ケアモデルで達成の度合いが低かったことからも明らかといえる。

　あらゆるケア提供者や現場のケアマネジメントの調整によって達成される患者中心ケアは、ケアプログラムを統合し、サービスを統合させるための基盤となる。患者の直接的な関与に関しては、日本をはじめ、多くの国でも十分に進展している状況にはないが、今後は、患者が自分自身で定めた目標を目指して行動できるようになり、自己管理をする機会を増やしていかなければならないということであろう。

　このようなサービス利用者のセルフマネジメント支援に加えて、利用者の家族等のインフォーマルな介護者の積極的関与の促進も模索されている。例えば、オランダの Geriant では、ケースマネジャー、患者、非公式介護者がケアの処置に関する計画を毎年、共同で作成している。

　オーストラリアの Health One では、患者とその介護者は積極的にケア計画や管理に参加するべきだと強調しており、彼らが希望すれば、ケースカンファレンス（症例検討会）への参加も可能としている。

　カナダの PRISMA プログラムでは、ケースマネジメントに着眼点が移行しつつあるが、患者とその家族はケア計画に対して、共同参画し、いくつかの地域では、PRISMA の患者は自分のケアサービスを購入する資金を受け取り、直接、サービス提供者に支払いをするという方法を選択できるようにしている。これは在宅サービスが、すでに利用できる老人ホーム等で主に使われていた。

　前述したように、すべてのプログラムのなかでニュージーラン

ドの Te Whiringa Ora は、医療的、臨床的目標というよりは、患者が定めるプログラムの目標を達成するために、サービス利用者とその家族の参加が重要であることを最も強調していた。

セルフマネジメント導入のアウトカム

さて、ここまで示してきたように、すべてのプロジェクトは患者の満足度の向上や病院や介護施設の利用者数の減少という点を示し、プロジェクトの成果を肯定的に報告していたが、こうした結果のいくつかは、サービス利用の前に起きたか、後に起きたかが明確でないものが多く、エビデンスとはいえないものとなっていた。

対象となった事例には、費用対効果の検証はほとんどされていなかった。加えて、利用者の視点からケアのアウトカムの向上についての調査手法も統一されていなかった。

これは、結果をモニターするための利用可能なデータ、データから情報への変換ができる構造が認識されていないことや、プロセスの評価や専門職とユーザーの視点についてのデータ以上に、対象群を用いて影響を厳格に評価するといった方法論もあらかじめ示されていなかったということである。つまり、パフォーマンスを実証するための運営上の義務やデータを集めるためのルールが明確でなかったのである。

(2) 日本におけるセルフマネジメントの実際と評価

パフォーマンス評価の重要性

日本でもセルフマネジメントだけでなく各種の事業の評価は重要とされてはいる。だが、一般的に臨床場面には、こういった連携や統合を評価するための共通方法というものがないため、その

影響やアウトカムを系統的に測定することへの関心よりも、患者へのケアが優先される傾向がある。

これまで専門職は、患者の参加や多職種との連携を通じたアプローチについて、より厳格なパフォーマンス評価法を使用することに抵抗することが少なくなかった。このためパフォーマンスに関する統一された評価やモニタリング法の標準化は進んでこなかった。

各国のプロジェクトは、日本と同様に統合を目指したサービス提供というプロセスを重要としており、その評価は副次的な関心事となってしまっていた。また、こういったプロジェクト全体の評価は、方法論的にも非常に複雑で、効率性の因果関係を説明することは難しいという問題もある。

このように、地域包括ケアシステムにかかわる、いわばパフォーマンスに関する統一された評価においては、国際的にも評価尺度が統一されていないことや、モニタリングシステムが完全でないため、学習、そして改善という、いわゆる PDCA を回すことができないといった課題があり、統合サービスを実現するプログラムの持続可能性やそれを広める機会の確保が困難な状況にある。

規範的統合、臨床的統合、組織的統合といった内容を含む integrated care は、すでにさまざまな取り組みを含む用語であり、その取り組みの目的は、医療や介護そして生活支援等の各種サービス間のさまざまな断片化をなくし、提供コストの効率化を目指すものと定義できる。また、この考え方は、基盤となる分野と価値観の変化によって、さらなる進展が予測されているという[11]。ここで明らかにされた利用者の統合を進めるセルフマネジメント支援とその成果の考え方をどのようにシステムに包含すべきかについては日本だけでなく、多くの先進国の共通の課題となっているのである。

これまで述べてきたように、おそらく今後の支援の大きな柱と

して、このセルフマネジメントを基盤としたサービス体系は必須
となる。

したがって、ここで医療、介護、福祉といったそれぞれのサー
ビス提供主体が戦略的に取り組むべきことは、これらのサービス
を要介護状態になる前の壮年期層、特に健康診断等の受診が困難
な低所得者層に向けて、こういったセルフマネジメント支援を地
域で率先して展開していくことであり、その他の集団に対して
も、あらゆるチャンネルを使って、この支援を実施する方策を早
急に検討することである。

2025 年に向けてのセルフマネジメントの推進

セルフマネジメント支援が重要となることは、2025 年に地域
包括ケアシステムの主要な構成員として、現行の高齢者集団と異
なる性質をもつ団塊の世代[注2] が主たる対象となることや慢性疾
患ケアモデルを地域包括ケアシステムに包含してシステム化すべ
きことと関連する。

この慢性疾患ケアモデルにおいては、患者とケア提供者の有意
義な交流が目的とされ、知識があり活動的な患者を前提とすると
いう条件が示されている[13]。また、この支援には、患者への教
育、生活様式の変化のための幅広い行動変容を促し、そして、患
者に健康増進を促すような各種慢性疾患症状を自ら管理できるよ
うな行動様式の伝達などが含まれるとされている[14]。

一方、日本で推進されてきた地域包括ケアシステムは、当初、
想定されていた医療と介護分野の統合だけでなく、さらに福祉分
野も含むこととされ、より広範囲の統合が企図されている。しか

注2) 団塊の世代は、戦後の社会環境変化をすべて体験してきた世代であり、新しい変
化にも対応し、新しいものを社会に生み出してきた世代とされ、それ以前の戦前の
教育や価値観の影響をそれほど受けずに新しい価値観のなかで育ってきた新しいシ
ニアとされている。この団塊世代には、年齢に関係なく仕事や趣味に非常に意欲的
で、社会に対してもアクティブに行動するシニアであるアクティブシニアが多くいるこ
とが指摘されており、今後さらに高齢者世代におけるアクティブシニアの割合が高ま
ることが予測されている[12]。

も、これから、このシステムが主たる対象とするのは団塊の世代という、これまでの高齢者とは異なった性質を有した集団である。このように利用者集団が大きく異なることは、これまでのサービス提供のあり方を大きく変更せざるをえないことをも意味する。

　なぜなら、コミュニティ全体の健康を改善していくには、コミュニティのメンバー、医療従事者、組織、個人、そしてコミュニティ内の集団が積極的で、かつ、先を見据えた相互関係を築くことによって、全体としてのアウトカムが得られ、さらに個人の機能的・臨床的なアウトカムが示されるからである。

　しかし、今のところ、こういった対象に対して支援できる能力をもった提供主体は存在していない。しかも、このような性質をもったサービス提供主体が社会にとって有益であることを証明するには、その活動が有益であることをわかりやすく証明する必要がある。

　例えば、生活困窮層に対するセルフマネジメント支援は個人としてのアウトカムだけでなく、全体としてのアウトカムを証明し続けなければならないということである。

　今日、日本で提案されている地域包括ケアシステムのアプローチは、コミュニティからのアプローチに重点がおかれているが、これから、わが国で新たに必要とされるアプローチは、サービス提供システム内での「セルフマネジメントへの支援／個人の能力向上」を前提とした、「提供システムのデザイン／保健・医療・福祉・介護サービスの方向転換」である。

　これからは、医療や保健、介護、福祉分野の専門職の臨床的サービスや治療的サービスという枠組みを超えた、個人やコミュニティへのサポートの推進や、医療機関と介護、福祉サービス提供主体間の協働を前提として、コミュニティへのアプローチを行うことが期待される。こうしたアプローチは、前節で紹介したニュージーランドの Te Whiringa Ora プロジェクトであろう。

164　│　第2部　integrated care の理論と国際的な動向からみる地域包括ケアシステムの深化

このプロジェクトの基盤となっている「自己決定支援」においても、コミュニティにおいて決断ができるように患者を支援したほうが、より多様な方法の選択肢が示されるし、患者や、彼らを取り巻く家族の決断も容易になるという考え方である。

第 3 節

地域包括ケアシステムにおける
ディジーズマネジメント

(1) ディジーズマネジメントの推進

国内外でのディジーズマネジメント

前節で述べたように、セルフマネジメント支援を推進していくためには慢性疾患に関する個々人の管理の重要性に関する議論がなされたうえで、保健・医療・福祉制度の統合を進め、地域包括ケアシステム内のそれぞれの提供主体の役割が規定されることが求められる。その際に、例えば、これまで地域包括ケアシステムにおいては、主たる担い手とはなってこなかった社会福祉法人などのサービス提供主体も想定される可能性がある。

2014年7月の「社会福祉法人制度の在り方」報告書[15] に示されたとおり、こういった community-based care を担う事業体として、地域共生社会という新たなスローガンのもとで、その役割を明確化しうる法人とそうでない法人とは分離していくことになる。今後は、社会福祉法人だけでなくすべてのサービス事業体は地域の社会資源となっていることを認識される努力をしなければならない。

さらに、慢性疾患をもった高齢患者は将来にわたって増加し続けることから、システム内のあらゆる人々に対するセルフマネジメントを支援するための専門的機能の強化が求められている。ただし、これを担うのは、これまでは自治体の保険者機能が最も期待されてきたが、特に都市部では、アメリカ合衆国型のディジー

ズマネジメントも導入されつつあり、公私の役割について再考も
必要となっている。

　1980年代のアメリカ合衆国で初めて言及されたディジーズマ
ネジメントは、当初は主に雇用者に対して教育的プログラムを提
供する製薬会社や、糖尿病・ぜんそく・冠動脈疾患といった慢性
疾患を伴った患者が積極的に治療方針の決定に参加し、その決定
にしたがって治療を受けることを意味する服薬アドヒアランスを
促進したい組織によって推進されてきた。つまり、ディジーズマ
ネジメントは、再入院や入院日数を減らすための手段とみなされ
てきた。

　例えば、製薬産業が製品の売り上げ増加が見込まれる市場に参
入し、1990年代初頭のマネジドケア組織によって購入されてい
た処方薬の収益低下のリスクを回避することへのインセンティブ
を通して、再入院や入院日数を減らしてきた。

　しかし、1990年代半ばになると、慢性疾患患者の治療におけ
るコスト削減の可能性を示唆するエビデンスの出現と並行し、ア
メリカ合衆国では、ディジーズマネジメント戦略がより広範囲に
適応されることとなった。そして、1999年までに約200の企業
が、糖尿病、ぜんそく、鬱血性心不全といった症状のためのプロ
グラムを提供するようになった。同時に、医療グループ、病院等
によって、組織内のディジーズマネジメントも実施された。

　このディジーズマネジメントの普及については、1997年から
2005年までの間に、アメリカ合衆国におけるディジーズマネジ
メント組織の歳入が、40％（7800万ドルから12億ドル）増加した[16]
と推定されていることからも明らかといえる。

　このような1990年代の急速な成長率は、2000年代初期になる
と多少の下降をみせるが、この時期までには、アメリカ合衆国だ
けでなくほかの国においても、支払い側が「より広範囲に採用さ
れたディジーズマネジメントイニシアティブ」を受けるように
なった。

第4章　integrated care の新たな方向性を示す多様な成果　│　167

アメリカ合衆国政府は、65 歳以上のためのサービスメディケ
ア制度への料金を用いて、任意の慢性疾患ケア改善プログラムを
開発、運用してきた（メディケア医療サポートは 2005 年に開始）。この
プログラムは、心疾患、糖尿病等を伴った多様な人口グループを
対象とし、民間のディジーズマネジメント団体によって提供され
た。

　2005 年には、200 人以上の従業員をもつ雇用主のうち、3 分の
2 が雇用ベースの医療保険プランを通して従業員にディジーズマ
ネジメントを提供するようになった。さらに、前述の形の保険を
もつ従業員の半数以上がディジーズマネジメントプログラムに加
入した[17] という。

　しかし、前述のようなディジーズマネジメントプログラムは、
その対象範囲が小集団に焦点をおいた小さなイニシアティブとな
るものから、ほぼすべての慢性疾患患者を対象とした広範囲のプ
ログラムまで多種多様で、その効果についての厳密さは十分では
なかった[16]。

　ただ、注目すべき点は、ディジーズマネジメントは、いわゆる
医療にかかわる産業が長い期間をかけて徐々に発達させてきたと
いう歴史があったということであろう。

　また、ディジーズマネジメントと呼ばれるさまざまなプログラ
ムには、そのイニシアティブとして、2 つの基本があったといえ
る。1 つは、特定のケアプロセスや臨床的アウトカムに焦点をお
いた療養環境内で提供される情報システムに基づいた患者教育や
自己管理という内容が含まれていた点である。もう 1 つは、より
広範囲で対象者を特定しない集団を対象としたディジーズマネジ
メントへのアプローチがあったことといえる。

　初期のプログラムは、1 つの症状や疾病に焦点をおく傾向が
あったが、最近では、第二世代のディジーズマネジメントプログ
ラムが発展し、1 つの症状や疾病に焦点をおくのではなく、合併
症や多様な症状を伴った患者のさまざまなニーズへの対処が重要

168　│　第 2 部　integrated care の理論と国際的な動向からみる地域包括ケアシステムの深化

とされるようになった[16]。そして、これらの発展の結果として、今日ではその範囲、焦点、目的、構成要素となる治療介入の領域といった点で異なる広範囲のディジーズマネジメントの定義が存在している[18]。

実際に、ディジーズマネジメントの定義は「コストを削減し、特定の症状を伴った患者へのアウトカムを改善する個別のプログラム[19]」から、「危険度の高い患者を特定、仲裁し、アウトカムを測定し、持続的なケアクオリティの改善を提供する人口ベースの体系的アプローチ」にまで広がっているという[20]。

公私ミックス型ディジーズマネジメント

これまでの経過から、日本で展開される地域包括ケアシステムにおいて推進されている介護予防事業等とより広い視点で見たディジーズマネジメントとの間には類似した点がある。

例えば、昨今、わが国で次々と登場しているのが、健康状態の改善により保険料が安くなる等の加入者へのインセンティブを特徴とする保険である[21]。2018年4月に損保ジャパン日本興亜ひまわり生命保険は「リンククロス　じぶんと家族のお守り」を発売したが、この保険には、契約後の健康改善で保険料の一部が戻る特約が標準で付くという[注3]。

また、2017年11月から、本格的な展開がされている東京海上日動あんしん生命保険の「あるく保険」は、1日平均8000歩以上を歩くと加入2年後に保険料の一部が戻る特約が付くというも

注3）身長と体重から計るBMI（肥満度）、血圧値、喫煙有無から保険料が4段階に分けられる。BMIなどで一定基準を満たす非喫煙者が最低で、同基準に満たない喫煙者が最も高いとされる。この商品の特徴は、加入後2～5年の間にBMIなどが改善したり、禁煙したりした場合は保険会社へ告知し、健康改善が認められれば以後の保険料が安くなる点である。さらに契約日まで遡って、旧保険料と新保険料の差額が戻ってくるというものである。それは契約時に月額約8000円だった加入者は、契約から3年後に最低保険料になるレベルまで健康改善すると、保険料は月額約5500円まで安くなる。新旧保険料の差額9万円（2500円×36か月）が戻る例があるという。1回の告知から1年空ければ再挑戦でき、最大3回チャンスがある。

表 4-2　健康になれば加入者へのインセンティブがある民間保険商品の概要

商品名（会社名）	開始	内容
リンククロス　じぶんと家族のお守り （損保ジャパン日本興亜ひまわり生命保険）	2018 年 4 月	加入後 2～5 年間に肥満度、血圧の数値改善や禁煙をすると保険料の一部が戻る
あるく保険 （東京海上日動あんしん生命保険）	2017年11月 （本格開始）	1 日平均 8000 歩以上歩くと契約 2 年後に払った保険料の一部が戻る
明日へのちから （アイアル少額短期保険）	2017 年 9 月	介護度改善で年間保険料の 5 倍の保険金が保険期間中 2 回まで支払われる

　のである[注4]。歩数は半年ごとに達成度合いをみる。2 年のうち半年だけ平均 8000 歩だった人も還付金の 4 分の 1 が戻るというが、1 度挫折しても再挑戦できる仕組みとなっており、健康改善に関しての動機づけとなる工夫がされている。

　さらに、2017 年 9 月にはアイアル少額短期保険（東京・中央）が要支援・介護認定を受けた人が加入した場合、要介護度が改善すると保険金が支払われるという保険「明日へのちから」が発売されている。これらの対象は、SOMPO グループ介護施設入所者などに限られているが、すでに加入実績が示されている（**表 4-2**）。

　このように保険会社は、在院日数の短縮、死亡率の低下という状況が続くなか、従来型のリスク保障だけでは新規客を獲得しにくいと考え、これまで例に出したような健康改善に着眼した商品開発をしている。サービス提供体制の公私ミックス化が進むなかで、保健師による保健指導と、このような商品のどちらの費用対効果が高いか、今後、検証されていくものと考えられる。

　いずれにしても地域包括ケアシステムとディジーズマネジメン

注4）　加入後、専用アプリをダウンロードし、手首に専用端末を着け、アプリが歩数を自動計測していく。これは、保険会社がデータを集計するので告知などは必要ない。2 年後に歩数基準を満たしていれば還付金が出る。この還付金額は年齢や入院給付金額などで変動するが、「おおむね保険料の 1～2 か月分」（同社）という。

第 2 部　integrated care の理論と国際的な動向からみる地域包括ケアシステムの深化

トにおける共通の目的には、複雑な慢性疾患を抱えた患者のためのアウトカム改善がある。これを達成するためには、ステージ別に必要とされるケアに沿って、さまざまな提供者によって提供されるサービスがばらばらになってしまうという問題を地域で乗り越えていかなければならない。

保険者機能強化によるディジーズマネジメントの進展

　現在、地域包括ケアシステムは、医療と介護の連携を中心に政策的、組織的、臨床的と多面的に展開されはじめ、これに地域共生社会の実現が community-based care という文脈において進められつつある。

　このようなシステムを円滑に実施していくために、今後、最も必要とされるのが保険者機能の強化であろう。介護保険制度の保険者は市町村である。したがって、市町村は、これから managed care の中核とならざるをえない。これは、integrated care と community-based care の両方を進展させていくことが保険者の役割であり、この保険者機能としての、managed care を強化することが求められているからである。

　このためには、地域内に設置している地域ケア会議等の会議体を使ってガバナンスを強化する必要がある。また、市町村は介護保険事業計画によって、各サービス提供主体が抱える貴重な社会資源である多くの福祉や介護等の専門職がセルフマネジメントに関する知識や技能を有し、地域で高齢者層だけでなく、若年者や、壮年期の生活困窮層に対しても積極的に、この支援にかかわっていくことを推進することが求められる。

　さらに、先に述べた民間の保険会社等のプログラムについての研究も重要なテーマとなってくるだろう。すでに東京都豊島区は8月、介護保険と保険外サービスを組み合わせる混合介護のモデル事業を実施し、10の民間企業・団体が介護とあわせ、家事や買い物の代行など多様なサービスを提供している[22]。

具体的には、要介護者の食事や排泄の世話等の訪問介護に加え、居宅内外の日常生活支援や安否確認、見守りに関連した保険外サービスを受け付け、居宅内では掃除やペットの世話、電球の取り換えのほか、同居家族分の調理、洗濯にも対応している。居宅外サービスとして、外出先への送迎、買い物や墓参り、散歩への同行なども対象となった。さらに単身高齢者などを対象にした安否確認では、センサーやウェブカメラなどICTを活用し、かかりつけ医などと情報を共有しつつある。

　このように市町村には、自らが蓄積している公私の資源を管理し、その配分を官民の領域で適正に行うことが求められている。これは、関係する事業者の収益機会を増やし、職員の賃上げや生産性の向上につなげる日本版 managed care のプレリュード（前奏曲）といえよう。

［引用文献］

1) NIHR CLAHRC Greater Manchester (2015). NHS Greater Manchester primary care demonstrator evaluation: final report. Manchester: Collaboration for Leadership in Applied Health Research and Care, National Institute for Health Research. Available at: http://clahrc-gm.nihr.ac.uk/our-work/organising-healthcare/demonstrator/

2) Bienkowska-Gibbs, T., King, S., Saunders, C., Henham, M-L. (2015). New organisational models of primary care to meet the future needs of the NHS: a brief overview of recent reports. London: RAND Europe. Available at: www.rand.org/pubs/research_reports/RR1181.html

3) Citizens Advice Bureau (2009). Tendring Reach Out pilot project. Evaluation report. Available at: www.wrightwills.co.uk/reach%20out%20evaluation%20report%20low%20res.pdf

4) Turning Point (2010). Benefits realisation: assessing the evidence for the cost benefit and cost effectiveness of integrated health and social care. London: Turning Point. Available at: www.turningpoint.co.uk/media/23642/benefitsrealisation2010.pdf

5) Erens, B., Wistow, G., Mounier-Jack, S., Douglas, N., Jones, L., Manacorda, T., Mays, N. (2016). Early evaluation of the Integrated Care and Support Pioneers Programme. Final report. London: Policy Innovation Research Unit. Available at: www.piru.ac.uk/publications/piru-publications.html

6) 小林甲一，市川勝 (2015). 医療主導による地域包括ケアシステムの形成と展開：広島県尾道市におけるモデル構築を事例に. 名古屋学院大学論集. 社会科学篇. 51 (3), 1-18.

7) Manthorpe, J., Martineau, S., Moriarty, J., Hussein, S., Stevens, M. (2010). 'Support workers in social care in England: a scoping study'. Health and Social Care in the Community, vol 18, no 3, 316-324.

8) Manthorpe, J. (2011). Research: new clinical roles for care home staff [online]. Community Care. Available at: www.communitycare.co.uk/2011/02/17/research-new-clinical-roles-for-care-home-staff/

9) Manthorpe, J., Moriarty, J. (2011). 'Housing or care workers? Who is supporting older people with high support needs?' Journal of Integrated Care, vol 19, no 1, 16-25.

10) Manderson, B., McMurray, J., Piraino, E., Stolee, P. (2012). 'Navigation roles support chronically ill older adults through healthcare transitions: a systematic review of the literature'. Health and Social Care in the Community, vol 20, no 2, 113-127.

11) Stein, KV. and Reider, A. (2009) 'Integrated care at the crossroads - defining the way forward', International Journal of Integrated Care 9, 1-7.

12) 総務省 (2012). ICT超高齢社会構想会議報告書 (みずほコーポレート銀行産業調査部「みずほ産業調査 vol.39 日本産業の中期展望」(2012年5月)).

13) Glasgow, RE., Toobert, DJ., Hampson, SE., Strycker, LA. Implementation, generalization and long-term results of the "choosing well" diabetes self-management intervention, Patient Educ Couns, 48, 115-122, 2002.

14) Farrell, K., Wicks, MN., Martin, JC. Chronic disease self-management improved with enhanced self-efficacy, Clin Nurs Res, 13, 289-308, 2004.

15) 社会福祉法人の在り方等に関する検討会 (2014). 社会福祉法人の在り方について (報告書). http://www.mhlw.go.jp/file/04-Houdouhappyou-12004000-Shakaiengokyoku-Shakai-Fukushikibanka/0000050269.pdf

16) Boston Consulting Group. (2006). Realizing the Promise of Disease Management. Boston, MA: Boston Consulting Group.

17) Geyman, J. (2007). Disease management: panacea, another false hope, or something in between? Ann Fam Med, 5: 257-260.
18) Norris, S., Nichols, P., Caspersen, C., et al. (2002) The effectiveness of disease and case management for people with diabetes. A systematic review, Am J Prev Med, 22: 15-38.
19) Rothman, A. and Wagner, E. (2003) Chronic illness management: what is the role of primary care? *Ann Intern Med*, 138: 256-261.
20) Epstein, R. and Sherwood, L. (1996) From outcomes research to disease management: a guide for the perplexed, *Ann Intern Med*, 124: 832-837.
21) 日本経済新聞 (2018). 健康度アップで給付金 肥満改善や禁煙促す「1日平均8000歩」で還付も (2018年4月28日).
22) 日本経済新聞 (2018). 豊島区の混合介護事業、東電系など9団体参加 (2018年6月28日).

第 **3** 部

---

integrated care の
評価を通した
地域包括ケアシステムの推進

第5章

わが国の地域包括ケアシステムの現状と多様な統合へのアプローチ

第 1 節

患者中心のケアの実現

---

(1)　地域で最期まで過ごすためには

COPD（慢性閉塞性肺疾患）の単身高齢者の事例

　先進諸国で実施されてきたプロジェクトと同様、わが国で推進されている地域包括ケアシステムも今日の日本が抱える医療や介護、そしてケアの問題を解決するために導入されてきたものといえる。

　第2部第3章・第4章で取り上げた各国における integrated care に関するプロジェクトからは、複雑なケアニーズを抱える高齢者の支援の実現を、それぞれの国で異なる道筋によって目指してきたことが認められた。例えば、カナダの PRISMA やスウェーデンの Norrtalje といった、いくつかのプロジェクトでは、ケアスタッフ間で共有されるケアの連続性を高めるという臨床的統合を

通じて、サービス利用者が在宅での生活を継続できるようにデザインされたシステムが採用されていた。一方、こうしたサービス利用者の自立度の向上を目的としたプロジェクトとは異なり、コスト削減としての病院や在宅でのサービス利用率を減少させることに焦点が当てられていたアメリカ合衆国の Mass General のようなプロジェクトもあった。

多くの国のプロジェクトで共通していたのは、多職種間での臨床的統合によるサービス提供の調整というサービスのデザインであった。これらのほとんどで費用対効果を高め、アウトカムの向上につながるとの指摘がなされていたが、これを支持するエビデンスは不十分である。

日本の地域包括ケアシステムは、多くの国のプロジェクトと同様に、人々が住み慣れた場で終生、安心して、安全に在宅での生活を継続することを目的としている。これを達成するための方法として、これまで推進されてきたのが介護や医療サービスにかかわる多職種間での臨床的統合であった[1]。

では実際に、日本で複雑なケアニーズを抱える高齢者が在宅で終末期を迎え、最期まで尊厳をもって生活することは可能なのか。もし、現状において、この実現が困難であるとすれば、どのような方策が求められるのだろうか。

Aさんの事例をもとに考えてみたい。

第5章　わが国の地域包括ケアシステムの現状と多様な統合へのアプローチ

図5-1 シーン①84歳のAさん

84歳のAさん

- 84歳で退職し、アパートで1人暮らし
- 妻は3年前に他界、2人の子どもたちは自宅から車で15分ほどのところに居住
- 慢性閉塞性肺疾患（COPD）、糖尿病、高血圧、うつを患っており、近くの診療所を定期的に受診
- 普段の生活は自立しており、買い物や掃除なども自分でする

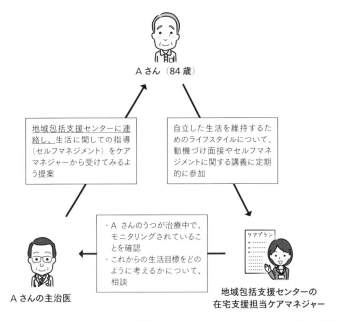

必要とされる支援内容
①診療所と地域包括支援センターとの連携（診包連携）
②ケアマネジャーによるセルフマネジメント支援
③主治医と地域包括支援センターの連携
④地域包括支援センターで実践されるセルフマネジメント支援

図 5-2 シーン② 87 歳の A さん

87 歳の A さん

- 睡眠時無呼吸症候群を発症。持続的気道陽圧法（CPAP）の機器は、気持ち悪いとの理由で使用せず
- 朝、意識が少し混乱することがあり、頻繁に頭痛に悩まされている
- 過去 6 か月の間に、2 回救急車で病院に運ばれた
- 呼吸はどんどん短くなってきていることから、めったに外出しない

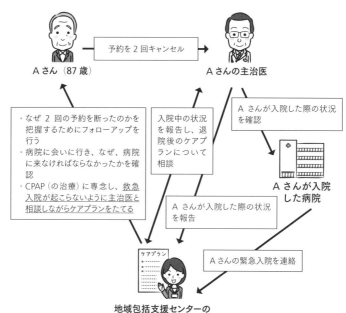

必要とされる支援内容
⑤病院とケアマネジャーの連携
⑥病院と診療所の連携
⑦病院と診療所、ケアマネジャーの連携

図 5-3　シーン③ 89 歳の A さん

89 歳の A さん

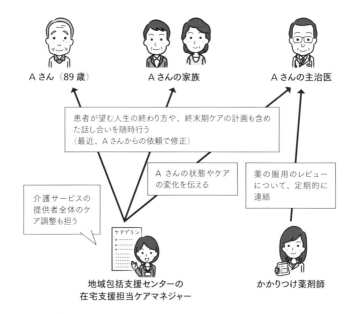

必要とされる支援内容
⑧終末期のかかりつけ医とケアマネジャーとの連携
⑨かかりつけ薬剤師と医師との連携
⑩ケアマネジャーによる終末期医療アドバンス・ケア・プランニング（ACP）の作成

この事例からわかることは、Aさんが、84歳の時点でケアマネジャーを医師から紹介されなければ、自立して、地域で生活していくことは難しかっただろうということである。

また、たとえAさんの子どもが同じ地域で生活していたとしても、図中で示した①～⑩のような支援がなければ、Aさんは在宅では終末期を過ごせないということである。

(2) 主治医と地域包括支援センターのケアマネジャー、訪問看護師、家政婦等との多職種連携、診療所と地域包括支援センターとの連携（診包連携）

医師とケアマネジャーとの連携

この事例の**図5-1**シーン①に示されているような「地域包括支援センターに連絡したらどうか」という提案ができる医師は、現時点では多くはない。このように地域の相談支援機関へのつなぎを実現するためには、主治医と地域包括支援センターとの連携が前提とされる地域包括ケアシステムが整備されていなければならない。

また、「ケアマネジャーは、訪問時あるいは定期的な電話で、Aさんと連絡をとり面会を繰り返していくなかで、Aさんのうつ状態が治療中で、モニタリングされていることを主治医から確認している」と述べられている。このようにケアマネジャーには、Aさんの病状を理解できることや、**図5-2**シーン②で示されているように、救急入院を防ぐケアプランを主治医と考えて作成していくことが求められるが、このためにはケアマネジャーには、一定の医学知識が必要となる。

ケアマネジャーと病院との連携

　また、この事例ではケアマネジャーは、**図5-2**で示したように病院から救急入院をした際に連絡を受け、これによってケアマネジャーは病院との連携を速やかにはじめていた。しかし、ケアマネジャーが病院から連絡を受けるためには、個と個の連携ではなく、居宅介護支援事業所と病院という組織間の連携を維持するためのシステムが整備されていなければならない。

　これに主治医も含めた連携体制を構築するためには、自治体が病院や地域の診療所、地域包括支援センター、居宅介護支援事業所等との多機関連携ができるための会議体を通じた調整を定期的に行えるシステムが構築されていることが前提となる。

　これに加えて、かかりつけの医師は救急入院をしたＡさんの容態を把握するために、救急を受け入れた病院から情報提供を受けているが、こういった病診連携をスムーズにするためには、電子カルテの共有等のシステム構築や連絡体制の整備が必要となる。

　以上の考察からは、Ａさんという慢性疾患をもった単身高齢者が地域で安心して終末期を過ごすためには、いくつもの基盤となるシステムを自治体で整備しなければならないことがわかる。しかし、このような体制は、徐々には整備されつつあるものの、未だ少数である[注1]。この実現には、病院と診療所、そして自治体間の日常的な連携システム（システム的統合）[注2]が求められる。

注1）　医療介護連携の先進地である尾道市では、2012年からの2年間のシステム構築基盤整備事業で自治体、医師会、薬剤師会、介護保険施設、歯科医師会が参加する推進協議会を設立し、結果128施設が参加する「天かける医療介護連携」が実施されている。この連携においては、開業医と急性期病院とが一体化したシステム化が目標とされ、これまでの医療・介護間（多職種協働）の円滑な情報共有、急性期病院、かかりつけ医、歯科医院、薬局、介護施設間での情報の共有に加え、在宅医療・在宅介護におけるかかりつけ医との連携（ビロードケア）もシステム上で実施されている。

注2）　コーディネーションレベルの連携が求められる。松戸市医師会の2人主治医制などのこうした連携を可能にする具体的な取り組みが求められる。

(3) 地域包括支援センターにおける セルフマネジメント支援の啓蒙と 教育体制整備

セルフマネジメント支援の必要性

　84歳時点のAさんは、ある程度自立しており、この時点での中心的な課題はセルフマネジメントであった。このようにセルフマネジメントが中心的な課題となる高齢者が、できるだけ長く自立した生活を維持するためには、自らのライフスタイルを考えることができるような、**図 5-1** に示した動機づけ面接[注3] 等のセルフマネジメント支援にかかわるサービスが地域包括支援センターで提供できることが求められる。また、Aさんがセルフマネジメントに関する講義に定期的に参加するためには、付き添い等の支援も必要となるだろう。

　現段階で介護保険制度によるサービス給付を受けていない高齢者に対して、(2)の事例のような医療と介護、生活支援サービスをつなぐシステムがあり、それを公的な機関がマネジメントしているという例はない。また、これを実現することが、この国で果たして可能か、また必要であるかについても、改めて議論がなされなければならないだろう。

　しかし、地域包括ケアシステムの目標が医療と介護サービスの提供システムを統合することによって在宅生活を継続させることであるとするならば、少なくとも(2)で示した病診・診包の連携の

注3）　「動機づけ面接」（Motivational Interviewing）は、アメリカ合衆国のミラー（Miller, W. R.）とイギリスのロルニック（Rollnick, S.）によって開発された対人援助理論で、変化に対するその人自身への動機づけとコミットメントを強めるための協働的な会話スタイルである。相談者が語ってくれる会話を通して、面接者の「正したい反射」を抑え、行動変容に伴う両価性「変わりたい、一方で、変わりたくない」という相談者の気持ちや状況を丁寧に引き出し、禁煙や飲酒など、ターゲットとなる行動や変化に関する発言を強化することで、相談者自らが気づき行動につながる、というプロセスを支える面接法のことを指す（飯田紀彦編著（2006）. プラクティカル医療心理学. 金芳堂.）。

第5章　わが国の地域包括ケアシステムの現状と多様な統合へのアプローチ ｜ **183**

システム化は急ぎ整備されなければならない。

　医療機関とサービス利用者の情報を共有することに対する診療報酬や介護報酬上の評価は近年、多く設けられてきた[注4]。これにより、医療機関に入院する可能性のある慢性疾患を抱える高齢者が継続的な支援を受けやすい環境は整ってきたといえよう。

　すでに介護保険制度のもとでは、要介護高齢者には適切な介護サービス提供をするためにケアプランを作成するケアマネジャーが存在している。ただし、このケアマネジャーの業務は定められた介護給付内でサービスをいかに組み合わせていくかに焦点化されている。

　よって、現実的にはケアマネジャーにＡさんの抱える慢性疾患のコントロールや重症化予防を含むインフォーマルな支援の調整を要求することは、その能力からも、保険給付額からも、現行のケアマネジャーの業務範囲外とならざるをえない。さらなる調整をケアマネジャーに期待することが果たして可能かについては、能力、報酬といった点からも再度、議論すべきであろう。

　そもそも、この事例の場合、介護保険制度による要介護認定を受けていない84歳から89歳までは、Ａさんの生活を支えるケアマネジャーはいない。したがって、こういった生活を維持するためのサービス調整をするのは、Ａさんの子どもたちということになる。

　だが、Ａさんの状態を正確に把握するためには、医療や介護、セルフケアといった多様な知識が必要となることから、このようなケアマネジャーの役割の代替を行うことは不可能であろう。

　また、Ａさんの主治医という存在も現行制度にはない。した

注4）　入院医療を提供する病院が、退院後の生活を考えつつ、入院早期から「退院後の地域での生活に向けて支援していく」ということに対し「退院支援加算1、2、3」という評価をつけ、前回改定に評価してきたものを機能強化する形で「入退院支援加算」が創設され、「退院時共同指導料」についても医師・看護師以外の医療従事者が共同指導する場合も評価対象となるなど、連携の評価がより拡大されることになった。

がって、主治医が、Aさんが緊急入院した病院に行き、彼の状態を把握することは、在宅医療が充実し、病診連携が整っている地域以外ではありえない。

(4) 今後、求められる地域包括ケアシステムの展望

在宅生活の継続と必要とされるサービス

わが国においては、Aさんが、**図5-1〜図5-3**中の①〜⑩で示したような連携体制下でサービスのいくつかを受けられる可能性があるのは、89歳で介護保険制度を利用するようになってからということになる。この年齢までに受けられる公的なサービスがないということは、在宅での生活の継続性という地域包括ケアシステムの目的とは合致していない不都合な事実といえよう。すなわち、現状において、公的サービス以外のサービスや支援を含めたコーディネーションがなければ、地域での生活はできないということである。

89歳で公的な介護給付を受けるようになったとしても午前・午後にAさんの見守りだけをするというサービスは存在しないため、これらのサービスは自費で民間の家政婦サービスを選択するか、互助ということになる。

おそらく、これを現行の民間の家政婦サービスで賄うのは、費用がかなり高額となることから、一般の家庭では現実的ではない。では、もう1つの選択肢である互助を推進し、例えば、見守りの仕組みを地域でつくるという試みもありうるが、地縁による共同体の支援は、子どもがいるAさんよりも単身世帯が優先されるだろうし、こういった見守りシステムを機能させることは困難であり、多くの自治体関係者にとっては、この実現はほぼ不可能と考えられている。

Aさんの事例において、特にユニークな点は、84歳時点でケアマネジャーが、在宅生活を継続させるために、セルフマネジメントの支援を行ったというところである。

　この事例では、ケアマネジャーは、⑩に示されているように医療と介護サービスの連携や、終末期ケア、さらには、人生の最期をどうするかといった計画、例えば、Advance Care Planning（ACP）注5) を自ら作成することを支援するサービスもセルフマネジメント支援として位置づけ、これを提供したとされている。

　これらのサービスは介護給付には含まれていない。したがって、これを実際に提供しているケアマネジャーもほとんどいないと予想される。だが、今後、自立した生活を地域で継続する単身高齢者世帯が増加することを鑑みれば、これは提供すべきサービスとして位置づけられなければならないだろう。ただし、このサービスの提供にあたっては、一定の知識と技術が必要となることを考慮するならば、新たなサービスとして提供システムを構築すべきという提案となる。

必要とされるサービスのイノベーション

　このように、地域包括ケアシステムの目標を達成するための姿を考えていくと地域で高齢者が、よりよい最期を迎えるためには、❶幅広いケアニーズへの評価・対応のプロセスが地域内で包括的に行われる必要がある。しかも、このAさんの例で示したように、慢性疾患を抱える高齢者の地域生活を支えるための調整者としてケアマネジャーを想定するのであれば、❷ケアマネジャーには、ケアの一貫性を保証できる力量が求められることになる。そして、これらの支援は実態としては、❸学際的なチームで提供されることになるため、このチームが柔軟にはたらき、互

注5) Advance Care Planning（ACP）とは、事故や病気などにより、自分の考えを伝えられなくなった場合に備えて人生観や思い、あらかじめ考え方などを文書に残すことで、医療や介護についての考えを表明していくプロセスのことをいう。

いに効果的にコミュニケーションを図るメカニズムを内包させておかなければならない。だが、❹こうしたプロセスは、地域包括ケアシステムのなかで支えられるという強いインセンティブがないと現行の体制では機能しないだろう。

したがって、❺共通の運営体制やインセンティブの仕組みのなかで、Ａさんが受ける各種のサービスの提供者が働くというメカニズムが必要になる。これによって、より緊密で組織的な協力体制の構築が可能となる。つまり、こういったシステムを地域圏域内で構築しようとするならば、多機関・多領域にわたるサービスのイノベーションが求められる。

Ａさんへのサービス提供には、当該地域内で地域包括支援センター、診療所、入院した医療機関内でというように、数々のレベルで同時に、必要な措置や支援が講じられるようなシステムを想定しなければならず、従来の介護報酬によって担保される業務を超えた内容が要求されるということであろう。

こうした仕組みをつくるためのイノベーションとしては、例えば、患者とケア提供者間の価値共創型意思決定の支援、専門職による分野横断型チームの構築、専門職間の効果的なネットワークが築かれることが前提となる。しかも、こういったイノベーションのプロセスにおいては、多様なレベルで対応策が講じられ、それらが一体として効果的に機能できる組織体として成立していることが条件となる。なぜなら、これらの条件が満たされないとサービスの一貫性が保持できないからである。

このような医療や介護、生活支援を含むサービス提供システムを、より連携したメカニズムとして統合することは、長期におよぶ複雑な作業となる[2]が、このようなイノベーションプロセスを助ける方法論は、これまでほとんど明らかにされていない。つまり、先に示したＡさんを地域でサポートするための地域包括ケアシステム構築のための簡易なガイドは存在しない。

今後、こういったガイドをつくることで、Ａさんの終末期を支

え、安心して最期を迎えることができる生活を継続するために
は、地域における community-based care を構築し、これを経営す
る力としての managed care が求められる。そして、現時点で主に
このような体制構築とイノベーションを担うのは自治体というこ
とになる。

第 2 節

試行的な運営および組織的統合のすすめ

(1) 財政的統合の重要性

Aさんの例でも明らかにされたように医療や介護、セルフマネジメントといったサービスが断片化していると、Aさんが緊急入院をしてもケアマネジャーが病院を訪問することはできない。

しかし、実態としては前章で紹介した国々と同様、日本もまた社会的ケアに関するサービスと、ヘルスケアや医療サービスとは別の組織で管理されているため、各サービスは提供にあたっての財源は異なる。したがって、両方のサービスを受けるためには、制度に関する手続きが二重に必要となる。だが、現実的には財源が異なる2つのサービスを受けることはほとんどできない。

このような構造を是正する方法は、スウェーデンの Norrtalje や、複数のヘルスケアに関する保険業者との契約からなるオランダの Geriant などの仕組みを取り入れ、組織的統合を図ることである。

わが国だけでなく、多くの国において、こういったサービス提供の一元化に採用される方法は、医療や介護、健康や生活支援にかかわるサービスを購入するための予算をプールし、これを管轄する組織を新たに創設することである。

前述した7か国のプロジェクトのなかで、ニュージーランドの Te Whiriga Ora やイギリスの Torbay では「完全に統合」された購入者・提供者の組織を構築するためにキャピテーション（患者1人当たりの医療費を定額にする方法）に基づいた財源を提供者のネッ

トワークに与えるという方法が採られていた。

このような財務上の統合は、アメリカ合衆国やオーストラリアなどのようにケアの財源が完全に分立している場合は、特定の州や連邦政府が支えるという方法もあるが、日本で、このような方法の利点を明らかにするために導入するならば、研究助成や厚生労働省の補助金、あるいは、その他の省庁が実施している補助金等を獲得しモデル事業として、さまざまなアプローチを地域の特性に応じて、段階的に実施するという方法だろう。

(2)　試行的な運営のすすめ

このようなモデルとしては、研究機関の資金や州や地域の保健医療福祉関連の部局や、地域の医療・介護サービスを提供する事業者そして、利用者の支払いなど複数の出資者からの財源を調達したカナダの PRISMA があるが、このプロジェクトの財源構造はきわめて複雑で組織的統合もされておらず、その費用対効果についてのアウトカムは不明であった。

したがって、財政的統合モデルの試行にあたっては、これまで、ほとんどわが国では言及されてこなかったが、これからは明確なビジネスモデルを基盤とした計画を作成し、アウトカムを確定するための運営記録や確固たる評価法を提示して、試行的なモデル事業を実施していかなければならないのだろう。

また、臨床的統合に際しても、各分野のサービス提供主体における役割の明確化と、これに関するツールの開発が求められる。すなわち、このプロジェクトに参加した利用者の経験がいかなるものであったかや、この統合がなされたことによって、その前後のサービスの質やコストとして、つまりは、病院・施設への入院・入所率の低下や医療・介護給付費の削減といった成果が示されることは必須となる。

前述した7か国のなかでは唯一、スウェーデンの Norrtalje で、医療と介護・福祉の両方のケア提供を統合していくために新たな組織が設立されていた。これは、この組織がなければ、「地方自治体と州政府とで財源も権限も分割されてしまう」という理由からであった。

　これは日本的にいうならば、市町村と都道府県の間の組織的統合ということになるのだろうが、このような統合に焦点を当てることは、相当な時間とエネルギーがかかるうえに、具体的なサービスの向上が実現するまでにも長い時間を要するものと予想され、現実的には、全国で一律に実施することは難しい。

　ニュージーランドの Te Whiringa Ora とオーストラリアの Health One では、地域の医師会のリーダーや地域のサービス提供者らがともにイニシアチブを取り、共同の運営体制をつくり、サービス提供についての説明責任の一本化を保証していた。

　また、オーストラリアの Health One の場合は、このプログラムを監督するための委員会が設置されており、そこには、かかりつけ医等を含めた幅広い組織の代表が参加していた。これは現行の地域ケア会議と同等の仕組みといえることから、ここでの経験は日本にとっても示唆が多い。

　こうした組織的統合へ向けたアプローチの違いというのは、それぞれの国や地域における組織的な財政管理の体制のあり方、専門職の価値観や文化的な差異が反映することから、日本においても地域特性に応じた導入が図られることが期待される。

表 5-1　各プロジェクトにおける出資者のまとめ

国	プロジェクト	出資者
オーストラリア	Health One	州政府の公的出資プログラム
カナダ	PRISMA	研究機関、州や地域の当局、地域の健康・社会ケアの事業者、利用者の支払いなど複数の出資者
オランダ	Geriant	複数のヘルスケア保険業者との年間契約、利用者の貢献
ニュージーランド	Te Whiringa Ora	提供者連合によるケアの購入と提供、Healthcare New Zealand との契約
スウェーデン	Norrtalje	購入者・提供者の合同組織、国の委員会や地域の統合との契約
イギリス	Torbay	NHS の clinical commissioning group と地域当局からプールされた資金
アメリカ合衆国	Mass General	連邦政府の Medicare と Medicaid センターとの契約

(3)　組織的統合を支えるボトムアップ活動

トップダウン型とボトムアップ型

　日本の地域包括ケアシステムは、主に介護保険制度下での自治体による管理を前提としているが、既存の組織的・財政的な縦割り状態がしばしば、利用者（患者）中心の調整されたサービス提供を阻害するため、これらの状況を是正することは、常に検討課題とされてきた。

　本来、このような状況は組織の統合を促す契機になるが、実際的には、この推進には、多くの困難がある。すでに述べてきたように、各国のプロジェクトや日本の経験が明らかにしているのは、こういったシステムを構築するうえで唯一のモデルやアプ

ローチは存在しないことであった。

しかし、組織的統合が不十分であることは、地域でサービス提供を担当する者が組織という境界線を乗り越えるために相当の努力が求められることを意味している。

その努力の具体としては、サービス提供にかかわる人々の間でのビジョンの共有（規範的統合）とリーダーシップがある。もちろん、共通の構造をもつ統一された組織がある利点は明らかで、単一の予算とその使い道を明確に説明できるだろう。しかし、実際に複数の組織がかかわると説明はそれほど簡単ではない。

こういった体制は、確かに統合されたサービスを提供するための統一されたプラットフォームを提供することができるが、実は、それらは、トップダウンの干渉に対しては、より脆弱になるとされており、これには留意しなければならない。

例えば、スウェーデンのNorrtaljeとイギリスのTorbayで起きた組織の変化は、国からの方針ではなく、地域のレベルで独自に起きていた。つまり、これは国による再編成の一部として実施したものではなかった。このため、プロジェクトで実現していた地理的人口に基づいた組織的統合は、独占的で患者の選択肢を狭めると考えられ、選択と競争を求める国からは理解は得られなかったと報告されていた。イギリスのTorbayでも現在、プロジェクトは継続されてはいるが、その組織体制には課題があるとされていた。

統合を目指した国の政策によって、その活動が生まれたものは、先行事例においては、存在しなかった。また、多くの組織的統合はサービスの提供体制を改善させるためのボトムアップの活動の結果として創設されたものであった。すなわち、これは国の政策として、一律に組織的統合を図るとしてもうまくいかないことを示唆している。

地域で医療や介護、健康や生活支援サービスの各現場で働く人々が感じている最優先課題を反映することと、国の一律の政策

第5章　わが国の地域包括ケアシステムの現状と多様な統合へのアプローチ　|　193

のありようには、乖離が生じることになることが少なくないとい
うことであろう。

　なお、政策立案者にとって、各国での試行に共通した結果とし
て明らかにされたのは、**表 5-2** の 4 点であった[3]。

表 5-2　各国での integrated care プロジェクトの試行から共通して得られた結果

①虚弱な高齢者や、高齢者のための integrated care は重要である。

②高齢者へのケアを改善しようとしている地域の活動の発展を支援するためには、資金面やその他の方法で、何らかのインセンティブを検討すべきである。

③構造的、または組織的合併などを伴う、国からのトップダウンの政策は有効ではない。

④財源や加入資格の違い等の障壁を取り払うことが必要。

統合モデルの規模と持続性

　また、こういった統合の持続性を高める条件としては、比較
的、小規模の実証プロジェクトや試行プロジェクトから成長しつ
つ、いずれも現場の理解を得るというプロセスが重要であるとさ
れていた。

　前述の各国のプロジェクトのなかで持続性が高いモデルとして
は、カナダの PRISMA とアメリカ合衆国の Mass General が紹介さ
れていた。これらの事業は、当初、国から出資された研究プロ
ジェクトの一環として導入され、事業の評価がされた後に特定の
介入モデルとして始まり、拡大されてきたという特徴があった。

　このように医療や介護、そして生活支援サービスの質の向上を
目指した各国での試行を概観すると、全体的にはボトムアップの

194　│　第 3 部　integrated care の評価を通した地域包括ケアシステムの推進

活動は、国からのトップダウンによるものより、持続性に関しては、よい成果がみられるようである。特に、community-based care については、サービスの現場で働く人々が感じる最優先課題を反映させなければならないため、ボトムアップによって実施されることが望ましいと示されていた。

第 3 節

地域包括ケアシステムの推進のための
アプローチとその課題

(1) 日本の地域包括ケアシステムに求められる要素

　7か国プロジェクトからは、複合的で複雑なニーズを抱える高齢者のための integrated care を成功させる方法は多様で、唯一の方法があるわけではないことが明らかにされていた。これは、日本国内の報告でも、「最高の方法」と呼べる唯一のアプローチは存在しない[4]とされていることと、同様の結論であった。むしろ、この実現にあたっては、長い年月をかけて、よいサービス提供を続けることで、幅広く複雑な影響を生み出す土壌となる基盤形成が重要と考えられていた。これは、「どのように統合的なケアシステムを築くか」ではなく、「よいサービスを提供するためには、どのようなシステムが適しているか」を検討することが、その端緒となるということであろう。このためには、サービスのイノベーションが必須となるが、こういった適切なサービス提供システムの構築は、一般に、かなり複雑となること、また、サービスの実態が常に変化し続けることを前提として考えなければならない。

　基本的なこととして、患者やサービス利用者に対して、ケアが統合的に提供されるためには、さまざまなレベルで実行される活動の連携が前提となる。これもまた、King's Fund の先行研究、イギリスにおける複雑なニーズをもつ人々へのケア調整に関する5つの事例として、すでに報告されたことである。特に、①人材、②臨床、③サービスレベルでのケアの調整を成功させるため

の要件という観点で示された内容は顕著に類似していた[3]。

　また、Curry らが指摘している[5]とおり、integrated care の重要な側面は、ニーズのある人々の周りでサービス提供者らが、いかにケアをよりよく調整するか、また、専門職からなるグループが、いかにチームで協力しうるかによって、これが成功するかが決定されるという。

　以上をまとめると、日本の地域包括ケアシステムに求められる要素としては、**表 5-3** の 5 つの要件の整備が求められる。

表 5-3　日本の地域包括ケアシステムに求められる要件

①地域包括ケアシステムのプロセスは、幅広いケアニーズへの評価・対応を行うためには、全体的なシステムとなる必要がある。

②ケアの調整を担当する者は、ケアの一貫性を保証することが求められる。

③地域包括ケアシステム内で機能する学際的なチームには、柔軟性が求められ、チーム員は、互いに効果的なコミュニケーションを図ることが必須である。

④学際的なチームの活動プロセスをシステムとして、標準化する必要がある。

⑤現場でケアの統合の促進のために、共通の運営体制や継続的なケアに対するインセンティブの仕組みが必要となる。

(2) 地域包括ケアシステムを推進するために求められるシステム的統合

　今後の地域包括ケアシステムの推進にあたって、国に求められるシステム的統合としては、①脆弱な高齢者のための統合ケア

の計画を立てることの重要性を理解すること、②ある集団へのケアを改善するために地域の活動の発展に対して資金的、あるいは別の方法で刺激を与えること、③構造的・組織的合併が求められるようなトップダウンの政策を避けること、④財源や加入資格の違いといった地域の統合ケアを難しくさせるような障壁を取り除くことが検討されなければならない。

　この点を踏まえて都道府県や市町村が地域包括ケアシステムを推進し、組織的統合を検討する際に理解しておくべきことは、この統合を進めるにあたっては、①唯一、最高の組織的モデルやアプローチは存在しないこと、②デザインが未確定の組織をモデルとするよりも、ケアを改善するためにデザインされた臨床・サービスモデルから出発すべきであること、③地域包括ケアシステム内でのサービスを発展させ、成熟していくには多くの時間がかかること、そして、ほとんどのプログラムは常に進化し続けていることであり、④十分に統合された組織をつくることが最終目標ではないことを、十分、理解しておくということである。

　また、市町村が今後、整備していくことになる地域包括圏域内での機能レベルの統合においては、①ケア提供にかかわる人々、つまり、ケアを受ける人々、専門職従事者、ケアマネジャーらの良好な関係とコミュニケーションによって、地域包括ケアシステムの善し悪しが左右されること、② ICT を活用することは、サービスの統合的な提供を可能にする有力な手段ではあるが、その必須条件ではないこと、③地域包括ケアシステムを支える関係性を築くためには、ソーシャルキャピタルを築いたり、信頼関係を育んだりするために、一般的には、予想よりもはるかに時間がかかることなどを認識しながら、進めなければならないということであろう。

(3) 地域包括ケアシステムを推進するために求められる臨床的統合

　地域包括ケアシステム内では、多様な学際的チームが機能することになるが、この専門職レベルの統合は臨床的統合としてとらえられる。この統合に際しては、専門職は、①学際的なチームや提供者ネットワーク（医療や介護、健康の支援や社会ケアのジェネラリスト、専門家たち）のなかで協力して働くとともに、②チームのなかで明確に定められた役割をもち、ケアのアプローチにおいては、多職種と協力して、実践しなければならない。

　また、医療や介護サービスにおける調整は医師だけでなく、多様な専門職がケアプロセスを鑑みて実行することになる。それは、患者は複雑なニーズを抱えながら、医療的なサービスだけでなく、介護や福祉にかかわるサービス体制を横断しなければならないからである。

　このため患者には、医師等によって提供される領域をこえた高いレベルのセルフマネジメントの支援も必要となるだろう。こういった地域包括ケアシステム内で必要とされるセルフマネジメント機能をもつ利用者（患者）との統合は、サービスレベルでの統合とされ、このサービスレベルでは、**表5-4**のような共通したケアプロセスのデザインを理解することが重要となる。

表 5-4　ケアプロセスのデザインにおける共通点

①全体的なケア評価

②ケア計画

③（プログラムへの）加入方法の一本化

④ケア調整

⑤必要な支援、特に自己管理（セルフマネジメント）へのアクセスを促すために緊密に連携した提供者ネットワークが利用できること

　これらのサービスレベルでの統合では、セルフマネジメントを支援するために、患者個人や家族などのインフォーマルな介護者とも協働することが重要であると示唆されていた。また、患者個人の特定のニーズに応えるためのケアの継続性とケア調整機能をもつことは価値が高いとされていた。留意すべき点としては、国外の事業では、ケアコーディネーターやケースマネジャーらとの直接的な協働は、遠隔モニタリングや電話による支援よりも効果的と示されていたことであろう。

　これは、日本で現在、進められている ICT の利用による多職種協働や、AI を用いたケアプランではなく、ケアマネジャー等によるハイケア、顔の見える関係によってなされるサービス提供のほうが、利用者にとっては、実効性が高いことを示唆する結果であった。

(4)　地域包括ケアシステムの推進に向けた評価の重要性

　地域包括ケアシステムの構築と推進は、それぞれの自治体で異なる経路で達成していくものとなるだろうが、成功を可能にする臨床とサービスのイノベーションなどには、共通の特徴もあっ

た。ただし、現時点では、アウトカムの評価や測定のための共通するアプローチというものは存在しない。

つまり、このことは、これまで述べてきたように、サービスを受けるものへの影響を測定し、パフォーマンスやケアの質を評価したか、また何を用いて測定したかということは各プログラムによって大きく異なり、堅固な手法は確立していないということである。

このため、地域包括ケアシステムにおけるイノベーションは、その作用の「価値」を証明できず、しかもアプローチの潜在的効果に関する教訓を他のアプローチに伝達することも難しい状況となっている。

つまり、地域包括ケアシステムの推進事例として、ベストプラクティスを提示し続けるだけでは、サービスのイノベーションは決して起こらないということであろう。

日本で、地域包括ケアシステムが推進されている理由は、このシステムが利用者（患者）に提供されるサービスの品質を改善し、臨床的なアウトカムとしての自立度の改善や、さらにはコスト削減という目標もその射程となると解釈されているからである。したがって、政策決定者は地域包括ケアシステムにおける成果を継続的に評価し、エビデンスを提示していかなければならない。

なぜなら、これらのエビデンスなしには、地域包括ケアシステムの長期的な将来を展望することはできないからである。なお、このシステムの目標を達成するための政治、法整備、組織、専門職らの連携が十分でない場合は、変化を起こすために、臨床やサービスレベルにおいて、リーダーシップと貢献が求められる。また、複合的な症状を抱える高齢者の増大しつつあるニーズに、よりよく応えるような地域包括ケアシステムを実現するためには、地域のサービスイノベーションを支援できるような社会保障制度の改革が前提となる。

したがって、この実現のためには、日本における医療や介護、そして生活支援サービスを支えるシステムである地域包括ケアシステムをもう一度、評価、点検し、検証し直す必要がある。特にその測定と評価は重要である。

　国際的にも評価尺度の欠如が課題とされているなかで、昨今、日本では、地域包括ケアシステムを評価する尺度がいくつか開発されてきた。

　そこで、次章では、地域包括ケアシステムにおける評価の考え方について概括し、これらの具体的内容について、紹介する。

［引用文献］
1)　筒井孝子（2015）. 地域包括ケアシステムにおける Integrated care 理論の応用とマネジメント. 医療と社会 24（4）：381-392.
2)　WHO Regional Office for Europe.（2016）. Integrated care models: an overview.
3)　Goodwin, N., Dixon, A., Anderson, G., Wodchis, W.（2014）. Providing integrated care for older people with complex needs: lessons from seven international case studies. London: King's Fund.
4)　地域包括ケア研究会（2017）. 地域包括ケア研究会報告書——2040 年に向けた挑戦. 平成 28 年度老人保健事業推進費等補助金. 老人保健健康増進等事業「地域包括ケアシステム構築に向けた制度及びサービスのあり方に関する研究事業報告書（三菱 UFJ リサーチ&コンサルティング株式会社）」
5)　Curry, N., Ham, C.（2010）. Clinical and service integration: the route to improved outcomes（1-64）. London: King's Fund.

第 **6** 章

地域包括ケアシステム
における評価の考え方

第 1 節

評価を支えるエビデンスの現状

---

(1) 2018年診療・介護報酬同時改定と地域医療ビジョンの実施による期待

　2018年の診療・介護報酬同時改定により、医療・介護サービスの統合は進展することが予想されている。それは、改定の結果、かかりつけ医機能を普及・促進、自宅や介護施設等における医療、ニーズや看取りへの対応を強化、医療機能や患者の状態に応じた評価という、いわゆる水平的統合の進展へのインセンティブが図られているからである。これによって、地域医療構想を実現し（7対1入院基本料を算定する一般病棟の適正化、療養病床の扱い等）、費用対効果やアウトカムに基づく評価を推進、データヘルス改革の推進がなされていくことも期待されるという。

　すでに、第2章で地域医療構想の実現の成否を決する地域包括ケアシステムが、国際的には、ケアの統合を意味する integrated care の文脈上にある[1], [2] ことを説明してきたが、地域包括ケアシ

ステムには、community-based care という、もう 1 つの基盤となるシステムの構築も目指されている。

この community-based care の視点からは、前述したように、システムの円滑な運営に際して、介護保険制度の保険者としての市町村の機能強化、医療機関との協働、そして、都道府県には地域格差を是正するためのガバナンスという役割がいっそう求められることになってきた。

これは、managed care の強化が要請されていると言い換えることもできるが、すでに、2017 年 4 月 18 日に可決した「地域包括ケアシステムの強化のための介護保険法等の一部を改正する法律」に明記され、経済財政諮問会議で進められる社会保障改革においても「予防・健康・医療・介護のガバナンス改革」という資料も提出された。以上のことからは、managed care のいっそうの強化が求められているといえよう。

また、日本では、integrated care をマクロレベルから進める取り組みとして、2014 年 6 月に成立した「地域における医療及び介護の総合的な確保を推進するための関係法律の整備等に関する法律（医療介護総合確保推進法）」によって、都道府県による「地域医療構想（ビジョン）」の策定を通じた、地域における効率的・効果的な医療提供体制の確保に向けた話し合いは、すでに進められている。

これらの施策は、急性期・慢性期を統合した高齢者ケアのあり方を地域で検討し、その体制づくりをすることを目的として実施されていると解釈できる。

つまり、地域によって医療のありようは多様ではあるが、その地域特性に応じた医療と介護サービスの統合が進められることによって、患者にとって、より適切なサービスが提供できる体制を生み出すことが目指されているのである。

(2) 困難な integrated care の効果の検証

ところで、integrated care によって得られる効果に関しては、近年、システマティックレビューなどによって、大規模な検証が行われてきた[3]～[6]。例えば、2005 年には 13 の文献の系統的レビューによって、integrated care のプログラムには、よい影響があるとされ、機能的な状況や健康面のアウトカム、患者の満足度、生活の質においても効果があったと述べられている[3]。

しかしながら、費用対効果に関しては実証できなかったとされた。これは、それぞれの研究でプログラムの定義や構成要素、それらの効果に対する評価法が異なっていたためであると示されていた。

アメリカ合衆国をはじめとする多くの国で、integrated care は費用対効果を目指すものとされてきたが、そのエビデンスは現時点で不十分なままである。これについては、Chen らも、コストの面での節約になるかどうかは明らかではないと[4] している。しかし、ケアの調整は慢性病患者のケアの質を維持・改善させ、ヘルスケアの利用量を減らすという潜在的な可能性があると考えられている。

2007 年、スタンフォード大学は大規模な文献レビューを実施し、12 の臨床学的人口（例：精神医療、心臓病、糖尿病など）を網羅し、さまざまな状況下（外来診療所、地域、在宅など）で行われる 20 の調整に関する介入法（例：学際的チーム、ケースマネジメント、症例管理など）が検証された[5]。同年には Cochrane レビュー[6] によっても介入調査を行う前に、まずケアの調整の種類を分類することや概念的な明確性を提示すべきとされた。

これまでの研究に共通して言われているのは、integrated care と称すプログラムは多様であり、その手法が国によっても、地域によっても大きく異なるため、その標準化は困難ということであ

第 6 章　地域包括ケアシステムにおける評価の考え方　｜　205

る。

　多くの場合、integrated care の実践は、慢性的疾患を患う高齢患者を対象としている。しかし、これらの患者が必要とするケアは本質的に多次元で異なる提供者間の調整やこれを実現するための判断・能力が必要となる。したがってケア提供者や、その提供主体の調整は、高品質なケアを維持するために必要不可欠である[7]。

　しかも近年では、ケアの質は医療や介護・福祉にまたがるサービス全体の効果的な統合に基づくものだという認識が広がっている。このことは、その調整がさらに複雑となることを示唆している。そして、こうしたケアの調整は、integrated care の一部、あるいは、すべてとの理解がされつつある。それは、integrated care の狙いが、より協調的かつ継続的なケアの提供を可能にすることと考えられているからである。このため現在、integrated care の質の評価に関しては、**表 6-1** に掲げられていることを明確にするような研究が必要とされている[8]。

表 6-1　integrated care の質の評価に関しての研究の必要性

① integrated care の取り組みによって解決をしようとしている断片化の具体的原因
② integrated care が及ぼす患者体験への影響、そしてケアプロセスの改善がもたらす影響
③提供すべきサービスの使用パターンを変化させる統合のあり方（特に入院患者への急性期治療）
④費用とアウトカムにおける影響[9]

　integrated care を追究する者にとって、これらの医療や介護、福祉といった多様なサービス提供モデルがどのように開発され、その影響がどのように評価され、どのように測定が行われるべきか

206　│　第 3 部　integrated care の評価を通した地域包括ケアシステムの推進

を検討することは、大きな課題である。また、integrated care の取り組みについて評価する場合に、その関連するプロセスやアウトカムに的を絞って行うというような実験を行う際は、必ず integrated care が進展している背景や関連のある多種多様なケア提供主体（サービス利用者、提供者等）の観点とそのレベルがいかなるものであるかを念頭に置かなければならない。

だが、さまざまな背景によって提供される統合のプロセスを正確に把握することは難しく、ランダム比較試験などの従来の研究方法のみでは、こういった研究を実行に移すことはできない[10]。

このような状況において、イギリスでは、新たなアプローチによる integrated care の評価がされ始めた[11]。これらの取り組みでは、integrated care を受ける複数の対象者をグループ化し、このグループにおける病院の利用状況を追っていくという試みである。その際、このグループに紐づけられた管理情報を用いて対象の integrated care を受ける前後の利用状況を追っていくことになるが、この実行には、堅固な評価ツールが不可欠となる。

(3) 新たな integrated care へのアプローチの評価

このように、ケアの調整の影響や効果の評価を追求する政策担当者やサービスプロバイダーの管理者にとっては、integrated care を測定し、アセスメントするためのアプローチの開発は、近年、特に主要な課題となってきた。

このアプローチを開発していく過程では、評価と測定を導くための妥当な理論的基礎、そして量的手法・質的手法の両方が必要とされ、このようなアプローチの開発は、統合の評価にも有益である。例えば、integrated care は、健康上のアウトカムに対する影響だけでなく、ケアの質やサービスユーザーの満足度等にも関係しているとされている。先行研究によるとこれまでの評価には、

表6-2のような手法が用いられてきている。

　こうした評価手法における重点は、多くの場合、組織的統合や運営的統合（すなわち、ストラクチャーやプロセス）におかれ、アウトカムに対しては、ほとんど行われてこなかった。実際のところ、この導入と影響の両方をアセスメントする測定ツールと指標を明確に記している研究はほとんどない[12), 13)]。

　したがって、適切なアセスメントツールやアプローチを開発していくには、さらなる研究を要するとされ、とりわけアセスメントツールの必要性や、長期に渡り統合的プロセスを追うことができる評価手法が求められている。

表 6-2　integrated care とその影響を評価するための従来の方法

方法	評価対象となる統合	例
医療記録の監査	臨床的統合	複数の提供者にかかわる環境にある患者のために提供されたケアの調整を検討
再入院率の分析	調整と部門間の統合	調整によって入退院の状況がどのように異なるかを検討
入院率に関する管理情報を、個人適合させた対象と比較し分析	組織的・運営的・臨床的統合	適合させた対象群と比較し、改革が患者の病院の利用率にどの程度影響を与えるかをアセスメント
管理者の自己評価用紙	サービスの調整をサポートする運営上のプロセス	現地のヘルスケアの統合の程度を評価
年度調査、公開報告、財務データの公開	運営的統合とその強さ	医療機関の構造的な臨床的統合と、患者 1 人の退院にかかる平均総費用との関係を調査
事務と臨床における管理者へのアンケート調査	臨床的・運営的統合	臨床的統合と運営的統合の取り組みから感じる有効性から臨床的統合と運営的統合の認識レベルを測定
医療機関の管理者における質に関する面接調査	組織的・規範的統合	どれだけ医師と病院の統合プロセスが統合的提供制度の構造と背景に密接してかかわっているかを調査
インタビュー、ウェブ上の用紙、サービスの協調を行う者とのワークショップ	組織的・臨床的統合	組織・分野・サービス間、もしくはそれらの内側の統合がもつ、程度、範囲、深さを数量化し、統合に関する新たな測定方法を作成
スタッフや管理者へのアンケート、インタビュー、フォーカスグループ	規範的・組織的統合	統合的な医療・介護福祉ケアの組織にて、第一線で活動しているスタッフの体験について調査

出典）Shaw and Levenson.（2011）. 9. 訳語は筆者による。

第 6 章　地域包括ケアシステムにおける評価の考え方　｜　209

第 2 節

integrated care の評価と今後の展望

(1) 現実的評価（realistic evaluation）への移行

　個人、家族、ネットワーク内の支援者が協調し、協働してサービス提供を実現すること（integrated care）は、これらの統合されたサービス自体の生産性の向上を伴いうるだろうかという課題が生じている。つまり、「治療」を成果とするモデルから、サービスを受ける個人の能力の促進や個人・家族にとって大切と考えられている「生活の維持」を成果としては、重視するという段階に移っている。

　この評価に際して、昨今注目されてきたのが、現実的評価である。この考え方は、ケア提供システムが、どのような思想のもとで形成されたかも加味する評価とされる。例えば、「ケアの成果には、治癒だけでなく、患者のニーズを満たすような自立した生活が得られたかも同様に重要である」とするのであれば、ケア対象者の依存度を抑え、自律性や幸福度が向上することは治癒という成果と同等に評価すべきという考え方である。

　地域包括ケアシステムにおいて、この現実的評価を導入すれば、ケア提供にあたって、そのシステム内の構成員のケアや自立生活に対する姿勢や考え方を変えることで、サービス利用者への資源の分配方法を変更できる可能性がある。こうしたアプローチは、従来のさまざまな種類のケアの利用可能性を拡大する。また、ケア提供の新たなプログラムメカニズムに適したケア環境を再構築することでより有効な提供システムをつくることもでき

る。

　そして、この新たな環境やメカニズムが整えば、理論的には新たなアウトカム、つまり個人のニーズを満たす個人的アウトカムまでも念頭におくことができるのである。ただし、こういった新たなメカニズムの理解に際しては、それが生み出す「変化」を考慮しておかなければならない。

　図6-1は、プログラム理論で用いられている現実的メカニズム概念を反映した現実的評価、そして、こうしたメカニズムがアウトカムにどう影響するかが示されている。

　integrated careを提供するメカニズムの概念モデルは、このメカニズム自体が生み出すアウトカムという形で理解されている。integrated careのアウトカムを判断するためには、意図したかどうかにかかわらず、結果として生じたこれらの変化を評価しなくて

図6-1　integrated care の現実的評価のイメージ

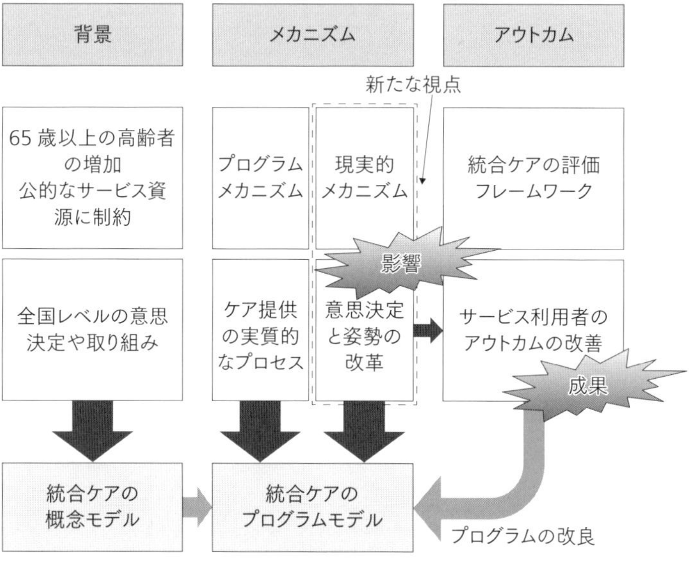

出典）Chichlowska. (2014). 13. 訳語は筆者による。

第6章　地域包括ケアシステムにおける評価の考え方　｜　211

はならない点に制約があり、integrated care におけるアウトカム評価を困難なものにしている。

　しかし、今日、integrated care の評価については、医療・介護の新しいケア提供方法に対してサービス利用者がどう反応しているかに依存している点に着目し、変化をもたらすきっかけとなる評価が追加されており、この点は新たな評価の考え方といえる。

(2)　新たな評価のフレームワーク

　この評価の考え方を活用した評価のフレームワークが現在、ウェールズにおいて開発されている（Chichlowska, S. C.（2014））。また、現実的メカニズムと同じように、統合をヘルスケアシステムの中間的（媒介的）結果として、さらにさまざまな外的・内的要因やプロセスによって条件づけた Strandberg-Larsen, M. のモデル（図 6-2）がある[14]。

図 6-2　中間的ヘルスケアシステムのアウトカムとしての統合の状態の評価の
　　　　概念モデル

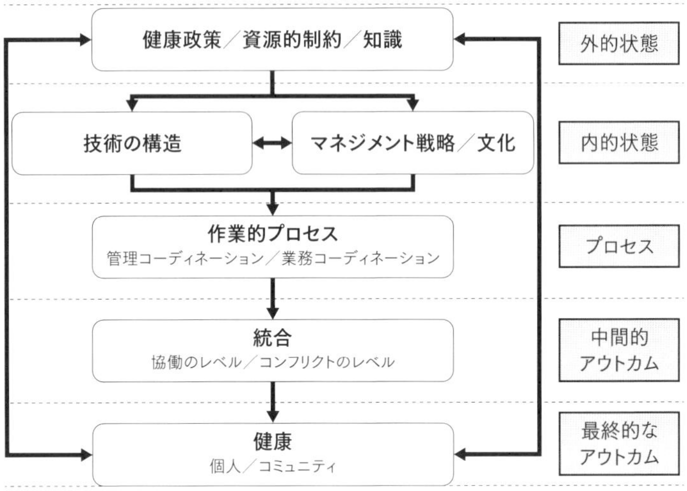

出典）Strandberg-Larsen.（2011）. 訳語は筆者による。

ここでの外的要因は、政策的な環境、その社会の知識レベル、資源の逼迫、つまり、これはヘルスケアサービスへの需要とそれを提供するために利用可能な資源の両方を反映する。

　また、内的要因は Shortell らによると、組織規模の影響を考えるうえで、ヘルスケアシステムの全体的な組織的構造、情報技術、マネジメント戦略、信念・価値観・規範・行動などの文化といった重要な 4 つの要素から成り立っている[15]。これら 4 つの内的要因は、2 つ以上の個人や組織が綿密な調整や共通の目標をもって行動しようとする「操作プロセス」の活動を促進させたり、妨害したりするとされている。さらに、Alter and Hage は、調整されなくてはいけないレベルとして、組織の管理運営と臨床の 2 つのレベルがあることを指摘している[16]。

　Strandberg-Larsen は、ヘルスシステムの統合をこれらの概念を用いて説明し、統合を内的と外的の 2 つの要因によって規定される調整プロセスの結果として説明し、中間的なアウトカムとしての統合の評価が重要であることを強調している[14]。

　ここで紹介したようなフレームワークは、日本における地域包括ケアシステムの評価を検討する際にも参考になる。

第 3 節

利用者への実効性に関する測定と評価

(1) 患者（利用者）の実効性の評価

　新たな動きとして、アメリカ合衆国では、患者ナビゲーター（コミュニティヘルスワーカー）と呼ばれる非専門職による退院支援の実施という取り組みが行われている。患者ナビゲーターは、地域住民で患者と言語・文化を共有し、支援を必要とする患者にかかわり、彼らを地域資源につなげるよう、一定の訓練を受けた人々とされる。

　彼らは、病院退院後の移行期ケアを改善し、再入院を減らすことを目的としている。患者ナビゲーターの介入効果については、Galbraith らが、入院リスクの高い患者への退院後 180 日間の介入がシステム費用に与える影響を検討し、患者ナビゲーターの介入がされた患者の総費用は普通の退院患者よりも低かった。

　患者ナビゲーターは患者の入院中から患者・家族と面接し、退院後は毎週患者に電話し、必要に応じて患者の外来受診を手配するといったことを実施している[注1]。彼らは地域住民から選抜された非保健医療福祉の専門職である。このような「患者ナビゲーター」による介入の効果を示した研究結果からは、一般企業や非専門家による保健活動を推進することが、community-based care の

注 1）　ここでいう患者ナビゲーターは有給で、その人件費は、常勤換算で年間 5 万ドルであったが、これは安価すぎるとの指摘もある（Galbraith, AA., et al: Long-term impact on a postdischarge community health worker intervention on health care costs in a safety-net system. Health Services Research 52（6）:2060-2068,2017.）

方法としても有効ではないかと期待されている。

他方、本書で紹介している integrated care、community-based care、そして managed care の目的は、これらのいずれも利用者のサービスへの依存度を抑え、自律性および幸福度を向上することにある。換言するならば、サービス利用者へ介入する際には、ケア提供の姿勢や考え方を変えることで、利用者への資源分配方法を改善することを狙いとして現実主義的なメカニズムを導入するものである。

介護サービスの提供においては、介護事業所と利用者の双方に、モラルハザードが生じ、不必要な介護需要が増大しているとの指摘がある。介護事業所側はサービス供給が利用者の状態像に必ずしも合致しないサービス量であっても、上限支給限度額までの利用であればよいと考える。また、利用者側は自己負担は、実際のコストよりもかなり安いためできるだけ使おうとする。

これは介護サービスでは医療サービスよりも顕著となる可能性があった。なぜなら、患者は注射を何本もされることには躊躇するだろうが、ホームヘルプサービスは、できるだけ多く使ったほうが"快"を得られることを知っているからである。介護サービスの需要は医療サービスよりも喚起されやすい。こういったことは、すでに出来高払い制度と医師と患者間の情報の非対称性という2つの大きな特徴をもつ在宅医療の世界でも、起こりうる構造的問題として認識されてきた。だからこそ介護保険制度においては、当初から需要が過剰になることを想定して、要介護度別に上限支給限度額が設定された。しかも情報の非対称性を軽減するために居宅介護支援という仕組みも新たにシステム化した。

それでも、介護領域における昨今の需要拡大の背景には、医療サービスと同様にこういった需要は、拡大する傾向が強いという性質があるということであろう。このような性質をもったサービスを効率的に提供するためには、患者や利用者にとっての実効性を正確に評価し、サービス量と内容に関する標準化を進めるしか

ない。

(2)　サービス提供の適切性

　当該利用者にとって、必要とされる医療や介護サービス、そして生活支援は、刻々と変化する。したがって、利用者の状態に応じて、医療も介護サービスも生活支援もその供給量を変化させなければならないが、とりわけ、医療については、突発性を伴う急性増悪によって、受療行為が発生する。このような事態は、医師と患者の情報の非対称性が大きいため、最適な医療サービスが何かという決定を患者や、その家族、あるいは専ら介護保険制度下でのサービス計画を任務としてきたケアマネジャーが代行することは到底、不可能である。

　多くの先進国では、これをかかりつけ医制度によって代行し、いわゆるサーチコストの軽減や、そのサービス提供の配分に関しての信頼性を担保しているが、日本には、この仕組みがない。しかも、多くの急性増悪における最適な医療サービスの供給形態は、入院医療で、介護サービスから医療サービスへの変更がなされてしまうのである。従来はこの入院の発生をもって、介護保険制度では、ケアマネジャーとの連携がなくなっていた。そして、ここからは介護から医療への変更にかかわるコストが新たに発生してきたのである。

　2018 年の診療報酬改定では、訪問診療の主治医とケアマネジャーの連携強化として、訪問診療を提供する主治医から居宅介護支援事業者への情報提供が評価されることとなった。また、介護報酬改定においても、入院時における医療機関との連携を促進する観点から、**表 6-3** の①〜③の見直しが行われ、integrated care への一歩が踏み出された。

表 6-3　入院時における医療機関との連携促進のための介護報酬改定

①居宅介護支援の提供の開始にあたり、利用者等に対して、入院時に担当ケアマネジャーの氏名等を入院先医療機関に提供するよう依頼することを義務づける。【省令改正】
②入院時情報連携加算について、入院後 3 日以内の情報提供を新たに評価するとともに、情報提供の方法による差は設けないこととする。
③より効果的な連携となるよう、入院時に医療機関が求める利用者の情報を様式例として示すこととする。

⑶　入退院支援による integrated care への期待

　退院に関しても医療機関や介護保険施設等を退院・退所し、居宅サービス等を利用する場合において、退院・退所にあたって医療機関等の職員と面談を行い、利用者に関する必要な情報を得たうえでケアプランを作成し、居宅サービス等の利用に関する調整を行った場合に算定することが定められた。ただし、「連携 3 回」を算定できるのは、そのうち 1 回以上について、入院中の担当医等との会議（退院時カンファレンス等）に参加し、退院・退所後の在宅での療養上必要な説明を行ったうえでケアプランを作成し、居宅サービス等の利用に関する調整を行った場合に限るとされた。

　このように、2018 年の介護報酬改定では、診療報酬に合わせるように入退院から在宅療養にいたる在宅医療介護の連携のための各種評価がこれまでの報酬の強化や新設という形で整理されることになった。

　さらに、高齢患者だけでなく、末期のがん患者に対しても主治医の助言を得ることを前提に、ケアマネジメントプロセスを簡素化するとともに、主治医に対する患者の心身の状況などを情報提供す

第 6 章　地域包括ケアシステムにおける評価の考え方　｜　217

図 6-3　入退院から在宅療養に至る在宅医療・介護の連携

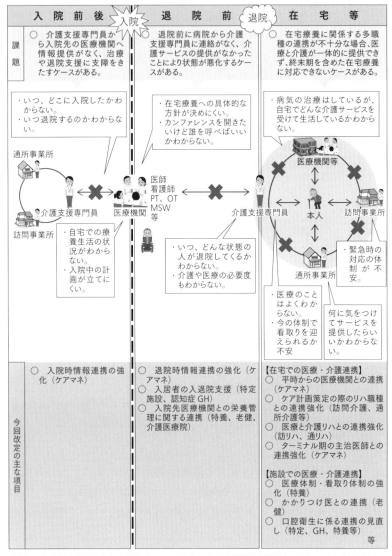

出典）厚生労働省老健局老人保健課（2018）. 平成 30 年介護報酬改定説明会. 平成 30 年 2 月 26 日.

ることを在宅時医学総合管理料などで要件化することとなった。

　これは、市町村が管理する居宅介護支援の強化を企図したものと考えられる。いわば市町村における managed care の強化により、介護サービス提供における新たなメカニズムを導入することで、これらの課題を解決しうる環境を保険者機能を発揮することで再構築できるかが試されているともいえよう。

　しかも、今回の改正によって、末期のがん患者へも、このサービスが拡大されたことは、年齢階層によらないことを表明したといえる。つまり、住民全体がカバーされることを意味しており、重要な改正点といえる。

　2018年の報酬改定で新設された連携報酬の運用によっては、従来の介護から医療サービスへの移行に伴う変更コストが、若干、軽減される可能性がある。

　また、新たな環境やメカニズムが整うこととなると理論的には新たなアウトカム、つまり個人のニーズを満たす個人的アウトカムをどのように測定し、これをシステムのイノベーションにつなぐかということが求められるようになったともいえる。これは、どの階層にもアウトカムが設定されることになったことを示しており、そのサポートモデルは、図 6-4 の式のように、新たなアウトカムを想定したものとなる。これらのアウトカムと消費された資源量との関係を明らかにしていくことで、本来の意味での利用者にとっての実効性評価の礎となることが期待される。

図 6-4　アウトカム視点の地域包括ケアシステムのモデル

地域包括ケアシステムによるケア提供環境
　　　＋ managed care（ケア提供メカニズム）　＝　アウトカム

新たな managed care
　　　＋新たな地域包括ケアシステム　　　　　　＝　新たなアウトカム

［引用文献］
1) 筒井孝子（2014）．地域包括ケアシステム構築のためのマネジメント戦略――integrated care の理論とその応用. 中央法規出版.
2) 筒井孝子（2014）．地域包括ケアシステムのサイエンス――integrated care の理論と実証. 社会保険研究所.
3) Ouwens, M., Wollersheim, H., Hermens, R., Hulscher, M., Grol, R. Integrated care programmes for chronically ill patients: a review of systematic reviews. International Journal of Quality in Health Care 2005 April;17（2）:141-146.
4) Chen, A., Brown, R., Archibald, N., Aliotta, S., & Fox, P.（2000）. Best practices in coordinated care. Princeton, NJ: Mathematica Policy Research, Inc.
5) McDonald, KM., Sundaram, V., Bravata, DM., et al: Closing the Quality Gap: A Critical Analysis of Quality Improvement Strategies. Report No.: AHQR Publication No. 04（07）-0051-7.（2007）.
6) Smith, S. M., Allwright, S., and O'Dowd, T. Effectiveness of shared care across the interface between primary and specialty care in chronic disease management. The Cochrane Library; 2007. Report No.: Issue 3.
7) MISSOC.（2009）MISSOC Analysis 2009 - Long-term Care, Brussels: MISSOC
8) Shaw, S. and Levenson, R.（2011）Towards Integrated Care in Trafford. London: Nuffield Trust.
9) Ramsey, A. and Fulop, N.（2008）The Evidence Base for Integrated Care, London: King's Patient Safety and Service Quality Research Centre.
10) Vrijhoef, B.（2010）Measuring the Impact of Integrated Care. London, Nuffield Trust seminar, 26 March.
11) Ling, T., Bardsley, M., Adams, J., Lewis., J. and Roland, M.（2010）"Evaluation of UK integrated care pilots: research protocol" International Journal of Integrated Care, Vol.10.
12) Armitage, G. D., Suter, E., Oelke, N. D., & Adair, C. E.（2009）. Health systems integration: state of the evidence. *International Journal of Integrated Care,9*（2）.
13) Strandberg-Larsen, M. and Krasnik, A.（2009）"Measurement of integrated delivery: a systematic review of methods and future research directions" International Journal of Integrated Care, vol.8, 1-10.
14) Strandberg-Larsen, M.（2011）"Measuring integrated care". Dan Med Bull, 58（2），B4245.
15) Shortell, SM., Gillies, RR., Anderson DA, Erickson KM, Mitchell JB.（1996）"Remaking health care in America: building organized delivery systems". San Francisco: Jossey-Bass;
16) Alter, C. & Hage, J.（1993）. Organizations working together（p. 191）. Newbury Park, CA: Sage Publications.

第 **7** 章

地域包括ケアシステム構築のためのパフォーマンス評価ツールの紹介

第 1 節

自治体における保険者機能強化推進施策の背景と新たな評価指標の考え方

(1) 市町村の保険者機能の強化が必要とされた社会的背景

　市町村は、介護保険制度の保険者として、被保険者である利用者のさまざまな状況を把握し、個々の利用者がケアマネジャーの助言によって、自ら適切な介護事業者を選定できるよう支援しなければならない。また市町村は、これらの利用者数に基づき、市町村内の介護サービスの供給とその質の確保に関する責任を担う。もちろん、居宅介護支援事業者が利用者の状況に基づいて適正にサービスを計画することに対する監督責任もある。

　これら一連の市町村の責務からは、介護サービスの提供に際しては、managed care が意図されていることがうかがわれる。しかしながら、制度発足からはや 20 年が経過しようとしているにもかかわらず、いまだに介護サービスの標準化は達成されておらず、利用者に適切なサービスが供給されているかをチェックする

システムが機能している自治体はほとんどない。つまり、わが国の市町村において、サービス提供者に対するモニタリングとインセンティブを組み合わせることで、介護サービス事業者やこれをコーディネーションするものへ介入し、費用の効率化を達成しているところはほとんどないのである。

ただ、この managed care 機能の強化は、容易ではないことは知られている。これを導入・推奨してきたアメリカ合衆国においてでさえも、どのような影響を及ぼしてきたかについての評価は定まってはいない。

一般的には、よい成果として、入院率の低下や入院期間の短縮、高額な治療や検査の抑制、予防サービスの増加や従来の高額な費用が適正化され、これに対する患者の満足度は向上したとされてきた。一方で、高リスク者の排除や医師と患者との良好な関係は崩れ、保険会社の介入が強まったことにより医療の質が低下したとの批判は大きい。

このため、医療における managed care 的な施策の導入については、わが国の医師会をはじめ、各種の医療関係団体も否定的である。介護サービスにおいても同様に、これまでも managed care を導入すべきという議論は、ほとんどなされてこなかった。

すでに述べてきたように、integrated care および community-based care を中核の概念とする地域包括ケアシステムの推進にあたっては、このシステムが提供することになるサービス評価は必須となる。それは、「サービスを提供し、それを評価するためには、サービスがどのように提供されるか、また提供する環境や、そのサービスを利用する者の状況によって、利用者はどのような影響を受けるか」を把握することは、すべての基本となるからである。

現状の測定と把握なくしては、改善などできるはずもない。まずは測定し、評価することでシステムの課題がはじめて明らかになる。次に、これらの解決が図られる仕組みが機能することで、

システムで提供されるサービスの質の向上も図られるし、効率化に関する検討もできるのである。

　また、サービスの評価を政策や実務に活かすことを想定するならば、全国レベルの効果測定には、すでに存在している指標を用いるべきであり、この評価プロセスは、国と地方自治体の間で十分に納得された方法によらなければならない。しかし、わが国には、community-based care に関する全国レベルで有効性を示すことができる指標は存在しない。

　そのようななかで、2018年2月28日付の厚生労働省老健局介護保険計画課からの事務連絡[1]で示されたように、保険者機能強化推進交付金の配分のために、介護保険の保険者である市町村の保険者機能の評価を全国的に評価することになった。これは2017年4月18日の「地域包括ケアシステムの強化のための介護保険法等の一部を改正する法律」（以下、「地域包括ケアシステム強化法」）によって、全市町村が保険者機能を強化する一環として、保険者のさまざまな取り組みの達成状況を評価し、この評価に応じて市町村等に対する財政的インセンティブを付与することが決定されていたことを実行に移したものといえる。このように地域包括ケアシステムのいっそうの推進が求められるなかで、保険者機能の強化は、必須の取り組みとなった。

　以下では、保険者機能を評価するための指標策定の経緯とこの考え方について述べていく。

(2) 試行された市町村の保険者機能に関する評価指標の構成とその考え方

市町村の保険者機能評価の考え方

　この保険者等の取り組みを評価するための指標の策定にあたっては、すでに医療・介護をめぐる状況は市町村ごとに大きく異

なっており、保険者の取り組み内容や、その結果には、大きな差異が生じていることが前提とされた。端的にいえば、現状を評価するという立場ではなく、これからの施策の実行状況を評価するという観点を強調すべきとされた。

このため、評価指標の設定に際しては、すべての市町村や都道府県で行われてきた業務を抽出し、こうした業務がその地域の実情に応じて実施されているかを評価する指標となるよう工夫された。この結果、指標となる項目は、介護保険法令や関係通知等に沿った内容が選ばれた。また今後、市町村や都道府県が実施すべきとされた自立支援・重度化防止等の業務等についても項目に含めることとされた。

なお、この評価指標を用いた試行事業は2016年度[2]と2017年度[3]に実施され、この事業では、具体的な指標の設定にあたっては、managed care等で必ず指標として取り入れられるコストや介護サービス利用者の状態像の変化というようなアウトカムを評価するものではないことが強調された[4]。

指標となる項目の構造としては、自立支援・重度化防止等のための保険者機能の強化に向けたPDCAサイクルに沿って、「Ⅰ．地域マネジメントに向けた体制の構築」「Ⅱ．自立支援、重度化防止等に資する施策の推進」「Ⅲ．介護保険運営の安定化に資する施策の推進」の3つの大きなカテゴリーが設けられた（図7-1）。さらに各カテゴリーにおいて、介護保険法令や関係通知等に沿って実施すべき業務が抽出され、地域の実情に即した取り組みが実施できているかどうかを確認する項目が設定された。

例えば、地域密着型サービスに関しては、「介護保険法に基づき、市町村は介護保険事業計画において整備目標を定めるとともに、地域密着型サービス事業所の指定にあたって運営協議会等の意見を聴取し、必要な条件を付することができる」かが問われることとされた。つまり、今回の評価項目の選定にあたっては、こうした法律の規定に即しながら、本当に地域の実情に即した取り

図 7-1　介護保険者取り組み評価指標の基本的考え方[3]

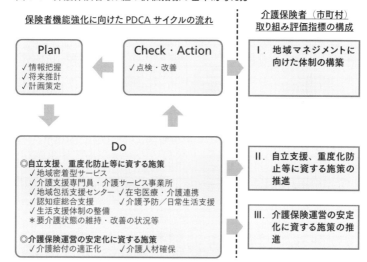

組みが実施されてきたかが評価の基本とされた。

このため、先の例とした地域密着型サービスの整備に関しては、「Ⅱ(1)①　保険者の方針に沿った地域密着型サービスの整備を図るため、保険者独自の取り組みを行っているか」という項目が設定された。

また、地域密着型サービス事業所の運営にあたっては、「Ⅱ(1)②　地域密着型サービス事業所の運営状況を把握し、それを踏まえ、運営協議会等で必要な事項を検討しているか」という項目が設定された。これらは、いずれも同じ方針に基づいている。

具体的には、以下の**表 7-1** のような構成となった。

ここに示したとおり、市町村は、事業の実行度合いを、かなり詳細に回答しなければならない。これにより、少なくとも都道府県の担当者は、当該市町村が現時点でどのようなことを行い、何が課題なのかを明らかにできる。これらは評価指標を構成する項目というだけでなく、都道府県や国が各市町村に対して、助言や

表 7-1　地域密着型サービスの設問の構成

Ⅱ. 自立支援・介護予防に資する施策の推進
(1)　地域密着型サービス
①保険者の方針に沿った地域密着型サービスの整備を図るため、保険者独自の取り組みを行っていますか。
「はい」の場合
具体的に、どのような取り組みを行っていますか。あてはまるものすべてを選択してください。（複数選択）
ア. 地域密着型サービスの指定基準を定める条例に、保険者独自の内容を盛り込んでいる
イ. 地域密着型サービスの公募指定を活用している
ウ. 参入を検討する事業者への説明やはたらきかけを実施している（説明会の開催、個別のはたらきかけ　等）
その他
②地域密着型サービス事業所の指定または指定更新にあたっては、運営協議会などでの議論を踏まえ、事業の適正運営を確保するための条件を設定する必要があるかどうか、検討していますか。
③地域密着型サービス事業所の運営状況を、運営協議会などで、定期的に点検していますか。
「はい」の場合
定期的な点検の実施頻度は、年何回程度ですか。
④管内の地域密着型サービス事業所に対して、実地指導を行っていますか。（※ 一部の事業所実施　でも達成に含む）
⑤地域密着型通所介護事業所における機能訓練・口腔機能向上・栄養改善を推進するための取り組みを行っていますか。

支援をするための資料となることが意図されたものであった。

市町村を支援する都道府県の評価指標の考え方

　保険者の取り組みを評価するにあたっては、市町村の人口規模や、市町村がもつノウハウに差があり、市町村の枠を超えた調整が必要な場合もある。このため、都道府県による市町村支援も評価の対象とすべきと考えられた。

　なぜなら、すでに介護保険制度上、都道府県は保険者支援を行うことが法律によって位置づけられているからである。また基本

方針（介護保険事業に係る保険給付の円滑な実施を確保するための基本的な指針）においても具体的な都道府県による取り組み事項が記載された。

その後、改正介護保険法では、**表 7-2** のように規定された。

表 7-2　改正介護保険法における都道府県の役割

① 「都道府県は、第 117 条第 5 項の規定による市町村の分析を支援するよう努めるものとする。」（第 120 条の 2 第 1 項）
② 「都道府県は、都道府県内の市町村によるその被保険者の地域における自立した日常生活の支援、要介護状態等となることの予防又は要介護状態等の軽減若しくは悪化の防止及び介護給付等に要する費用の適正化に関する取組を支援する事業として厚生労働省令で定める事業を行うよう努めるものとする。」（第 120 条の 2 第 2 項）
③ 「国は、都道府県による第 120 条の 2 第 1 項の規定による支援及び同条第 2 項の規定による事業に係る取組を支援するため、政令で定めるところにより、都道府県に対し、予算の範囲内において、交付金を交付する。」（第 122 条の 3 第 2 項）

　保険者機能強化推進交付金の都道府県分は、これまでの都道府県に対する補助金関係を整理する形で設定された。こうした趣旨を踏まえれば、都道府県が市町村に対して、自立支援、重度化防止、給付の適正化に向けた支援をどのように実施したかについても国としては、評価しなければならないことになる。

　このように都道府県を評価するにあたって基本とすべき観点は、市町村の保険者機能をいかに発揮させるべく支援を行ったかであろう。仮に、その成果をもって評価をするのであれば、当該都道府県下の市町村の保険者機能得点に何らかの統計的手法を用いた最適な重み付けをして、評価得点とすべきと考える。

　しかし、市町村ではこれまでに試行的な事業によって保険者機能の評価項目が検討され、そのデータも収集されてきた[2],[3]が、この都道府県の評価の方針やその考え方に関しては、ほとんど議論がされておらず、しかも根拠となるエビデンスも示されてこなかった。このため、都道府県の評価については今後の課題と

第 7 章　地域包括ケアシステム構築のためのパフォーマンス評価ツールの紹介　｜　227

された。

　ただし、前述した改正介護保険法における都道府県の役割に鑑みれば、都道府県におけるプロセス指標は、各市町村をどのようなプロセスで支援しているかが測定できる項目によって構成されるべきである。

　すなわち、都道府県の市町村支援を評価する指標の項目構成としては、都道府県は、①管内の市町村の課題を把握しているか、②市町村との定期的な情報共有を実施しているか、③ガバナンス体制（地方厚生局、地方振興局、保健所、政令市など）の構築およびこの維持にかかわる定期的な情報共有を実施しているか、④具体的な方策を策定して実施しているか、といったことが想定されるべきと考えられる。

　同時に市町村の保険者機能を評価する各項目が構成する3軸別の得点を用いた評価方法の検討も必要となる。さらに、都道府県は広域的な政策についてのマネジメントを実施しなければならないため、特に医療サービスの適正化の観点は重要となる。

　例えば、退院支援ルールの作成など市町村単独では対応が難しいため、都道府県がこれを広域的な視点から医療・介護連携に関して支援を行っているかといった評価はすべきであろう。また、在宅医療・介護連携にかかるデータを収集・分析し、当該データの活用方法を市町村等に研修しているかといったことも都道府県が広域的自治体としての責務を果たす観点（広域的政策マネジメントの観点）からは評価の対象となるべきである。

　以上の内容は、都道府県がどのように保険者支援というミッションを果たしているかの評価になるが、これらを総合的に評価する項目も必要である。これらの評価にあたっては、市町村の都道府県に対する評価や、第三者機関による評価体制も検討すべきであるが、いずれにしても現時点では、都道府県についての評価、評価方法、これらの具体については、途上にある。

　他方、保険者機能として、重点化されている地域包括支援セン

ターの機能強化に関しても、センター自身の機能についての評価方法や、その項目が 2017 年度老人保健健康増進等事業の成果[6]として示されている。これらの評価項目の内容やその開発過程については、後述する。

(3) 試行調査データ分析による自治体の保険者機能のプロセス評価の全体的な傾向

これまで述べてきたように保険者機能強化推進交付金の評価指標の設定にあたっては、2016 年度[2] と 2017 年度[3] に研究事業が立ち上げられ、試行調査が実施された。

ここでは、市町村の取り組みを把握するプロセス項目とともに自立支援・重度化防止のアウトカム項目の検討もなされた。このアウトカム項目は、全国レベルの指標として数量化も可能であり、全国でも共通に利用されている要介護度を規定する際に用いられる「要介護認定基準時間」を利用した指標が設定された。ここで必要とされる指標は、市町村、都道府県、全国レベルでの標準値等を明らかにすること、アウトカムを設定することも可能となるもので、地域レベルの managed care の効果を測定できるものが望ましいと考えられたからである。

なお、この詳細となる新たなアウトカム指標、また、この指標と 2017 年の法律改正で制度化されたプロセス指標との関係については、2016 年度に実施された試行調査[2] データの分析から明らかになったいくつかの知見を、第 3 節で紹介する。

以下では保険者機能の全体的な傾向について、その実施状況を踏まえた分析結果を述べる。

調査対象となった自治体データの概要

全国 1741 市町村、39 広域連合保険者に対して、前述した指標を用いた調査を実施した。調査期間は、2017 年 2 月 1 日から 21

日までである。調査内容は、前述した介護保険制度の保険者としての取り組みについての52項目であった（**表7-3**）。これらは、すべて取り組みのプロセスを調査する項目から成立していた。

　分析の対象となった自治体の属性は、**表7-4**に示した。人口や65歳以上人口、第1号被保険者数、財政力指数[注1]については、本調査に回答した自治体のほうが高い値を示していた。

　つまり、今回の調査への回答がなされた自治体群は、回答しなかった群に比較すると自治体内の人口、そして65歳以上の人口も多く、財政力指数が高かった。ただし、65歳以上の人口は多くても、高齢化率は未回答自治体のほうが高かった。しかし、認定率と保険料は、回答した自治体群と未回答自治体群での有意差はなかった。さらに回答自治体群の人口規模をみると**表7-5**のようになる。「人口1万人以上3万人未満」が最も多く、838自治体のうち189自治体（22.6％）を占めていた。次いで、「人口5万人以上10万人未満」が166自治体（19.8％）であった。

　一方、未回答の自治体群では、「人口1万人未満」が34.7％を占めており、回答自治体群の19.6％を15ポイント程度、上回っており、わが国の自治体の大勢を占める小規模自治体が調査に回答していない割合が高いことを示していた。

注1）　地方公共団体の財政力を示す指数で、基準財政収入額を基準財政需要額で除して得た数値の過去3年間の平均値。財政力指数が高いほど、普通交付税算定上の留保財源が大きいことになり、財源に余裕があるといえる。

表 7-3　設問別実施率（N = 838）

		カテゴリー	設問	実施率
Ⅰ. 地域マネジメントに向けた体制の構築				
1	1	①現状把握	日常生活圏域ごとの 65 歳以上高齢者の人口を把握していますか。	87.8
2	2		サービス別の給付実績を定期的にモニタリング（点検）していますか。	46.5
3	3		地域包括ケア「見える化」システムを活用して、他の保険者と比較した給付実績の特徴を把握していますか。	15.6
4	4	②将来推計	2025 年度における日常生活圏域単位の 65 歳以上高齢者の人口を推計していますか。	51.9
5	5		2025 年度における認知症高齢者数を推計していますか。	20.6
6	6		2025 年度におけるひとり暮らし高齢者数を推計していますか。	3.6
7	7		2025 年度における要介護者数及び要支援者数を推計していますか。	83.2
8	8		2025 年度における介護保険料を推計していますか。	58.7
9	9		2025 年度に必要となる介護人材を推計していますか。	1.3
10	10	③計画策定	介護保険事業に関する現状や将来推計に基づき、2025 年度に向けて、自立支援・介護予防に資する施策について目標及び目標を実現するための重点施策を決定していますか。	34.1
11	11		人口動態による自然増減による推計に加え、自立支援・介護予防に資する施策など、保険者としての取り組みを勘案した要介護者数及び要支援者数の推計を行っていますか。	21.8
12	12		在宅医療の充実を図るとともに、介護サービスの種類ごとの量の見込みを正確に行うため、管内の在宅医療などの医療サービスの量の見込み又は目標を持っていますか。	7.3
13	13	④点検・改善	介護保険事業計画の進捗状況を点検し、定期的に、運営協議会などに報告を行っていますか。	67.5
14	14		介護保険事業計画の目標が未達成であった場合に、具体的な改善策を講じていますか。	12.2
Ⅱ. 自立支援・介護予防に資する施策の推進				
15	1	①地域密着型サービス	保険者の方針に沿った地域密着型サービスの整備を図るため、保険者独自の取り組みを行っていますか。	50.7
16	2		地域密着型サービス事業所の指定又は指定更新にあたっては、運営協議会などでの議論を踏まえ、事業の適正運営を確保するための条件を設定する必要があるかどうか、検討していますか。	43.3
17	3		地域密着型サービス事業所の運営状況を、運営協議会などで、定期的に点検していますか。	44.5
18	4		管内の地域密着型サービス事業所に対して、実地指導を行っていますか。	58.3
19	5		地域密着型通所介護事業所における機能訓練・口腔機能向上・栄養改善を推進するための取り組みを行っていますか。	11.4
20	6	②介護支援専門員・介護サービス事業者	ケアマネジメントに関する保険者の基本方針を、介護支援専門員に対して伝えていますか。	50.4
21	7		介護支援専門員や介護サービス事業者の団体の組織化や育成について、具体的な取り組みを行っていますか。	54.2
22	8	③地域包括支援センター	年度ごとに、運営協議会などでの議論を経て、地域包括支援センターの運営方針を策定し、地域包括支援センターへ伝達していますか。	71.4
23	9		運営協議会などでの議論に基づき、地域包括支援センターに対する支援・指導の内容を改善していますか。	75.4
24	10		保険者が管轄するセンターの実際の業務に即して、地域包括支援センター事業の点検・評価を行っていますか。	59.3
25	11		地域包括支援センターに対して、介護保険法施行規則に定める原則基準に基づく3職種の配置を義務付けていますか。	94.3
26	12		日常生活圏域ごとの居宅介護支援事業所のデータ（事業所名、事業所ごとの主任介護支援専門員・介護支援専門員の人数等）を把握していますか。	73.9
27	13		地域包括支援センターと協議の上、地域包括支援センターが開催する介護支援専門員を対象にした研修会・事例検討会等の開催計画を作成していますか。	58.6

第 7 章　地域包括ケアシステム構築のためのパフォーマンス評価ツールの紹介

28	14	③地域包括支援セン ター	センター主催の地域ケア会議の運営方法や、保険者主催の地域ケア会議との連携方策について、センターに対して、保険者の方針を明示（例：説明会の開催、マニュアルの作成など）していますか。	38.0
29	15		センター主催の地域ケア会議における議論から、保険者主催の地域ケア会議で検討する地域課題を選定していますか。	31.2
30	16	④医療・介護連携	医療・介護連携に関連して、地区医師会等の医療関係団体と定期的な会議を持っていますか。	61.3
31	17		医療・介護関係者の協力を得ながら、切れ目なく在宅医療と在宅介護が一体的に提供される体制の構築に向けて必要となる具体的取り組みを企画・立案し、実行していますか。	44.8
32	18		医療・介護関係者間の情報共有ツール（情報共有シート、連絡帳、地域連携パス（クリティカルパス）等）の整備又は普及について、具体的な取り組みを行っていますか。	61.8
33	19		地域の医療・介護関係者、地域包括支援センター等からの在宅医療・介護連携に関する相談に対応するための相談窓口を設置し、実際に活用していますか。	25.6
34	20		医療・介護関係の多職種が合同で参加するグループワークや事例検討会など参加型の研修会を、保険者として開催又は開催支援していますか。	63.0
35	21		医療・介護連携の推進について、保険者独自の具体的取り組み（在宅医療・介護連携推進事業の中での独自の取り組み又は在宅医療・介護連携推進事業以外の独自の取り組み）を行っていますか。	13.7
36	22	⑤認知症総合支援	認知症初期集中支援チームを設置し、同チームによる初期集中支援を行っていますか。	36.6
37	23		認知症支援に関して、地区医師会等の医療関係団体に対して協力を依頼していますか。	75.6
38	24		認知症支援に関する介護保険外サービスの整備又は認知症支援に携わるボランティアの定期的な養成を行っていますか。	60.7
39	25	⑥介護予防・日常生活支援	高齢者のニーズに応じた、介護予防・生活支援サービス事業における多様なサービスを創設していますか。	26.2
40	26		介護予防・生活支援サービス事業におけるサービス種類別の利用者数（要支援1、要支援2、介護予防・生活支援サービス事業対象者別）を集計していますか。	32.5
41	27		介護予防に資する住民主体の通いの場への65歳以上参加者数を把握していますか。	44.9
42	28		地域包括支援センターや介護支援専門員に対して、多様な地域の社会資源に関する情報を提供していますか。	67.6
43	29		地域リハビリテーション活動支援事業（リハビリテーション専門職等が技術的助言などを行う事業）を実施していますか。	41.0
44	30		総合事業又は一般会計事業の中で、口腔機能向上や栄養改善に向けた具体的な取り組みを実施していますか。	60.4
45	31	⑦生活支援体制整備	生活支援コーディネーターの活動を通じて、高齢者の生活支援・介護予防サービスに関する具体的な資源の開発を行っていますか。	23.7
46	32		協議体を通じて、高齢者の生活支援・介護予防サービスに関する具体的な資源の開発を行っていますか。	13.0

Ⅲ. 介護保険運営の安定化に資する施策の推進

47	1	①介護保険運営の安定化	介護給付等費用適正化事業の一環として、認定調査状況チェック（委託により実施する更新認定に係る調査の状況について、保険者職員等がチェックすること）を実施していますか。	68.0
48	2		介護給付等費用適正化事業の一環として、ケアプラン点検を実施していますか。	68.2
49	3		介護給付等費用適正化事業の一環として、住宅改修等の点検を実施していますか。	80.3
50	4		介護給付等費用適正化事業の一環として、医療情報との突合・縦覧点検を実施していますか。	72.0
51	5		介護給付等費用適正化事業の一環として、介護給付費通知を実施していますか。	77.7
52	6		必要な介護人材を確保するための具体的な取り組みを行っていますか。	27.3

※ ▨ は実施率が70%以上
　　▨ は実施率が10%未満

表 7-4 調査対象自治体の属性

| | 全体 | | | プロセス（保険者としての取り組み）調査への回答の有無 | | | | | | |
| | | | | 回答あり | | | 回答なし | | | |
	N	平均値	標準偏差	N	平均値	標準偏差	N	平均値	標準偏差	P値
人口	1740	73575.9	187321.1	838	101071.6	234013.2	902	48031.0	124483.4	**
65 歳以上人口	1740	19317.8	45070.8	838	26311.5	55833.2	902	12820.4	30611.2	**
高齢化率	1740	31.3	6.9	838	30.9	6.5	902	31.7	7.3	*
第1号被保険者数	1543	20486.1	46678.0	820	26109.8	55331.2	723	14107.9	33224.9	**
第1号要介護（要支援）認定者数	1543	3642.3	8913.6	820	4715.9	10714.2	723	2424.6	6056.1	
要介護認定率	1543	17.8	3.0	820	17.7	2.9	723	17.9	3.2	
第6期保険料基準額（月額）円	1542	5438.4	703.0	819	5420.0	677.5	723	5459.2	730.8	
財政化指数	1732	0.50	0.28	838	0.53	0.27	894	0.47	0.29	**

* p<0.01, ** p<0.05

※人口、2016 年 1 月 1 日時の値。ただし、本データセットは、個別自治体を判別できなくするため、1000 以下の値は四捨五入されている。
全国で 1741 自治体があるが、1 自治体不明であった。介護保険にかかわるデータは、広域連合を構成する自治体は、欠損となっている。

表 7-5 調査対象自治体の人口規模

| | 合計 | | プロセス（保険者としての取り組み）調査への回答の有無 | | | |
| | | | 回答あり | | 回答なし | |
	N	%	N	%	N	%
人口 1 万人未満	477	27.4	164	19.6	313	34.7
人口 1 万人以上 3 万人未満	461	26.5	189	22.6	272	30.2
人口 3 万人以上 5 万人未満	240	13.8	123	14.7	117	13.0
人口 5 万人以上 10 万人未満	271	15.6	166	19.8	105	11.6
人口 10 万人以上 20 万人未満	159	9.1	102	12.2	57	6.3
人口 20 万人以上	132	7.6	94	11.2	38	4.2
合計	1740	100	838	100	902	100

自治体の保険者としての取り組み、カテゴリー別の実施率

全国の保険者の取り組みは、「Ⅰ．地域マネジメントに向けた体制の構築」「Ⅱ．自立支援・介護予防に資する施策の推進」「Ⅲ．介護保険運営の安定化に資する施策の推進」の3つの大きなカテゴリーに分けられ、それぞれに設問領域がある。

これらの全体としての平均実施率は、47.8%であり、5割に満たなかった。また、カテゴリー別の実施率で最も高い実施率を示したのは、「Ⅲ．介護保険運営の安定化に資する施策の推進」の「①介護保険運営の安定化」の64.4%であった。次いで、「Ⅱ．自立支援・介護予防に資する施策の推進」の「③地域包括支援センター」で63.0%と示された（**表7-6**）。

一方、最も低かったのは、「Ⅱ．自立支援・介護予防に資する施策の推進」の「⑦生活支援体制整備」が18.1%、「Ⅰ．地域マネジメントに向けた体制の構築」の「③計画策定」の20.7%であった。これらの2つの事業に関しては、ほかに比較して、著しく低い実施率となっていた。

自治体が実施していた事業等（実施率が高かった上位項目）

実施率が7割を超えていたのは、10項目しかなかった（**表7-7**）。このうち最も高い実施率を示していたのは、「Ⅱ．自立支援・介護予防に資する施策の推進」における「③地域包括支援センター」の「地域包括支援センターに対して、介護保険法施行規則に定める原則基準に基づく3職種の配置を義務付けていますか」であり、94.3%と示された。これは人員配置に関する項目であり、人数も規定されていることから当然と考えられたが、できていないと回答した自治体も5%程度みられた。

次いで、実施率が高かったのは、「Ⅰ．地域マネジメントに向けた体制の構築」の「①現状把握」で、「日常生活圏域ごとの65歳以上高齢者の人口を把握していますか」が87.8%であった。同

表 7-6　カテゴリー別実施率（N = 838）

カテゴリー	項目数	実施率
全体	52	47.8
Ⅰ. 地域マネジメントに向けた体制の構築[注2]	14	36.2
①現状把握	3	49.6
②将来推計	6	36.2
③計画策定	3	20.7
④点検・改善	2	39.5
Ⅱ. 自立支援・介護予防に資する施策の推進[注2]	32	49.7
①地域密着型サービス	5	46.6
②介護支援専門員・介護サービス事業者	2	51.4
③地域包括支援センター	8	63.0
④医療・介護連携	6	44.2
⑤認知症総合支援	3	56.6
⑥介護予防・日常生活支援	6	44.2
⑦生活支援体制整備	2	18.1
Ⅲ. 介護保険運営の安定化に資する施策の推進	6	64.4
①介護保険運営の安定化	6	64.4

様に、「Ⅰ．地域マネジメントに向けた体制の構築」の「②将来推計」では、「2025 年度における要介護者数及び要支援者数を推計していますか」も 83.2％と示されていた。

　これらの項目についても、介護保険事業計画の策定等には必須となるデータであることから、これをできていないと回答した自治体が 1 割以上も示されたことについては、どうやって計画を策定してきたのか等、さらなる調査が必要と考えられた。

　「Ⅲ．介護保険運営の安定化に資する施策の推進」としては、「①介護保険運営の安定化」の「介護給付等費用適正化事業の一環として、住宅改修等の点検を実施していますか」が 80.3％と高かった。同じカテゴリーで「介護給付等費用適正化事業の一環として、介護給付費通知を実施していますか」が 77.7％、「介護給

注 2）2016 年度および 2017 年度における調査研究事業においては、「Ⅰ. 地域マネジメントに向けた体制の構築」「Ⅱ. 自立支援・介護予防に資する施策の推進」という名称であったが、2018 年 2 月 28 日の事務連絡[1] で示された評価項目においては、「Ⅰ. PDCA サイクルの活用による保険者機能の強化に向けた体制等の構築」「Ⅱ. 自立支援、重度化防止等に資する施策の推進」となった。

表7-7 設問別実施率 上位10項目

		カテゴリー	設問	実施率
1	Ⅱ. 自立支援・介護予防に資する施策の推進	③地域包括支援センター	地域包括支援センターに対して、介護保険法施行規則に定める原則基準に基づく3職種の配置を義務付けていますか。	94.3
2	Ⅰ. 地域マネジメントに向けた体制の構築	①現状把握	日常生活圏域ごとの65歳以上高齢者の人口を把握していますか。	87.8
3	Ⅰ. 地域マネジメントに向けた体制の構築	②将来推計	2025年度における要介護者数及び要支援者数を推計していますか。	83.2
4	Ⅲ. 介護保険運営の安定化に資する施策の推進	①介護保険運営の安定化	介護給付等費用適正化事業の一環として、住宅改修等の点検を実施していますか。	80.3
5	Ⅲ. 介護保険運営の安定化に資する施策の推進	①介護保険運営の安定化	介護給付等費用適正化事業の一環として、介護給付費通知を実施していますか。	77.7
6	Ⅱ. 自立支援・介護予防に資する施策の推進	⑤認知症総合支援	認知症支援に関して、地区医師会等の医療関係団体に対して協力を依頼していますか。	75.6
7	Ⅱ. 自立支援・介護予防に資する施策の推進	③地域包括支援センター	運営協議会などでの議論に基づき、地域包括支援センターに対する支援・指導の内容を改善していますか。	75.4
8	Ⅱ. 自立支援・介護予防に資する施策の推進	③地域包括支援センター	日常生活圏域ごとの居宅介護支援事業所のデータ（事業所名、事業所ごとの主任介護支援専門員・介護支援専門員の人数等）を把握していますか。	73.9
9	Ⅲ. 介護保険運営の安定化に資する施策の推進	①介護保険運営の安定化	介護給付等費用適正化事業の一環として、医療情報との突合・縦覧点検を実施していますか。	72.0
10	Ⅱ. 自立支援・介護予防に資する施策の推進	③地域包括支援センター	年度ごとに、運営協議会などでの議論を経て、地域包括支援センターの運営方針を策定し、地域包括支援センターへ伝達していますか。	71.4

付等費用適正化事業の一環として、医療情報との突合・縦覧点検を実施していますか」が72.0%と高い実施率が示されていた。

「Ⅱ. 自立支援・介護予防に資する施策の推進」では、「⑤認知症総合支援」の「認知症支援に関して、地区医師会等の医療関係団体に対して協力を依頼していますか」が75.6%、「③地域包括支援センター」の「運営協議会などでの議論に基づき、地域包

括支援センターに対する支援・指導の内容を改善していますか」
が75.4％、「日常生活圏域ごとの居宅介護支援事業所のデータ
（事業所名、事業所ごとの主任介護支援専門員・介護支援専門員の人数等）
を把握していますか」が73.9％、「年度ごとに、運営協議会など
での議論を経て、地域包括支援センターの運営方針を策定し、地
域包括支援センターへ伝達していますか」が71.4％と示されてい
た。

いずれの項目もその協力の程度や、改善への指導、把握の内容
については、基準が明確とはいえず、実施している程度は異なっ
ている可能性があることから、これらの項目については、アウト
カムとともに評価をしていく必要があると考えられた。

自治体が実施していなかった事業等（実施率が低かった下位項目）

全項目にわたって実施率は低いとの結果が示されただけでな
く、自治体の2割も実施していない項目が8項目もあった（**表
7-8**）。

特に、「Ⅰ．地域マネジメントに向けた体制の構築」「②将来推
計」の「2025年度に必要となる介護人材を推計していますか」
は1.3％、「2025年度におけるひとり暮らし高齢者数を推計して
いますか」は3.6％と示され、ほとんどの自治体で推計値がない
ままに計画が策定されている現状があることがわかった。

同様に、「Ⅰ．地域マネジメントに向けた体制の構築」「③計画
策定」の「在宅医療の充実を図るとともに、介護サービスの種類
ごとの量の見込みを正確に行うため、管内の在宅医療などの医療
サービスの量の見込み又は目標を持っていますか」も7.3％と
10％も達成されていなかった。

また、「①現状把握」「地域包括ケア「見える化」システムを活
用して、他の保険者と比較した給付実績の特徴を把握していますか」も15.6％と低く、システムの利用には至っていないことが示
されていた。ただし、ここまで利用率が低いことからは、システ

第7章　地域包括ケアシステム構築のためのパフォーマンス評価ツールの紹介　｜　237

ムの利便性にも課題があるのではないかと推察され、システムそのものの見直しも必要ではないかと考えられた。

　以上のような実施率が低い項目をみると、いずれも介護保険制度や地域包括ケアシステムの推進にあたって必要とされる推計値等の目標設定と大きくかかわる内容であった。このことは、自治体が将来の自らの姿となる基本的な数値を把握せずに計画を作成している現状を示している。

　介護保険制度の継続性やシステム推進には、このような将来推計は必須である。国や県等は具体的に取り組むための方策を指導する必要があるだろう。

　次いで、実施率が低い項目としては、「Ⅱ．自立支援・介護予防に資する施策の推進」の「①地域密着型サービス」における「地域密着型通所介護事業所における機能訓練・口腔機能向上・栄養改善を推進するための取り組みを行っていますか」が11.4％、「⑦生活支援体制整備」の「協議体を通じて、高齢者の生活支援・介護予防サービスに関する具体的な資源の開発を行っていますか」が13.0％、「④医療・介護連携」の「医療・介護連携の推進について、保険者独自の具体的取り組み（在宅医療・介護連携推進事業の中での独自の取り組み又は在宅医療・介護連携推進事業以外の独自の取り組み）を行っていますか」が13.7％であった。

　これらの項目は、いわば自治体の保険者としての取り組みとして、応用力を問われる項目である。また、取り組みたくても余裕がないという状況を反映している可能性もある。

　「Ⅰ．地域マネジメントに向けた体制の構築」「④点検・改善」「介護保険事業計画の目標が未達成であった場合に、具体的な改善策を講じていますか」が12.2％と示され、自治体のなかで保険者機能を強化するためのPDCAサイクルが機能していない実態が明らかにされたことは重要である。

表 7-8 設問別実施率 下位 10 項目

		カテゴリー	設問	実施率
1	Ⅰ. 地域マネジメントに向けた体制の構築	②将来推計	2025 年度に必要となる介護人材を推計していますか。	1.3
2	Ⅰ. 地域マネジメントに向けた体制の構築	②将来推計	2025 年度におけるひとり暮らし高齢者数を推計していますか。	3.6
3	Ⅰ. 地域マネジメントに向けた体制の構築	③計画策定	在宅医療の充実を図るとともに、介護サービスの種類ごとの量の見込みを正確に行うため、管内の在宅医療などの医療サービスの量の見込み又は目標を持っていますか。	7.3
4	Ⅱ. 自立支援・介護予防に資する施策の推進	①地域密着型サービス	地域密着型通所介護事業所における機能訓練・口腔機能向上・栄養改善を推進するための取り組みを行っていますか。	11.4
5	Ⅰ. 地域マネジメントに向けた体制の構築	④点検・改善	介護保険事業計画の目標が未達成であった場合に、具体的な改善策を講じていますか。	12.2
6	Ⅱ. 自立支援・介護予防に資する施策の推進	⑦生活支援体制整備	協議体を通じて、高齢者の生活支援・介護予防サービスに関する具体的な資源の開発を行っていますか。	13.0
7	Ⅱ. 自立支援・介護予防に資する施策の推進	④医療・介護連携	医療・介護連携の推進について、保険者独自の具体的取り組み（在宅医療・介護連携推進事業の中での独自の取り組み又は在宅医療・介護連携推進事業以外の独自の取り組み）を行っていますか。	13.7
8	Ⅰ. 地域マネジメントに向けた体制の構築	①現状把握	地域包括ケア「見える化」システムを活用して、他の保険者と比較した給付実績の特徴を把握していますか。	15.6
9	Ⅰ. 地域マネジメントに向けた体制の構築	②将来推計	2025 年度における認知症高齢者数を推計していますか。	20.6
10	Ⅰ. 地域マネジメントに向けた体制の構築	③計画策定	人口動態による自然増減による推計に加え、自立支援・介護予防に資する施策など、保険者としての取り組みを勘案した要介護者数及び要支援者数の推計を行っていますか。	21.8

第 2 節

地域包括支援センターに
求められる機能と
評価指標の開発

(1) 地域包括支援センターの評価指標の
開発の背景と開発プロセス

指標開発の背景

　2017年6月に成立した「地域包括ケアシステム強化法」においては、地域包括支援センターが自ら事業評価を行い事業の質の向上を図るとともに、市町村が定期的に地域包括支援センターの事業実施状況を評価し、地域包括支援センターの運営方針の改正などの必要な措置を講じることが義務化された（介護保険法第115条の46第4項・第9項、2018年4月施行）。また、センターがこういった機能を適切に発揮していくためにはセンターごとの業務の状況を明らかにし、これに基づきそれぞれ必要な機能強化を図っていかなければならないとされた。つまり、市町村は個々のセンターの業務実施を把握し、これを地域包括支援センター運営協議会で検討することにより、適切な人員体制の確保や業務の重点化・効率化を進めていかなければならないこととされたのである。ここで地域包括支援センター運営協議会における検討が必須となったことは、チェンジマネジメントにおける会議体の活用を意味しており重要と考えられる。

　このため、全国で統一して用いることができる地域包括支援センターの機能を評価するための指標を開発すべく全市町村と地域包括支援センターを対象として、これまでの事業の成果をもとに作成した評価項目と「定点調査」の調査事項を合わせた調査票に

よるアンケート調査が実施された。

これらの評価項目の開発にあたっては、2008年度～2011年度、2013年度に実施された地域包括支援センターの評価およびその設置主体である保険者の機能評価に関する研究事業成果が踏まえられている。

なお、2015・2016年度の研究事業においては、地域包括支援センターの機能評価を行うにあたって、その設置主体である保険者機能の総体的な評価については扱わず、法令根拠のある地域包括支援センター業務の実施状況に着目するものとされた。そして、実施状況を網羅的に把握するために、保険者の運営方針の決定から始まる業務プロセスを可視化し、このプロセスに基づいて点検項目が開発された。

これらの手続きを経た結果、調査項目は、当初「Ⅱ．地域包括支援センターの運営方針に関する点検項目」と、「Ⅲ．地域包括支援センターの運営に関する点検項目」に分かれていたが、地域包括支援センターと保険者の対応関係のある項目を中心に整理し、統合したことから、最終的には「Ⅰ．事業共通」「Ⅱ．個別業務」の大きく2つの内容を含む「地域包括支援センター票」と「保険者票」の2つの調査票となった。

指標開発のプロセス

評価項目のうち一部は、2018年度保険者機能強化推進交付金（市町村分）にかかる評価指標における地域包括支援センターに関する評価指標と同様である。

この交付金は市町村や都道府県による高齢者の自立支援や重度化防止等の取り組みを促進する目的のために設置されたものであり、地域包括支援センターの評価を通じて機能強化を進めるために作成された本評価指標は、目指す方向は一致している。

周知のとおり、地域包括支援センターの業務は保険者機能の重要な一翼を担うものであり、市町村の業務と密接に連動している

ことから、地域包括支援センターの機能強化にあたっては、市町村の役割と密接な関係をもつ。具体的には、地域包括支援センターの業務は、各市町村における地域包括支援センターに対する支援・指導の業務と一体的に考えていくべきである。

このことから、2017年度の研究事業によって評価項目は、市町村と地域包括支援センターの運営体制や個別業務について、市町村が実施すべき項目と、地域包括支援センターが実施すべき項目を一体化して（セットにして）、作成された（**表**7-9）。

評価項目数は、市町村80項目、地域包括支援センター86項目からなる。そのうち51項目は市町村と地域包括支援センターとで直接の対応関係があり、運営方針を共有したうえで、連携した事業運営ができているかを評価することができるようになっている[6]。

例えば、「運営協議会での議論を経て、地域包括支援センターの運営方針を策定し、地域包括支援センターへ伝達しているか（市町村票）」と「市町村が定める運営方針の内容に沿って、地域包括支援センターの事業計画を策定しているか（地域包括支援センター票）」といった設問は、両者の間で回答が一致するかをみることで、実際に十分な連携がなされているかを評価することができる。

また、「年度ごとの地域包括支援センターの事業計画の策定にあたり、地域包括支援センターと協議を行っているか（市町村票）」と「事業計画の策定にあたって市町村と協議し、市町村から受けた指摘がある場合これを反映しているか（地域包括支援センター票）」といった設問も連携が十分にとれていれば、当然その回答は一致することが想定されるといった具合である。

地域包括支援センターの運営は、市町村の方針によって定められる内容ともいえ、両者の連携状況を確認するための具体的な評価項目には**表**7-10に示すように、ほとんどの領域で共通する項目が含まれている。

今後、地域包括ケアシステムのいっそうの推進を図ることが企図されていることから、地域包括支援センターの機能を評価し、その機能強化につなげるためには、全国一律の基準で測定された値等を評価することで、すべての地域包括支援センターの機能水準を向上させていくことが期待される。

　ただし、今回の点検項目は法令に基づき地域包括支援センターが行うべき業務を網羅的に扱っているため項目数が多く、その難易度にも差異がある。そして、カテゴリー別の設問数に偏りがあることなどの問題があった。この利便性の向上を図るため新たな評価尺度を開発することとした。

表7-9　地域包括支援センターの評価項目の全体構成

業務大項目	市町村	←連携項目数→ （役割分担・連携）	地域包括支援センター
Ⅰ. 事業共通			
①組織・運営体制	16項目	←13項目→	18項目
②個人情報の保護	3項目	←2項目→	4項目
③利用者満足度の向上	4項目	←4項目→	6項目
Ⅱ. 個別業務			
①総合相談支援	8項目	←5項目→	9項目
②権利擁護	7項目	←6項目→	7項目
③包括的・継続的ケアマネジメント支援	10項目	←8項目→	11項目
④地域ケア会議	17項目	←4項目→	13項目
⑤介護予防ケアマネジメント・指定介護予防支援	4項目	←4項目→	5項目
⑥在宅医療・介護連携	6項目	←3項目→	8項目
⑦認知症高齢者支援	4項目	←1項目→	4項目
⑧生活支援体制整備	1項目	←1項目→	1項目
計	80項目	←51項目→	86項目

第7章　地域包括ケアシステム構築のためのパフォーマンス評価ツールの紹介

表 7-10　地域包括支援センターの業務達成度評価項目

NO	設問	カテゴリー
1	事業計画の策定で市町村から受けた指摘を反映している	I―①組織・運営体制
2	市町村からの点検・評価を定期的に受けている	I―①組織・運営体制
3	把握した現状やニーズに基づきセンターの重点業務を設定している	I―①組織・運営体制
4	市町村から年度当初までにセンター職員を対象とした研修計画が示されている	I―①組織・運営体制
5	センター職員にセンター又は受託法人が Off-JT を実施している	I―①組織・運営体制
6	夜間・早朝（土曜・休日）の窓口設置と利用状況	I―①組織・運営体制
7	個人情報保護責任者を配置している	I―②個人情報の保護
8	個人情報の取得・持出・開示時は管理簿への記載と確認を行っている	I―②個人情報の保護
9	センターが受けた苦情について、市町村に報告や協議を行う機会が定期的にある	I―③利用者満足度の向上
10	相談事例の終結条件・分類方法を市町村と共有している	II―①総合相談支援
11	成年後見制度の適用に関する判断基準について市町村と共有している	II―②権利擁護
12	介護支援専門員の課題やニーズに基づく、多様な関係機関・関係者との意見交換の場がある	II―③包括的・継続的ケアマネジメント支援
13	介護支援専門員を対象の研修会等を策定し、指定居宅介護支援事業所に示している	II―③包括的・継続的ケアマネジメント支援
14	市町村から介護支援専門員や主任介護支援専門員等の情報提供がある	II―③包括的・継続的ケアマネジメント支援
15	介護支援専門員から受けた相談事例の件数を経年的に把握している	II―③包括的・継続的ケアマネジメント支援
16	2016 年度に介護支援専門員からの事例解決のために市町村への支援要請を行った	II―③包括的・継続的ケアマネジメント支援
17	地域の課題を検討する地域ケア会議をセンターの主催で開催している	II―④地域ケア会議
18	センター主催の地域ケア会議の運営方針を参加者・関係機関に文書で周知している	II―④地域ケア会議
19	ケアプラン作成で委託事業所選定の公平性・中立性確保の指針が市町村から示されている	II―⑤介護予防ケアマネジメント・指定介護予防支援
20	医療関係者と合同の事例検討会に参加している	II―⑥在宅医療・介護連携
21	在宅医療を行う医療機関への受診勧奨を行っている	II―⑥在宅医療・介護連携
22	医療的な課題事例への対応で在宅医療・介護連携推進事業の窓口に相談を行っている	II―⑥在宅医療・介護連携
23	認知症初期集中支援チームと事例に関する情報を共有している	II―⑦認知症高齢者支援
24	認知症高齢者支援に携わるボランティアに対して助言等の支援を行っている	II―⑦認知症高齢者支援
25	生活支援コーディネーター・協議体と連携し地域資源の開発に関する取り組みを実施している	II―⑧生活支援体制整備

(2) 地域包括支援センターの機能を簡便に評価する業務達成度評価項目の開発

すでに述べたように、現行の地域包括支援センターの業務の達成の程度を測る項目は、その数の多さと各項目の難易度の平準化がなされておらず、業務達成度を評価できないといった問題があった。これを解決するために、ある程度の難易度を有し、同じ内容を評価している項目の重複を除くといった統計的な手続きを経ることで、地域包括支援センターのパフォーマンスを評価できる項目を選定した。

また、これらの評価項目が評価指標として確保すべき内容妥当性・構成概念妥当性・基準関連妥当性を満たすかを検証し、この結果、25項目の（簡易版）地域包括支援センター評価指標を開発した。

具体的には、設問別実施率を算出し、実施率70％未満の項目を抽出し、欠損値が多い自由記述や数値記入項目を除いて、86の点検項目から29の項目を抽出した。

次に、複数の質的変数の間の関係性を検討することを目的として、多重コレスポンデンス分析（Multiple Correspondence Analysis：MCA）を実施し、質的変数のカテゴリー間の距離を視覚的に観察できたため、変数間が近い場合はこれらの2変数に関連性があると判断した。これらの分析を踏まえ、提案したのが**表7-10**に示した地域包括支援センターの業務達成度評価項目25項目である。

業務達成度評価項目の候補となった25項目において、欠損がなかった3001件の地域包括支援センターの業務達成度評価項目得点を算出したところ、平均値は15.52点（標準偏差4.07）となった。また、地域包括支援センターの業務達成度を評価する86項目による得点と、新たに開発した25項目版との相関係数は0.89と高い相関がみられ、25項目だけの評価によって点検項目86項目の実施の程度が把握できることがわかった（**図7-2**）。

図 7-2 地域包括支援センターの業務達成度評価指標による得点（86 項目版）と簡易版評価指標（25 項目版）との相関（N = 3001）

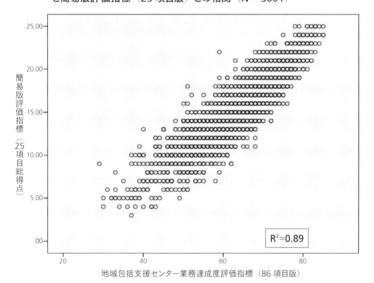

　さらに、地域包括支援センターの簡易版評価指標のうち 14 項目には、市町村の項目と対応関係があり、相互連携ができているかどうかも確認できることが明らかになった（**表 7-11**）。

表 7-11　地域包括支援センターの業務達成度評価にかかる市町村の簡易版評価指標（業務達成度評価 14 項目：関連項目）

地域包括支援センター	市町村
Q13—2　事業計画の策定で市町村から受けた指摘を反映している	Q18　運営方針に沿いつつ、年度ごとの各センターの事業計画の策定に当たり、各センターとの協議を行っている
Q17　市町村からの点検・評価を定期的に受けている	Q26　管轄するセンターの業務に即して、点検・評価を行っている
Q21　市町村から配置を義務付けられている 3 職種の配置状況● 1 を選択●	Q32　全てのセンターに 3 職種の配置を義務付けている
Q28／29　夜間・早朝（土曜・休日）の窓口設置と利用状況	Q35／36　センターに営業時間外、土曜・休日の窓口の設置を義務付けている
Q38　センターが受けた苦情について、市町村に報告や協議を行う機会が定期的にある	Q43　苦情について、センターから報告や協議を受ける仕組みを設けている
Q42　相談事例の終結条件・分類方法を市町村と共有している	Q46　センターにおいて受けた相談事例の終結条件を定めている
Q48　成年後見制度の適用に関する判断基準について市町村と共有している	Q52　成年後見制度の適用に関する判断基準を策定し、センターと共有している
Q58　介護支援専門員を対象の研修会等を策定し、指定居宅介護支援事業所に示している	Q60　センターと協議の上、センターが開催する介護支援専門員を対象にした研修会・事例検討会等の開催計画を作成している
Q62—1　介護支援専門員から受けた相談事例の件数を経年的に把握している	Q64—1　介護支援専門員から受けた相談事例の件数を経年的に把握している
Q63　2016 年度に介護支援専門員からの事例解決のために市町村への支援要請を行った	Q65　2016 年度に介護支援専門員から受けた相談事例の支援要請があった
Q81　ケアプラン作成で委託事業所選定の公平性・中立性確保の指針が市町村から示されている	Q89　ケアプラン作成で委託事業所選定の公平性・中立性確保の指針を作成、センターに明示している
Q83　医療関係者と合同の事例検討会に参加している	Q92　医療関係者とセンターの合同の事例検討会の開催又は開催支援を行っている
Q88　認知症初期集中支援チームと事例に関する情報を共有している	Q95　認知症初期集中支援チームとセンターが業務協力を行っている
Q91　生活支援コーディネーター・協議体と連携し地域資源の開発に関する取り組みを実施している	Q98　生活支援コーディネーターや協議体とセンターが業務協力を行っている

第 7 章　地域包括ケアシステム構築のためのパフォーマンス評価ツールの紹介　　247

（3）　地域包括支援センターの業務達成度評価項目（CPIC）の具体的活用方法

　評価指標は、地域包括支援センターが行うべき業務プロセスの詳細を項目化しており、業務の点検や領域ごとの強み・弱みの大枠をつかむためには適している。

　一方で、さまざまな難易度や種類を含む多くの項目から構成されているため、自治体の地域資源の多寡や運営方針・運営方法の相違が影響し、地域包括支援センターの業務達成度を標準的に評価するための尺度にはなっていないという課題があった。

　そこで、開発されたのが、業務達成度評価項目（Care integration Performance Index for Community-based care：CPIC）（以下、「CPIC」）であった。

　これまでに紹介してきたように、CPIC は、統計的にその概念の妥当性を吟味しており、その難易度や項目間の重複等を検討したうえで開発されたものである。その結果、CPIC による評価は地域包括支援センターの総体としての業務達成度を測定することが可能となった。

　これは同時に、国や都道府県が、この評価結果の分析を通じて、わが国全体として、あるいはそれぞれの都道府県が地域包括支援センターの機能のどの部分が充足していないかという実態を把握できることを意味する。

　今日のわが国における課題は、市町村においては、「こういった特徴をもった地域包括支援センターは、この機能が弱い」とか、「この地域は相対的に機能が低い」といった相対評価が行われている場合がある一方で、全国レベルではそのような現状を把握できていない点にあった。

　今回、開発した CPIC を活用すれば、これらを全国レベルで客観的に把握できるようになる。国や都道府県は CPIC の結果の分析を進めることによって、地域包括支援センターの機能強化に向

けた具体的な政策立案を行うことが求められる。

　以下に、この項目の具体的な活用方法を述べていく（**表 7-12**）。

ステップ 1　地域包括支援センターの全体的な業務達成度の把握

　地域包括支援センターの業務達成度を評価する際には、CPICの 25 項目の評価を行うことが望まれる。

　この評価項目は、4 件法で評価することで 100 点満点になるようにつくられており、これによって全国統一の基準をもって、自らの地域包括支援センターの業務達成を客観的に把握することができる。

　すなわち、1 自治体に設置される地域包括支援センターが 1 か所であっても、ほかの自治体の地域包括支援センターの業務達成度や全国的な業務達成度の平均値との比較が容易になることを示している。

　また、評価項目と同様、同一市町村内の地域包括支援センターや全国の CPIC の平均得点と比較をすることで、市町村内での他の地域包括支援センターや全国と比較した場合の相対的な業務達成状況を評価することができる。

ステップ 2　地域包括支援センターのカテゴリー別業務達成度の把握

　25 項目の個々の項目の達成状況を評価し、カテゴリー別にその達成度を評価することで、評価指標を業務大項目ごとにチャート化したときと同様に、地域包括支援センター機能の強み・弱みを特定することができる。

　CPIC で達成できていない項目は、今後、達成すべき地域包括支援センターの業務等を明瞭に示すことになる。

　よって、CPIC の明らかにされた項目・カテゴリー別の達成状況は、地域包括支援センターの機能強化の大まかな方針や重点項

表 7-12　地域包括支援センターの業務達成度評価項目（CPIC）の具体的活用方法

ステップ 1　地域包括支援センターの全体的な業務達成度の把握

項目	得点
全国の地域包括支援センター得点	62.08／100
↕それぞれを比較	
X 市の地域包括支援センターの平均	52.00／100
↕それぞれを比較	
X 市における A 地域包括支援センターの得点	44.00／100

ステップ 2　地域包括支援センターのカテゴリー別業務達成度の把握

カテゴリー	設問	A	B	C	D	E	達成率
Ⅰ—1.	事業計画の策定で市区町村から受けた指摘を反映している	1	1	0	1	0	60.0%
Ⅰ—1.	市区町村からの点検・評価を定期的に受けている	0	0	0	0	0	0.0%
Ⅰ—1.	把握した現状やニーズに基づきセンターの重点業務を設定している	1	1	1	1	0	80.0%
Ⅰ—1.	市区町村から年度当初までにセンター職員を対象とした研修計画が示されている	0	1	0	1	0	40.0%
Ⅰ—1.	センター職員にセンター又は受託法人が Off-JT を実施している	0	1	1	1	0	60.0%
Ⅰ—1.	夜間・早朝（土曜・休日）の窓口設置と利用状況	1	1	1	1	1	100.0%
Ⅰ—2.	個人情報保護責任者を配置している	0	1	1	1	0	60.0%
Ⅰ—2.	個人情報の取得・持出・開示時は管理簿への記載と確認を行っている	0	0	0	1	0	20.0%
Ⅰ—3.	センターが受けた苦情について、市区町村に報告や協議を行う機会が定期的にある	0	0	0	0	0	0.0%
Ⅱ—1.	相談事例の終結条件・分類方法を市区町村と共有している	1	1	1	1	0	80.0%
Ⅱ—2.	成年後見制度の適用に関する判断基準について市区町村と共有してい	1	0	1	1	1	80.0%
Ⅱ—3.	介護支援専門員の課題やニーズに基づく、多様な関係機関・関係者との意見交換の場がある	1	1	1	1	0	80.0%
Ⅱ—1.	介護支援専門員を対象の研修会等を策定し、指定居宅介護支援事業所に示している	0	0	0	1	0	20.0%
Ⅱ—3.	市区町村から介護支援専門員や主任介護支援専門員等の情報提供がある	1	1	1	1	0	80.0%
Ⅱ—3.	介護支援専門員から受けた相談事例の件数を経年的に把握している	0	0	0	0	0	0.0%
Ⅱ—3.	2016 年度に介護支援専門員からの事例解決のために市区町村への支援要請を行った	1	1	1	1	0	80.0%
Ⅱ—4.	地域の課題を検討する地域ケア会議をセンターの主催で開催している	0	1	0	0	0	20.0%
Ⅱ—4.	センター主催の地域ケア会議の運営方針を参加者・関係機関に文書で周知している	0	1	1	1	0	60.0%
Ⅱ—5.	ケアプラン作成で委託事業所選定の公平性・中立性確保の指針が市区町村から示されている	1	1	0	1	0	60.0%
Ⅱ—6.	医療関係者と合同の事例検討会に参加している	1	1	1	1	1	100.0%
Ⅱ—6.	在宅医療を行う医療機関への受診勧奨を行っている	1	1	1	1	0	80.0%
Ⅱ—6.	医療的な課題事例への対応で在宅医療・介護連携推進事業の窓口に相談を行っている	0	0	1	0	0	20.0%
Ⅱ—7.	認知症初期集中支援チームと事例に関する情報を共有している	0	0	0	0	0	0.0%
Ⅱ—7.	認知症高齢者支援に携わるボランティアに対して助言等の支援を行っている	0	1	1	1	0	60.0%
Ⅱ—8.	生活支援コーディネーター・協議体と連携し地域資源の開発に関する取り組みを実施している	0	1	1	0	1	60.0%
	25 項目の得点	44	64	48	68	36	
					X 市の平均値		52.00
					全国平均値		62.08

（注 1）　カテゴリーの詳細は、Ⅰ—1. 組織・運営体制、Ⅰ—2. 個人情報の保護、Ⅰ—3. 利用者満足度の向上、Ⅱ—1. 総合相談支援、Ⅱ—2. 権利擁護、Ⅱ—3. 包括的・継続的ケアマネジメント支援、Ⅱ—4. 地域ケア会議、Ⅱ—5. 介護予防ケアマネジメント・指定介護予防支援、Ⅱ—6. 在宅医療・介護連携、Ⅱ—7. 認知症高齢者支援、Ⅱ—8. 生活支援体制整備
（注 2）　ABCDE の列は、地域包括支援センターにおける業務達成について、1（達成）、0（未達成）を示している。

ステップ 3　評価指標を用いた地域包括支援センター機能の詳細な分析

CPIC で特定したカテゴリーの評価指標の達成率

設問	地域包括支援センター					達成率
	A	B	C	D	E	
担当圏域における居宅介護支援事業所のデータを把握している	1	1	1	1	1	100.0%
介護支援専門員の課題やニーズに基づく、多様な関係機関・関係者との意見交換の場がある	1	1	1	1	0	80.0%
意見交換の場の年間開催回数	1	1	1	1	0	80.0%
介護支援専門員を対象の研修会等を策定し、指定居宅介護支援事業所に示している	0	0	0	1	0	20.0%
地域の介護支援専門員のニーズや課題に基づく事例検討会や地域ケア会議等を開催している	0	1	1	1	1	80.0%
介護支援専門員が業務を行いやすい環境を整備している	1	1	1	1	1	100.0%
市区町村から介護支援専門員や主任介護支援専門員等の情報提供がある	0	1	1	1	1	80.0%
2016 年度の 1 年間に介護支援専門員から受けた相談件数	1	1	1	1	1	100.0%
介護支援専門員から受けた相談事例の件数を経年的に把握している	0	0	0	0	0	0.0%
2016 年度に介護支援専門員からの事例解決のために市区町村への支援要請を行った	1	1	1	1	0	80.0%
2016 年度に支援要請を行った件数	0	0	0	1	0	20.0%

ステップ 4　地域包括支援センターの機能強化に向けた市町村による方策の検討

市町村の CPIC15 項目の達成状況

カテゴリー	設問	
Ⅰ—1.	運営協議会での議論を経て、運営方針をセンターへ伝達している	1
Ⅰ—1.	管轄するセンターの業務に即して、点検・評価を行っている	1
Ⅰ—1.	センター職員の資質向上の観点から研修計画を策定し、センターに示している	1
Ⅰ—1.	センターに営業時間外の窓口の設置を義務付けている	1
Ⅰ—3.	苦情について、センターから報告や協議を受ける仕組みを設けている	0
Ⅱ—1.	センターにおいて受けた相談事例の終結条件を定めている	0
Ⅱ—2.	成年後見制度の適用に関する判断基準を策定し、センターと共有している	1
Ⅱ—3.	介護支援専門員の実践力向上を目的とした研修会を開催している	0
Ⅱ—3.	介護支援専門員から受けた相談事例の件数を経年的に把握している	0
Ⅱ—3.	2016 年度に介護支援専門員から受けた相談事例の支援要請があった	0
Ⅱ—3.	ケアプラン作成で委託事業所選定の公平性・中立性確保の指針を作成、センターに明示している	0
Ⅱ—6.	医療関係者とセンターの合同の事例検討会の開催又は開催支援を行っている	1
Ⅱ—7.	認知症初期集中支援チームとセンターが業務協力を行っている	1
Ⅱ—7.	認知症に関して、郡市区医師会等の関係団体に対して協力を依頼している	1
Ⅱ—8.	生活支援コーディネーターや協議体とセンターが業務協力を行っている	1

第7章　地域包括ケアシステム構築のためのパフォーマンス評価ツールの紹介

目を設定するために活用することが期待される。

ステップ3 評価指標を用いた地域包括支援センター機能の詳細な分析

CPIC を構成する 25 項目は、全国的なレベルからは、比較的、難易度が高い項目で構成されている。このため、地域包括支援センターの機能強化に向けた方策を検討する際には、その項目のみを達成する方策を検討するのではなく、内容が類似した項目、つまり、同じカテゴリーにある評価項目に戻り、これらの優先順位を見定めたのちに達成すべき内容を再度、検討することが重要になる。

これによって、地域包括支援センターが果たすべきプロセスを確認したうえで、具体的な施策を立案することができる。

ステップ4 地域包括支援センターの機能強化に向けた市町村による方策の検討

CPIC を構成する項目には、市町村の評価項目に対応する 15 項目が包含されている。これらの項目の達成度を把握することで、当該地域包括支援センターの機能の強化にあたって、市町村がどのような対応をすべきかが示されることになる。例えば、市町村の評価が低いために、地域包括支援センターの評価が低くなっているとの結論が得られた場合には、両者が協働して、問題解決にあたることが肝要となる。

以上、CPIC の活用方法を述べてきたが、この CPIC によって地域包括支援センター機能を可視化することで、保険者として市町村がその機能を継続的に強化する方策にも活用できるが、同時に地域包括支援センター職員も客観的な視点から、自らの業務を顧みることで、業務改善に向けたモチベーションを得ることが期待できよう。

第 3 節

地域包括支援センターの
パフォーマンス評価の開発と SoS

(1) SoS における評価の考え方

2017 年に地域包括ケアシステム強化法が制定され、市町村における保険者機能の強化と地域の実情に応じた地域包括ケアシステムの構築の推進に向けて、2018 年度からは、市町村・都道府県に対して保険者機能強化推進交付金という財政的インセンティブの付与が開始されることになった。

地方自治体にとって交付金という財政的メリットは大きいが、保険者等取組評価指標の本来の目的は、PDCA サイクルの展開を通じて自立支援・重度化防止等に関する取り組みを推進することにある。したがって、市町村や都道府県は保険者等取組評価指標の達成状況を踏まえつつ、地域の実情に応じた業務改善を進めることが肝要となる。

市町村にとっては、評価指標に基づき取り組みの進捗について、自ら評価をすることによって、各取り組みの意義や趣旨を理解する機会となる。また、ほかの市町村との比較等を通じて自分の強みを認識したり、強化すべき重点取り組み事項を設定し推進したりすることも可能となる。

また、都道府県にとっては、都道府県下の市町村別に強化すべき取り組みが明らかにされることから、例えば、重点的に支援すべき市町村の把握に役立てることができる。もちろん、国にとっても全国的、また横断的に取り組みの進捗状況を把握することが可能となり、制度や施策の検討や改善に有益な資料が作成できる。

このように評価指標の活用は市町村、都道府県、国において
PDCA サイクルの強化を可能にするが、そのためには取り組み状
況を正確に把握するための指標と、数値や事例に基づく客観的な
評価がされなければならない。つまり、これからは、根拠に基づ
く客観的評価のための仕組みとするために、市町村は、引き続き
収集・蓄積されていく評価結果やエビデンスを活用して、現行の
評価指標のさらなる精度向上を図っていかなければならないので
ある。

　こうした保険者等取組評価指標の精度を向上し、その評価結果
を施策に反映させるにあたって、最も重要な点は、第 1 章で触れ
た SoS（System of Systems）の考え方を理解しておくことであろう。
SoS とは、多くの「システム」が存在するなかで、各システムが
効率的・効果的に機能するような上位のマネジメントシステムが
あらかじめ存在していないことを意味する。

　2017 年の地域包括ケアシステム強化法や今般の保険者等取組
評価指標において特徴的なのは、従来も重要性が強調されていた
介護保険者である市町村の取り組みだけでなく、市町村を支援す
るための都道府県の取り組みの重要性が強調され、都道府県向け
の指標の設定も行われた点である。また、同法に基づき、地域包
括支援センターの機能評価指標とこれに対応する市町村の機能評
価指標も策定されており、その内容は、今般の保険者取組評価指
標（市町村分）に反映された。

　地域包括ケアシステムの圏域としては、中学校区などをイメー
ジとする日常生活圏域が想定されており、この単位をベースに地
域包括支援センターが設置されている。これは、センター自身の
機能とともに、地域包括支援センターを支援するための市町村の
保険者機能の向上が図られなければならないことを意味してい
る。同様に、市町村が介護保険者として果たすべき保険者機能を
支援するための都道府県による支援機能も強化が求められてお
り、SoS 的な構造となっている。

これは、医療・介護・予防・住まい・生活支援が一体的に提供されるシステムと定義される地域包括ケアシステムの構築に当たって、日常生活圏域（地域包括支援センター）をマネジメントする市町村の機能や、市町村をマネジメントする都道府県の役割がいっそう強化されなければならないからといえる。したがって、地域包括支援センター・市町村・都道府県の機能評価指標は、SoS の考え方を考慮するならば、相互にその連携を評価しなければならない。そして、3 つの主体の機能評価指標を通じて、少なくとも上位の主体による下位システムのマネジメントを推進することを考えるべきであろう。

　さらに、SoS の考え方を援用するならば、都道府県の機能を支援する国の機能についても再考が求められる。

　このため都道府県の指標の考え方としては、市町村の保険者機能の強化という目的のために、**表 7-13** に示すようなカテゴリーのそれぞれのシステムごとに、評価指標を用いた測定が行われるべきであり、その効果はどのようなものを対象としているかを把握していく必要がある。具体的には、マクロ（全国）・メゾ（地域）・ミクロ（個人）の 3 層にシステムを分けて考え、都道府県が各保険者のシステムを評価し、国が都道府県のシステムを評価するといった、SoS の階層構造を明らかにし、このシステム間の統合（システム的統合）を評価する方法論を確立すべきと考えられる。

表 7-13　SoS の考え方を援用した 3 層のレベルにおける評価の考え方

カテゴリー	レベル	データ	測定	効果
全国	マクロ	パフォーマンス指標	費用対効果	公的資金
地域	メゾ	アウトプット測定	費用効率性	地域の予算
個人	ミクロ	アウトカム測定	社会的費用削減	個人または家族単位の利益

国は、SoS を考慮しつつ、地域包括支援センター・市町村・都道府県の 3 つの主体間の業務連携を十分に踏まえながら、機能評価指標の改善を重ねることによって、上位の主体による下位システムのマネジメントを推進する方策を現場の視点に立脚しながら進めていかざるをえない。そして、これらの測定結果は、地域包括ケアシステムにおける managed care の評価の一部となると考えられる。

(2) 新たな保険者機能を評価する指標としての CCOI の活用

前述した 2016 年度の試行調査においては、自治体の保険者機能評価におけるアウトカムを考えるべく、自治体別の要介護認定にかかわるデータや介護給付費等のデータも収集された。この記述統計は、**表 7-14** のようになっている。

これらのデータのうち、要介護認定における要介護認定基準時間と第 1 号被保険者当たりの給付月額を用いて、保険者機能を評価するための指標を開発した。

これは、要介護認定基準時間という介護ニーズを数量化したケア時間の推計値と介護費用の最適化を示す指標（Long-term Care Cost Optimization Index by Estimated Care Time：CCOI）（以下、「CCOI」）と定義されるものであるが、具体的には「要介護認定基準時間 1 分あたりの第 1 号被保険者給付月額」を算出することで求められる。

自治体は、介護保険制度の保険者として地域包括ケアシステムを構築したが、このシステムは順次改善をすべきものであり、この改善のためにはこのシステムがどの程度機能しているかを示すアウトカムとしての指針が求められる。そこで今回、開発したアウトカム指標としての CCOI を活用し、任意の自治体における保険者機能のプロセスを示す指標との関連性を分析した結果を以下に示した。

表 7-14　第 1 号被保険者 1 人当たり給付月額および要介護認定基準時間および CCOI の記述統計[7]

	平均値	標準偏差	N
第 1 号被保険者 1 人当たり給付月額（2015 年度）／要介護認定基準時間（単位：千円／分）			
第 1 号被保険者 1 人当たり給付月額（2015 年度）／要介護認定基準時間	0.32	0.067	379
第 1 号被保険者 1 人当たり給付月額（2015 年度）（単位：千円）			
合計額	21.60	4.684	652
訪問系（訪問介護、訪問入浴、訪問看護、訪問リハ、定期巡回、夜間訪介）	2.23	1.091	652
通所系（通所介護、通所リハ、認知通介、小多機、看多機）	5.30	1.516	652
その他の居宅サービス（居宅療養管理指導、福祉用具、介護予防支援・居宅介護支援）	1.93	0.444	652
短期入所（短期入所生活介護、短期入所療養介護）	1.15	0.821	651
特定施設（特定施設入居者生活介護、地域密着型特定施設入居者生活介護）	0.85	0.929	649
認知症対応型共同生活介護	1.52	1.220	651
介護老人福祉施設、地域密着型介護老人福祉施設入所者生活介護	4.88	1.866	651
介護老人保健施設	3.11	1.528	651
介護療養型医療施設	0.65	0.812	650
要介護認定基準時間（単位：分）			
総時間	68.62	7.466	400
中間評価項目得点（単位：点）			
第 1 群身体機能・起居動作	64.18	4.948	401
第 2 群生活機能	69.25	28.425	401
第 3 群認知機能	81.09	7.234	401
第 4 群精神・行動障害	87.79	7.727	401
第 5 群社会生活への適応	35.09	16.376	401

　今後、より詳細な検討は必要となるだろうが、例えば 52 項目から構成される保険者としての取り組み状況を示すプロセス指標の 2016 年度時点の実施率は、**表 7-14** に示した CCOI の偏差を説明しうる可能性はある。

　すなわち、自治体の保険者としての事業等の実現にかかわるプロセス実施率と、アウトカムとして想定した CCOI との関係が明らかにされ、どういった項目がこの給付額に影響を与えるかは、結果として自治体の managed care 機能を強化する際に有用な情報となる。

また、自治体は、全国の自治体のCCOIの値やプロセス指標
の実施率をベンチマークすることで、自らの自治体の問題を把握
し、そのプロセスを点検していくといった保険者機能強化を進め
ることもできるようになるだろう。

(3)　3つの目標の関係性

　これからの地域包括ケアシステムの目標としては、第一に、
個々の住民の健康の改善であり、第二は、提供される医療や介護
サービスの質の向上であり、第三に、これにかかる介護や医療費
用の1人当たりのコストの適正化（削減）となる。今回開発した
CCOIは、推計時間を基に費用の最適化を検討しようとするもの
である。
　このCCOIの値を評価する際には、3つの目標の関係性を理解
しておく必要がある。つまり、3つの目標は互いに独立している
わけではなく、いずれかの目標の達成は、ほかの2つの目標に影
響を及ぼすことである。しかもこの影響は、時には否定的なもの
として現れるのである。
　例えば、第一の個人の健康を改善するために、効果的だが高価
な技術や薬が使われれば、第三のコストを上昇させるという否定
的な影響として現れることになる。第二の目標である医療や介護
サービスの質の向上とコスト削減が実現できるか否かについて
は、未だエビデンスが乏しい。
　さらに、3つの目標の関係は、時間という軸を考慮しなければ
ならないが、これはかなり複雑な関係性のうえに立脚することに
なる。
　例えば、介護保険制度において推進されている重度化への予防
的ケアは、その効果が表出するまでには何年もかかる。だからこ
そ、効果が表れるまでの3つの目標のバランスをどのように考え

るかについては、国家が明言すべき内容となる。

　なぜなら、医療や介護にどれくらいの費用をかけるか、誰がどのような保険料を支払うかなどという内容は、国家レベルの政策において示されるべき内容だからである。したがって、都道府県や市町村の施策には当然のことながら、制約が生じる。3つの目標の達成を追求する過程には、一定の制約があるが、このような制約のなかで最も重要なことは、公正性を国家が約束しなければならないということである。ある階層的な集団の健康における利益が、別の集団の犠牲のうえで達成されるべきではない。だからこそ、この決定は倫理感と公正性を前提とした政策という領域で決定されなければならないのである。

　3つの目標すべての継続的な改善が可能な医療や介護、そして保健といったサービス提供システムが成立することは、これまで困難とされてきた。ほとんどの場合、3つのうちの1つ、または2つだけの達成にとどまるとされ、特に日本の皆保険制度に基づくサービス提供体制では、3つの目標のすべてを達成することは困難であると認識されている。

　3つの目標のなかでも、最大の障壁は、医療や介護サービスはいずれも供給主導の需要という傾向が強いことである。また、医療や介護領域で提供されるサービスの特徴は、アウトカムへの影響が依然、明確にされていない。しかも、この領域のサービスは専門職によって提供されるが、これらは製造業のようにグローバルな競争にはさらされておらず、新たな技術を伴うサービスの生産性の向上がされにくい。

　また、サービスの質の評価は、医師や看護師、介護福祉士といった専門職によって行われるため、患者や利用者との情報の非対称性が高い。しかも、今日、サービスを受ける患者や利用者の大多数が高齢者となっており、彼らの改善をどのように評価すべきかについては、いまだ十分なコンセンサスは図られていない。

　しかし、自治体にとって1人当たりの医療や介護費用を測定

し、当該地域の状況に応じて適切な指標を設定し、地域包括ケアシステムの実際のコストを推定できるようにすることは、このコストが確かに住民の健康向上に影響していることを示す場合には必須の要件となる。

　なお、住民の健康の向上という観点から、要介護認定率についての言及もなされるが、この指標については、需要側（住民側）の観点からみれば、単身世帯率や高齢化率が高いこととの相関や、健康寿命の長さとの関連性が高いものとなる。

　一方、住民の健康に対する意識、あるいは、介護や医療サービスは、「使わなければ損である」といった住民意識の影響は強いことが知られており、すでに大きな問題と認識されている。

　介護サービスの利用動向に関しては、これまでも多くの研究が実施されてきた。例えば、介護保険施行後の高齢者の介護保険サービスに関する認知と利用意向の実態と要因について分析し、サービスの利用を阻む要因として経済的格差や社会的地位が低いことを指摘した研究や[8]、大都市部では非利用者率が高く、東北地方では居宅サービスの受給率が高く、北陸地方では施設サービス受給率が高いといった地域性を指摘した研究もある[9]。さらに、十分なエビデンスとはいえないが、サービス付き高齢者向け住宅、有料老人ホームの利用者数によっても要介護認定率は影響を受けるといった報告もある[10]。

　このような状況下で、保険者の取り組みは多岐にわたることになる。一般介護予防の取り組み状況（体操の集いや、つどいの広場の取り組み状況など）や自立支援型のケア会議の開催、介護予防・日常生活支援総合事業の展開状況や地域包括支援センターの職員数などの体制整備、従来のケアプラン点検など、給付適正化に向けた取り組み状況とその評価を含む、認定適正化に向けた取り組みの有無など、要介護認定率だけでなく、すべての指標が検討すべき内容となる。

　一方、住民の健康向上への対策、すなわち利用者の状態像の改

善については、一定の母集団の登録とサンプリングを必要とするが、今日の電子的な健康記録システムの普及により、従来よりもこのような対策に関するエビデンスは確認しやすくなっている。

さらにいうなら、介護保険制度における「母集団」の概念は明確である。母集団を最もよく定義するものとして登録という概念があるが、わが国には要介護認定がある。これは母集団の選定として、きわめて有用な概念となるし、これによって定義されたグループの人を時間の経過とともに追跡するレジストリとして、先に述べた3つの目標のための「母集団」を形成することになる。こういった母集団が特定されている場合に限っては、基本的に健康状態の改善、提供されるサービスの質の向上、1人当たりの費用を知ることができる。

多くの国ではこのような登録簿はなく、特に地理的に定義された集団はほとんど存在しない。そしてこれらを作成するには、研究、開発、投資が必要とされるため、日本以外ではこの3つの目標を達成できるかの社会的な実験による考察もきわめて困難といえ、ほぼ不可能なのである。

このように3つの目標の達成に際しての前提条件は、①単位としての母集団の設定であり、②介護保険制度における給付という政策による制約とその柔軟性ということになる。そして、③すべての住民に対する医療や介護、生活支援サービスの提供可否を決定したり、その量を調整するといったコントロール機能をもったmanaged care を行うものの存在といえる。

わが国においては、③の managed care を行うものとして想定されているのが、これまで繰り返し述べてきたように介護保険制度における保険者となる市町村である。

ここでは、母集団となった圏域内の住民の「第1号被保険者1人当たり給付月額」を②で示した値として用いている。今回の調査で得た値は、平均2万1600円（SD ± 4.684）であった。

一方、母集団としての要介護認定を受けたすべての住民の「要

介護認定 1 次判定データにおける要介護認定基準時間」は、平均 69.39 分（SD ± 8.181）であった。これらを組み合わせた CCOI「第 1 号被保険者 1 人当たり給付月額／要介護認定基準時間」は、平均 320 円／分（SD ± 0.067）であった（**表 7-14**）。この値の最小値は 0.12 で、最大値は 0.66 と約 5 倍もの開きがあった。

　この結果から、CCOI（要介護認定基準時間 1 分あたりの給付額）は、市町村によって大きく異なっていること、そして、この背景要因も多様であることが推察される。

第 4 節

保険者機能評価指標を活用した
分析の実際

(1) 18自治体の保険者としての取り組み状況
（プロセス達成率）

　現在、入手し得たデータベースを突合し、保険者としての機能
強化のためのプロセスの実施率の結果と当該自治体の CCOI と
の分析を任意の県のいくつかの自治体で実施し、機能強化に向け
た課題抽出を試みた結果を示した。

　ここでは、同一都道府県内の任意の 18 市町村の CCOI を算出
し、これを降順に並べ、人口、高齢化率、要介護認定率、
CCOI、第 1 号 1 人当たり被保険者給付月額、1 人当たり要介護
認定基準時間平均値を**表 7-15** に示した。この結果、地域の要介
護高齢者の介護ニーズに対し、どの程度の介護サービスを投下し
ているかを示す指標である CCOI は、全国平均を 100 とした場
合に、67.4〜136.9 までばらつきがあり、特に 10％以上 CCOI 値
の大きい自治体 A、B には、課題があることが推察された（**表
7-15**）。

　すなわち、自治体ごとに managed care を実行しているところと
そうでないところがあるということが示唆されていた。

　CCOI から考えると、自治体 A、B のような状況が生じる理由
は、例えば、第 1 号被保険者 1 人当たりの介護給付月額が高く介
護サービスの供給が多い。あるいは、要介護認定時間等基準時間
が短く要介護認定者に軽度者が多いからであろう。

　また、こういった事態となっているのは、要介護認定において
利用者の状態とは異なった認定がなされている（認定調査が適正に

第7章　地域包括ケアシステム構築のためのパフォーマンス評価ツールの紹介　｜　**263**

実施されていない）か、要介護度に応じたサービス提供となっていない（サービス提供が不適切）ということが考えられる。これは、いずれにしても介護保険制度の保険者である市町村における managed care が十分には機能していないことを示唆する根拠となる。

表 7-15　同一都道府県内の任意の 18 市町村の人口、高齢化率、要介護認定率、CCOI、第 1 号 1 人当たり被保険者給付月額、1 人当たり要介護認定基準時間平均値

市町村名	人口	高齢化率	要介護認定率	CCOI (a)／(b) 千円	対全国平均	第 1 号被保険者 1 人当たり給付月額 (a)千円	対全国平均	要介護認定基準時間（総時間）(b)分	対全国平均
全国平均※	135,317	0.30	0.18	0.31	100.0	21.2	100.0	69.7	100.0
A市	2,682,000	0.25	0.24	0.42	136.9	25.9	122.5	61.8	88.6
B市	110,000	0.31	0.21	0.37	121.2	20.0	94.7	54	77.4
C市	101,000	0.25	0.23	0.33	108.0	23.5	111.0	71	101.8
D市	11,000	0.34	0.2	0.32	104.8	21.8	103.2	68	97.5
E市	269,000	0.27	0.2	0.32	103.3	22.2	105.0	70.2	100.7
F市	199,000	0.26	0.21	0.31	101.9	22.0	103.7	70.3	100.8
G市	122,000	0.29	0.18	0.31	101.1	20.8	98.1	67	96.1
H市	89,000	0.24	0.18	0.31	100.1	21.5	101.4	70	100.4
I市	71,000	0.27	0.21	0.30	99.2	21.1	99.6	69.4	99.5
J市	64,000	0.26	0.19	0.30	97.8	20.3	96.0	67.8	97.2
K市	103,000	0.26	0.19	0.30	97.5	20.9	98.8	70	100.4
L市	16,000	0.29	0.18	0.28	90.4	21.9	103.3	78.9	113.1
N市	56,000	0.28	0.18	0.28	90.1	19.1	90.3	69.2	99.2
M市	44,000	0.26	0.17	0.27	89.0	19.6	92.8	72	103.3
O市	279,000	0.23	0.17	0.26	86.1	18.2	86.0	69	99.0
P市	6,000	0.41	0.14	0.26	83.4	20.7	97.8	81	116.2
Q市	85,000	0.24	0.16	0.24	78.1	17.9	84.8	75	107.6
R市	21,000	0.38	0.16	0.21	67.4	15.7	74.1	76	109.0

※　平成 28 年度に NTT データ経営研究所が実施した全国調査（アウトカム票）で、給付と認定データに欠損がなかった 281 自治体の平均値。

(2) 3つのステップから、各市町村の保険者機能の現状と課題を明らかにする

> ### ステップ1 都道府県下の保険者機能の全体的な傾向を把握する

　18自治体の保険者機能のそれぞれの特徴を明らかにするために、まず「地域マネジメントに向けた体制の構築」「自立支援・介護予防に資する施策の推進」「介護保険運営の安定化に資する施策の推進」の3つのカテゴリーの達成率を比較した（**表7-16**）。

　18自治体の保険者機能評価指標達成率の平均値は、52.1％で、最小は34.0％、最大は75.5％であった。達成率としては、最小と最大とを比較するとほぼ2倍となり、調査時点での自治体間の取り組みには大きな差があった。

　人口規模別の分析からは、「10万未満（N＝10）」が47.9％と最も達成率が低く、次いで、「10万以上20万未満（N＝5）」50.2％、「20万以上50万未満（N＝3）」69.2％、「50万以上（N＝1）」75.5％と人口規模が大きくなるほど、達成率が高くなる傾向があった。

表7-16　18自治体の保険者機能評価指標のカテゴリー別実施率

	18自治体の平均値（%）	範囲		人口規模別			
		最小値（%）	最大値（%）	10万未満（N=10）	10万以上20万未満（N=5）	20万以上50万未満（N=3）	50万以上（N=1）
全体	52.1	34.0	75.5	47.9	50.2	69.2	75.5
Ⅰ. 地域マネジメントに向けた体制の構築	41.3	21.4	64.3	42.2	38.6	42.8	50.0
①現状把握	50.0	0.0	100.0	53.3	46.6	44.5	66.7
②将来推計	41.7	0.0	66.7	45.0	33.3	44.4	50.0
③計画策定	24.1	0.0	66.7	20.0	26.6	33.3	33.3
④点検・改善	52.8	0.0	100.0	50.0	60.0	50.0	50.0
Ⅱ. 自立支援・介護予防に資する施策の推進	51.8	30.3	84.8	46.4	47.9	76.7	84.8
①地域密着型サービス	56.7	20.0	100.0	52.0	52.0	80.0	80.0
②介護支援専門員・介護サービス事業者	58.3	0.0	100.0	40.0	70.0	100.0	100.0
③地域包括支援センター	63.6	22.2	88.9	58.9	60.0	85.2	88.9
④医療・介護連携	47.2	0.0	100.0	35.0	53.3	77.8	100.0
⑤認知症総合支援	64.8	33.3	100.0	66.7	53.3	77.8	100.0
⑥介護予防・日常生活支援	34.3	0.0	66.7	33.3	26.7	50.0	50.0
⑦生活支援体制整備	27.8	0.0	100.0	25.0	0.0	83.3	100.0
Ⅲ. 介護保険運営の安定化に資する施策の推進	78.7	33.3	100.0	70.0	90.0	88.9	83.3
①介護保険運営の安定化	78.7	33.3	100.0	70.0	90.0	88.9	83.3

I．地域マネジメントに向けた体制の構築

「Ⅰ．地域マネジメントに向けた体制の構築」の達成率の平均値は、41.3％で、最小は21.4％、最大は64.3％であった。このように地域マネジメントの達成率は、最小と最大で3倍もの違いが示され、自治体間の取り組みの差が激しいことがわかった。

人口規模別の分析から、最も達成率が低かったのは、「10万以上20万未満（N＝5）」38.6％で、続いて「10万未満（N＝10）」が42.2％であった。その後、「20万以上50万未満（N＝3）」42.8％、「50万以上（N＝1）」50.0％と示され、地域マネジメントと人口規模の関係は明確にされなかった。

小カテゴリーごとに見ていくと、「①現状把握」50.0％、「②将来推計」41.7％、「③計画策定」24.1％、「④点検・改善」52.8％と示されており、「③計画策定」が低い傾向にあり、最小値を見ると、この4つのカテゴリーすべてが、「0％」と示された自治体もあった（**表7-16**）。

II．自立支援・介護予防に資する施策の推進

「Ⅱ．自立支援・介護予防に資する施策の推進」の達成率の平均値は、51.8％で、最小は30.3％、最大は84.8％であった。

人口規模別の分析結果からは、「10万未満（N＝10）」が46.4％と最も低く、続く「10万以上20万未満（N＝5）」も47.9％と低い達成率を示していた。一方、人口が20万人以上になると、「20万以上50万未満（N＝3）」76.7％、「50万以上（N＝1）」84.8％と達成率が30％以上も高くなる傾向があった。このように、自立支援・介護予防施策に関しては人口規模による取り組みの差が大きかった。

小カテゴリー別の分析から、最も達成率が低かったのは「⑦生活支援体制整備」の27.8％であった。次いで、「⑥介護予防・日常生活支援」34.3％、「④医療・介護連携」47.2％と続いていた。50％台の達成率を示していたのは、「①地域密着型サービス」

56.7％、「②介護支援専門員・介護サービス事業者」58.3％であった。60％台を示したのは、「③地域包括支援センター」63.6％、「⑤認知症総合支援」64.8％であった[注3]。

全体的に達成率が低かった「④医療・介護連携」「⑥介護予防・日常生活支援」「⑦生活支援体制整備」に加え、「②介護支援専門員・介護サービス事業者」においては、0％と回答した自治体があった（**表 7-16**）。

Ⅲ. 介護保険運営の安定化に資する施策の推進

「Ⅲ. 介護保険運営の安定化に資する施策の推進」の達成率の平均値は、78.7％で、「Ⅰ. 地域マネジメントに向けた体制の構築」と「Ⅱ. 自立支援・介護予防に資する施策の推進」の2カテゴリーに比較すると、高い達成率を示していた。ただし、最小値は33.3％と示されており、100.0％と示された自治体とは差が大きいといえよう。

人口規模別の分析結果からは、「10万未満（N＝10）」が70.0％と最も低く、「10万以上20万未満（N＝5）」は、90.0％と最も高かった。このほかにも「20万以上50万未満（N＝3）」が88.9％、「50万以上（N＝1）」が83.3％と示されており、人口10万人以上の都市では、おおむね9割程度という高い達成率が示されていた（**表 7-16**）。

注3）　自立支援・介護予防に資する施策については、地域支援事業の充実分として新たに包括的支援事業として位置づけられた生活支援体制整備、認知症施策推進、在宅医療・介護連携推進、地域ケア会議推進にかかわる内容が含まれている。ここで扱ったデータは、2017年2月1日に都道府県経由で各市町村に実施されたデータ[4]をもとに筆者がデータベース化したものであり、2018年4月1日以降の状況としては改善がなされている。2018年から実施された保険者機能強化推進交付金の取り組みの評価においては、筆者がかかわっている都道府県内の構成市町村における上記施策の実施率は、いずれも8割程度と高くなっていた。

図 7-3 18 自治体の保険者機能評価指標のカテゴリー別実施率

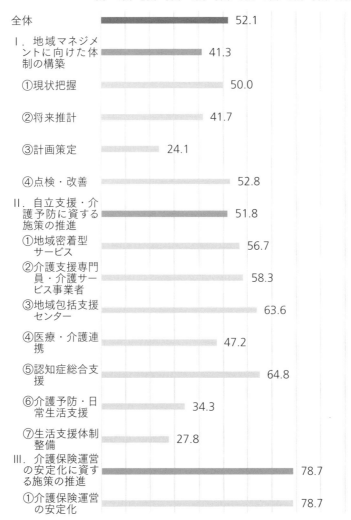

図 7-4　18 自治体の保険者機能評価指標のカテゴリー別実施率（人口規模別）

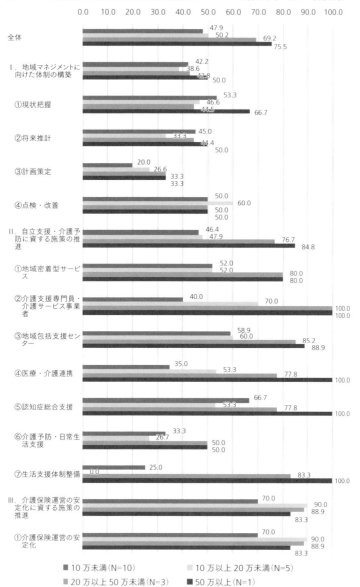

> **ステップ 2　支援すべき自治体の特徴を明らかにして、課題を抽出する**

①全国指標と比較して、特徴を明らかにする

　表 7-15 に示された CCOI が最も高い自治体 A の特徴は、高齢化率は 25％と低いが、要介護認定率が 24％と高いことであった。

　一方、介護ニーズを示す要介護認定基準時間は 61.8 分と短かった。自治体 A は要介護認定等基準時間は短いが、第 1 号被保険者当たりの給付月額は高く要介護認定率も高かった。この結果からは要介護度が低い認定者が多いという特徴が示された。

　そこで、自治体 A の給付月額の内訳を詳細に検討した結果、全国平均よりも特に高かったサービスとして、訪問系（訪問介護、訪問入浴介護、訪問看護、訪問リハビリテーション、定期巡回・随時対応型訪問介護看護、夜間対応型訪問介護）が 7 万 5500 円と全国平均の 2 万 3100 円の約 3 倍であることがわかった。また、その他の居宅サービス（居宅療養管理指導、福祉用具貸与、介護予防支援、居宅介護支援）も 3360 円と全国平均の 1970 円よりも、かなり高いこともわかった（**表 7-17**）。

表 7-17　自治体 A と全国の CCOI、人口、高齢化率、要介護認定率、保険料基準額、財政化指数等の比較

	全国	A 自治体
第 1 号被保険者 1 人当たり給付月額／要介護認定基準時間（総時間）	0.31	0.42
人口	135,317	2,682,000
高齢者数	34,886	669,000
高齢化率	0.30	0.25
第 1 号被保険者数　千単位四捨五入	34,416	661,000
第 1 号要介護（要支援）認定者数　千単位四捨五入	6,299	155,000
要介護認定率	0.18	0.24
要介護認定基準時間	69.7	61.8
第 6 期保険料基準額（月額）円　千単位四捨五入	5,463	7,000
財政化指数	0.59	0.90
①合計額（以下②～⑩の合計）単位：千円	21.17	25.93
②訪問系（訪問介護、訪問入浴介護、訪問看護、訪問リハビリテーション、定期巡回・随時対応型訪問介護看護、夜間対応型訪問介護）	2.31	7.55
③通所系（通所介護、通所リハビリテーション、認知症対応型通所介護、小規模多機能型居宅介護、看護小規模多機能型居宅介護）	5.28	4.96
④その他居宅サービス（居宅療養管理指導、福祉用具貸与、介護予防支援、居宅介護支援）	1.97	3.36
⑤短期入所（短期入所生活介護、短期入所療養介護）	1.15	0.63
⑥特定施設（特定施設入居者生活介護、地域密着型特定施設入居者生活介護）	0.86	1.36
⑦認知症対応型共同生活介護	1.43	1.19
⑧介護老人福祉施設、地域密着型介護老人福祉施設入所者生活介護	4.63	3.89
⑨介護老人保健施設	3.01	2.65
⑩介護療養型医療施設	0.57	0.35

※ ▓▓ は、居宅系サービスが全国平均よりもかなり高いことを示す

②保険者としての取り組みの現状から課題を明らかにする

　自治体 A の保険者機能に関する回答を検討した結果、「Ⅰ．地域マネジメントに向けた体制の構築」については、「①現状把握」「②将来推計」「③計画策定」等については、「④点検・改善」の取り組みや「Ⅱ．自立支援・介護予防に資する施策の推進」の「③地域包括支援センター」「⑤認知症総合支援」「⑦生活支援体制整備」、「Ⅲ．介護保険運営の安定化に資する施策の推進」も低い達成率であったことから、自由記述の内容をさらに分析した。

　その結果、表 7-18 に示されたように、自治体 A では、「Q26 介護保険事業計画の目標が未達成であった場合に、具体的な改善策を講じていますか」の設問に「目標の未達成があったかどうかわからない」（表 7-18）との回答がなされており、計画達成を管理し、PDCA サイクルを継続するシステムがないことが明らかにされた。

　このため自治体 A においては、早急に介護保険事業計画の目標達成状況を把握し、次期計画で改善の手段を反映し PDCA サイクルを機能させるシステムの構築が求められるが、これについては、自治体内に第三者評価機関を設けることも検討すべきと考えられた。さらに、保険者としての取り組みにおける課題として、介護給付等費用適正化事業の一環として、医療情報との突合・縦覧点検も実施されておらず、保険給付の適正化への取り組みもされていないことも明らかにされた。

　その他にも、「Ⅱ．自立支援・介護予防に資する施策の推進」の課題として、「③地域包括支援センター」における「日常生活圏域ごとの居宅介護支援事業所のデータ（事業所名、事業所ごとの主任介護支援専門員・介護支援専門員の人数等）を把握していますか」「地域包括支援センターと協議の上、地域包括支援センターが開催する介護支援専門員を対象にした研修会・事例検討会等の開催計画を作成していますか」の回答から、これらが把握もされてお

表7-18　自治体Aにおける保険者機能に関する自由記述の抜粋

	設問	
Ⅰ. ④ 点検・改善	Q24.「はい」の場合、定期的な報告の実施頻度は、年何回程度ですか。	年1回
	Q25.「はい」の場合、運営協議会などへの報告資料を、ホームページなどを通じて、住民向けに広く公表していますか。	いいえ
	Q26. 介護保険事業計画の目標が未達成であった場合に、具体的な改善策を講じていますか。	目標の未達成があったかどうかわからない
	Q44. 日常生活圏域ごとの居宅介護支援事業所のデータ（事業所名、事業所ごとの主任介護支援専門員・介護支援専門員の人数等）を把握していますか。	いいえ
	Q45. 地域包括支援センターと協議の上、地域包括支援センターが開催する介護支援専門員を対象にした研修会・事例検討会等の開催計画を作成していますか。	いいえ
Ⅱ. ③ 地域包括支援 センター	Q49. 日常生活圏域レベル・保険者レベルの地域ケア会議全体で、どのような機能を果たしていますか。あてはまるもの全てを選択してください。（複数選択）	地域包括支援ネットワークの構築のみ
	Q50. センター主催の地域ケア会議の運営方法や、保険者主催の地域ケア会議との連携方策について、センターに対して、保険者の方針を明示（例：説明会の開催、マニュアルの作成など）していますか。	いいえ
	Q51. センター主催の地域ケア会議における議論から、保険者主催の地域ケア会議で検討する地域課題を選定していますか。	いいえ
Ⅱ. ⑤ 認知症 総合支援	Q64. 認知症初期集中支援チームを設置し、同チームによる初期集中支援を行っていますか。	チームを設置していない
	Q65.「はい」の場合、お答えください。認知症初期集中支援チームによって行われる初期集中支援は、年何件程度ですか。	回答なし
Ⅱ. ⑦ 生活支援 体制整備	Q80. 協議体を通じて、高齢者の生活支援・介護予防サービスに関する具体的な資源の開発を行っていますか。	協議体を設置していない

らず、開催計画もないことがわかった。

　このことから、<u>地域包括支援センターを中心に研修会・事例検討会を開催し、地域の介護支援専門員の資質の底上げを図ることも喫緊の課題</u>としてあげられる。

　同様に、「Q49 日常生活圏域レベル・保険者レベルの地域ケア会議全体で、どのような機能を果たしていますか。あてはまるも

の全てを選択してください」の設問のうち、地域課題の発見、地域課題を解決するための地域づくり・資源開発、地域課題を解決するための政策の形成はされておらず、個別事例の課題の解決、地域包括支援ネットワークの構築が行われるのみとなっていた。

これは、地域ケア会議自体が個別事例解決のみに使われており、構造的な問題を解決する仕組みになっていないことを示している。したがって、地域ケア会議をはじめとする会議体を、より地域課題の発見、地域づくりに役立つ仕組みに変更することが解決策の1つとなると考えられた。このためには会議を管理し、会議体をシステムとして構造化することが課題となる（この詳細については、第11章で松戸市の事例を取り上げ、詳しく述べることとする）。

このほかに、「認知症初期集中支援チームを設置し、同チームによる初期集中支援を行っていますか」や、生活支援体制整備の「協議体を通じて、高齢者の生活支援・介護予防サービスに関する具体的な資源の開発を行っていますか」との設問に対し、いずれも「そもそも認知症初期集中支援チームや協議体を設置していない」との回答がなされていた。早急に協議体を設置し、検討を進めていかなければならないことが明らかにされた。

③課題解決のためのアプローチの決定

自治体Aの現状を改善するにあたっては、評価指標の得点だけでなく、自由記述の回答を丹念に読んで、これを分析することで、まずは適切な要介護認定を実施しているかの評価体制を再構築しなければならない。例えば、要介護認定率の高さは実態を反映しているのかについてもデータを用いた検証や、訪問調査を担う市町村の職員や市町村から委託を受けた居宅介護支援事業者の介護支援専門員の調査水準に問題がないのかといった基本的な取り組みを改めて吟味する必要がある。

これは、自治体Aだけでなく、全国的な課題となると考えられるが、要介護認定調査にあたる調査員の知識や調査水準の統一

を図る研修・指導の充実は介護保険制度の根幹となることからきわめて重要な施策である。

　また、適切な介護サービスを提供するためには、介護支援専門員の知識の向上に向けた取り組みも必須である。

　さらに、地域マネジメントに向けた体制としては介護保険事業計画の目標達成状況を把握し、次期計画において、その改善の手段を反映したPDCAサイクルを構築しなければならない。

　その他にも、達成率が低かった自立支援・介護予防に資する施策として、地域ケア会議の地域課題の発見、地域づくりに役立つ仕組みへの変更、認知症初期集中支援チームの設置・高齢者の生活支援・介護予防サービスに関する協議体の設置等、自立支援・介護予防に関する体制づくりの見直しをしていかなければならない。

　以上のように、保険者機能評価の分析プロセスとして、①全国指標との比較だけでなく、②実際の取り組み状況を、数値だけでなく、自由記述等の内容を分析した結果も把握し、③施策として優先すべきアプローチを考えながら課題を整理することが求められている。

> ## ステップ3　ベンチマークする自治体を決め、
> ### 現状分析と課題抽出を行う

　ステップ2では、CCOIが最も高い自治体Aを取り上げたが、次にCCOIが最も低かった人口2万人程度の自治体Rと自治体Aの次にCCOIが高かった、人口11万人の自治体Bとの比較から、両市の現状把握と課題抽出を行った。

①基本的な指標の値を比較する

　CCOIが0.21と最も低かった自治体Rは、高齢化率は38％と高いが、要介護認定率は16.0％と低く、第1号被保険者1人当たり給付月額(a)は1万5700円であった。しかし、要介護認定基準時間は、76.0分とかなり長かった。

　自治体BのCCOIは0.37で、高齢化率は31.0％で、要介護認定率は21.0％であった。第1号被保険者1人当たり給付月額(a)は2万円で、要介護認定基準時間は54.0分であった。

　全国平均の高齢化率は30.0％、要介護認定率は18.0％、第1号被保険者1人当たり給付月額は2万1200円、要介護認定基準時間（総時間）は69.7分、CCOIは0.31である（**表7-19**）。

表7-19　自治体Bと自治体Rの人口、高齢化率、要介護認定率、CCOI、第1号被保険者1人当たり給付月額、1人当たり要介護認定基準時間平均値

	平均	自治体B	自治体R
人口	135,317	110,000	21,000
高齢化率（％）	30.0	31.0	38.0
要介護認定率（％）	18.0	21.0	16.0
CCOI	0.31	0.37	0.21
第1号被保険者1人当たり給付月額（千円）	21.2	20.0	15.7
要介護認定基準時間（総時間）（分）	69.7	54.0	76.0

自治体 B を全国平均と比べると、第 1 号被保険者 1 人当たり給付月額が低く、要介護認定基準時間が短いことから、要介護認定者に軽度者が多いことが推察された。その結果として要介護認定率が全国平均より高いという状況となっている可能性があった。しかも CCOI が全国と比較して、0.37 と高いことは、サービスが過剰であることが予想された。

　同じ圏域内にある自治体 R は、自治体 B よりも高齢化率が高く、要介護認定基準時間も長いにもかかわらず、要介護認定率が低く、第 1 号被保険者 1 人当たり給付月額も低い。つまり、要介護認定者に重度者が多いにもかかわらず、介護サービスの供給が少ない。これについては、サービス過少状態である場合は是正が必要である。だが、このレベルの供給サービスが適正だとすると、自治体の managed care のよい結果が示されているとの解釈もできる。

　以上の仮説を踏まえて、要介護認定が適正に行われているかどうかを測定するための一助として、市町村別の「保険者の取り組みの各プロセス達成率」を自治体 B と自治体 R について比較した（**表 7-20**）。

②保険者機能評価項目の達成率を比較する

　保険者の取り組みの各プロセス達成率は、全般的に自治体 R の達成率が高く、自治体 B の達成率は低かった。

　自治体 R の「Ⅱ．自立支援・介護予防に資する施策の推進」の「①地域密着型サービス」「④医療・介護連携」「Ⅲ．介護保険運営の安定化に資する施策の推進」「①介護保険運営の安定化」の 3 項目の達成率は、それぞれ 50.0%、77.8%、100.0% であり、いずれの項目についても一定の取り組みを行っていた。「Ⅱ．自立支援・介護予防の施策の推進」の実施率も高く、保険者機能が高く、介護費用の適正化が実現されている可能性がある。これに対して、自治体 B の同 3 項目の達成率は、0.0% であった。

特に、自治体Bの達成率が低かったのは、「Ⅱ．自立支援・介護予防に資する施策の推進」の「①地域密着型サービス」「④医療・介護連携」「Ⅲ．介護保険運営の安定化に資する施策の推進」の「①介護保険運営の安定化」の3項目であった。

表7-20　自治体Bおよび自治体Rの保険者の取り組みの各プロセス達成率

保険者の取り組みの各プロセス達成率 （設問数に対して、「はい」と回答した割合）	自治体B	自治体R
Ⅰ．地域マネジメントに向けた体制の構築		
①現状把握	35.7%	100.0%
②将来推計	33.3%	66.7%
③計画策定	66.7%	50.0%
④点検・改善	100.0%	33.3%
Ⅱ．自立支援・介護予防に資する施策の推進		
①地域密着型サービス	0.0%	50.0%
②介護支援専門員・介護サービス事業者	50.0%	40.0%
③地域包括支援センター	60.0%	100.0%
④医療・介護連携	0.0%	77.8%
⑤認知症総合支援	55.6%	66.7%
⑥介護予防・日常生活支援	16.7%	100.0%
⑦生活支援体制整備	33.3%	66.7%
Ⅲ．介護保険運営の安定化に資する施策の推進		
①介護保険運営の安定化	0.0%	100.0%

第7章　地域包括ケアシステム構築のためのパフォーマンス評価ツールの紹介　279

(3) 保険者機能強化支援の方法

自治体 B の現状分析のまとめを例として

　自治体 B は、高齢化率、要介護認定率ともに全国平均よりも高かった。一方、要介護認定基準時間は短いという傾向があった（**表 7-19**）。

　また、自治体 B の保険者機能評価の項目の回答からは、地域密着型のサービスはなかった。医療介護連携はされておらず、日常生活支援や介護予防事業も低調であり、要介護度が低い、いわゆる軽度者に対して、供給側主導のサービスが提供されている可能性が示されていた。

　以上の結果を鑑みると、自治体 B における介護予防や自立支援に資すると考えられるサービス供給のあり方については、さらに調査すべきではあるが、CCOI の高さからは、需給側の状態像と供給側との関連については早急に調査すべきことが示唆された。

　すなわち、自治体 B の担当者は要介護認定率が全国平均よりも高いことは認識していただろう。だが、CCOI の値からは、この原因が、認定給付が効率的に行われていない可能性があることを介護事業者や住民にも説明できる。

　一方、保険者の取り組みの各プロセス達成率からは、自治体 B が自身の保険者としての機能レベルを同一圏域の自治体と比較すること（この場合は自治体R）で、より具体的に認識できるだろう。

　今回、示したように、同一地域圏内でほかの自治体がより効率的に介護認定給付を運営していることが把握できれば、自治体 B が介護保険者としての取り組みを改善するための方策は検討しやすいだろう。

　これから、自治体 B は、CCOI が適正な値を示している自治体

の具体的な取り組みの情報を収集しなければならないが、これについては、2018年からすべての自治体が共通した項目を用いて保険者機能評価がされることになった。つまり、他の自治体との比較を含め、回答傾向を比較することは容易になったといえる。こういった近隣自治体との比較分析をすることで、自治体Bは、特に達成率が低かった「Ⅱ．自立支援・介護予防に資する施策の推進」の「①地域密着型サービス」「④医療・介護連携」、「Ⅲ．介護保険運営の安定化に資する施策の推進」の「①介護保険運営の安定化」の3項目に関する改善策を図ることが目標となるだろう。特に近隣の自治体でCCOIが自治体Bよりも低い値を示している自治体がどのような取り組みをしているのかについての情報を収集できれば、より円滑に改善策の検討ができる。

　例えば、自治体Bが達成していなかった「①地域密着型サービス」のなかの1項目である「保険者の方針に沿った地域密着型サービスの整備を図るため、保険者独自の取り組みを行っていますか」については、ほかの自治体に「保険者の方針」としてどのような内容が掲げられているのか、「①地域密着型サービス」や、「保険者独自の取り組み」は具体的にどのようなことを実施しているのかなどの情報を得ることで早急に自治体Bにおける取り組みを検討できるだろう。

自治体Bへの都道府県等による支援方策

　自治体Bのような達成率が低い自治体が、この達成に際してモチベーションを維持し、改善のための施策を継続的に取り組んでいくためには、ほかの自治体のプロセス達成率についての情報提供は必須となる。また、これらの情報の更新が、定期的、継続的になされることは自治体Bが運営改善に向けて、PDCAサイクルを回していく一助となる。このようなことを今後は都道府県が実施していくことが2018年からは求められている。

　都道府県の市町村支援を評価する指標の項目構成のうち、都道

府県は、①管内の市町村の課題を把握しているか、②市町村との定期的な情報共有を実施しているか、③ガバナンス体制（地方厚生局、地方振興局、保健所、政令市など）の構築およびこの維持にかかわる定期的な情報共有を実施しているか、④具体的な方策を策定して実施しているか、といったことが想定されるべきと考えられる。ここで提案した自治体間の保険者機能評価項目の回答に関する情報共有を実現できるシステムを都道府県が構築することは、②の定期的な情報共有の一部としても考えられるだろう。

　保険者機能強化推進交付金（都道府県分）には以上のような内容を要件として含むべきである。都道府県を評価するにあたり基本とすべき観点は、市町村の保険者機能をいかに発揮させるべく支援を行ったかについては、各自治体のプロセス指標の達成に関する回答とその実態との整合性を吟味することやその実際のプロセスについて都道府県が広域的に把握し、その実態を情報化し公開情報としていくことが必須と考えられる。

［引用文献］
1） 厚生労働省老健局介護保険計画課事務連絡（2017）. 平成 30 年度における保険者機能強化推進交付金（市町村分について）. 2018 年 2 月 28 日.
2） 株式会社エヌ・ティ・ティ・データ経営研究所（2017）. 地域包括ケアシステムの構築や効率的・効果的な給付の推進のための保険者の取組を評価するための指標に関する調査研究事業. 平成 28 年度厚生労働省老人保健事業推進費等補助金 老人保健健康増進等事業.
3） 株式会社エヌ・ティ・ティ・データ経営研究所（2018）. 保険者等取組評価指標の作成と活用に関する調査研究事業. 平成 29 年度厚生労働省老人保健事業推進費等補助金老人保健事業健康増進等事業.
4） 社会保障審議会介護保険部会（2017）. 第 73 回社会保障審議会介護保険部会議事録.（2017 年 11 月 10 日）.
https://www.mhlw.go.jp/stf/shingi2/0000189139.html
5） 筒井孝子（2017）. 介護保険者機能評価・アウトプット（プロセス）指標の検討に向けた項目案の基本的考え方. 株式会社エヌ・ティ・ティ・データ経営研究所. 地域包括ケアシステムの構築や効率的・効果的な給付の推進のための保険者の取組を評価するための指標に関する調査研究事業. 平成 28 年度厚生労働省老人保健事業推進費等補助金 老人保健健康増進等事業, 8.
6） 三菱 UFJ リサーチ&コンサルティング株式会社（2018）. 地域包括支援センターが行う包括的支援事業における効果的な運営に関する調査研究事業. 平成 29 年度厚生労働省老人保健事業推進費等補助金 老人保健健康増進等事業.
7） 筒井孝子, 大夛賀政昭, 東野定律（2017）. 要介護認定・介護給付データを用いた「自治体保険者機能評価指標」の開発. 日本公衆衛生学会総会抄録集. 2017 年 10 月 15 日.
8） 和気純子, 浅井正行, 和気康太他（2005）. 介護保険制度 5 年後の高齢者の介護サービス認知と利用意向——全国調査（2005）のデータ分析を通して. 厚生の指標, 54（15）, 1-8.
9） 加治屋晴美, 鈴木みずえ, 金森雅夫（2004）. 都道府県別社会関連統計指標を用いた介護保険サービス利用選択要因に関する研究. 公衆衛生, 68（8）, 651-659.
10） 大阪府高齢者保健福祉計画推進審議会専門部会報告書（2017）. 大阪府における介護施策の現状と課題、対応の方向性について. 平成 28 年 12 月 16 日.

第 **4** 部

地域包括ケアシステム推進の
ためのチェンジマネジメントと
その展開

第 8 章

チェンジマネジメント導入の
背景と実際

第 1 節

導入の意義

(1) チェンジマネジメントは、なぜ、必要なのか

　昨今の国内外の研究から明らかになってきたのは、地域包括ケアシステムの構築に際しては、医療・介護、そして生活支援のサービス提供における既存の組織的・財政的な縦割り状態の克服が必須となることである。

　本書では、その実現のための保険者のマネジメントのひとつのあり方として、managed care を説明してきた。加えて、自治体がマネジメントプロセスを主導するにあたって、地域社会が一定の自律性をもって協調できるような「ボトムアップ」型の施策を検討することが求められており、これには、community-based care が基盤となることを述べてきた。

　そして、これらの内容を受け、第 3 部では、特に integrated care の概念で説明される各種サービスの統合化と、その効率的な提供

体制の管理、運営を担うことが期待されている介護保険制度における保険者である市町村や地域包括支援センターの機能を明らかにした。さらに、これらの機能の向上のために必要となる評価のあり方を論じてきた。

そこで第4部では、これまで述べてきた地域包括ケアシステムを構成する3つのcareのありようを実現するためのマネジメント手法として、「チェンジマネジメント」を紹介する。

このマネジメント手法は、組織での業務をはじめ、さまざまな事項に関する変革スピードを加速させ、あらゆる組織体における経営を成功に導くことを目的とするマネジメントプロセス全体を指す。

今後、地域包括ケアシステム構築の前提となる地域ごとに設定されるビジョンは、地域にある社会資源とこれらの基盤となる環境に依存する。このため、各地域でのビジョン設定に際しては、利害が対立する多くのステークホルダーが相互に、そして効果的に、協調することが求められる。その実現のためには、変革に対するマネジメント、すなわちチェンジマネジメントの考え方が有用であると考えている。

このことから、第4部では、チェンジマネジメントの意義を述べ、そのプロセスに利害調整を伴うmanaged careが必須となることを述べる。さらに、この複雑な調整を可能とするためには、介護保険制度における保険者である市町村職員や地域包括支援センターの職員だけでなく、このシステムの構成員となる者すべてが、一定のコーディネーション技術の習得と調整能力を具備すべきであることを詳述している。その結果として、現行のシステムに不足している要素がどのようなものであるかを述べている。

特に、地域包括ケアシステムを構成する主体として、重要なサービス利用者（以下、「利用者」）に着目し、彼らの行動変容をいかに促すべきかについて説明する。

最後に、わが国で市町村を中核に構築が進められてきた地域包

括ケアシステムの現状について、チェンジマネジメントを用いた
システム構築に成功した自治体のマネジメントプロセスを示し、
統合理論を用いて、その特徴を述べる。

(2) チェンジマネジメントの概念に関する理解

チェンジマネジメントにおける障壁とその克服

　これまでの医療や介護、そして生活支援といった多様なサービ
スを提供してきた事業体とこれを受ける住民、さらにはこれらを
支える地域社会のさまざまな組織体は、チェンジマネジメントを
実施することで、イノベーションを図り、より適切なサービスが
提供できるシステムを構築していかなければならない。

　とはいえ、地域には、すでに長年、慣れ親しんできた従来の方
法が存在する。だからこそ、こういった変革に際しては、反対を
する住民が必ず存在することを忘れてはならない。これから強化
されなければならない介護サービスの適正化に関する事業のほと
んどは、すでに実施されてきたものである。これらの成果が示さ
れてこなかった背景には、国民に、この改革への理解を得ること
が容易でないことを示している。

　例えば、現在、訪問介護や通所介護といった介護サービスを受
けている利用者に、「あなたにとって、適切な介護サービスは、
訪問介護や通所介護ではなく、自ら食事や掃除ができるための専
門職によるはたらきかけです。それは、セルフマネジメント支援
というサービスなのです。ですから、これまでの訪問介護をセル
フマネジメント支援サービスに変更します」と説明し、これまで
受けてきた食事や掃除への援助は中止されることになったとす
る。その時、利用者は「これからは食事や掃除などが自分ででき
るようになるためのサービスを受けて、自立できるように頑張ろ

う」と納得してくれるだろうか。

　おそらく、サービスの適正化で述べられているような、受給者の残存能力や自らの生活行動様式を変えていくためのはたらきかけに着目したサービスがあることは理解するだろう。また、そのサービスの意義もわかるだろう。さらに、そういった変更も必要だということも理屈としてはわかるというかもしれない。それでも、「自分の訪問介護がセルフマネジメント支援サービスに変更されることには納得がいかない」という利用者は少なくないことは、十分、予想できることである。

　これは、このようなサービス変更を、ほとんどの利用者は望んでいないからである。

　さらに、「国の方針が変更になったから」、あるいは、「介護保険制度の財政が厳しくなって」というような内容が市町村の窓口でなされてしまうと、利用者の行政への不信感は、計り知れないほど大きくなってしまう。

　そして、このような場合には、利用者はどうしたら、それまで利用してきた訪問介護を継続できるのか、セルフマネジメント支援サービスへの変更をされずに済むかを考えることになる。ケアマネジャー（介護支援専門員）にも相談して対策を考えてほしいと依頼してしまう可能性もある。

　最悪の場合、利用者は、それまでと変わらないサービスを受けるために、一時的に、より悪い身体状況や認知症の症状があるような状況を見せることも厭わないといった行動を選択してしまうかもしれない。

　国家が施策を実行したいと思っていても、国民は自分にとって不利益となる、もっと簡単にいえば、不快なことに対しては、必ず対策を練るのである。

　一般的には、人がある行動を選択し、それを繰り返す理由は、よいこと（好きなこと）は、それが繰り返されることで「快」が得られるためである。多くの人は、「快」を求めて行動をする。あ

第８章　チェンジマネジメント導入の背景と実際　｜　289

るいは、「不快」を回避するためにその行動を起こす。

　先に述べたような訪問介護や通所介護から、セルフマネジメント支援サービスへの変更を受け入れない人が多い場合は、多くの利用者にとって、セルフマネジメント支援サービスが「快」より、「不快」なサービスとしてラベリングされてしまう危険性があることを忘れてはならない。

　そうなってしまうと、セルフマネジメント支援サービスは、利用者が受けたいサービスとして選択されなくなってしまう。そして、このように一度、定着してしまったサービスのイメージを変更することは容易ではない。多くの地域で介護予防事業のサービスが利用者から選択されないのは、このような背景があるのではないだろうか。

　セルフマネジメント支援サービスを利用者が納得して選択してくれるようにするためには、ありていに言えば、利用者の生活を十分に理解したうえで、その利用者特有の物語をつくる必要がある。そして、その物語が利用者にとって納得できるものでなければ、サービス変更はしてはいけないということを関係者は強く意識しておかなければならない。

　この物語をつくるというタスク（Task）は、チェンジマネジメントに含まれる重要なプロセスの１つである。チェンジマネジメントの実行プロセスには、「どのように『人』にはたらきかけていくべきか」というコミュニケーションが必須となる。つまり、その「人」独自の物語をつくるということは、サービス提供者が利用者とのコミュニケーションを成立させる際の重要な要素となるのである。

チェンジマネジメントのプロセス

　地域包括ケアシステムが構築され、これが生活の基盤となるということは、これまでの医療や介護、生活支援サービスの提供システムが大きく変革されることを意味する。その変革に際して

は、組織の構成員、つまり地域住民に変革の狙いや必要性を周知させていることが前提となる。これは構成員の意識改革なしには、システム変革は決してできないこと、すなわち、サービス利用者の意識改革こそがシステムの変革をもたらすことを意味している。

先行研究では、このような変革に失敗する組織の特徴として、変革そのものの内容というよりは、変革に反対する人々の心情の影響が大きいことが明らかにされている。

いかなる場所、時代においても変革に反対する人は存在する。「今の方法や体制に慣れているから」「とにかく嫌だ」といった感情的な問題が多くを占めるなかで、これらの人々への説得の方法として、唯一、効果的な方法というものは存在しない。解決策は、それぞれ異なる。

例えば、この新しいセルフマネジメント支援サービスが、利用者にとっての「快」につながる物語を紡げるかどうかが、このサービスを受け入れてもらうための要諦となる。先にも述べたが、こういった物語の作成は、これから説明するチェンジマネジメントに含まれるプロセスである。

企業等で一般的に用いられてきたチェンジマネジメントのステップは、**図8-1** に示すような8つのステップで説明される。

その第一が、「STEP1 緊急性の明確化」である。つまり、変革されなければならない内容は緊急性が高いことを構成員に理解させることで、その理解には、「教育」が伴うため、STEP1 には、時間を要することが知られている。そのため、STEP1 を実行しながら STEP2 以降のステップが実行されることが想定されていなければならない。次のステップは、「STEP2 強い変革推進チームの結成」で、「STEP3 変革ビジョンの決定」に続く。STEP3 で決定されたビジョンを「STEP4 全員で共有」と、これが規範的統合になる。この後には、「STEP5 改革の権限を誰に与えるのかの決定」というロール（role）の明確化がなされ、「STEP6（短期的

図 8-1 一般的なチェンジマネジメントの標準化ステップ（8 段階）by Kotter

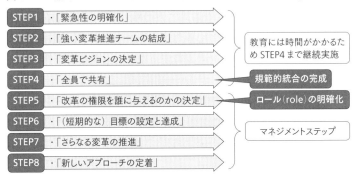

な）目標の設定と達成」と、「STEP7 さらなる変革の推進」の後の「STEP8 新しいアプローチの定着」[1]が最終段階となる。

以上の STEP1 から STEP8 までのステップには、いずれも難しい課題が含まれ、どのステップも容易に達成できるものではないが、ビジョンが明確にされ、変革の方針を関係者全員が共有することなしには、つまり、規範的統合がない組織にはチェンジマネジメントは実現できない。

(3) チェンジマネジメントのプロセスとこれを支えるエビデンスの重要性

これまでのチェンジマネジメントの例

新たなシステムとなる地域包括ケアシステムには、当該地域のサービス提供にかかわる事業体、住民、行政担当者など、多くの人々のそれまでのやり方や考え方を変更しなければならない。その変更を円滑に行う方法の 1 つとしてもチェンジマネジメントは存在する。

これまで実にさまざまな分野でチェンジマネジメントがされてきたが、遂行にあたっては、「トップダウン」のチェンジマネジ

図 8-2 「トップダウン」型のチェンジマネジメントと「局所的なレベル」でのチェンジマネジメント

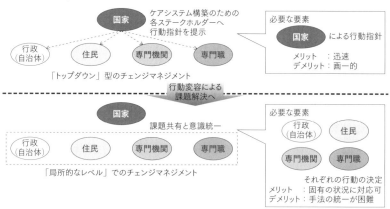

メントとより局所的なレベルでのチェンジマネジメントがある（図8-2）。両者には優劣はなく、いずれも重要であり、両立すべきと考えられている[2), 3)]。

地域包括ケアシステムは、「日本では、今後、このシステムが整備されなければ、地域で安心して、生涯を過ごすことは難しい。だから、このシステムの構築や推進が必要なのだ」とする国からのトップダウンによって推進されてきた。決して、ボトムアップ型ではない。そのため、局所的なレベルでのチェンジマネジメントは、これから、それぞれの地域における医療や介護、その他の福祉セクター等の政策立案者、管理者、専門職、地域住民等のすべての利害関係者の参加とそのサポート関係が整理されたうえで実施されていかなければならない。

このような両者のマネジメントが同時に進行して、システム変革は実現されるのである。つまり、両マネジメントステップが同時に動くことで変革は達成される[4)]。

常滑市の市民病院の再建のためのチェンジマネジメント

　年間 7 億円の赤字を出し続けていた愛知県常滑市の市民病院の再建という課題に対し、常滑市は 100 人の市民を集めた市民会議を開催した。ここで、病院の財務状況を含めた現状を示し、このまま変革なしに進めば病院には将来がない、すなわち病院がこの市からなくなってしまうことを踏まえた議論がなされた。これは市民の当事者意識を高めるきっかけをつくり、黒字経営への足がかりとなったという。つまり、住民が病院の経営状況を理解することなしには、チェンジマネジメントは実現しなかった。

　すなわち、住民の病院への受診行動等における行動変容を促すためには、病院の実態を理解し、この病院が存在するためにどのような診療体制や入院体制でなければならないかといった内容を市民自身が理解し、納得しなければならなかった。

　これは、市民 1 人ひとりがいかなる行動をすべきかということが、それぞれ腑に落ちない限り、受療行動あるいは、入院の適正化という変化は起きなかったことを意味している。

　言うまでもなく住民の納得を引き出すことは簡単なことではない。住民への説明にはわかりやすい資料も用意しなければならないだろうし、その資料に基づいて住民自身が 1 人ひとりに何ができるかを考えてもらわなければならない。おそらく、かなり手間のかかるステップがいくつもあっただろう。しかし、これを 1 つひとつ実践したからこそ、常滑の市民病院は再建されたのである。

チェンジマネジメントにおけるエビデンスとは

　今回の地域包括ケアシステムを構築するにあたってのチェンジマネジメントにおいても、システム内でサービスを提供する側と利用する側の協力なしには変革できない。しかし、残念ながら、先を見越したチェンジマネジメントのプロセスやイノベーション

に対するサポートを後押しできるようなマネジメントプロセスを強化できるようなエビデンスは散見されるものの、十分とはいえない[5]〜[7]し、もちろん地域包括ケアシステムに特化したチェンジマネジメント理論の体系化もなされていない。

現在、地域包括ケアシステムの推進段階における多様な改革に際しチェンジマネジメントをサポートできるプロセスのエビデンスは明らかに不足している[8]。しかも、このマネジメントプロセスやスキルは未だ正当に評価されるべきものが確立していないし、理解もされていない[6]。

一方で、この国では、自らが住む地域における医療と介護、および生活支援サービスの提供体制について、その適正化に関心を持ち続けなければ、安心して地域で生活を継続することは難しくなっている。

そのようななかで、多領域で実施されてきた経験やリサーチに基づくエビデンスからは、チェンジマネジメントにおけるさまざまな運用上の行動設定は明示されつつある。しかも、これはきわめて重要な点であるが、こういったプロセスの明確化は、行動間の相互作用についての理解や活用に関する理解を必要とするため、「システム全体として思考」を要求する。

このような状況にあるため、新たなチェンジマネジメントについての取り組み方の特定と検証および実践に対する批判的レビューは常になされなければならない[9],[10]。

また、ナノ（例：対患者）、ミクロ（例：対分野横断型チーム）、メゾ（例：医師ネットワークの組織）レベルおよびマクロ（例：国家政策）の各スケールでのイノベーションが伴わなければ、成果は示せない[11]〜[13]ことを理解しておかなければならない。

したがって、地域包括ケアシステムにおけるチェンジマネジメントを成功させるためには、首長などの意思決定者による先を見越した行動や、これらの行動を支える住民のシステムへの理解を前提とした住民とのコミュニケーションのもち方や、緊急性を理

解してもらうための情報伝達ならびに教育体制が整備される必要がある。

　また、サブシステムとしての多様な組織のパフォーマンス、ならびにさまざまな利害関係者の相互依存と、それらが結果にどのように影響を与えるかを示して、「システム全体」としてとらえることも想定しておかなければならない。

　これは、言い換えるならば、チェンジマネジメントを実施する環境として、community-based care が同時に成立しなければならないということを意味する。

第 2 節

実現のための 3 つの活動

イノベーションを起こすための 3 つの活動とは

　地域包括ケアシステムの構築から推進に向けたイノベーション
には、実現までに相当な時間と手間を要する。だが、これは、す
べての領域でイノベーションを起こす際には必要なプロセスであ
る。

　地域包括ケアシステムに求められることになるイノベーション
には、以下の 3 つの活動が含まれる[1]。

表 8-1　integrated care のイノベーションの 3 つの活動

①イノベーションをトップダウンで推進するためのリーダーや主要な利害関係者
　の会議体（協議会等）の構築
②重要な専門家グループと integrated care が展開されることとなる実践のコ
　ミュニティ内や間の「ボトムアップ」のイノベーションサポートの構築である。
　これはイノベーションの実現を可能にする規範、信念、価値観、前提条件の
　開発を含め、成功の主要な活動の明確化となる
③他分野または機関横断チームとして、専門家グループが効果的に連携するの
　を実現および支援する地域レベルでの連携能力の開発と評価方法

(1)　会議体（協議会）の構築

　地域包括ケアシステムの目標や使命に関して、合意を得て（規
範的統合）、ヘルスケアのセクターのさまざまな部分に従事する
人々が相互に協調して活動を調整することを目的とするには、政

治的には、国レベルでこれらの指導者を含む連合体としての会議体（協議会）を組織しなければならない。

例えば、スペインのバスク地方における慢性ヘルスケアシステムの管理を支援する戦略策定のプロセスにおいて強調されたのは、integrated care のアジェンダを「政策レベル」に押し上げることであったという。その結果、革新に対するボトムアップ型のアプローチは、進捗を監視する地域のリサーチ機関によって支持された。他方、国家レベルでは、関係省庁によって定期的に会議が招集された。その会議では、行政担当者や専門組織の代表、患者の代表者が加わって差し迫った緊急の問題として、国や地方レベルで解決されるべき問題について議論が展開されるようになったという。さらに、バスク地方では、これらの問題の解決の鍵となる人々や組織の「指導チーム」も結集された。

こういった取り組みによって、関係する医療や介護等の専門職と患者グループ間のイノベーションとの関連は密となったとされる。前述した常滑市の市民病院再建もいくつかの会議体をつなぐこと、関係者すべてが議論のテーブルにつくといった点で類似の方法が採られていた。

こうしたアプローチの有効性は、しばしば、チェンジマネジメント戦略の重要なステップとして認識されてきた[14]。また、これらのアプローチ等を効果的にするために、課題となるのが、イノベーションプロセスを推進する職位における権限の範囲である。ここでいう権限をもつ者とは、当然のことながら、信頼性が高く、能力を備えた管理者でなければならないし、これらのプロセスの統制には、管理スキルをもった包括的で部門横断型の主導チームも必要である[15]。

権限のないコーディネーターは機能しない

昨今、保健医療福祉、そして介護領域で新設され続けているコーディネーターには、権限がほとんど与えられていない。日本

に今、必要とされるのは、権限をもった包括的で部門横断型の
チームのようなものである。

　また、臨床現場における協議の場の設定にあたっては、国政レ
ベルでの政策立案者によって、その統合に際しての障壁の除去が
されなければならない。

　こういったイノベーションを実現させる環境の構築において
は、前述したように、トップダウン、ボトムアップの双方のイニ
シアチブが要求される。すなわち、両者は相互補完的に機能する
ことが望ましい。繰り返しになるが、いずれか一方だけでは進展
しないのである[2), 16)]。

　日本においては、市町村に設置が義務づけられている地域ケア
会議等の会議体をいかに活用していくか、そのノウハウの蓄積が
現時点では、最も優先して行うべき事項であり、会議体の運営を
行う市町村職員のマネジメント能力の向上が喫緊の課題となる。

(2)　イノベーションサポートの構築

　医療や介護、生活支援サービスを提供する事業体や患者代表者
のグループ等といった地域の利害関係者のネットワーク全体にお
よぶイノベーションのサポート体制を構築することは、複雑で困
難な仕事である。ただし、これがいったんできてしまえば、地域
包括ケアシステムの、イノベーションへの適応力は格段に高ま
る[17)]。こういった各利害関係者の新たな変化を目指すための統合
の目的は、かなり多様性に富むことが予想される。

　なぜなら、政治家、管理者、医師および患者という、それぞれ
の立場によって、優先すべき事項は異なるからである。しかも彼
らにとっての地域包括ケアシステムの理解やその中核となる
integrated care や community-based care の理解のレベルもまた、さ
まざまだからである。

第8章　チェンジマネジメント導入の背景と実際　｜　299

端的に言うならば、地域包括ケアシステムに関係者が求めるものは、千差万別であり、イノベーションに対する姿勢もそれぞれの組織や立場の関係性によって異なる。そのため、利害関係者間が地域包括ケアシステム内で、そのサポート体制を構築することは、いわば、大げさでなく、国家の構築と同種の社会的、文化的行動の達成と同じであり、この実現は簡単ではない。

　しかし、こうしたサポート体制を構築できさえすれば、システム内の構成員は、その恩恵を享受できる。そして、そのことを構成員に周知させ、理解させることができるかが、システム内のイノベーションを実現していくための鍵となる。

　イノベーションのサポート体制の構築に際して、留意すべきことは、トップダウン型でイノベーションの指示を出さないことであり、できるだけボトムアップ型の協働体制によって実施されることが望ましいということである[注1]。

　また、「エリート」による専門的で組織的な活動が独占することも排除すべきである。押し付けや強制では、サポート体制は構築できないからである。サポートチームにとって、最も重要な要素は協調や協働だからである。

　各種サービスの統合的な提供にあたっては、関係職種間の信頼と統制の正しいバランスを図ることが徹底されなければならない。すなわち、成果目標や品質向上といった目標を通じての協働体制整備が前提にされなければ、体制そのものが崩壊してしまう。

　そのため、地域包括ケアシステム内の個々の構成員にとっての価値の明確化や、システムへの関与は、継続的に徹底させ続けなければならない。

　特に、システム内のイノベーションの推進において、医師のリーダーと行政施策における管理上のリーダーとの関係性を明確

注1）　このことは、本書第5章第2節にも言及されており、7か国のケーススタディから得られた知見である。

にすることは容易ではないが、きわめて重要な点である[15]。

　これまでも医師はこういった専門性の高い集団の中でリーダーとなることが多かったが、一方で、行政が地域包括ケアシステムにおける managed care を推進していかなければならないことから、両者の関係性によっては、システムの変革を伴うイノベーションが阻害されることには留意しておかなければならないだろう。日本は、皆保険制度を前提にしてきたし、介護保険制度の保険者は市町村である。このような状況から、医師集団は、リーダーとして期待されてきたし、その重要性は現在も変わらない。したがって、今後の医療サービスの提供体制の変革を含むチェンジマネジメントへの医師らの参加のあり方については、特に慎重に吟味をすべきであろう。

規範、信念、価値観の共有による新たなビジョン設定を

　地域包括ケアシステムでは、主に疾患ベースのセルフマネジメントプログラムをはじめとする、日本的にいえば、介護予防や健康増進に関するプログラムが網羅されなければならない。だが、これまで、このような事業の意義を住民に理解してもらう努力は十分ではなかった。また、効果をあげるための具体的な施策も体系化されてこなかった。

　特に、住民が自らの健康保持、向上の活動を自覚的に実施していくセルフマネジメントの推進は、住民に対する何らかのインセンティブも必要であるし、今後、これがシステム全体に与える影響については、十分に検討しておかなければならない。

　まずは、個々の目標の達成がシステムのガバナンスとどのように調和するのかが明確にされることが求められる。さらに、この目標に対する行動は、システム内の個々の構成員から、技術的にも文化的にもシステムによる管理や、管理されることについての納得が得られた後となる。

　しかしながら、これが住民に了解されたとしても、医療と介護

サービスの提供にあたっては、専門職グループや提供者間の integrated care に向けたイノベーションプロセスには、さまざまな階層において、相当な抵抗が起きることを想定しておかなければならないだろう。これは、単純に資金提供やインセンティブ、または既存の専門職の役割や行動に関連することに起因するわけではない。

地域包括ケアシステムの重要性、ならびにイノベーションを実施すべき理由に対する理解の不足に関連するような、より根の深い懸念として存在し続けるだろう。

以上のような多くの問題を解決し、チェンジマネジメントを成功させるためには、関係者がイノベーション後の文化、規範、価値観を理解し、新たなビジョンの共有を図るよう努力していくしかない。

しかも、新たなイノベーションに対する規範的統合としてのビジョンの提示や共通の理解を徹底することは、その人口規模や財政、圏域の大小にかかわらず、困難なステップである。これは、いかに小さな地域圏域レベルであっても同様に難しいのである。というのも、いかなる圏域においても、先に述べたように新たな取り組み方法が成功へつながることを参加者や利害関係者が現行の問題解決のために組み込まれていることを明らかにし、これを完全に理解してもらうという段階を経なければならないからである。圏域の大小にかかわらず、わが国においては、これまで、ほとんど実施されなかった取り組みでもある。

サービス利用者（住民）によるボトムアップ型の変革

諸外国の経験によると、こういった変革は、「指示的なパートナーシップ」や「トップダウン型」は回避すべきとされている。このことは、新たなシステムが受け入れられるためには、国から一律に、「介護予防施策を実施せよ」「セルフマネジメントは国民の義務であるからやるべきである」「介護保険制度はそもそも自

立支援だ」といった方針を住民に徹底させることは、自治体の責務であるから、当然、自治体が行うべきだといった指示的な、いわばトップダウン型の施策では、うまくいかないことが報告されている[1]。

　たとえ市町村が、国から示されたことを、そのとおりに住民に求めても、住民側にとっては、この施策が自らにとっての「快」につながるか、あるいは「不快」となるかを判断して決めるのであるから、「快」につながらない施策とされれば、決してうまくいかないのである。言い換えるならば、これまで取り上げてきたセルフマネジメント支援サービスも人々が積極的に自らの健康を管理し、不必要なサービスは使わないといった行動変容を起こすためには、従来のトップダウン型の施策での成功は見込めないのである。

　どうすればよいかと問われれば、時間はかかるだろうが、利用者だけでなく、その地域の人々を、新しい地域包括ケアシステムの設計と開発に組み入れるしかけをつくるしかない。つまり、このシステムの意義を理解してもらう努力を地道にやっていく過程が大事だということである。一歩一歩、チェンジマネジメントの工程を踏み、それを理解してもらうための地域独自の物語をつくり上げていくしかないのである。そして、これこそが地域包括ケアシステムの次なるステップに続く、イノベーションプロセスとなる。

　地域包括ケアシステムの構築のためには、システムを構成する人々の態度の変容は必須要件となる。そのため、先に述べたような、その土地独自の「腑に落ちる」物語が紡がれなければならないし、システム内の組織や人々の関係性の把握とマネジメントの透明性が保持されなければならないのである。

　すなわち、特定の誰かだけが「利」を得るのではなく、相互利益の確保が前提となる。したがって、おそらく住民にとっては、当該地域以外の成功した事例を基礎とした解決策を適用すること

を推奨してもほとんど意味がない。それは地域によって「腑に落ちる」物語のありようが微妙に異なるからである。

いわゆるベストプラクティスの提示はあってもよいだろうが、それを別の地域の住民に説明し、これと同じ方法をやってみようと押し付けることは、ほとんど効果はない。なぜなら、人は自分にとって好ましいことと、社会にとって好ましいことの区別をすることは難しく、また、自分にとって好ましい行動をやめることには強く抵抗するからである。

これまで日本だけでなく、ヘルスケアの分野で integrated care の推進をすすめようとしてきた国の担当者や主要なサービスの担い手である医療や介護サービスにかかわる人々は、専門職間の臨床的統合が達成できれば、このシステムの構築や推進は可能であると信じてきた。

これはサービス提供側からの論理から考えられてきたためである。しかし、特定の専門職グループおよび組織において縦割り的な取り組みとなって表出するヘルスケアシステムの文化そのものや、これを是認してきた社会背景こそが、実際は、地域包括ケアシステムの構築という変革を伴うイノベーションにあたっての最大の障壁となっている。したがって、提供側のスキームだけでなく、サービスを受ける側からの変革を伴って進行させていかなければ、従来の多職種連携（臨床的統合）では、新たなシステム構築はできないことを十分に認識しておく必要がある。今後は、新たなシステム的な思考や品質管理能力、サービスの担い手側だけでなく、これを受け取る利用者側のチェンジマネジメントをいかにして実現するかという真の課題を理解し、これを解決するための力が求められている[18]。

(3) 連携能力の開発と評価

ガバナンスのギャップを埋めるための取り組み

　一般に、地域包括ケアシステムにおいては、いわゆる医療と介護サービスの統合に際して、これに関連する活動をする者には直接的な権限は、少しずつしか与えられていない。そのため、システム内で活動する者は、この権限の不足に苦しむことが多々あり、これは、いわば、システムが抱える「ガバナンスのギャップ」として表出される。

　その解消にあたっては、システム内のメンバーが各種の連携や、これらの活動をネットワーク化するという自発的な集合的ガバナンスを通底させることで、権限不足を補う方法しかない。だが、集合的ガバナンスのもち方や、その運用に関しては、残念ながら、日本には十分なエビデンスがない。

　このような状況で住民は、自らにとっては「快」につながる好ましい行動をやめなければならないことも含む地域包括ケアシステムを構築し、推進していかなければならない。したがって、このことは、当事者にとって、決して容易ではないことを十分に理解して取り組むということである。

前提となる長期的なビジョンと協議の場の設定

　長期におよぶ複雑な問題を抱えた患者において変化するニーズは、より多くの専門職や組織が医療や介護、そして生活支援サービスを提供する柔軟な対応を要請することになる。たとえ効果的で信頼性の高い部門横断型の学際的なチームをつくり上げ、バランスを備えたチームケアがなされ、優れたスキルがあったとしても、患者への対応が常に成功するとは限らない[19]。

　なぜなら、小さな地域圏域においてでさえも医療や介護サービ

第8章　チェンジマネジメント導入の背景と実際　|　305

ス、そして生活支援サービスを統合的に提供し続けるためには、提供者間の協調的な文化の構築を促すような、一貫した取り組みを長期的に実現し続けなければならないからである。

　したがって、効果的なチームを創造することは、それ自体がチェンジマネジメントプロセスであり、その継続もプロセスの一部となることを理解しておかなければならない。こういった効果的なチームやチーム構築を支援するエビデンスに基づいたアプローチの開発は、すでにヨーロッパでは広く浸透してきた[20]とされるが、残念ながら、日本ではほとんど実施されてこなかった。

　例えば、縦割り組織を打破するためには、専門家間の教育や学習を推進することが効果的であることが明らかにされつつある[21]。こういった協調や協働を育む文化の形成は、これまでも、特に医療と介護サービスの統合を中核とする integrated care の成功を実現するための不可欠の材料として強調されてきた。

　だが、第3章でとりあげたように、これまでの先行研究における integrated care の成功例からは、往々にして、患者のために、職務内容の境界を越えて取り組むことにより、管理者と専門職のいずれもが個人的なコミットメントによって、パフォーマンスをいっそう高めたことが報告されてきた。具体的には患者や利用者のニーズの優先、知識を共有するための支援、スタッフへの権限付与による役割の代替や権限委譲といった方法が有効とされてきた。

　ただし、これまで、こういった方法は時間がかかるため、多様なステークホルダーに対し、イノベーションを支援する十分な動機づけとなる保証はなかった。そのためチェンジマネジメントのアプローチとしては、変更コストという観点から、積極的には取り組まれてはこなかったのである。

　それは、先に述べたように、これが相当な時間と取り組みを要求することだけでなく、専門職や組織の取り組みを統合する際の

価値主導のアプローチを integrated care の効果的な導入の前提条件であるべきとする方針や、それぞれの専門職の動機とのミスマッチを考えると、こうした努力は報われないか、継続的な協議を要求するからであった。

「所定の規模とペース」で integrated care を適用する任務を引き受けているリーダーや管理者たちは、イノベーションの触媒として認知されるのではなく、むしろ、いっそう効果を発揮できることを期待して、組織的なソリューションを促進したり、さまざまな経済的な誘因、つまりは診療報酬や介護報酬におけるインセンティブといったことに期待したりして、その導入を支援してきた。

しかし、こうしたアプローチは、日本ではうまくいかなかったことは、過去の歴史が示している。これは、地域包括ケアシステムの構築や、さらなる推進においても、その環境を整備するにあたって、近道はないということであろう。

これを推進するための多様な利害関係者の協調を引き出すためには、長期的なビジョンと協議の場の設定が前提となる。このことは、やはり皆で正しいと考えた道を少しずつであっても、とにかく一歩ずつ、歩み続けるしかないことを意味している。

もちろん、その達成には当該地域圏域内での独自の規範的統合が前提となる[17] ことから、トップダウンでは実現しない。ここでは、地道なボトムアップによる合意が求められる。そして、その基盤となるのは住民が integrated care や community-based care に対する理解を深めることであり、地域のリーダー、スタッフ、管理者、地域における協議の場の基盤となる協調的な学習する文化を醸成することでようやく解決できるものなのである。

第 3 節

推進を担うシステムの構成員

(1) イノベーションを担う人々

　地域包括ケアシステムにチェンジマネジメントを導入するにあたっての正しい道を考える際に課題となるのは、イノベーションによる変化を好まない人々は必ず存在することであった。

　多くの研究から示唆されることは、こういったチェンジマネジメントを受け入れる際には、国、地域、地方のすべてのレベルで、チェンジマネジメントに伴うイノベーションを受け入れる現在の環境を冷静に分析し、その実情を十分、把握しておかなければならないということである。なぜなら、それぞれの環境によって、管理上の行動は異なるからである。

　しかも、この行動は、当該地域圏域におけるシステムを刷新していくための困難な技術的なプロセスの適用だけでは実現しない。なぜなら、現在の文化や慣習ではなく、新たな文化のもとでのイノベーションを想定しておかなければならないからである。

イノベーションを担う人々に必要とされる行動

　イノベーションを実現するにあたって、担当者が検討すべき行動に関しても、日本での研究はほとんどないが、国際的にはいくつかの検証がされてきた。

　これらの研究から必要とされた行動において、特に重要とされたのは、担当者は、チェンジマネジメントの対象となるシステムの構成員に対し、これを行おうとする意欲を皆が共通してもてる

表 8-2　担当者に必要とされる行動[1), 2), 8), 16), 18), 22) ～25)]

①構成員には「意欲の連携」が必要で、まずはこれから着手すべきである。
②医療、介護サービス、生活支援サービスの提供者間のビジョンの共有は最も重要な行動である（規範的統合）。
③行動は、感情を通じて喚起されるほうが有効である。
④最初の段階から、患者、サービス利用者、コミュニティにおける患者グループ等の関係者の関与は必須である。
⑤エビデンスを収集し、データベースを構築する。
⑥担当者は、組織や専門職間の境界にある障壁をなくしながら協調を促進する手だてを考える必要がある。
⑦主要な利害関係者を対等なパートナーとし、参加を奨励するようなコンセンサス型の管理手法が用いられるほうがよい。
⑧イノベーションへの取り組みにおいて、医師の関与は重要である。
⑨システムの構成員の個々の「協調的能力」の向上を図る。
⑩長期的なコミットメントには何らかの奨励がなされる。
⑪統合には、特別なスキルが要求されるため、その訓練に対する時間やサポートへの投資は必須である。

ようなビジョン設定をしなければならないことであった。

　また、このビジョンの共有に際して留意すべき点は、ビジョン達成のための行動は、理性的な動機から始まることはほとんどなく、他者への関心を核とする感情を重視した行為として発現することが多いという事実である。そのため、チェンジマネジメントに際しては、最初の段階から、直接的な利害の関係者となる患者、サービス利用者や彼らの代弁をするような地域における患者会等の関与ができる協議体を組織しておかなければならない。また、チェンジマネジメントの対象となる事象に関して、客観視できるようなエビデンスがあれば、それを収集し、データベースを構築していかなければならない。

イノベーションを支えるデータとエビデンス

　地域包括ケアシステムには、医療や介護、生活支援サービスを統合したサービスという新たなサービスのありようと、これを提

第8章　チェンジマネジメント導入の背景と実際　｜　309

供するためのシステムが構築されなければならない。そして、これを統合した提供主体と旧来の方法で提供している場合を比較し、どのような違いが提供側と利用側に生じるかを情報として蓄積し、分析できるようにしておく必要がある。

しかし、こういったデータ収集は、日本の状況では、イギリスやアメリカ合衆国で推奨される厳密なRCT（Randomized Controlled Trail：ランダム化比較試験）に基づいて実施されることは困難であろう。したがって、臨床知見として、住民に一定の理解を得られるようなエビデンスに近いデータを収集しておくことが求められる。

いずれの地域包括ケアシステムにおいても組織や専門職間の境界は存在している。しかし、これらの障壁をなくし、各組織の協調を促進していくためには、システム内のあらゆる主要な利害関係者が対等なパートナーであることを認め、多くの組織や専門職が参加することを奨励するSoS（System of Systems）のような方法論の提案が求められる。

そのほかにも、地域包括ケアシステムにおいて、チェンジマネジメントを実施していくにあたっては、主要なステークホルダーとなる医師の関与の重要性を鑑みた取り組み方法もあり、わが国でもいくつかの先駆的なチェンジマネジメントの事例が示されつつある。

例えば、医療サービスの中核を担う医師会との関係をどのようにつくるべきなのか、地域包括ケアシステム内で医療サービスの提供のあり方はどうすべきなのかといった、今後も課題であり続ける内容について、後述するような長野県駒ヶ根市や千葉県松戸市の例等、一定の示唆を与える資料が示されつつある。

システムは、システムであり続ける限り、イノベーションがなされなければならない運命を背負っている。これがなくなると、システムは、その機能を失い、システムではなくなってしまうからである。また、このようなシステムの推進においては、住民に

対して長期的なコミットメントが求められるため、これは先にも述べたが、システム内の構成員に対しては、何らかの奨励要素が含まれることを考えておかなければならない。

さらに、地域包括ケアシステムを構成する多様な組織的背景や境界線となる事項（状況）の払底には、特定のスキルが要求されるため、こうした役割を負う管理者に対する訓練は必須となる。また、システムの構成員それぞれの「協調的能力」の向上を図る機会をあらゆる場面で検討し続けることも重要である。

したがって、担当者は、こういった訓練に要する時間やサポートに対する何らかの援助ができるような財務上の仕組みをはじめとする支援の仕組みに留意しながら、構築をしていかなければならないのである。

(2)　推進機能を期待される新たなプレーヤー

現在、構築されつつある地域包括ケアシステムの主要な目的とされているのは、専門家や管理者がもっぱら利用者のためにサービスの断絶をなくし（多職種協働）、そのアクセスを容易にすることである。

また、これを達成する方法としては、地域の医療や介護、公衆衛生、社会福祉等の領域でその役割を担ってきた専門職の専門性や能力を最大限に発揮させ、ネットワーク構築をすすめ、さらには、システムの運営にも尽力を期待するという専門職の多職種連携を基盤としたスキーム（臨床的統合の推進）がとられることが多かった。

しかし今後、いっそうの少子高齢化に伴う過疎化が進む多くの地方にとって、このような専門職頼みのスキームが有効でありうる時期はそれほど長くない。それは、専門職という要素的な技術の向上には必ず限界があるし、これらの専門職の技術の標準化も

難しいからである。

　これから求められるのは、こういったサービス提供側からのシステム改革とその技術向上、そして、サービスを需要する側となる利用者の能力向上である。

　特に利用者は、いわば医療や介護サービスにおいては、そのサービスの特性から、共同生産者として位置づけられ、彼らのサービス需要能力の向上はサービス提供にあたっての生産性向上を期待できる。また、彼らのコーディネート能力の向上は、サービス提供にあたっての調整コストを軽減させる。

　これまで利用者は、もっぱら医療や介護サービスの受け手としてのみ認識され、彼ら自身がサービスを生み出す存在となることは想定されてこなかった。だからこそ、利用者がその能力を発揮することができれば、これからの地域包括ケアシステムにおいて、最も伸びしろがある期待されるプレーヤーとなる。

　ただし、この領域でのコーディネート機能の向上はそれほど簡単ではない。なぜなら、この能力の向上に際しては、各種サービスの標準化と透明性が確保されることや、保険者である市町村のマネジメント能力の向上が前提とされるからである。

　だが、このような課題を解決したうえで、さらに利用者の能力が向上されれば、新たなシステムへの変革はずいぶん、推進されることになるだろう。なぜなら利用者は、サービスの特徴である共同生産性を活かし、第2部でも示したようにセルフマネジメント力をつけ、それを存分に発揮していくことで自らが購入するサービスの効率性を向上させることができるからである。このことは、提供側が用意すべきこれからのサービスとして、セルフマネジメント支援は最も有望であることを意味している。しかも、これは利用者のニーズに沿ったサービス提供体制の構築において、統合を図る際に推進すべき手法の1つとなる。

求められる expert patient（専門家としての患者）[注2), 26]

　真に統合されたヘルスケアモデルでは、①患者自身が以前から行ってきたセルフケアに対応している、②患者が正しいヘルスケアに、どのようにアクセスしているかがわかる、③アクセスした理由がわかることで正しいサービスを関連させて提供できると考えられている。

　そして、近年の公衆衛生領域においては、この真の統合ヘルスケアモデルを用いたシステムへの移行が期待されつつある。その背景には、治療の計画策定のプロセスにおいて情報を得た患者は、自らに必要なサービスを消費する者として、より integrated care を望むようになるからである。

　このように統合されたモデルの適用を望む患者や介護等のサービスを消費する利用者が、地域への関与の重要性を理解することや、サービスを利用する者としてだけでなく、利用者の代表者としての意識を醸成することは、わが国の地域包括ケアシステムにとっても望ましいものと考えられる。

　しかしながら、先行研究においては、利用者がセルフマネジメントを自覚し、これに資する行動を起こすためには、利用者自身の自己効力感の高まりが必要とされている。それには、彼らに動機づけ面接を実施したり、これまでアメリカ合衆国の managed care でよく行われてきたような電話相談や電子メールなどを利用した相談機能の充実が実現されなければならないのである。

　また、第3部で示したニュージーランドでのプロジェクトで実施されていた利用者本人による目標設定等、さまざまなセルフマネジメントを進めるための方法を駆使していかなければならない。

　残念ながら、こういったセルフマネジメントを推進するための

注2) expert patient とは、慢性疾患の管理において中心的な役割を果たす自信、技能、情報、知識をもつ人々のことを指す。

手法やその支援方法は確立しておらず、また日本には、これを実施できる専門家はほとんどいない状況にある。そのため、まずは利用者に対して、自分の健康に関する知識を深める学習に参加することや、健康に関する相談窓口の多様化等、わが国での expert（専門家）としての患者像の確立に資する施策が検討されなければならない。

(3)　インテグレーター（integrator）の機能と役割

利用者を含めたコーディネーションを実現する
インテグレーターの役割

　利用者にとっての利益が明示され、これが徹底されるような管理を、現段階においては、integrator（以下、「インテグレーター」）として想定される市町村がいかに主導しうるかが、今後、地域包括ケアシステムの進展を左右することになる。

　ここでいうインテグレーターとは、Berwick が 2008 年に報告した、①人々の健康の改善、②ケアの質の向上、そして③費用低減という 3 つの目標を達成するにあたって、ヘルスケア組織に求められる役割として示したものである。Berwick は、インテグレーターは、個人でもよければ、マネジメントチームでもよいと紹介している。

　また、インテグレーターに求められる資質としては、統合ケアの今後を展望できるビジョンを示せる者や、チェンジマネジメントを遂行できる者であり、多職種協働を推進するための規範や基準を示すことができる者といった要件が示されている[27]。

　これまでの国際的な研究からは、いわゆるインテグレーターとしては、かかりつけ医、医療保険会社の医療アドバイザー、サービス提供事業者の管理者や市会議員などもあげられてきた。

図 8-3 医療・介護サービス提供組織において 3 つの目標を達成できる組織の条件

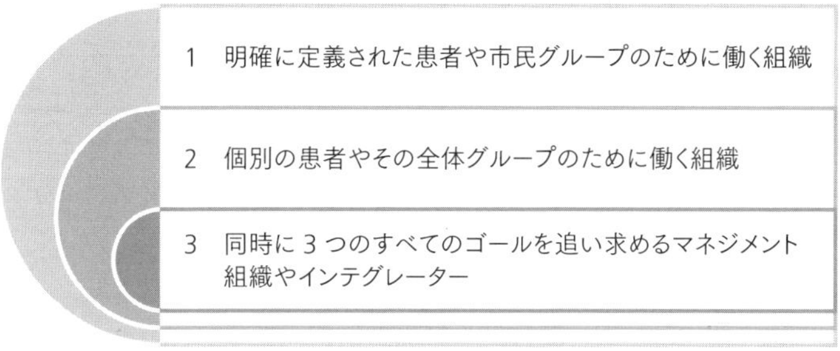

1	明確に定義された患者や市民グループのために働く組織
2	個別の患者やその全体グループのために働く組織
3	同時に 3 つのすべてのゴールを追い求めるマネジメント組織やインテグレーター

　おそらく、日本でも、その役割を医師が担う可能性は高いだろう。しかし、医師に業務や役割を過剰に期待することには、慎重な議論が必要である。なぜなら、前にも述べたとおり、医師はあまりに多忙であり、ここで求められる役割はコミュニケーション技術を主とした調整機能となることであるが、その機能は、いわゆる医師の専門性とは別の側面の能力を要求するものだからである。

　このインテグレーターには、システム内のすべてのネットワークパートナーとつながりをもち、対象となる集団の視点にたって行動し、対象となる集団のニーズに沿ってケアが遂行されることを管理する能力が求められる。そのため、システム内の多様なネットワークから、インテグレーターが受け入れられるためには、単一の組織を代表して任命されるのではなく、システム全体からの役割の付与がなされることが望ましい。つまり、公的な権限の付与が必須となる。

　例えば、地域で複数のインテグレーターとなる医師が存在した場合などは、その利害調整だけでも大きな課題となる。一方、医師が 1 人の場合は、業務の責務があまりに重い。これらのことは、医師に、どのような役割を求めるかについて、それぞれの地域で十分に議論しておく必要があることを意味している。

国内で進められるコーディネーター配置政策の見直しの必要性

　現在の状況からは、地域包括ケアシステム内でインテグレーターの役割を担えるプレーヤーを統一した職種で担うことは想定できない。おそらく地域によって、あるいは各システムのあり方によっても異なるものとして認識しておくべきであろう。また、このようなインテグレーターが重要であると理解した結果として、これを専門に行う者を行政に配置すればよいという施策が安易に採られることには留意しなければならない。

　例えば、現在、地域包括ケアシステムに関連する新たな職種として、認知症総合支援事業における認知症地域支援推進員がある。また生活支援体制整備事業においては、生活支援コーディネーターも設置された。さらには、在宅医療・介護連携推進事業においては、在宅医療・介護連携コーディネーターが設けられた。これらの新たな職種は、いずれもシステム内での医療や介護、生活支援サービスの連携・協働を推進するための役割が付与されたものである。

　このほかにも子ども子育て支援における子育て支援コーディネーターや障害児教育における「特別支援教育コーディネーター」も設けられた。これらに加えて、「我が事・丸ごと」の文脈で進められる「地域力強化推進事業」「多機関の協働による包括的支援体制構築事業」においても、地域資源の開発や相談支援のワンストップ化を司る人材が多く配置され、市町村行政においては、縦割り行政を反映し、コーディネーターは乱立気味の観となっている[28]。

　地域では、すでに患者の生活を支えていくために、医療や介護、生活支援サービス等、多様な種類の専門スタッフによるサービスが提供されている。これらのサービスは、コーディネーターを置くことで、適正化が進んだというエビデンスがあったのだろうか。

また、コーディネーターが機能することで、関係職種が減らされ、それによって効率性が向上したとのエビデンスが示されたのだろうか。

　さらに、以上の2点に関するエビデンスだけでなく、このようなコーディネーターという統合強化を担うスタッフには、自律的、包括的に働く能力があることが要件となるが、このような要件に合致しているかどうかを、採用担当者が評価する術はあるのだろうか。

　今の多職種協働がうまくいかないから、これを解決できるようなコーディネート能力が高い人を雇用するという考え方は、一般に、給与が低い人間を雇用して、効率性を高めようとする考え方とは逆行している。

　ある役割が、それまでの実践範囲を超えてケアを提供できるように拡張される場合には、それらの役割は安い費用となることも稀にはあるが、患者に同等のケアを提供するためには、スタッフはより長く頻繁に、その患者と接触する必要がある。すなわち、このことは、効率性を低くする[29]。そもそも、そのような能力の高いスタッフが存在するかといった現実的な問題もあるが、各種のコーディネーターに期待する役割から鑑みれば、むしろ、人件費は高くなる[30]ことは当然である。この新たな職種に、そのような予算措置がなされているかは疑問である。

　前述した国内におけるコーディネーターは、いずれも福祉サービスの領域拡大と業務補助の役割を担っている。そのため、新たな役割の多くは、既存の役割の作業を再編する能力によって、高い効率性を達成できることが想定されている。しかし、これを実証したとされるエビデンスは非常に限られている。

　一般に、こういった業務補助の役割はどのような成果を目指しているかを示すビジョンと不可分の関係にある。例えば、生活支援や在宅医療・介護連携といった分野を超える役割の開発にあたって、どの専門分野を優先すべきかやどのような種類のサービ

スが、どういう方法で提供されれば、利用者にとって最もよいか
を判断するための基準もない。しかも臨床知見から実施された事
例の積み重ねによる経験則も不十分である[31]。

　つまり、コーディネーターという名の新たな職種の効果を立証
するエビデンスはほとんどない。コーディネーターというのは名
前だけで、実際は、業務補助的役割を担うしかないとすれば、効
果的な労働力の配備計画や開発という目標からは程遠いといわざ
るをえない[32]。

　むしろ、これまでのエビデンスからは、新たな役割の必要性を
考えるよりも、（既存の）仕事や組織のアイデンティティに価値を
与えたり、強化したりすることこそが必要であると考えられてい
る。なぜなら、このような組織としての仕事のあり方や価値への
再確認は、組織員信頼と認識を発展させることにつながり、ま
た、そこから組織の境界を越えたチームワークを醸成する[33]と
の結果が示されているからである。

ケアシステムの規模と利用者のセルフマネジメント力の重要性

　地域包括ケアシステムを支えるために多様なスキルを取り入れ
ようとする変化に際して、新たな役割の開発やその評価について
の着眼点は、単に役割の内容を説明するだけのものであった。あ
るいは、彼らをサポートするために具体的には何が必要かや、彼
らが現場に与える影響などであった。つまり、昨今の多くのコー
ディネーターの新たな役割に関するエビデンスの欠如は、このよ
うなアプローチが反映された結果としてある。

　個々の役割に着目することで得られる知見もあるが、こうした
役割の標準化や望むべき特徴や効果に関する合意の欠如が、広く
応用可能な確固たるエビデンス基盤の開発を困難にしている[34]。

　第5章で言及したように、地域包括ケアシステムの構築には、
患者や利用者のケアとコストと質のバランスが求められるが、第
3章で示したこれまでの先進国におけるさまざまな社会的実験か

らは、患者や利用者のセルフマネジメント力が高まらない限り、ほとんど成功の見込みはない。

　また、規模の大きいケアシステムよりも、より小規模なシステムのほうが成功する確率は高いとされており、このことは、システム内の構成員の連携のあり方として、日本的に言えば、地域包括ケアシステム内のサービス提供においては、顔の見える関係からのハイタッチのケアが好まれることを意味している。

　残念ながら、国内外において、規模の大きい都市におけるシステムづくりが成功する要件についての理論は、未成熟である。しかも未だ十分なエビデンスの蓄積がされていないというのが現状である。

　結果として、地域包括ケアシステムは、市町村の地域主権を体現するシステムとならざるをえないわけだが、繰り返し述べてきたように、これには従来のシステムの変革が必須となる。

　そのためには、このシステムを構築しなければならないとする構成員の熱意と、冷静に注意深くシステムを構築するという2つのアプローチが求められる。

　このことは、市町村には十分な計画性と社会資源の緻密な把握、利用者の行動変容を含む、医療や介護、生活支援にかかわる施策や事業の再度の見直しとしてのチェンジマネジメントが要求されていることを意味している。

［引用文献］
1) Kotter, J. P. (1996). Leading Change Harvard Business School Press. Boston, MA.
2) Bengoa, R. (2013). Transforming health care: an approach to system-wide implementation. International journal of integrated care, 13 (3).
3) Montenegro, H., Ramagem, C., Kawar, R., Matheson, D., Bengoa, R., Lacoa, R. F., ... & Van Lerberghe, W. (2012). Making progress in people-centred care: country experiences and lessons learnt. International Journal of Person Centered Medicine, 2 (1), 64-72.
4) WHO Regional office for Europe. (2015). Second Annual Technical Meeting on Coordinated/Integrated Health Services Delivery (CIHSD). Meeting Report. Copenhagen: WHO Regional office for Europe.
5) Cash-Gibson, L. & Rosenmoller, M. (2014). Project INTEGRATE-a common methodological approach to understand integrated health care in Europe. International journal of integrated care, 14 (4).
6) Goodwin, N. (2013). How do you build programmes of integrated care? The need to broaden our conceptual and empirical understanding. International journal of integrated care, 13 (3).
7) Valentijn, P. P., Schepman, S. M., Opheij, W. & Bruijnzeels, M. A. (2013). Understanding integrated care: a comprehensive conceptual framework based on the integrative functions of primary care. International journal of integrated care, 13.
8) Engineer, C., Aswani, M., Bennett, S., Peters, D., Gundlach, A-M. (2014). Change management across health care organisations: a structured rapid review. Baltimore MD: John Hopkins Bloomberg School of Public Health
9) Goodwin, N., Gruen, R., Iles, V. (2006). Managing health services. Open University Press.
10) Iles, V. & Sutherland, K. (2001). Organisational change. A review for health care managers, professionals and researchers.
11) Plsek, P. E. & Wilson, T. (2001). Complexity science: complexity, leadership, and management in healthcare organisations. BMJ: British Medical Journal, 323 (7315), 746.
12) Curry, N. & Ham, C. (2010). Clinical and service integration: the route to improved outcomes (1-64). London: King's Fund.
13) Valentijn, P., Boesveld, I., van der Klauw, D., Ruwaard, D., Struijs, J., Molema, J. ... & Vrijhoef, H. (2015). Towards a taxonomy for integrated care: a mixed-methods study. International journal of integrated care, 15 (1).
14) King, H. B., Battles, J., Baker, D. P., Alonso, A., Salas, E., Webster, J. ... & Salisbury, M. (2008). TeamSTEPPS™: team strategies and tools to enhance performance and patient safety.
15) Perri, P., Goodwin, N., Peck, E. & Freeman, T. (2016). Managing networks of twenty-first century organisations. Springer.
16) Ham, C. & Walsh, N. (2013). Making integrated care happen at scale and pace. London: The King's Fund.
17) Goodwin, N. (2015). Managing Change Towards Co-ordinated/Integrated Health Services Delivery, WHO Regional Office for Europe, Unpublished Report, November 2015
18) Kizer, K. (2014). Achieving integrated care: Key lessons in the transformation of the Veterans Health Administration in the USA. Paper to ICIC14, Brussels.
19) Baker, D. P., Day, R. & Salas, E. (2006). Teamwork as an essential component of high‐reliability organizations. Health services research, 41 (4p2), 1576-1598.
20) Mayer, C., Cluff, L., Wei-Ting, L., Willis, T., Stafford, R., Williams, C., Saunders, R., Short, K., Lenfestey, N., Kane, H. & Amoozegar, J. (2011). Evaluating

efforts to optimize TeamSTEPPS implementation in surgical and pediatric intensive care units. The Joint Commission Journal on Quality and Patient Safety, 37 (8), 365-374

21) Margalit, R., Thompson, S., Visovsky, C., Geske, J., Collier, D., Birk, T. & Paulman, P. (2009). From professional silos to interprofessional education: campuswide focus on quality of care. Quality Management in Healthcare, 18 (3), 165-173.

22) Meates, D. (2014). Making integrated care work in Canterbury New Zealand: Lessons for leaders and policy makers. Paper to WCIC2, Sydney.

23) Valentijn P, Vrijhoef B, Ruwaard D, de Bont A, Arends R, Bruijnzeels M. Exploring the success of an integrated primary care partnership: a longitudinal study of collaboration, BMC Health Services Research, 2015, 15 (1):32

24) West, M. A., Eckert, R., Steward, K. & Pasmore, W. A. (2014). Developing collective leadership for health care. London: King's Fund.

25) West, M., Armit, K., Loewenthal, L., Eckert, R., West, T. & Lee, A. (2015). Leadership and leadership development in healthcare: the evidence base. London: The Kings Fund.

26) Shaw, J. & Baker, M. (2004). "Expert patient" —dream or nightmare? BMJ 2004; 328 :723

27) Berwick, D. M., Nolan, T. W. & Whittington, J. (2008). The triple aim: care, health, and cost. Health affairs, 27 (3), 759-769.

28) 厚生労働省社会・援護局 地域福祉課（2017）.「我が事・丸ごと」の地域づくりの強化に向けた取組の推進
http://www.kantei.go.jp/jp/singi/tiiki/seisaku_package/pdf/1-4.pdf

29) Erens, B., Wistow, G., Mounier-Jack, S., Douglas, N., Jones, L., Manacorda, T. & Mays, N. (2016). Early evaluation of the integrated care and support pioneers programme.

30) Bienkowska-Gibbs, T., King, S., Saunders, C. L. & Henham, M. L. (2015). New organisational models of primary care to meet the future needs of the NHS. RAND Corporation, Research Reports.

31) Shirey, M. R. & White-Williams, C. (2015). Boundary spanning leadership practices for population health. Journal of Nursing Administration, 45 (9), 411-415.

32) Manthorpe, J. & Martineau, S. (2008). Support workers: Their roles and tasks. A scoping review.

33) Manthorpe, J., Hindes, J., Martineau, S., Cornes, M., Ridley, J., Spandler, H. ... & Gray, B. (2011). Self-directed support: A review of the barriers and facilitators.

34) Manderson, B., Mcmurray, J., Piraino, E. & Stolee, P. (2012). Navigation roles support chronically ill older adults through healthcare transitions: a systematic review of the literature. Health & social care in the community, 20 (2), 113-127.

第 **9** 章

チェンジマネジメント
実行のためのステップ

第 1 節

専門職におけるチェンジマネジメント

　先行研究からは、国レベルだけでなく、地域レベルにおいても利害関係者の間でのヘルスケアシステムの断片化を克服するという試みには大きな困難が伴うことが明らかにされている[1]。日本の地域包括ケアシステムにおいても、医療と介護の断片化を克服し、これらを統合するという integrated care は、現在だけでなく、将来においても厳しい挑戦である。

　実は、いずれの先進国も時を同じくして、ヘルスケアやヘルスケアシステムの根本的な変革、イノベーションが求められているが、その実現には、システムの変革が必要であるという認識を共有させるための堅固な戦略が必須となる[2], [3]。

　さらに、こういったイノベーションを起こすにあたっては、管理者および意思決定者の役割はきわめて重要である。それは、彼らが専門職間のパートナーシップを促進し、効率的に機能する専門職チームの構築にあたって、技術と責任をもった人、あるいは

チームを組織化する役割を担うことになるからである。

　また、専門職によるチームの協調的な活動、協働を確立させていくためには、職能を超え、同等のパートナーとなるための学習や努力も欠かせない。しかも、これは知識や技術などの伝達だけでなく、その中核となるのはチームが連帯することの価値や、協働を育む思考といった内容であり、いわばシステム技術の向上を求めるものとなる。

　こういったことの実現は決して容易ではないが、確立された互いの職能を活かし、さらに協働することによって発展させようとする文化や学習する文化が根底にあることで、イノベーションがなされる。統合型のヘルスケアサービスを効果的に導入するチェンジマネジメントには、イノベーションを支持し、育てる長期的かつ持続的な取り組みが不可欠である。

　企業等の用いる一般的なチェンジマネジメントは、前章で説明した Kotter の「8つのステップ」がよく利用される[4]が、地域包括ケアシステムにおけるチェンジマネジメントの中核的要素としては、9つの要素があると考えられている。次節では、その詳細を述べる。

第 2 節

各ステップの詳細

　地域包括ケアシステムにおけるチェンジマネジメントには、図9-1に示す9つのステップがあると考えられる。いずれも、チェンジマネジメントにおけるイノベーションによって影響を被る人々の組織、そして、彼らの行動や態度を包む文化、社会的な価値を再考するための「学びのサイクル」といえる。

図9-1　チェンジマネジメントの9つのステップ

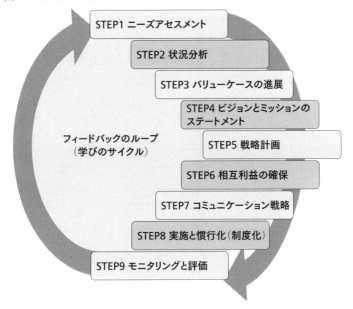

(1)　STEP1　ニーズアセスメント

チェンジマネジメントのプロセスにおける中核的な課題の 1 つ
として、独立した組織同士の協働をいかに実現すべきかということがある。結果的には、いくつかの組織が協働して支援することは、特定の患者集団には、よいことが多いと考えられているし、実際、そういった事例も少なくない。

だからこそ、この協働が推奨されるわけだが、提供側の個々の組織体としては、提供した支援サービスの内容は、個々の組織が独立して提供したサービスとはみなされないという問題を発生させる。

つまり、個々の提供組織においては、その独自性を示すことができないという問題が起きる。このことは、現実的には、独立した組織間の協働がきわめて難しいことを予想させる[5]。

このような状況下で、チェンジマネジメントを実現する最初のステップは、主要な利害関係者が統合のための基盤となる理論に基づき、対象とする範囲、すなわち、優先すべき支援を客観的に評価できるアセスメントを開発することである。こういったアセスメントには、地域社会全体の健康保持といった広範な内容が含まれる。

通常は、自治体で保健、医療、福祉などを担当する部局や保健所などの公衆衛生を司る部局、そして、住宅その他の関係するセクターが、地域住民の現在ならびに将来におけるニーズを客観的に評価できるものが要求される。同時に、これらの集団のニーズの特性に応じた分類も必要となる。

しかし、この分類別に充足できる医療や介護サービス、そして生活支援のありようは大きく異なる。そのため、集団ごとに必要とされる医療や介護サービス等の統合のあり方も、どのような集団を優先させるかによっても異なることになる。

すなわち、優先順位が高い特定の集団の選定は、地域包括ケア圏域内の社会資源の多寡や、現時点、そして将来の状況を十分に勘案して、決定されなければならない。そのため、最初の段階で自治体、住宅およびその他のセクターとともに、地域住民の現在ならびに将来のヘルスケアニーズの検証が行われなければならない。

また、こういった地域全体のニーズアセスメントと、これに必要とされる社会資源、そして、この供給体制の効率化に際しては、当然ながら、当該自治体および関係機関の財務状況が勘案されながら、実現されることになる。

自治体等による戦略的ニーズ評価には、特定の患者集団をコホート研究の対象とすることや、彼らに費やされた資金の流れをマッピングすることが含まれる。場合によっては、そのギャップを調べることによって、いかなる集団と彼らに必要とされる統合サービスをどのように設定すべきかといった政策の優先順位も示されることになる[6]。

(2)　STEP2　状況分析

チェンジマネジメントに関する先行文献には、イノベーションには、行政機構の意思決定に影響を及ぼす政治的な関与がありうるとされている。

また、より統合的なサービス提供体制を整備するためには、人的、専門的な社会資源や財務問題がチェンジマネジメントの実施にあたって、当該組織の価値の再考だけでなく、こういったイノベーションによって影響を被る人々の行動や態度を包む文化、社会的な価値の再考がなされなければならないことが示されている[7]。

例えば、地域包括ケアシステムを管理する立場にある者にとっ

て、統合的なケアを構築する方向への変革は、一般的には、経済的および文化的な力によって大きく影響を受けることが少なくない。

　特に地域包括ケアシステム内の integrated care を実現するためのチェンジマネジメントには、既存の医療や介護サービスの提供主体の再編が含まれる。そのため、協働する組織における複雑なマネジメントへの対応もなされなければならない。

　しかし、これらの組織には、それぞれに利害関係者がおり、相反する見解が表明される場合が多いことや不測の事態や意図しない結果も起こりうることを想定しておかなければならない。こういった影響を受けながらチェンジマネジメントの実行にあたっては、達成しようとしている目的との関連から、現在の状況とチェンジマネジメント後の状況を厳正に評価するための、いわば診断ツールの使用が必須となる。

　すなわち、チェンジマネジメントにおける、それぞれのステップを明確にし、ステップ別に現状をアセスメントできる診断ツールをあらかじめつくっておくことが求められる。

　こういった状況分析は、主要な利害関係者の間で新たに行われるアプローチがチェンジマネジメントの戦略に適合しているか、あるいは、変更されるシステムの機能の優先順位を確定する場合が想定されている。

(3)　STEP3　バリューケースの進展

　地域包括ケアシステムにおいて、integrated care のための戦略を開発する過程で最も懸念されるのは、主要な利害関係者、特に保険組合や財務を担当する者に、これらの財源を投下する「価値ある対象」をどう理解させ、これを対象とすることを説得できるかということである。

ここでいう「価値ある対象」としては、地域包括ケアシステムにおいて、医療と介護サービスの統合を目的とする integrated care が推進されることで期待される財政上の利得だけでは決定されない。

　患者や利用者にとっても、さらには、当該地域全体にとっても、いっそう健康的な生活が送れるといった定性的な内容や、地域経済の活性化にも有益であるという、数量化が難しい内容も含みながら、「価値ある対象」を選定していかなければならない。

　そして、「価値ある対象」と、彼らに対する成果が、それぞれの自治体の財務当局を説得できる資料となっているかが、判断の目安になる。

　このような「価値ある対象」を特定しておくべき理由は、地域包括ケアシステム内の多様なサービスを提供する主体やシステムに存在する提供チームがビジョンを共有し、共通の目標を設定するためである。なぜなら、ある程度、対象が特定されないと説明が抽象化し、説得できる根拠が希薄化するためである。ここでいう「価値ある対象」とは、人々のニーズに基づいた integrated care の目的や目標を説明する際に説明を容易にし、プロジェクトの価値を理解しやすくするだけでなく、社会資本を構築するうえでも有用となる対象をいう。

　例えば、ニュージーランドのカンタベリーでは、「バリューケース」とそれに続くミッションに「one system, one budget（1つのシステム、1つの予算）」という言葉をスローガンとする規範的統合を図った[8]。

　その実現にあたって、カンタベリーがユニークだったのは、患者に提供されるヘルスケアサービスの改善や財務予算の適正化を成就する手段の意味と、その重要性についての資料を地域の1500人以上の管理者や専門家に公表したことであった。

　さらに、選定された住民に、「なぜ、この価値ある対象となったのか、このミッションはどのような経緯を経て、決定されたの

か」というバリューケースの選定の説明が、規範的統合の説明も含めてなされたことであった。

これは、地域の管理者や専門家に対して、イノベーションのためのプロジェクトに対処するための態度を学ばせたこととも説明できる。これによって、彼らは、規範的統合の過程を理解した。しかも、同じ学習を体験する過程で顔の見える関係をもつこともできた。これは事業の成功にきわめて有益であったと報告されている。

この事例は、第10章で紹介する長野県駒ヶ根市や岡山県岡山市の事例と類似している。駒ヶ根市の「バリューケース」は脳卒中患者であり、それに続くミッションは「脳卒中患者の再発率の低下」であった。岡山市のそれは通所介護利用者であり、それに続くミッションは「通所介護利用者にとって質の高いサービスを提供する」であった。

前者の駒ヶ根市では、ミッション達成のために、市役所職員だけでなく、病院や診療所、介護支援専門員、薬局等で脳卒中患者に対するセルフマネジメント支援が実施され、異なるステークホルダーによる協働を実現させた。

後者の岡山市でも同様に、通所事業者らが自らのサービスの質の向上を図るために、今後、実施していくべき内容として、利用者の日常生活能力の向上を図るための研修体制の確立などを指標化し、これらの指標に基づく事業所のデータを市役所に提供する事業を継続的に実施し、市役所はデータベースを構築するといった協働を実現した。

バリューケースの設定と、これに至る過程は、地域で決められた目標に対する理解を深めることに寄与する。

⑷　STEP4　ビジョンとミッションのステートメント

　チェンジマネジメントの理論では、将来のビジョンは、説得力のあるケースによって明示することが重要と説かれている。医療や介護サービス、そして生活支援サービスを利用する人々に、新しい提供システムによって、生活がより良くなることを説明できない限り、integrated care は実現しないし、その進捗は遅れる[9), 10)]と考えられている。

　一般に、サービス提供者のみならず、住民をはじめとしたかかわりあるすべての人に地域包括ケアシステムや、この中核となる integrated care が意味することを明確に理解してもらうことは重要ではあるが、難しいことである。その理解を深める段階で臨床的な経験に基づくエビデンスが重視されているのは、この問題がいかに切実な内容で（通常どおりではうまくいかないこと）、うまくいけば、納得できる形で人々に対するケアや結果が向上するというストーリーを伝えるためには、臨床経験に基づく物語のほうが、人々から理解を得やすいからである。

　今日の日本においては、まず地域包括ケアシステムという新たなシステムが構築され、これが推進されるべきことを理解してもらうことが必要である。そのためには、サービス提供者と利用者の双方にとって、integrated care という医療と介護の coordination レベルの連携がなされなければならないことや、これが将来、実現された後の地域の姿がどのように改善されるかというストーリーを語ることができなければならない。

　例えば、イギリスでは integrated care の国家戦略は、患者と患者グループの声を代表する非営利組織である National Voices によってつくられた「ストーリー」で支えられている[11)]と説明されている。

　したがって、今、日本で必要とされるのは、医療や介護サービ

スの統合が必要であることを住民に理論的で正確に理解してもらうことよりは、むしろ、このシステムが構築された後のそれぞれの住民のこれからの物語を紡ぎ、このシステムの有用性を直観的に理解してもらうことなのである。

　これからのビジョンとミッションの設定に際しては、主要な利害関係者によって（サービス利用者主導で）共創されなければならない。

　そのためには、システム内の構成員がビジョンを共有することができるような学習の機会をつくることや、システム内での相互の役割に対する一定の相互尊重の関係をつくり、システム内の人々が信頼を寄せることができるような専門家や管理上のリーダーを選定できることが望まれる。

(5)　STEP5　戦略計画

　地域包括ケアシステムという新たな仕組みを導入し、これを推進しようとしてきたが、往々にして、政策を担当する者は、システムを変更すれば、その構成員である「人」も自然に変わるものとの錯覚がある。また、財政的なインセンティブさえ与えれば、「人」や組織のモチベーションも高まるという幻想をもつことも少なくない。

　しかし、「人」のもつ行動規範というものは、そう簡単には変わらない。だからこそ、「人」へのはたらきかけに、しっかりと戦略計画を立案しなければならない。これがよく練られていないと正しいメッセージを「人」に届けることはできない。

　戦略計画で求められているのは、地域包括ケアシステムに資する医療と介護サービスの連携にかかわる integrated care の計画と、組織内や組織間で共有される目標と成果の達成に必要な中心的な行動やパートナーシップを成立させるための意思疎通に用い

られる文書である。すなわち、明文化された、そして、証拠となる文書である。

したがって、この計画の策定に際しては、資金提供やヘルスケアの提供に従事する組織群に実践が必要な内容、期限および理由の指針となるような目標や行動の一式に関与させる利点をもつものとしなければならない。

そのため、戦略計画には、ヘルスケア専門家のネットワークを結びつけ、あるいは個々の全体としてまとまった組織としての契約への統合を後押しし、さまざまな当事者間の関与の条件、かかわる主要な役割と責任、ならびに integrated care 戦略が有効であったかどうかを判定できる成果やパフォーマンスの一連の指標を規定するものが含まれなければならない。

しかしながら、この計画を策定する際のコミュニケーションにおいて、策定側が単なる情報提供に終始し、発信するメッセージも組織に一様に提供するような内容となってしまうと多様な個人には、一切、このメッセージは届かない。

だからこそ、「STEP4 ビジョンとミッションのステートメント」で述べたような、個々の「人」にとっての特別な物語が必要となるのである。

(6)　STEP6　相互利益の確保

相互利益の確保の前提となる「共有されるビジョン」

地域包括ケアシステムにおいては、医療と介護、そして主に生活支援サービスを提供する福祉サービス等を統合し、integrated care を実現するためのプログラムが実行されなければならない。また、システム内での効果的なパートナーシップの実現は各当事者が連携して、患者やコミュニティのために、よりよい結果を成

し遂げようという相互依存関係を主要な利害関係者が認識できる「共有されるビジョン」の構築が最も重要とされる。

　同様に、システム内のすべてのパートナーが互いに信頼しあう関係にあることや、各々の提供主体同士が尊敬しあい、それぞれの役割と責任を理解して、相互に助け合いながら協働できる能力を向上させることが必須となる。

　こういった提供主体間の信頼関係の構築には、すべての主体が関与するとともに、相互関係のレベルを正確に認識し、互いの活動を正当に評価することが前提となる。すなわち、各提供主体同士で協調することで「相互利益」を実現しなければならないのである。

　したがって、統合する医療や介護サービス等の提供主体間のパートナーシップにおいては、いずれも、いわゆる「Win-Win のシナリオ」に基づかなければならない。このようなシステムとなるような努力がなされない限り、相互の協調は徐々に弱体化するリスクをもつ。

　しかし、こういった異なる提供主体間のサービスの統合においては、統合する努力や労働力に比較して、その対価や成果は提供主体別に異なり、一部の提供主体に偏りが生じる可能性も高い[12], [13]。このような一部の提供主体だけが得をし、その他が損すると見えるような場合は、サービス統合の対象となる当事者間の議論は成立しない。

　これを解決するには、予算や提供主体別の財務上の懸念を払拭しておくことだけでなく、専門職としての社会的地位によって、サービスの統合のために要した、それぞれの組織の作業量や努力の程度、知的財産といったものが見合うように、integrated care の責任主体となる者、あるいは組織がその成果とこれにかかわる対価を管理できるかという点に収斂する。

　また、地域包括ケアシステムの推進、このイノベーションには例外なく、システム内の提供主体が協調的なパートナーシップを

構築し、ネットワークを拡大し続けなければならない。しかし、その達成にはかなりの時間が必要であり、変革に失敗する組織は少なくない[14)~16)]とされる。

相互利益の確保における5つの協調プロセス

提供主体だけでなく、患者あるいは、利用者側の「相互利益」を明確に伝えることは重要である。つまり、これらの提供システムの統合は、すべての人々にとって将来に続く、潜在的な利益を生むことが認識されることでしか、システム内の多様なステークホルダー間の協調が形成されることはない。しかし、この協調がなされれば、当該システムが実現することへの期待を下支えする強固な基盤となる。

ステップ6では、**表9-1**のBellらによる有用な概念フレームワークが示唆的である。彼の提唱した5つのテーマに関する協調プロセスは、システムの継続性の強化に有益と考えられている。

なお、**表9-1**に示した5つの協調プロセスに鑑みながら、地域包括ケアシステムにおいて重要なことは、①提供主体間の協働を図るための効果的なパートナーシップの姿を示すことである。そして、②その実現のための前提条件が設定されることである。さらに、③その条件が徹底されるように管理者や担当者が統合プロセスを管理することが明示されることである。

これまでの研究からは、こういった管理体制が構築されれば、

表9-1　相互利益の確保における5つの協調プロセス[17)]

①共有される「熱心さ」のレベル（関与するパートナーたちに共有される関与の程度） ②相互利益（関与するパートナーたちの多様な利益） ③関係性のダイナミクス（各パートナー間で示される関係と信頼の度合い） ④組織上のダイナミクス（パートナー全体としてのガバナンスに関する前提条件） ⑤プロセスの管理（管理者がパートナー間の関係を徐々に調整していくうえで役立つ技術）

専門的な組織間のパートナーシップは、効果的に機能するとされている。

それは、これらの提供主体の相互間の「契約」と各々が期待する「利益」が、常に動的な条件のもとで継続するという特徴があるためである。このことは、特に重要な点であり、各提供主体に共有される関与のレベルよりも大きい影響があることを忘れてはならない。

以上が協議会を設定するまでのステップであり、地域包括ケアシステムにおけるチェンジマネジメントがなされるための要件となる。

(7) STEP7 コミュニケーション戦略

チェンジマネジメントの実現には、組織や専門職等といった主要な利害関係者に、明確で一貫したメッセージを伝えるための、効果的なコミュニケーションの戦略および計画策定が必須となる。

全員に対して、効果的にビジョンを伝え、これに基づいた関係性を構築する手段としては、会議やインターネット、ソーシャルメディアを用いた情報共有も重要であるが、いずれの場合においても一貫したシンプルな表現を用いてなされることが成功の秘訣といえる。

特に地域包括ケアシステムにおける integrated care の実践にあたって提案されるイノベーションの大半に複雑な内容が含まれる。しかも既得権者や患者に直接的なインパクトをおよぼす可能性があるため、経験豊富なコミュニケーションの管理者やチームが組織され、調整されることは不可欠である。

このようなコミュニケーション戦略においては、市町村独自の固有のメッセージが含まれることになる。そのため市町村で、

「なぜ、このような地域包括ケアシステムが必要となるか」については、その市町村独自の物語（ストーリー）をつくり、これに基づいてビジョンが設定されなければならない。

そのため、コミュニケーション戦略の管理者は、関係者や住民に十分に周知されるためのストーリーを練っておく必要がある。その理由は、こういったビジョン達成については、そのほとんどが理性的な内容からは成立せず、他者に対する関心を核とする感情を重視した行為として現れるからである。

そのため、チェンジマネジメントの初期のステップは、前述したように直接的な利害の関係者となる患者やサービス利用者、彼らを代弁するようなコミュニティにおける患者グループ等の関与ができる協議体を組織し、あらかじめ、これらの協議体間のコミュニケーションと関与の戦略を設定しておくことが重要である。

また、地域包括ケア圏域を対象とする独自のストーリーと市町村全体、都道府県、国家というように、各レベルで広範なコミュニケーション・チャネルの設置や管理、進捗、優れたストーリーやベストプラクティスのケース事例、最新情報や要約を提供するためのメディア向けリリースの作成ならびに関係構築にあたっての照会が円滑になるような渉外対応にも留意すべきである[18]。

(8) STEP8 実施と慣行化（制度化）

チェンジマネジメントには、財政的な統合やガバナンスと説明責任、発展したチームによって共同で提供されるサービスというようなマネジメントの変革が含まれる。しかも変革の範囲を広げ、これを制度化するためには、パイロット的な検討で得られるノウハウの蓄積がされなければならない。そのため、ケア提供の方法の変革に際しては、できるだけ小規模なプログラムから移行

する方が効果的とされている[19]。

　ただし、こういった小規模のパイロットケースをスケールアップするためのスキルは、まだ十分には体系化されておらず、試行錯誤を繰り返すことにはなるだろう。

(9)　STEP9　モニタリングと評価

　チェンジマネジメントにおいては、継続的な品質改善プロセスを構築するために、監査および評価のプロセスにかかわるデータと情報を活用し続けなければならない。それは、これらの情報によって、患者に最も有益な「影響の大きい」変化を特定するようなデータやプロバイダー間の標準値を適切に管理し、質についての偏差をなくすことが求められ続けるからである。

　そのため、目標の明確化、あるいは、再構築やプロセスの再設計、機能の統合、リスクの統合、パフォーマンス測定の開発、パフォーマンス測定からの学習、重要な改善のためのフィードバックループの作成を支援するための「改善プロセス」が必要となる。

　地域包括ケアシステムの中核となる integrated care のアプローチにおける弱点は、integrated care の特定の目標ならびに客観的に結果を測定および評価する方法について合意に至るためには、長い時間がかかることである。

　特に、コストとその影響に関するエビデンスがないことは、一般的には、より広範囲のヘルスケアシステムの資金調達に際して、重大な問題（およびプログラムの失敗）につながる可能性がある[20]。

　それゆえ実際に、こういった変化を管理するには、利用者としての経験やサービス利用率、スタッフの経験のレベル、ケア提供コストなど、さまざまな分野でアウトカムを測定し、これを監査

第9章　チェンジマネジメント実行のためのステップ　｜　337

するための能力が必要となる。そして、これらの目標に対して、関係者の学習を支援し、実施を促すためには、測定が頻繁になされなければならない。

また、これについては必ず測定を通して、いかなる学習が必要かを判断し、それを学習する機会を与え、理解を深めるための支援策が検討されなければならないのである。

さらに、ヘルスケアシステムにおける integrated care の進展には、国家的、地域的、または自治体の地域包括ケアシステムにおける戦略の主な要素と整合性がとれる施策が採用され、推進されることが求められているが、これは、国家的なヘルスケアシステムが SoS となっているからである。

しかし、政策的なケア戦略をどのように総合的に発展させるべきかについては、その複雑さと多様性を鑑み、アウトカムの設定や方法を、地方や国の優先施策に合致させるように選択していかなければならない。すでに多くの国では、パフォーマンスの監査や管理を実施する手段として、integrated care の達成度を測定する基準や指標の設定に取り組んでおり[21], [22]、これまで用いられてきた測定のための基準の数々の要約が WHO（World Health Organization：世界保健機関）による統合ケアのフレームワーク（Global Framework on People-Centred and Integrated Health Services）に示されている[5]。

モニタリングと評価のフレームワークを開発するうえで重要な点は、関連するステークホルダーを集めてケア戦略を総合的な観点から精査し、重要な目標を達成するための共同計画と共同責任を促進すべきアウトカムを定義することにある。

また、ここでケアシステムがどのように包括化されるかを決定するステークホルダーが含まれることは、ビジョンを策定し、変化を推進するプロセスにとって重要である。

地域包括ケアシステムが SoS であることから鑑みれば、国家、都道府県、市町村の各行政主体では、個々に独立したシステムが

密接に関連しながら、目標が達成されるように動くことが期待されている。これらの行政主体の施策は複雑に関連し、これらの関連性の位置づけに際しては、チェンジマネジメントが必須となる。だからこそ、その戦略計画が策定されなければならないのである。

第 3 節

イノベーションのための活動との関係

(1) チェンジマネジメントを起こすための活動

前節において紹介した9つのステップは、チェンジマネジメントを実行していくにあたり優先事項を規定する「計画段階」から「戦略的立案・実施」そして、「評価に関連する課題」まで、広範囲の活動が網羅されている。

地域包括ケアシステムの構築から推進に向けたイノベーションにおいては、実現までに相当な時間と手間を要する。だからこそ、このステップをあらかじめ認識しておくことで現状がどの段階にあるか、常に意識していなければならない。

すでに述べてきたように、地域包括ケアシステムのイノベーションは integrated care のイノベーションとは同様の行動を含んでいる。

このイノベーションを起こすための体制の整備に求められる3つの活動としては、前章において解説したとおり「ア．会議体（協議会等）の構築」、重要な専門家グループと integrated care が展開されることとなる地域内、あるいは、地域間のボトムアップの「イ．イノベーションサポートの構築」と、他分野または機関横断チームとして、専門家グループの効果的な連携を実現するための連携能力の開発と評価にかかわる「ウ．連携能力の開発と評価」がある。

3つの活動と9つのステップを対応させると**表 9-2** のようになる。

表 9-2　チェンジマネジメントの 9 ステップと 3 つの活動

	システムの基盤としての会議体（協議会等）の構築		連携能力の開発と評価システムの構築
	ア. 会議体（協議会等）の構築	**イ**. イノベーション・サポートの構築	**ウ**. 連携能力の開発と評価
STEP1　ニーズアセスメント	○		
STEP2　状況分析	○		
STEP3　バリューケースの進展	○	○	
STEP4　ビジョンとミッションのステートメント	○	○	
STEP5　戦略計画	○	○	
STEP6　相互利益の確保	○	○	
STEP7　コミュニケーション戦略			○
STEP8　実施と慣行化（制度化）			○
STEP9　モニタリングと評価			○

　具体的には、表の左側には、チェンジマネジメントの段階的なプロセスであるステップが示され、右側には、イノベーションを実現するサポート体制の構築に必要なア～ウの活動が示されている。

　これを実行しようとする者は、ステップとこれらの関係性を認識しながら実行することが求められる。

　具体的には、「ア．会議体（協議会等）の構築」に対応するステップとしては、STEP1 のニーズアセスメント、STEP2 の状況分析、STEP3 のバリューケースの進展、STEP4 のビジョンとミッションのステートメント、STEP5 の戦略計画、STEP6 の相互利益の確保であった。

　次の、「イ．イノベーションサポートの構築」は、「ア．会議体（協議会等）の構築」のうち、STEP3 のバリューケースの進展、STEP4 のビジョンとミッションのステートメント、STEP5 の戦

略計画、STEP6 の相互利益の確保が重なっている。

「ウ．連携能力の開発と評価」は、STEP7 のコミュニケーション戦略、STEP8 の実施と慣行化（制度化）、STEP9 のモニタリングと評価を支援する。

また、これらのサポート体制における目標と、達成度としての指標に関しては、**表 9-3** のような内容を活用しながら、改善プロセスを実施することが求められる。

表 9-3　目標・達成度としての指標例

要素	目標	達成度としての指標
システムの基盤としての会議体（協議会等）の構築	魅力的なビジョン、緊迫感、利害関係者のサポート	公開会議、明確な戦略目標とマイルストーン、利害関係者の協働
連携能力の開発と評価システムの構築	持続的な品質向上のためのシステムを含む、労働力の訓練、スキルと技術への投資	ボトムアップのためのイノベーションと労働力開発を支援するコースへの資金の調達と利用可能性の実現

(2)　システムの基盤としての会議体（協議会等）の構築

表 9-2 で示したような、サポート体制の整備に求められる 3 つの活動を構成要素から再構成すると、アとイは、「システムの基盤としての会議体（協議体等）の構築」、そして、ウについては、「連携能力の開発と評価システムの構築」と再整理できる。

会議体（協議会等）の構築と連携レベル

ケア提供システムの構築においては、会議体（協議会）の構築は、システムの基盤となる。これまで国は、システムレベルの coordination（調整）という機能をさまざまな協議会にもたせ、その役割を果たすようなシステム構築を推奨してきたが、現状では、関係団体・行政が参画する「会議」は、主に行政の施策に関

する議論・決定のみを行う場ととらえられることが多く、coordination という機能を発揮するまでには至っていない。

　これは、協議会の意義を国も自治体も十分に理解していなかった、あるいは、理解できていないからである。すでに連携の概念設定については、**図 9-2** のように linkage（つながり）とされる弱い連携から、full integration（完全統合）までの 3 段階があり、わが国においては、前述のように coordination レベルを目指した施策が展開されている。自治体には、このことを十分に理解し、会議体の役割を明確にすることが求められている。

　ここが脆弱であると、チェンジマネジメントの実行は不可能となる。

図 9-2　連携のレベルの説明

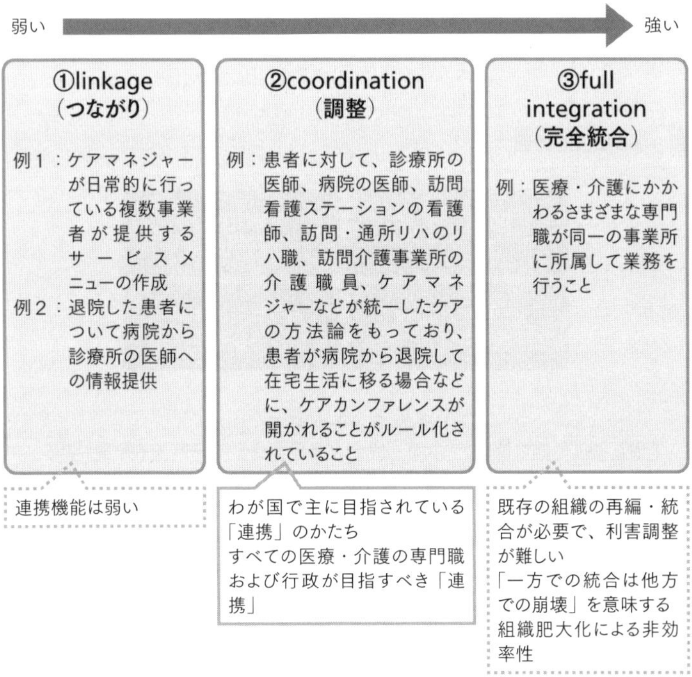

弱い　　　　　　　　　　　　　　　　　　　　　　　　　　　　　強い

①linkage（つながり）	②coordination（調整）	③full integration（完全統合）
例1：ケアマネジャーが日常的に行っている複数事業者が提供するサービスメニューの作成 例2：退院した患者について病院から診療所の医師への情報提供	例：患者に対して、診療所の医師、病院の医師、訪問看護ステーションの看護師、訪問・通所リハのリハ職、訪問介護事業所の介護職員、ケアマネジャーなどが統一したケアの方法論をもっており、患者が病院から退院して在宅生活に移る場合などに、ケアカンファレンスが開かれることがルール化されていること	例：医療・介護にかかわるさまざまな専門職が同一の事業所に所属して業務を行うこと
連携機能は弱い	わが国で主に目指されている「連携」のかたち すべての医療・介護の専門職および行政が目指すべき「連携」	既存の組織の再編・統合が必要で、利害調整が難しい 「一方での統合は他方での崩壊」を意味する 組織肥大化による非効率性

第9章　チェンジマネジメント実行のためのステップ　｜　343

それぞれの会議体のモレとダブリを防ぐための
システム技術の必要性

　わが国の市町村では、いわゆる地域における会議体として、名称は地域によって異なるものの高齢者福祉分野だけでも、地域ケア推進会議、地域ケア個別会議、高齢者支援連絡会、介護保険運営協議会等、多様な協議会が存在している。

　しかも、それぞれの機能が、図 9-3 に示したように、「相互に排他的」で、「完全な全体集合」を意味するようには存在していない。また、これらの会議体がもつ機能が「重複なく・モレなく」「ダブリがなく」「包括性がある」という状況にもなっていない。しかも現状では、関係団体・行政が参画する「会議」は、主に行政の施策に関する議論・決定のみを行う場ととらえられている。このため、協議会は、システムレベルの coordination（調整）の推進という役割を十分に果たせていない[23]。

図 9-3　MECE の図[24]

過不足なく情報を網羅する方法
「相互に排他的な項目」による「完全な全体集合」を意味する言葉である。
要するに「重複なく・モレなく」

　Leutz は、coordination と full integration は、必ずしも、発展段階というものとはとらえず、むしろ、この 2 段階は切り離して考えられるとしており、「既存のシステムによる、サービスや手当の優れた coordination を行うというよりは、full integration のプログ

ラムは、資源を支配し、直接的に管理する新たなサービスや手当を規定する」ものと定義した[13]。

　つまり、coordination は、「各管理者は、緊急システムやほかのシステムの間で手当やケアを協調するために配置される」とされ[13]、多くの場合、「現存のシステムにおける別々の構造」を介して稼動する。したがって、日本がこの段階の integration と、その対象となる患者や、その利用者像を明らかにし、その人数をどのくらいに推定するかといったことは、そのコストを算定する際にきわめて重要な情報となる。

　ここで留意すべき点は、何か新たな組織をつくり出すことが求められているわけではないことである。

　また、linkage の段階は、「軽度・中等度の機能障害をもち、安定した健康・機能状態（つまり、安定性を損ない緊急ケアが必要となることがないような状態）をもつさまざまな人を対象とするサービスの統合、または新しいニーズの識別を行うために最も適切な次元といえる」と説明される[13]ように、日本では、現状としては、**図 9-4** に示すように、linkage レベルの段階といえる。

　そして、今、求められているのは、linkage 段階のつながりでは適切なサービスが提供できない者が、どのくらいの規模で存在す

図 9-4　連携レベルに準じた会議体の形

連携のレベル（強度）

弱い　→　強い

①linkage レベルの会議	②coordination（調整）レベルの会議	③full integration（完全統合）レベルの会議
・構成員は専門職が中心 ・互いの専門的な見解を提示、情報の共有 ・決定権限をもつことはなく、議決した内容に関する責任の所在が不明確 ・議決内容は提案レベル	・構成員は議題に応じて選定 ・情報の共有→議決までのプロセスが明確（ルールに基づいた議決がなされる） ・決定権限と議決した内容に関する責任の所在は会議体がもつ ・議決内容は実行性の伴う提言	・構成員は主催者（行政）が決定 ・情報の提供のみ、議決を伴うことは少なくあくまで議決は確認作業。主催者がすべて統制 ・決定権限および責任はすべて主催者がもつ ・議決内容が政策に直結

多くの自治体で行われている地域ケア会議？

理想的な意思決定プロセス

るかを明らかにすることであり、これを会議体では議論しなければならないのである。

会議を通じた PDCA サイクルの実現

　市町村で実施されている会議における問題は、**図 9-5** のように、Plan には強く関与しているが、具体策の検討・実施までの議論が進まず、実態が把握されていないことにある。

　このような状況をチェンジマネジメントによって是正し、変革するには、例えば、第 11 章で示す松戸市のように階層化された地域での会議において、それぞれが解決すべき課題と、解決した結果、さらには、解決できなかった内容をまとめるための様式を決定しなければならない。

　これは、多くの市町村レベルで具体化している階層化された会議を SoS（System of Systems）ととらえ、これらそれぞれのシステムを機能させるためのシステム技術の 1 つといえる。

　階層の最終となる地域ケア会議に求められる機能と、その機能が発揮された際に明確にされるアウトカムがどのような内容となるかについては、事前に示され、十分に議論する準備をしなければならないのである。

図 9-5 　会議を通じた PDCA サイクルと現状の課題

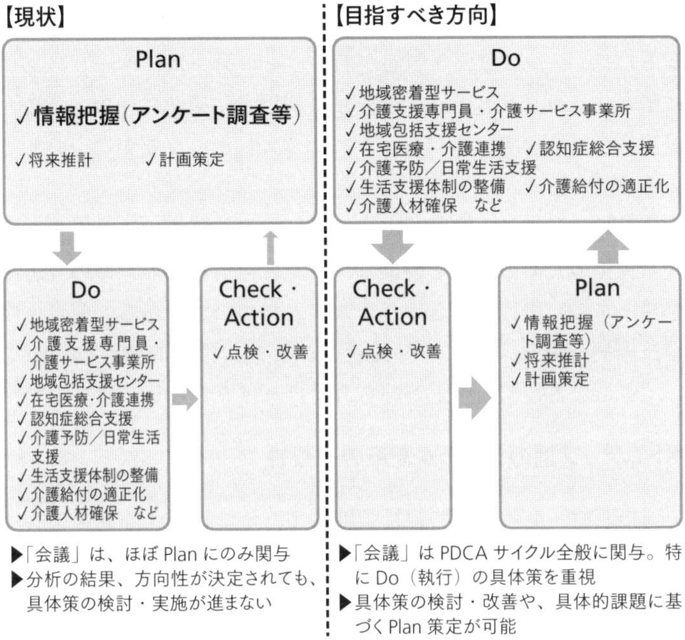

【現状】

Plan

✓**情報把握（アンケート調査等）**

✓将来推計　　✓計画策定

Do
✓地域密着型サービス
✓介護支援専門員・
　介護サービス事業所
✓地域包括支援センター
✓在宅医療・介護連携
✓認知症総合支援
✓介護予防／日常生活
　支援
✓生活支援体制の整備
✓介護給付の適正化
✓介護人材確保　など

Check・Action
✓点検・改善

▶「会議」は、ほぼ Plan にのみ関与
▶分析の結果、方向性が決定されても、
　具体策の検討・実施が進まない

【目指すべき方向】

Do
✓地域密着型サービス
✓介護支援専門員・介護サービス事業所
✓地域包括支援センター
✓在宅医療・介護連携　✓認知症総合支援
✓介護予防／日常生活支援
✓生活支援体制の整備　✓介護給付の適正化
✓介護人材確保　など

Check・Action
✓点検・改善

Plan
✓情報把握（アンケー
　ト調査等）
✓将来推計
✓計画策定

▶「会議」は PDCA サイクル全般に関与。特
　に Do（執行）の具体策を重視
▶具体策の検討・改善や、具体的課題に基
　づく Plan 策定が可能

(3)　連携能力の開発と評価システムの構築

システム変革の 2 つの主要な側面

　複合的な症状を抱える高齢者が増大しつつある先進国では、彼らのニーズに、よりよく応えるような統合サービスを実現するために一刻の猶予もない。地域のサービスイノベーションを支援できるようなヘルスソーシャルケアシステム構築に一日も早く着手し、従来のシステムを変革していかなければならないのである。

　その実現のためには、いずれの国においても、サービス提供システムを評価し、点検しなおし、これをチェンジマネジメントに

第 9 章　チェンジマネジメント実行のためのステップ　｜　347

よって変革していかなければならないと考えられている。

わが国において、このチェンジマネジメントを用いたシステム変革には、2つの重要な側面がある。その第一は、サービスプロバイダー、コミュニティ、サービス利用者に適切に従事することが求められるケアマネジャーという「人」という要素についてである。

第二は、システム変革の実践と進捗状況の評価の実施とこれに続く変化のための戦略を構築し、次々と再構築するための「迅速なサイクル」の仕組みというシステムについてである。前者の要素技術的側面においても、後者のシステム技術的側面においても、さらなる技術の向上が図られなければならない。

ボトムアップ型のシステム変革の必要性

国の医療・介護そして福祉領域にまたがる社会保障システムにおいて、ビジョンの策定やイノベーションの推進という包括的なプロセスと、その再構築の仕組みを、国、都道府県、市町村間で互いの役割を明確にしあいながら、問題点を解決できる仕組みを考えていかなければならない。そのためには、単に国からのメッセージや、自治体における組織の仕組みを変えただけでは、個々の利用者あるいは、患者という「人」の変化を期待することはできないことを、すべての人々が理解しなければならないのである。

たとえ、変革のスケジュールやステップを示しても、そのステップを進める具体的な方法が明確で、これを柔軟に変更できるようなシステムがなければ、仮に国から精緻な変革ステップが示されたとしても、「人」の行動を変えることはできない。

「人」の変革に際しては、これを自らのミッションとして、誰かがはたらきかけなければ動かないし、このような周縁部に位置することになるシステムも動かない。動かないシステムができても、現状は変わらない。とりわけ、トップダウン型の変革は、現

場の抵抗が大きく、無視されてしまうことは少なくない。

　地域包括ケアシステムの構築は、医療や介護、生活支援サービスの提供システムの変革を伴う。このような大きな変化に際しては、単なるシステムの手直しだけで、システム内の「人」を変えることはできない。

　ここでシステムの構成員となる「人」を変える、つまり彼らの行動変容を促すためには、その人自身が自覚的に変化しなければならないという意思を必要とする。おそらく、今回のシステム改革は、これまで人々がもってきた常識を変えることになる。

　そのため、システム改革の最前線となる市町村では、単に情報を発信するだけでは不十分なのである。繰り返し述べているように、このシステム内の人々の現在の姿と変革後の姿をわかりやすく設定した具体的な物語を語ることが求められている。

　そのためには住民の生活を理解するためのコミュニケーション戦略が重要となる。こういったことは、これまでも必要と言われてきたが、今回は、改めて市町村の担当者の、住民の意識やその行動を知る努力は十分であったのかを問い直さなければならないのだろう。

　また、システムの変革を進めるにあたって、多様な関係者それぞれが、異なる「人」の姿を想定していることは少なくない。チェンジマネジメントのプロセスの1つである「状況の設定」や「バリューケースの進展」といった工程は、いわば地域包括ケアシステムの構成員となる住民、利用者という人物像を明確にすることが求められている。

　そして、この人物との1対1のコミュニケーションを想定し、メッセージを盛り込んだ物語を伝えられる能力が問われている。

　ここで物語を必要とする理由は、人々の共感を得ることなしには、システム改革は達成できないからである。設定した人物像に変革に伴う困難を克服する物語を伝えられるかは、このシステムを変革できるか否かの鍵となる。

第9章　チェンジマネジメント実行のためのステップ　｜　349

ただし、共感を得るだけでは、個々人によって、いわゆる変革後の常識の解釈が異なる可能性がある。また、一部の者だけに常識が広がっても組織全体に確実に浸透しなければ、集団の分立を招き、さらなる問題を生み出す土壌となるかもしれない。

住民や利用者の行動変容を図るための基本要素

　そのため、地域包括ケアシステムが求める変革に際して、住民や利用者の行動変容を図るためには、成人が問題解決を図る際の学習に関する4つの特徴を理解しておく必要がある。

　第一に、成人は自分が学ぶことは、自ら、その計画と評価に直接かかわることから、自己概念と学習への動機づけが強固となるということである。

　第二は、失敗を含めた経験が学習活動の基盤を提供してくれるということである。

　第三として、成人は、自分たちの職業や暮らしに直接的に重要と思われるようなテーマについて学ぶことには興味を示すということである。これを学習へのレディネスがあるという。

　第四として、成人は、学習内容中心型ではなく、問題中心型という学習への方向づけがなされていることである[25], [26]。

　これらの特徴から、住民や利用者、そして行政の担当者に対する学習で地域包括ケアシステムがなぜ、自らの生活、職業にとって大事であるかが十分に理解されれば、それぞれの「人」の問題の設定によっては、十分に学習の成果を得ることができる可能性がある。

　昨今、成人学習論や生涯学習といった学習論は、急速に発展してきている[27]が、「何を、いかに教えるか、いかに学習を支援するか」、すなわち、学習者に直接、具体的場面でかかわる講師が、いかに学習を援助するか、教えるかについては、十分な議論がされてこなかった[28], [29]。

　そのため、方法論やその具体については、残念ながら、十分な

状況とはいえない。地方自治は民主主義の学校であると言われてきたが、改めて行政も住民も初心に戻り、再学習をすることが必要なのであろう。

第10章および第11章で地域包括ケアシステムにおけるmanaged care の先駆的事例として紹介する自治体でも、住民参加に際しての学習のあり方は、手探りの状況である。これは、地域創生にかかわる施策をいかに住民へ周知すべきかが大きな課題となっているように、今後の自治体行政における新たなテーマといえる。

［引用文献］
1) Goodwin N, Shapiro J.（2001）. The road to integrated care working. Health Services Management Centre,University of Birmingham
2) WHO Regional Office for Europe. Roadmap "Strengthening people-centred health systems in the WHO European Region". Copenhagen 2013: WHO Regional Office for Europe
3) Stein, V., Barbazza, E., Tello, J. & Kluge, H.（2013）. Towards people-centred health services delivery: a Framework for Action for the World Health Organisation（WHO）European Region. International journal of integrated care, 13（4）.
4) Kotter, J. P.（1996）. Leading Change Harvard Business School Press. Boston, MA.
5) World Health Organization.（2015）. WHO global strategy on people-centred and integrated health services: interim report. Genova: World Health Organization.
6) Confederation, N. H. S.（2011）. The joint strategic needs assessment: a vital tool to guide commissioning. London: NHS Confederation.
7) Tichy, N.（1985）. Strategic approaches, in E Huse and T Cummings（eds）Organisation Development and Change, St Paul: West Publishing
8) Timmins, N. & Ham, C.（2013）. The quest for integrated health and social care: a case study in Canterbury, New Zealand. Kings Fund.
9) Goodwin, N.（2015）. Managing Change Towards Co-ordinated/Integrated Health Services Delivery, WHO Regional Office for Europe, Unpublished Report, November 2015
10) World Health Organization.（2015）. WHO global strategy on people-centred and integrated health services: interim report.Genova: World Health Organization.
11) National Voices; National Collaboration for Integrated Care and Support 2013
12) Perri, P., Goodwin, N., Peck, E. & Freeman, T.（2016）. Managing networks of twenty-first century organisations. Springer.
13) Leutz W.（2005）. Reflections on integrating medical and social care: five laws revisited, Journal of Integrated Care, 13（5）: 3-12
14) Goodwin, N.（2013）. How do you build programmes of integrated care? The need to broaden our conceptual and empirical understanding. International journal of integrated care, 13（3）.
15) Roussos S, Fawcett S.（2000）. A review of collaborative partnerships as a strategy for improving community health, Annu Rev Public Health, 21（1）:369-402
16) Weiner B, Alexander J（2000）. The challenges of governing public-private community health partnerships, Health Care Manag Rev, 23（2）: 39-55
17) Bell J, Kaats E, Opheij W.（2003）. Bridging disciplines in alliances and networks: in search for solutions for the managerial relevance gap, Int J of Strategic Business Alliances, 3（1）: 50-68
18) The Better Care Fund's Guide on How to Lead and Manage Better Care implementation, Available at:http://www.england.nhs.uk/wp-content/uploads/2015/06/bcf-user-guide-01.pdf.
19) Ham, C.（2011）. 'The NHS needs to avoid the wrong kind of integration. Health service Journal.
https://www.hsj.co.uk/comment/the-nhs-needs-to-avoid-the-wrong-kind-of-integration/5035022.article
20) Valentijn P., Vrijhoef B., Ruwaard D., de Bont A., Arends R., Bruijnzeels M., Exploring the success of an integrated primary care partnership: a longitudinal study of collaboration, BMC Health Services Research, 2015, 15（1）:32
21) Raleigh, V., et al.（2014）. Integrated care and support pioneers: indicators for

measuring the quality of integrated care. Final report. London: Policy Innovation Research Unit; 2014

22) Ashton, T.（2015）. Measuring health system performance: a new approach to accountability and quality improvement in New Zealand. Health Policy, 119（8）, 999-1004.

23) 草野哲也. 医療・介護・市町村行政の参画による会議を通じた地域包括ケアの推進. 日本在宅医学会 20 回大会. 講演資料.

24) 照屋華子, 岡田恵子（2001）. ロジカル・シンキング――論理的な思考と構成のスキル. 東洋経済新報社. 57.

25) Knowles, M. S.（1970）. The Moderm Practice of Adult Education: Andragogy Versus Pedagogy（p. 43）. New York: Association Press.

26) M・ノールズ. 堀薫夫, 三輪建二監訳（2002）. 成人教育の現代的実践――ペダゴジーからアンドラゴジーへ. 鳳書房.

27) 米岡裕美（2011）. 京都大学生涯教育学. 図書館情報学研究. 10: 75-84.

28) 上杉孝實（2009）. 職員論の特徴と課題. 日本社会教育学会編. 学びあうコミュニティを培う――社会教育が提案する新しい専門職像. 東洋館出版. 125-126.

29) 渡邊洋子（2002）. 生涯学習時代の成人教育学――学習者支援へのアドヴォカシー. 明石書店. 25-26.

第10章

わが国における
チェンジマネジメントによる
地域包括ケアシステムの構築
の実際

第 1 節

駒ヶ根市における組織的統合による
入退院支援モデル
──セルフマネジメント支援を核としたチェンジマネジメント

(1) セルフマネジメント支援を核とした
    managed care の推進

国際的な文脈からみた「セルフマネジメント」推進の
社会的背景

　第 1 節で紹介するチェンジマネジメントの事例は、長野県駒ヶ根市における脳卒中患者へのセルフマネジメント支援である。

　国際的には、セルフマネジメントは、高齢者の自立した生活の促進、高齢者の幸福や生活の質をよりよくするものと考えられている[1], [2]。また、高齢社会では、人々のセルフマネジメント[注1]能力の向上なしには、質の高い医療・社会サービスの提供はできないと考えられている。

　セルフマネジメント支援を施策化し、1990 年代から、積極的に進めてきたイギリスの当初の目的は、より個人を重視したサー

354 　第 4 部　地域包括ケアシステム推進のためのチェンジマネジメントとその展開

ビスを提供し、（国庫負担の軽減など）経済的利益を生み出すことであった。つまり、イギリスでは、セルフマネジメントの導入なしには、医療や社会サービスのコストの増大を適正化できないことが指摘されてきた[3]。このように、セルフマネジメント推進施策には、常にサービスコストに関する問題が内在してきた。

日本と同様、イギリスは、2010年以降、60歳以上の高齢者の割合が人口の20%以上となり、超高齢社会となった。特に75歳以上の高齢者数の急激な増加[4]は大きな課題ととらえられている。

また、イギリスの国家統計局は「1981年から2002年の間に、イギリス国内の人々が不健康な状態で生活したと予測される年数は男性では6.4年から8.8年、女性では10.1年から10.6年に増加した」と報告している[5]。一方で、75歳までに、すでに40%を超える男女が慢性疾患に苦しんでいる[5]との指摘がされ、長寿化は必ずしも健康寿命の長期化と一致しないと考えられている。

イギリスの国民保険サービス改善計画（NHS Improvement Plan）によると、21世紀のはじめまでは、65歳以上の高齢者は国民保険サービス予算の40%を占めていたにすぎなかったにもかかわらず、今日のプライマリケアではGP（かかりつけ医）の診療業務の約80%が慢性疾患患者のために行われているという[6]。すでに彼らにかかわるサービス支出は、約50%を占めるようになった[1]。これは、二次医療では、その数値はさらに高まり、日本と同様、ほぼ3分の2の緊急入院や病院用ベッドが65歳以上の高齢者によって利用されている。

この状況をふまえて、イギリスでは、高齢者に対するサービス

注1）本書では、「セルフマネジメント」という用語を優先的に用いた。これは、個人その他が実現しうる最大限の生活の質を維持するため、慢性疾患の症状を緩和する活動のことである。また、「セルフケア」は、健常者とあまりそうでない者の両者が行うより広範囲の行動を指し、疾病や身体障害の発生の防止、また、セルフマネジメントと同様に生活の質を維持という目的で行われる活動の総称であり、定義そのものは明確とはいえない。個人とセルフマネジメントについて話をする場合、人々の生活環境、人々の行動に影響する要素に注意する必要がある。

レビュー[1] のなかで、国民保険サービスや地方自治体が健康的で活動的な生活を促進するためのアクションについて、以下の4つの分野が特定された。①発病の予防と抑制、②疾患や身体障害の影響の軽減、③健康的生活に対する障害の特定、④より健康的なコミュニティを発展させるためのパートナーシップ、である。ただし、これらはあくまで主な取り組みであり、国民のサービス利用に際しての態度やセルフマネジメント力の向上といった根本的な改革が前提になると考えられている。

前述したイギリスの状況と同じく、日本でも長寿化と健康寿命の延伸は、必ずしも同じように進んでいるとはいえないし、後期高齢者にかかる医療のあり方や、その財源は常に問題とされてきた。

ただし、これらの課題は、日本やイギリス等の先進諸国に限られるものではなくなっており、ASEAN諸国をはじめ、多くの中進国や開発途上国もまた、近い将来に高齢社会が到来する（**表10-1**）。したがって、これらの国においても慢性疾患患者の増加の影響により、すべての社会で新たな形態の医療サービスを適応させる必要性に直面しているといえる。

国内外におけるセルフマネジメントの推進

わが国は、生活習慣病への対応に際しては2000年から「21世紀における国民健康づくり運動（健康日本21）」を実施し、がん、心臓病、脳卒中、糖尿病などの生活習慣病を予防するための行動を国民に促してきた。長期の悪しき生活習慣によって発病するとされる、これらの疾病への対応として最も重要なのは、若年期から、よい生活習慣を身につけるというセルフマネジメント力の向上であるとされている。

このため厚生労働省では、健康施策を充実させ、例えば、地方公共団体レベルでの健康増進計画の策定や関連学会、関連企業等も含めての健康づくり施策を展開してきたが、2011年10月に示

表 10-1　ASEAN の高齢者数と高齢比率（2035 年の高齢者数降順）

		2015 年	2035 年	CAGR ※
中国	65 歳以上人口（千人）	135,179	299,180	4.1%
	高齢化率（%）	9.7	20.9	―
インドネシア	65 歳以上人口（千人）	13,154	29,643	4.1%
	高齢化率（%）	5.1	9.7	―
ベトナム	65 歳以上人口（千人）	6,311	15,990	4.8%
	高齢化率（%）	6.7	14.7	―
タイ	65 歳以上人口（千人）	7,253	15,790	4.0%
	高齢化率（%）	10.6	22.8	―
フィリピン	65 歳以上人口（千人）	6,560	14,654	4.1%
	高齢化率（%）	13.0	27.8	―
ミャンマー	65 歳以上人口（千人）	2,787	5,899	3.8%
	高齢化率（%）	5.3	9.8	―
マレーシア	65 歳以上人口（千人）	1,801	4,214	4.3%
	高齢化率（%）	5.9	11.0	―
香港	65 歳以上人口（千人）	1,103	2,315	3.8%
	高齢化率（%）	15.2	28.5	―
シンガポール	65 歳以上人口（千人）	647	1,722	5.0%
	高齢化率（%）	11.7	26.6	―
カンボジア	65 歳以上人口（千人）	639	1,535	4.5%
	高齢化率（%）	4.1	7.8	―
日本	65 歳以上人口（千人）	33,293	37,642	0.6%
	高齢化率（%）	26.0	31.8	―

超高齢社会	高齢化率 21% 以上
高齢社会	14% 以上
高齢化社会	7% 以上

※ CAGR（Compound Average Growth Rate：年平均成長率）注 2)

注 2）年平均成長率は、複数年にわたる成長を示す経営学の指標。企業等の財務分析や投資判断をする際に用いられる。

された最終評価の公表では、「目標値に達した」か「目標値に達していないが改善傾向にある」と示されたのは6割にすぎなかった。これは健康日本21の目的である「社会からみると病気や障害による社会的な負担を減らし、国民の健康寿命を延長して、活力ある持続可能な社会を築くことにある」がいかに困難な道程かを示しているともいえるが、残念ながら、わが国の健康施策は、イギリスに比較するとセルフマネジメント力を向上させるような施策は、これまで十分ではなかったといえよう。

　前述のように、イギリスでは国民保険サービス改善計画や、これに続くナショナルサービスフレームワーク（National Service Frameworks）において、患者個人だけでなく、その家族や介護者にまでも踏み込み、健康を維持するための患者やその家族の役割を強調してきた。

　こういったアプローチは、Wanless Reports[7]で示され、医療サービスへの投資を増やすことは、「完全にかみ合ったシナリオ（fully engaged senario）」でのみ最適であり、このほかには選択されないとされた。この背景には、Wanless に示されたように、「自らの健康に対して、最終的な責任を負うのは個人であり、最終的な責任を負うのは、個人の行動の集積である」[8]と考えられているためである。

　一方、日本では、セルフケア、セルフマネジメント力を前提に、健康維持や改善に個人の責任を問うという考え方はそれほど一般的ではない。

　例えば、イギリスの Sure Start to Later Life といったプログラム[9]では、高齢者をより広い文脈でとらえる必要性が強調され、個人のケアマネジメントを適正化するために個人的予算をも割り当てると示されている。すなわち、余暇、学習、ボランティア活動を指す「社会との関係」の構築や、孤独感、事故の予防のための「住宅」、犯罪や良質な地方交通機関に関連した安全性に対するソーシャルキャピタルとしての「地域」を改善するための予算

は、個人の自律性を保持するために重要との認識が基本的に存在しているのである。

このような考え方は 2015 年 9 月に厚生労働省が取りまとめた「新たな時代に対応した福祉の提供ビジョン」にも書かれ、昨今、さかんに取り上げられている「地域共生社会[10]」と同じ文脈にあるともいえるが、その具体は大きく異なっている。わが国の自治体施策でセルフマネジメントを基盤とした事業は、ほとんどない。

したがって、ここで紹介する駒ヶ根市の脳血管障害を併発した患者を対象としたセルフマネジメント支援施策の推進はきわめて稀な例といえる。

これは、日本の多くの市町村と同様、医療や介護サービス資源が潤沢でなく、しかも人口も減少しつつある人口 3 万人前後の小規模な自治体における managed care 機能を強化するためのチェンジマネジメントの例として、重要な知見を提供している。

(2) 脳卒中患者に対するセルフマネジメント支援の実施とその効果
——組織的統合による入退院支援

駒ヶ根市での先駆的なチェンジマネジメントの試みを第 9 章の第 1 節で示したチェンジマネジメントのステップに沿って説明する。

①ニーズアセスメントおよび②状況分析、③バリューケースの進展

駒ヶ根市は、長野県の南信の上伊那という二次医療圏の 8 市町村の 1 つで過疎化と高齢化が進展しつつある地域である。人口は 3 万 3226 人で、高齢者人口が 9699 人（高齢化率 29.2％）で要介護認定率は 14.4％である。

医療圏は諏訪医療圏、上伊那医療圏、飯田市にある下伊那医療

圏の3つに分かれ、上伊那医療圏には伊那中央病院（伊那市）があり三次救急を担っている。

駒ヶ根市にある昭和伊南総合病院は上伊那医療圏の南側にあり、4市町村の組合立病院である。この病院は、全293床で病院機能としては、実働ベースで一般急性期病床が約180床、回復期病棟が35床、2017年10月からは、地域包括ケア病棟も32床開設された[注3]。

駒ヶ根市のチェンジマネジメントは、**図9-1** (p. 324) の③バリューケースの進展によって特徴づけられる。市の介護保険担当者は、②状況分析によって、要介護高齢者の要介護状態になった原因疾患として、脳血管障害が20%とかなり高い割合を示していることを駒ヶ根市民や医療介護福祉関係者に公開した。

同時に、市の担当者は、2014年10月〜2015年9月の昭和伊南総合病院の年間の脳卒中入院数は224例であったが、このうち再発例が46例（20.5%）と多いこと、しかも、この46例のうち、1年以内の再発が14例（30.4%）もあることを発見した。さらに、この再発は、**表10-2**に示したように、要介護度を重度化させる要因となっていることを市民や医療介護福祉関係者らに気づかせた。

以上のような状況分析から、駒ヶ根市では、脳卒中で入院して、退院した患者をバリューケースとし、これらのセルフマネジメント力を高める事業を実施することにしたのである。

④ビジョンとミッションのステートメント

先にも述べたとおり、駒ヶ根市におけるチェンジマネジメントのプロセスで最も重要だったのは、状況分析により、脳卒中の再発患者が多いことを発見したことであった。これによって、脳卒

注3）届出としては一般病床300床。このうち、急性期233床（HCU12床）、回復期病棟35床、地域包括ケア病棟32床（引用：伊南行政組合病院事業昭和伊南総合病院新改革プラン（2017年度〜2021年度）p.3参照）

表 10-2　2016年度駒ヶ根市における脳血管疾患の再発による要介護度の変化[11]

	変更申請前（％）	変更申請後（％）
要支援 1	34	7
要支援 2	0	0
要介護 1	20	13
要介護 2	33	7
要介護 3	13	13
要介護 4	0	33
要介護 5	0	27
合計	100％	100％

中患者の再発防止をビジョンとして設定し、この再発防止に関するミッションを設定することを決めることができた。

　そして、市は、これらの再発患者をセルフマネジメント支援により、減少させることをミッションとした。さらに、このミッションの遂行のために、市内に位置する組合立病院との連携を図ることが最も有効との結論に達した。これは、駒ヶ根市内で脳卒中の発症患者の搬送先は、ほぼ昭和伊南総合病院の脳外科であることが状況分析から、明らかにされていたからである。

　しかも院長が脳外科を専門としており、このミッションの重要性を理解してもらえたことで、院長と脳外科の医師、院内のスタッフと協働するチームを発足させることが比較的容易にできた。これらの要件は、ビジョンとミッションステートメントの達成に大きく寄与した。

　駒ヶ根市では、入院中から、脳卒中の再発防止というミッションのための患者へのセルフマネジメント支援を実施することを市役所と病院と地域の介護サービス事業者とによるセルフマネジメント支援チームの規範的統合とした。

　その際に、市は病院に対して、脳卒中患者の再発率の分析を再

第10章　わが国におけるチェンジマネジメントによる地域包括ケアシステムの構築の実際　｜　361

度依頼している。これは、当時、病院側が正確に脳卒中患者の再発率を把握していなかったからである。

結果的に**図10-1**で示されるような高い再発率を病院側が改めて認識することは、市がセルフマネジメント支援事業を実施するにあたって、きわめて重要だったといえる。

⑤戦略計画、⑥相互利益の確保、⑦コミュニケーション戦略

駒ヶ根市では、病院側に再発率30.4%という自らのデータを示させることで、病院側と脳卒中患者の予後に関する問題を共有した。これにより自治体、患者、患者の伴走者となる居宅介護支援事業所あるいは、かかりつけ医等の医療や介護にかかわる専門職が実際に何をやるのか、やるべきなのかを議論することができるようになった。

特に患者が自らの血圧管理をすることや食事や運動といった生活のマネジメントが必須となった。このことは、病院のスタッフらがこの支援を病院内だけで完結できないことを認識するきっかけとなった。

ここで初めて、病院は地域のヘルスケアシステムにかかわる人材との協力体制が必要であることがわかったのである。つまり、再発を防ぐためには、患者のセルフマネジメント力の向上が前提となること。しかし、そのためには、病院と地域の多職種が協力して、患者の血圧管理をはじめとする医療や看護サービスだけでなく、生活を維持するための生活支援サービスが必須であることをようやく病院のスタッフは実感できたのである。そして、求められるサービスには、どのような人々がかかわらなければならないかを病院と地域の専門職との間で1つずつ明らかにしていった。

駒ヶ根市では、この職種別の行動を見える化し、患者のセルフマネジメント支援を実行するための文書として、それぞれの役割を示す簡易な表をつくり、臨床現場の人々との話し合いによっ

図 10-1 昭和伊南総合病院（2014 年 10 月〜2015 年 9 月）脳卒中再発例[12]

て、その内容を精緻化していった。

　これは、セルフマネジメント支援は、いずれかの組織、ケアマネジャーだけ、あるいは患者だけというように、どこかの組織単体や個人だけでは達成できないことを示すことを理解させるためのドキュメントとなった。また、このように見える化された文書が作成されたことで、病院の地域連携室や看護部から協力は得やすくなったという。

　表 10-3 は、縦軸に病院、自治体、伴走者、内科かかりつけ医、本人・家族を、横軸に、入院時から入院中のステップと退院前、退院後という形で、それぞれがどういった役割を担うのかを経時的に見ることができる様式となっており、いわばチェンジマネジメントにおける戦略計画と同様の内容を示している。

　ここに示された文書には、患者の経過を示すパスが示されている。この文書には、セルフマネジメントを実施するための計画や、サービス提供に従事する組織内や組織間で共有されるべき業務が工程管理できるようになっている。つまり、目標と成果の達成に必要な行動やパートナーシップを成立させるための意思疎通にも用いることができる文書となっている。

　駒ヶ根市が作成した戦略計画は、チェンジマネジメントの⑥相互利益の確保の条件がわかるように、駒ヶ根市の担当者、昭和伊

表 10-3　駒ヶ根市におけるセルフマネジメント支援実施フロー[13]

	入院時	入院中（STEP1）	入院中（STEP2）
病院	□1　脳卒中入院患者全例を対象に、「第1段階」の説明と同意を得る。 □2　「第1段階」の結果を市担当者に報告する。	□4　「病院チーム」でモデル事業候補者を抽出する。 □5　候補者に対し、再発のリスクとセルフマネジメント（以下、「SM」という。）の必要性に関する「病状説明」を行う。 □6　候補者を市担当者に報告する。 〈モデル事業候補者〉 第1段階の情報提供に同意した65歳以上の軽症者。 要介護認定非該当～要介護2程度まで。	□12′伴走者からの聞き取りに対し、情報提供を行う。
自治体（地域包括） 主任ケアマネ	□3　「第1段階」の名簿作成を行う。	□7　モデル事業候補者に対し、モデル事業の説明と同意を得る。（第2段階） □8　「第2段階」（モデル事業対象者）の名簿作成を行う。 □9　必要に応じて、介護保険の申請を受け付ける。 □10　伴走者を決定する。 　　要介護認定非該当 　　　　　　（地域包括） 　　要支援1・2 　　　　　　（地域包括） 　　要介護1・2 　　　　（居宅ケアマネ）	□11　病院担当者と連携して、伴走者の情報収集日を調整する。
伴走者 地域包括 居宅ケアマネ			□12　様式⑦「情報聞き取り表」を用いて、病院チームから情報を収集する。 ・入院時の所見（重症度等） ・（□5の）病状説明の結果 ・退院の見込みについて □13　様式⑧「病状セルフチェック表」を用いて、本人（家族）から聞き取る。 〈セルフチェックの3つの視点〉 ・疾患の理解 ・悪化因子の理解 ・予防の方策
内科 かかりつけ医			
本人・家族	□　「第1段階」に同意する。	□　「第2段階」に同意する。 □　必要に応じて、介護保険の申請を行う。	□　伴走者からの聞き取りに答える。

364　｜　第4部　地域包括ケアシステム推進のためのチェンジマネジメントとその展開

入院中（STEP3）	退院前（STEP4）	退院後（STEP5）	退院後（STEP6）
	□15' SMプラン（案）について、必要なアドバイスをする。		
□14' 伴走者のプラン作成を支援する。	□14' 伴走者のプラン作成を支援する。	□17 退院時カンファレンス	□21' 伴走者からの報告をもとに、名簿管理を行う。 必要に応じて、伴走者支援や、サービス担当者会議等に出席する。 □22 対象者が脳卒中再発（入院）した際は、必要な手続を関係者に伝える。
□14 様式⑧を踏まえ、以下3つのSMプラン（案）を作成する。 様式⑨ 居宅サービス計画書 様式⑩ セルフマネジメント確認表 様式⑪ 健康管理表 様式⑨・⑩・⑪〈「予防の方策」の具体化〉 ・受診、服薬に関すること ・血圧管理に関すること ・体重管理に関すること ・喫煙、飲酒に関すること ・食事に関すること ・運動に関すること ・睡眠に関すること	□15 作成したSMプラン（案）を、病院・かかりつけ医に提示して、アドバイスを受ける。 □16 SMプランが完成する。		□20 月1回、様式⑩・⑪の内容を本人（家族）に確認する。 プランが継続できるよう、声掛け・支援を行う。 必要に応じて、プランの見直し等を検討する。 □21 月1回、モニタリングした結果（様式⑩・⑪）を、かかりつけ医及び市担当者に報告する。 □23 モデル事業終了時に、様式⑧を用いて、状態の変化を確認する。
	□15' SMプラン（案）について、必要なアドバイスをする。		□21' 伴走者からの報告を受けて、必要なアドバイスをする。
□ プラン（案）の作成にあたり、意向を伝える。	□16' SMプランを確認する。 様式⑨・⑩・⑪	□18 自宅で様式⑪を記入する。 □19 かかりつけ医に受診する。	□20' 月1回、伴走者からの聞き取りに答える。

南総合病院の関係者、地域のかかりつけ医、介護事業所での話し合いのもとで、随時、変更されながら完成した。

このセルフマネジメント事業に参加した人々は支援する高齢患者の経過を示すパスがどのような状況にあるかを、このドキュメントによって把握することができるようになった。つまり、コミュニケーション戦略としても、このパスを用いて自治体の担当者による工程管理がなされたということであろう。

Picker Institute[14) による研究では、セルフマネジメントの知識、自信、スキルは年齢とともに低下するという。この部分的な説明としては、終末期が近づくにつれ健康状態が不調になっていくという事実がある。だからこそ、支援が必要とされるわけだが、高齢者の自らの健康状態に対する評価は若年層と比べ低く、慢性疾患を1つ以上抱えていると、この割合は高くなるという。さらに、高齢者は、インターネットといった媒体でなく、直接、自らのGP（かかりつけ医）などに会って健康に関する情報、支援、アドバイスを受けることを望んでいることが多いとされる。

これらのことに鑑み、今回のセルフマネジメントの対象となった高齢患者らは、昭和伊南総合病院の主治医から市に、患者の情報提供書が提出され、その後、市の担当者が患者へ説明するという手続きが丁寧になされた。なお、この情報提供書のなかには、病院側としてのセルフマネジメントの必要性や、すでに、病院内でのカンファレンスで、患者・家族にセルフマネジメントに関する説明がされたか、といった病院側からのアクションの情報が示されている。この過程は、病院と駒ヶ根市との連携にも寄与した。

駒ヶ根市における事業の成果は、**表 10-4** に示したように 2017年9月末現在、モデル事業に参加した8名（退院後8〜21か月経過）のうち、再発・再入院者は、わずか1名であったことからも明らかである。さらに、2018年には、14名の患者がセルフマネジメント支援を受けたが、全員、居宅での生活が継続できてお

366 ｜ 第4部 地域包括ケアシステム推進のためのチェンジマネジメントとその展開

表 10-4　セルフマネジメントモデル事業参加者の退院後の再発・再入院の状況[15]

	2015 年度						2016 年度												2017 年度		
	10月	11月	12月	1月	2月	3月	4月→	7月	8月	9月	10月	11月	12月	1月	2月	3月	4月→	7月	8月	9月	
A さん（自立）	入	退																		
B さん（要支援 2）	入		退																	
C さん（要介護 1）	入				退															
D さん（自立）								入	退											
E さん（要介護 2）								入	退											
F さん（要支援 2）									入	退										
G さん（要介護 2）								入					退	再						
H さん（自立）														入	退					

退院後 12 か月の期間

り、セルフマネジメント支援は、一定の成果が示されたといえよう。

　駒ヶ根市は、当地域の中核的な医療機関と介護事業所等とのコーディネーションレベルの連携を実現するとともに、これら連携する協働体を介護保険制度の保険者である市町村が中核となってコーディネーションするというシステム（このシステムは、「セルフマネジメント支援システム」ともいうことができる）をつくった。今日、わが国には、セルフマネジメントを核とした組織的統合を実現した地域はほとんどない。

　この事業では、保険者である自治体による「バリューケース」の発見という行動が中心にあった。さらに、これらのケースにとって、最も有用なサービスとして、セルフマネジメント支援を設定したことにも先見性があった。しかも、この連携のプロセスを可視化したドキュメントの作成とともに、高齢者へのセルフマ

ネジメントへの効果をも明らかにしたことは重要な知見といえよう。今後、他の小規模な自治体がセルフマネジメント支援を事業化するにあたっても、駒ヶ根市の例は参考となるものと考えられる。

⑧実施と慣行化

最終段階として、駒ヶ根市は、昭和伊南総合病院と、より密接な連携を図ることを目指し、病院の「地域包括ケア病棟」開設にあわせて、2016年2月に病院内に医療介護連携室を新設し、①介護保険の相談受付、②福祉サービス等の紹介、③介護保険の申請受付、④プラン作成者の決定、⑤MSW（医療ソーシャルワーカー）にプラン作成者を報告、⑥介護保険の相談や申請、認定調査等を受付・実施する担当者として、市の職員（主任ケアマネジャー）を配置した。

これは、駒ヶ根市において、医療と介護サービス提供に際しての組織的統合がなされたことを示している。この医療介護連携室の設置によって、病院であっても患者やその家族から退院後の介護や生活支援に関するサービス等の相談を受けても速やかに対応することが可能となった。また、ケアマネジャーや、保健師が病院内のカンファレンスに参加することが容易になり、退院支援にもかかわることができるようになった。

このほかにも病院の医療介護連携室から介護保険対象者だけでなく、「要介護認定前の介護予防対象者」が地域包括支援センターにつながるきっかけとなったという。これは、従来の「介護保険制度が必要だから、市役所に行く」から、介護給付を受けずに、予防を重視することで脳卒中の再発・重症化予防が実現できることを、この医療介護連携室で明らかにしたといえる。行政担当者にとっては、この医療介護連携室は、介護になる前段階の人々とのつながりの希薄さを是正できる場となった。

また、医療介護連携室は退院前指導を充実させ、再び地域に戻

り、在宅での再発・重症化予防管理ができる体制づくりを関係者とともに進める場としても重要な役割を担うことになった。

　駒ヶ根市では、このようにチェンジマネジメントにおける、ほぼ最終段階の行動である⑧実施と慣行化が達成されたのであった。

(3) 自治体、医療機関、介護事業所間の組織的統合によるセルフマネジメント支援の推進

先行研究から示されるセルフマネジメントの影響と課題

　わが国では、駒ヶ根市のような取り組みはほとんど実現されていないが、先行研究における文献レビュー[16), 17)]からは、国際的には慢性疾患のセルフマネジメントに関する政策主導の活動や介入は急速に増加している。

　例えば、イギリスのEPP（Expert Patient Program）[注4)]は、介入のアウトカムの影響規模は大きくないにせよ、費用対効果のある介入ということも示されるようになってきた[18)]。ただし、同チームによれば、質的評価により、前述のEPPの参加者の多くが経験についてプラスの意思表示をしたが、慢性疾患にどう影響があったかを詳述できるものは少なかったという[19)]。

　Kennedyらは、セルフケア・セルフマネジメントへの「全体的なシステムアプローチ」を行うには、医療・社会ケアサービスのすべてのレベルで改革を行う必要があると主張している。これは同時に、政策目標に必ずしも沿わない高齢者の期待や態度を改革

注4）EPP（Expert Patient Program）は、イギリスで2001年より開始されたプログラムで、慢性的な症状をもつ患者自身が自らの疾病を自己管理するための目標設定や技術訓練などを行い「素人専門家（レイエキスパート）」を育成する6週間のコースで、患者歴の長い指導員が患者歴の比較的浅い患者をリードするという形式をとっている。運営事務に至るまで基本的に患者自身が行うなど、「素人主導」を徹底している。

第10章　わが国におけるチェンジマネジメントによる地域包括ケアシステムの構築の実際　｜　369

していくという意味もある。

　先行研究でも示唆されてきた[20]ように、高齢者にとってコミュニティ内の日常的なネットワークや資源が特に重要なのは明らかである。前述したイギリスのEPPのような取り組みをコミュニティ内の日常的なネットワークや資源へ統合するといったことは、実はほとんど行われていない。

　このため、高齢者にとっては、コミュニティ内の日常的なネットワークや資源の効用性は制限されており、これに加え、患者が自らの健康状態を監視、管理することを目的とした医療従事者による見守りやガイダンスも欠落することが少なくないという[16]。

　特に、患者サポートの発展の妨げとなるこれらの要因については、より深い理解が必要である。高齢者がかかりつけ医のような人たちとの関係を大事にしているということを考慮すると、医療従事者による見守りやガイダンスは有用であろう。また、代替的サポート資源（例えば、地域の薬剤師を薬剤使用における重要な存在とすることなど）がより基準に合ったものとなっているか否かについても検討すべきと考える。

　駒ヶ根市のセルフマネジメント支援でも患者本人が血圧管理を行っているが、この結果とその血圧値の意味について、患者自身が十分に理解しておかなければならないため、いわゆる患者に対する成人教育のあり方をどうすべきかについては、これからの大きな課題である。

　また、かかりつけ医は、患者の理解の程度によって、どのような指導を行うべきなのかを明確にしておかなければならない。あるいは医師だけでなく、血圧測定の意義やこの正確な値をチェックする体制として、薬局等も含めてのより重層的な取り組みも検討すべきであろう。この点に関しては、すでに、駒ヶ根市内の14の保険薬局との連携が検討されており、さらなる臨床的統合が図られる予定であるという。

　以上のような取り組みや、これにかかわる課題は、いわゆる医

療保険や介護保険制度によるフォーマルなサービス提供者のみが、慢性疾患を抱えた高齢者へのコミュニティ内の日常的なネットワークや資源ではなく、さらに幅広い関係者間の連携を想定すべきものであることを改めて認識させる。

セルフマネジメント支援の対象選定をめぐる今後の課題

ソーシャルキャピタルの概念[注5]に基づけば、社会ネットワーク（家族、友人、隣人）の重要性だけでなく、地域組織、地域活動への会員となったり参加したりすることはきわめて重要とされている[22]。したがって今回、駒ヶ根市が作成した**表10-3**の中に本人・家族のパスが示され、患者の経過をみながらセルフマネジメント支援を受ける高齢患者の役割が示されたことは重要である。

また、健康状態にもたらす影響要因としては、経済状況、サービス供給、住宅供給、安全性なども含まれる[23]。これらの要因は重要ではあるが、患者の健康管理の仕方や、適切なサポートが利用可能か否かにも大きく影響されることがわかっている[24]。

すでに社会資本の水準がセルフマネジメントを取り巻く信用、活動、アウトカムとどのように関連しうるかについての研究も実施されつつある。特に、介入研究では、慢性疾患に対するセルフマネジメントにおいて、社会サポートが果たす役割は重要とされている。しかしながら、セルフマネジメント、コミュニティ内の日常的なネットワークや資源との関係性については、いまだ十分に明らかにされているとはいえない。

また、非専門家が自らの症状の自己管理に積極的に介入しているというかどうかを調査している研究や、日常的なセルフマネジ

注5）ソーシャルキャピタルという概念については依然さまざまな議論が行われており、その明確な定義に関しては、一般的な合意が存在しているというわけではないが、パットナムの定義によると「人々の協調行動を活発にすることによって社会の効率性を高めることのできる、『信頼』『規範』『ネットワーク』といった社会組織の特徴」とされ、互酬性の規範と市民の積極参加のネットワークから社会的信頼が生じる可能性を指摘し、さらに、いずれかが増えるとほかのものも増えるといったように相互強化的であると主張している[21]。

メントを示す研究がほとんどないことも課題である。

さらに、セルフマネジメント支援をどのように展開するかという戦略について研究をしているほとんどの内容が専門職による評価をベースとしているため、実際の生活環境との差異が大きいことも課題となる。

これまでの多くの研究では、自ら志願した参加者で構成された介入を対象としているため、志願者にはすでに動機があり、積極的に取り入れる態勢ができていた。このことは、対象者の選定をいかに行うべきかという課題があることも示している。

駒ヶ根市においても対象者の選定に際しては、病院入院中から、看護師やケアマネジャー等による積極的なアプローチによって、セルフマネジメント支援を実現してきたとされており、一般的には、患者が自ら、これを行う動機は乏しいと推察される。

日常的環境でのセルフマネジメントに関しては、患者をはじめとする一般の住民には、現状ではほとんど情報がなく、また個人・社会・医療制度といった（プラス・マイナスどちらの）影響要素に関する情報もない状況にある。

今後のセルフマネジメント支援にかかわる研究は、前述したように、こうした患者側の知識のギャップを埋めていくような成人教育体制の構築も視野に入れなければならないだろう。

第 2 節

岡山市における規範的統合による
介護サービスの質の向上
—— 「デイサービスインセンティブ事業」を
　　核としたチェンジマネジメント

(1) 自治体と介護サービス事業者間の
　　規範的統合による managed care の推進

通所介護におけるアウトカム評価導入の背景

　2018 年度の介護報酬改定で追加された「通所介護への心身機能の維持にかかるアウトカム評価の導入」は、介護報酬に初めて導入されたアウトカム評価として注目された。

　厚生労働省は、その導入にあたって、自立支援および要介護度の重度化防止のために、この方針に合致する事業所を評価することになったと説明した。

　しかし、介護保険法第 1 条には、「この法律は、加齢に伴って生ずる心身の変化に起因する疾病等により要介護状態となり、入浴、排せつ、食事等の介護、機能訓練並びに看護及び療養上の管理その他の医療を要する者等について、これらの者が尊厳を保持し、その有する能力に応じ自立した日常生活を営むことができるよう、必要な保健医療サービス及び福祉サービスに係る給付を行う」との記述がある。

　すなわち、先に示した通り、介護保険法上で規定される介護サービスは、そもそも自立支援に資するサービスであると規定されている。このように自立支援が基本理念に位置づけられながら、あえてこの評価が新設された背景には、介護保険制度によって提供されてきた介護サービスの質に関する根底的な問題がある。

介護サービスを利用している要介護高齢者は、高齢で慢性疾患患者であることが多いため、例えば、在宅の高齢者は通所介護だけでなく、通院治療を受けることもある。また、互助に分類されるような地域における多様なインフォーマルな支援も受けていることが少なくないという実態もある。

　このことは、今回の介護報酬改定の通所介護における加算のために設定された「日常生活動作（以下、「ADL」）の向上」という基準が、果たして通所介護に限定されるサービスの効果として認められるのかという疑問を生じさせる。

　また、サービスの受け手にとっては、受けるサービスの質の向上によって、得られる利益を数量的に把握することは簡単ではないという現状がある。つまり、サービスの受け手にとっては、サービスの質が高いとされれば、当然、利用料は高くなる。だが、一般的には、サービスの受け手には、その対価の上昇に見合った価値の向上がなされたかを判断することは難しい。

サービスの質の評価の考え方

　数量化が困難とされるサービスの質を評価するための方法論を確立した Donabedian（ドナベディアン）は、サービスの対応関係を整理し、サービスを提供する機関や組織におけるストラクチャーの質、その組織でサービスを提供している状況を評価するというプロセスの質、そして、最終的には、サービスを利用した者に対しての効用という観点から、アウトカムの質を評価するという、3層に分けてサービスを評価する方法を提示した[25]。

　一般に、公的サービスは、政府がサービスの品質保証を行う責務を有することが多いが、わが国では、長年にわたって、この Donabedian の3層の評価のなかでも特にストラクチャー評価に重点を置く方法が採られてきた。つまり、医療や介護サービスの提供に際しては、これを提供する病院や施設といった機関や組織の基盤として、サービス提供人数や、サービスを提供する空間と

いった資源の有無やその程度という主に構造に関する内容が規定されてきた。

サービスの質におけるプロセスの考え方とその評価方法

介護保険制度でも、介護施設の居室面積や人員配置の基準は国が定めている。つまり、サービスの質は、ストラクチャーの評価が基準になっている。すなわち、わが国では、食堂や居室面積、浴室の面積といった、測定が比較的容易で客観的とされる居住環境の基準を整えてきた。これに加えて、サービス提供にあたっては、一定程度の人数の介護職員がいることを適切な介護サービスの最低基準として示してきた。

だが、先行研究からは、こういったストラクチャーとアウトカムとの間に明確な因果関係があることは検証されていない[26]。このため、ストラクチャー重視の評価には課題があるとの指摘がなされてきた。

ただし、いわゆるサービスの品質保証という仕組みを維持するためのコストから考えると、このストラクチャーを評価する方法は効率的であるとされ、わが国では、ストラクチャー評価を、例えば、アメリカ合衆国で主に用いられてきたアウトカム評価に変更する動機は乏しかった。

そのため、次善策として、プロセス指標とストラクチャーの評価とを併用する方法が採られてきた。プロセス評価を制度に組み込むことに成功している国はほとんどないが、日本では、実際にサービスを提供している状況を評価する仕組みとして、医療領域では、「看護必要度」による患者評価[27]があり、介護領域では「介護プロフェッショナルキャリア段位制度」[28]がある。このように、日本では、世界でも稀少なプロセス指標の標準化を成功させている[注6]。

一般的に、プロセス指標は、エラーやリスクを検知する際の基本となる。なぜなら、エラーは、ワークフローにおいて発生する

ことから、多くの継続的改善を促すシステムは、こういったワークフローの改善を目的とする。つまり、このようなワークフローのなかで発生するエラーを防止するために、プロセス指標は開発されてきたのである。

そのため、プロセス指標は、ストラクチャー指標よりも、アウトカムとの関係性が高いと考えられている。これは、製造工程がきちんと管理されていれば、おのずとできあがった製品もよい出来栄えになるからとの説明によって理解される。ただし、製造物とサービスでは、評価をめぐる状況は変わる。

例えば、サービスにおけるアウトカム評価には、先にも述べたように、受け手となる者の満足度が大きくかかわるし、サービスには生産と消費の同時性という特徴がある。このことからは、サービス提供者は受け手の状況を見ながら、サービス内容を変更することができるかどうかによって、受け手の満足度が大きく変化することが知られている。これは、あらかじめ定められた想定だけでは、サービス提供はできないことを意味する。

介護サービスにおけるアウトカム評価導入に際しての課題

2018年の介護報酬改定で導入された通所介護におけるアウトカム評価は、ADLの改善を重視したものである。おそらく通所介護を利用している要介護高齢者の人々のなかには、ADLの改善以外にも、のんびりと友人や職員と話をしたり、趣味活動をすることを目的に、このサービスを利用していた人々は少なくない

注6）「看護必要度」は、患者の状態を示すアセスメントツールとして診療報酬上の基準として活用されている。具体的には、入院患者の看護必要度を日々測定することで、急性期入院医療機関において、その機能に応じた重症患者が一定以上入院しているかの根拠を示すためのツールとして使われている。この日々収集される患者の状態を示すデータは看護師が日々提供した看護サービスと連動しているため、サービス評価にも活用できる。一方、「介護プロフェッショナルキャリア段位制度」の根幹となる技術評価は、現認や記録確認を基本としている。つまり、どのような状態の利用者に、どのような介護サービスを提供したかという根拠を残すことが基本となっている。このようなプロセス評価のあり方は、世界的に見ても稀有なエビデンスに基づくサービス評価の手法として位置づけられる。

だろう。そのため、こういったことを目的に通所介護を利用してきた者にとっては、機能訓練を主としたサービスは望ましいものではなく、利用者の満足度は低下する可能性が高い。

WHO（世界保健機関）は、最も普及したアウトカムに基づく品質指標はADLと手段的日常生活動作（以下、「IADL」）であることを報告している。

一方、痛みと不快感のレベル、認知機能レベルだけでなく、社会活動へのコミットによって、どの程度、豊かな生活となるかなど多様な評価基準が今後は重要になると指摘している[29]。

つまり、介護保険制度によって提供されるサービスにおいて、サービスの受け手側の満足度にかかわる多様な価値をどのように評価に含めるかが、今後の大きな課題となる。

無形性という特徴をもつサービスの評価の難しさに加えて、サービスが介入した時間のズレをどのように補正するかという課題もある。どの時点で提供した通所介護が有効であったか、あるいは有効でなかったかという任意の時点での評価には、本来は厳密な研究デザインによる検証が必要である。

以上のような課題は、個別のサービスに対して、個別のアウトカムが一対一の対応関係とならないために発生する課題である。そのため、アウトカム指標は、サービスの質を測定するほかのストラクチャーや、プロセスよりもはるかに有用と考えられてきたが、その妥当性という点からは依然として課題が多く、欠点も少なくないとされる[30]。

2018年度介護報酬改定で導入されたアウトカム評価と岡山市の事業の違い

2018年の介護報酬改定で示されたアウトカム評価は、通所介護で提供されたサービスだけでその利用者のいわゆる自立度が改善したかを特定することは、実際のところ相当、困難であるし、それをアウトカムだと認めることに対しても問題がある。

このような基本的な問題をはじめ、多くの懸念が示されたにもかかわらず、2018年の介護報酬改定では、ADLの改善を基準としたアウトカム評価が導入された。なお、このアウトカムの設定に関しては、これを測定するための個人レベルのアウトカムにサービスが及ぼす影響を評価しなければならない。現時点でサービスの影響力を評価するのに使用できる数値として、全国レベルで利用できるものとしては、要介護者においては、要介護認定基準時間や、5種類の中間評価項目得点といったものしかない。

　しかし、現状ではこれらのデータを介護事業所が簡単に入手することは困難であるため、例えば、岡山市では、病院と在宅との連続性を確保するという観点から、回復期リハビリテーション病棟で導入されている「日常生活機能評価[注7]」の得点を利用してきた。

　アウトカム評価の本来の考え方や、これに関連する問題はあるものの、2018年の介護報酬改定では、この「通所介護への心身機能の維持にかかるアウトカム評価の導入」がなされたわけだが、すでに、この報酬の導入以前に、岡山市では、独自に「通所介護への心身機能の維持にかかるアウトカム評価の導入」を実現していた。これは、岡山市がmanaged careを強化することでチェンジマネジメントを実行していたからであった。

　介護事業者、利用者との規範的統合を図り、通所介護におけるサービスの質の向上に取り組んできた岡山市は、2013年2月に「地域活性化総合特区」として国の指定を受けていた。特区として目指してきたことは、「高齢者が介護が必要になっても住み慣れた地域で安心して暮らすことができる社会の構築」であった。そのために、岡山市は在宅に特化した規制緩和を求める11項目

注7）日常生活機能評価とは、診療報酬に活用される「重症度、医療・看護必要度」を構成する項目のうち、患者の状況（ADL等）を評価するB項目13項目から構成される評価指標である。回復期リハビリテーション病棟入院料の同評価票を用いた「重症者」の割合や重症者における退院時の得点の改善者の割合などがアウトカム評価として、入院基本料算定の要件となっている。

を提案し[注8]、「通所サービスに対する自立支援に資する質の評価の導入」は、その提案の1つであった。

しかし、厚生労働省は要介護度の維持・改善度を評価し、介護事業所サイドに、インセンティブを付与するという岡山市の提案について、「介護報酬は介護保険制度の根幹にかかわるものであり、慎重な議論のもと全国一律で決定されるべきで、特区であっても介護報酬の特例として実施することは困難」との見解を示した。特に通所介護サービスのアウトカム評価における指標は、これまで確立されておらず、慎重な議論が必要であり、岡山市の提案では、事業所による利用者選別が起きる（クリームスキミング）といった懸念が厚生労働省の担当者からは示されたという。

(2) 通所サービスの質の向上を求めた「デイサービスインセンティブ事業」
──規範的統合によるアウトカム評価の構造化

厚生労働省とアウトカム評価にかかわる報酬設定が不調に終わったことから、岡山市では通所介護におけるサービスの質の評価に際しては、アウトカムだけに着目するのではなく、ストラクチャーやプロセスも評価する仕組みをつくることを目指すこととなった。

すでに岡山市の通所介護サービスがもっている機能（価値）に着目し、その価値について、今後、どのように考えるべきかを通所介護事業者らや利用者とも慎重に議論を重ねながら検討していった。これにより、市と介護事業所との規範的統合は徐々に進

注8）11項目は、①通所サービスに対する自立支援に資する質の評価の導入（デイサービス改善インセンティブ事業）、②最先端介護機器貸与モデル事業（介護機器貸与モデル事業）、③介護予防ポイント事業、④医療法人による配食サービスの実施事業、⑤訪問看護・介護事業者に対する駐車許可簡素化事業、⑥在宅医療支援事業、⑦お泊りデイサービス業者への規制強化、⑧デイサービス送迎車による外出支援事業、⑨多機能型訪問サービスの創設、⑩家族介護者支援（レスパイトケア）推進事業、⑪ICTを活用した居宅療養管理指導事業となっている。このうち、採用されたのは①〜⑤の5つであった。

んでいったのである。そして、これらの規範的統合が達成されるまでのチェンジマネジメントの試みについて、前節と同様に、チェンジマネジメントのステップに沿って説明する。

①ニーズアセスメントおよび②状況分析

　岡山市の人口は約72.1万人（2017年1月）であるが、2020年には、人口はピークに達し、人口減少期に突入するとされる。また、市の介護給付費は2000年度から、2014年度の15年間でおよそ2.8倍となっており（2000年度：193億円→2014年度：535億円）、2015年度の介護保険料は月額6160円だが、2025年には9000円程度になることが見込まれている。

　岡山市は政令指定都市のなかでも、**表10-5**に示されるよう

表10-5　岡山市の人口当たり・高齢者当たりの医療介護資源の状況（**政令市における順位**）[31]

区分		岡山市	政令市との比較	
			平均値	岡山市順位
人口10万人当たり	① 病院数（一般病床を有する）	7.0	5.9	5
	② 一般病床数（病院）	1013.5	704.9	4
	③ 一般診療所数	95.9	79.0	7
	④ 一般診療所数病床数	157.8	95.3	4
	⑤ 医師数	384.9	237.8	3
	⑥ 1日平均在院患者数（病院の一般病床）	741.4	532.4	6
高齢者1万人当たり（第1号被保険者）	⑦ 通所介護事業所数	17.3	12.6	1
	⑧ 通所リハビリテーション事業所数	3.5	4.71	3
	⑨ 短期入所生活介護事業所数	3.7	2.6	3
	⑩ 小規模多機能型居宅介護事業所数	3.8	1.45	1
	⑪ 認知症対応型共同生活介護（グループホーム）事業所数	6.6	3.7	1
	⑫ 介護保険施設数	3.9	3.35	4

出典：①～④厚生労働省H25医療施設調査⑤厚生労働省H24医師・歯科・薬剤師調査⑥厚生労働省H25病院報告⑦～⑫岡山市第3回保健福祉政策審議会資料（H26.3時点データ）

に、とりわけ医療資源が豊富で、一般病床数は全国4位、医師数も3位であった。これに加えて介護資源も潤沢であり、在宅の要介護高齢者が利用する通所介護事業所数は全国1位であった。そのため通所介護給付費が占める割合は、約2割と高い割合を占めていた。施設数も多く、介護保険施設数は、全国4位となっており、政令指定都市のなかでもトップクラスの医療、介護資源量を現在も誇っている。

　一方、介護サービスを利用する市民側のニーズについては、2012年に「市民や医療・介護の専門機関に対する在宅医療に関する意識調査」（調査対象2980件　回収1329件）が実施され（回収率44.6％）、医療や介護が必要になったときに過ごしたい場所として「自宅」が33.2％と最も多かったことや、終末期に過ごしたい場所としても「自宅」が43.8％とほぼ半数を占めていたことが明らかにされている。ただし、2000年との比較で、高齢者のいる世帯は、23.1％から、26.2％へ、近年は単身世帯の割合も増加しており、高齢単身世帯への対応を充実すべきことが、大きな課題として認識されていた。

　以上のような現状を踏まえて、岡山市は、どのようにチェンジマネジメントを実現したのだろうか。

③バリューケースの進展、④ビジョンとミッションのステートメント

　岡山市では、通所介護を対象として、質の評価ならびに向上を図るためのインセンティブ事業をはじめたわけだが、この開始にあたっては、通所介護領域は財源を投下する「価値ある対象」であることを主要な利害関係者である財務担当者と十分な合意を得ている。先にも述べたが、インセンティブの実施に際して、介護保険財源を利用することについては、厚生労働省の介護保険担当部局との調整は不調に終わった。したがって、このチェンジマネジメントは市独自で実施するしかなかった。

　多くの自治体は、国から指導を受けることで新たな試みを断念

する場合が少なくないが、岡山市は、市の財政当局に、この通所事業所へインセンティブを利用した介護サービスの質の評価事業は、これから人口減少が始まる岡山市にとって、重要となるサービス適正化を実現する prelude（前ぶれ）になることを説得しなければならなかった。

チェンジマネジメントのプロセスにおいては、バリューケースの設定はきわめて重要である。駒ヶ根市においては、再入院のリスクが高い脳卒中患者がバリューケースとされた。これによって、脳卒中の既往歴を有する市全体の患者のセルフマネジメント支援を規範的統合とするという試みを実現した。

すなわち、チェンジマネジメントにおいては、このような「価値ある対象」を特定することが重要であり、その特定の理由も次のマネジメント段階となる「ビジョンの共有」に際して、共通の目標を設定しやすいことが条件となる。

岡山市にとっての「価値のある対象」は、通所介護利用者であり、サービスを提供していた事業者でもあった。これは、自治体としては、政令指定都市のなかで最も数が多い通所介護を対象とし、これを適正化することは、期待される財政上の利得だけでなく、在宅の利用者が最も利用している通所介護というサービスの質が向上することは、利用者やその家族にとっての価値を高めることになると考えられたためといえる。すなわち、岡山市が行った通所介護というターゲッティングは、チェンジマネジメントの理論に合致していたといえる。

岡山市は、通所介護の利用者と事業者をバリューケースとし、これに続く、ミッションとして、「サービスの質の向上」をあげた。これは、ほかのサービス提供機関においても支持されるミッションとなりうることが意図されていた。

チェンジマネジメントにおいて、将来のビジョンは、イノベーションのための説得力のあるケースにおいて明示することが重要とされる。つまり、多様な取り組みを行う医療や介護サービス、

そして生活支援サービスを提供する人々に、このミッションの遂行によって、よりよい未来となることが説明できなければならなかった。これには、サービス提供者だけでなく、このサービスにかかわるすべての人にこのビジョンを明確に理解してもらうことが必要であった。

　岡山市がビジョンを設定するにあたっては、通所介護といってもその内容は多様で、預かり機能（レスパイト）に特化したサービスであったり、あるいは機能訓練を中心とした自立支援の要素の強いサービスや、専門性の高い認知症ケアに特化したサービス、ナーシング機能をもつサービス等が存在していることが把握されていた。

　これはチェンジマネジメントの工程の①ニーズアセスメントや②の状況分析によって、③バリューケースが進展するという過程をたどってきたことを示している。

　岡山市は、多様な通所介護におけるサービスの質を評価するには、多様な（価値を含む）項目を組み合わせることが必要と判断をし、同時に、プロセス、ストラクチャーもあわせて評価することが重要と考えた。

　そして、2013年度から通所介護における質を評価する具体的な指標を介護事業者と岡山市の担当者との粘り強い話し合いによって合意を得ながら決定していった。これにより、市内にある全通所介護事業所が質の評価に取り組めることが目標となるよう通所事業者らとの合意形成がなされた。これはクリニカルガバナンスを強固にする過程とも説明できる。

　このような話し合いを経ることで、質の高い取り組みをしている通所介護事業者の情報公開等を実現していった。介護サービスの質の底上げを図り、利用者の状態像の維持・改善につなげ、将来的には利用者の「自立」を目指すことが岡山市のビジョンであるとの表明はチェンジマネジメントにおける④ビジョンとミッションのステートメントにあたる。

岡山市は、このような一連の活動によって、住民、介護事業
者、市当局間の「規範的統合」を実現していったのである。

⑤戦略計画、⑥相互利益の確保、⑦コミュニケーション戦略

　チェンジマネジメントにおける戦略計画は、計画とサービス提
供に従事する組織内や組織間で共有される目標と成果の達成に必
要な中心的な行動やパートナーシップを成立させるための意思疎
通に用いられる文書である。

　こういった戦略計画の策定にあたっては、資金提供やサービス
提供に従事する事業体群を、実践が必要な内容、期限および理由
の指針となるような目標や行動の一式に関与させることになる。

　岡山市の戦略計画は、最初に設定された評価指標に取り組み、
その結果を自治体に示すことからはじめられた。評価指標は、
チェンジマネジメントの⑥相互利益の確保の条件となるように、
サービス事業者との話し合いの結果、職員支援、介護技術、事業
所の意識向上、地域住民の意識向上の4つのカテゴリー、25項
目の指標が決定された。

　そして、これらを岡山市は、通所介護のサービスに求める質の
評価指標として公開し、この事業に参加した151事業所で指標を
達成した72事業所を公開した[32]。これにより、事実上、戦略計
画の一部が公表され、事業者側にとっても自治体の広報による広
告効果を得ることとなった。すなわち、これは行政と事業者間の
⑥相互利益が確保されたことになる。

　2014年度は、通所介護にかかわる関係者等との協議を経て、
表10-6に示したような「1　外部研修への参加状況（延べ人数／
職員数（常勤換算人数））」「2　岡山市主催の研修会の参加回数」「3
　認知症高齢者の受け入れ人数（実人数／利用定員）」「4　機能訓
練指導員の常勤換算人数（常勤換算人数／職員数（常勤換算人数））」
「5　介護職員のうち、介護福祉士の常勤換算人数」という5つ
の評価項目が選定され、これらもまた質を評価するためのストラ

384　│　第4部　地域包括ケアシステム推進のためのチェンジマネジメントとその展開

表 10-6　岡山市がデイサービスインセンティブ事業に使用した評価指標とベンチマークの内容[33]

	評価指標	ベンチマーク
1	外部研修への参加状況 （延べ人数／職員数（常勤換算人数））	評価対象事業所の平均値以上
2	岡山市主催の研修会の参加回数	3 回とも 1 人以上参加
3	認知症高齢者の受け入れ人数 （実人数／利用定員）	評価対象事業所の平均値以上
4	機能訓練指導員の常勤換算人数 （常勤換算人数／職員数（常勤換算人数））	評価対象事業所の平均値以上
5	介護職員のうち、介護福祉士の常勤換算人数 （常勤換算人数／職員数（常勤換算人数））	評価対象事業所の平均値以上

クチャー指標として公開された。

　この事業に参加したのは、153 事業所と前年度よりも増加し、指標を達成したのは、このうちの 72 事業所だった[34]。

　2015 年度には、これらに加え、初めて独自のアウトカム指標を設定し、これを達成した通所サービス事業者を表彰するという制度につなげた。この年の参加事業所は、さらに増え 164 事業所となり、このうち指標を達成したのは 72 事業所だった[35]。

　岡山市は、これらの指標を測定する事業に参加する通所事業所を年ごとに増やすことで、質の評価の基盤を築き、チェンジマネジメントにおける⑦コミュニケーション戦略を実践していったのである。

　こういった基盤づくりをはじめてから、2018 年の介護報酬に示された当初、厚生労働省が認めなかったアウトカム指標が導入されるまでに 3 年間が費やされた。

　ただし、岡山市が採用したアウトカム指標は診療報酬で用いられている日常生活機能評価尺度と呼ばれるものであり、介護報酬の要件となったバーサルインデックス（以下、「BI」）による得点ではなかった[注9]。

　岡山市は、2015 年 6 月の 1 回目調査より、12 月の 2 回目調査

で状態が維持・改善した人の割合を評価し、維持改善率が高い事業所の上位 10 位までに岡山市独自の奨励金を付与した。こういった金銭的インセンティブ以外の質向上の誘導方策として、事業に参加している事業所名を公開し、市民への認知を図るというコミュニケーション戦略をとったことがチェンジマネジメントの実践としてはきわめて有用であったといえよう。また、サービスの質の評価基準を公開し、事業所への表彰制度を実現するまでの 3 年間の過程は、まさにチェンジマネジメントを実現してきた過程といえる。

　さらに、事業に参加し続けた通所介護事業所にとっては、自ら定めた指標の達成のために PDCA サイクルを回しながら、継続的にサービスの質改善を日々、実践し続けたという経験はきわめて貴重であったといえる。

　岡山市が設定した、通所介護のサービスの質改善という事業では、通所介護を含む、地域包括ケアシステム内のすべてのパートナーが互いに信頼し合う関係にあることや、各々の提供主体同士が尊敬し合い、それぞれの役割と責任を理解して、相互に助け合いながら協働できる能力があることが求められた。

　こういった提供主体間の信頼関係を構築するためには、すべての主体がコミットメントおよび相互関係のレベルを正確に認識し、互いの活動を正当に評価することが前提となることから、通所介護事業者と質の向上のための指標を共同でつくり、「相互利益」を実現したことが成功した理由の 1 つであったといえる。

　岡山市が戦略計画の一部として表したのが、**図 10-2** である。

　これまで述べてきたように、介護のサービスの質を評価するためには、ストラクチャー、プロセス、アウトカムという 3 層からなる多面的な測定がなされ、これらを全体的に評価することが必

注9）これは、厚生労働省の担当局が評価指標の原則とされるアセスメントの共通化の原則を遵守できなかったことによる。診療報酬との整合性といった施策の共通効果等の十分な調査や検討を経ずに選択されてしまったことによる問題であろう。

図 10-2　岡山市の通所介護サービスの質の評価の構造[36]

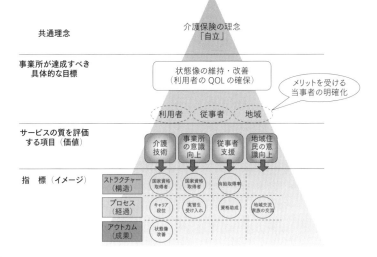

要となる。

　岡山市は、この考え方を基本として、介護サービスの質の向上をするためには、どのような規準がよいのか、それはどう評価すべきかを岡山市内の介護サービスの現状から鑑みて、行政と介護事業者の両者が納得できる質とは何かを議論していった。

　課題とされる社会的・文化的価値観の違いや個人の人生観や思想信条の相違を超えて、サービスを提供する側とそのサービスの質を管理する側が、コンセンサスを得て実施してきたことは、きわめて重要であった。

　このような協議によって、介護保険制度における保険者である岡山市と事業者が検討していったプロセスは、組織における業務を変革するということを推進、加速させ、経営を成功に導くというチェンジマネジメントを自治体が実践した例といえる。これから介護サービスの質の向上を目指す多くの自治体や事業者にとって、示唆を与える内容であろう。

　前述したように地域包括ケアシステムにおける integrated care

の達成のためのチェンジマネジメントとしては、①ニーズアセスメント、②状況分析、③バリューケースの進展、④ビジョンとミッションのステートメント、⑤戦略計画、⑥相互利益の確保、⑦コミュニケーション戦略、⑧実施の慣行化、⑨モニタリングと評価：持続的な品質向上のためのシステム開発という9つのステップがある。

　このようなチェンジマネジメントにおける環境整備にあたっては、3つの主要な行動が必要となることが示されており、その第一が、会議体（協議会）の構築であり、第二が、重要な専門家グループと integrated care が展開されることとなる実践のコミュニティ内や間の「ボトムアップ」のイノベーションサポートの構築とされる。

　岡山市は、以上の2つの主要な行動をほぼ達成してきた。残るは、③他分野、または機関横断チームとして、専門家グループが効果的に連携するのを実現および支援する地域レベルでの連携能力の開発と測定であった。

　そこで、次に、「岡山市のデイサービスインセンティブ事業」における、⑨のモニタリングと評価として、持続的な通所介護サービスの質向上のためのシステム開発に関して述べる。

(3) 持続的な品質改善プロセスの実現によるシステム統合

モニタリングと評価：持続的な品質向上のためのシステム開発

　地域包括ケアシステムの中核となる integrated care のアプローチにおける弱点は、integrated care においては、客観的に結果を測定および評価する方法を合意するために長い時間がかかることである。特に、コストとその影響に関してのエビデンスがないことは、これを実現しようとする資金調達に際して、プログラムの失

敗につながる可能性がある[37]。

それゆえ、実際にこういった変化を管理するには、利用者としての経験やサービス利用率、スタッフの経験のレベル、ケア提供コストなど、さまざまな分野でアウトカムを測定し、これを監査するための能力が必要となる。

また、これらの目標に対して、関係者の学習を支援し実施を促すために頻繁に測定されなければならない。そして、これらの目標が達成されるためには、学習を支援し、実施を促すために、その進展の程度は頻繁に測定されなければならない。これが、チェンジマネジメントの⑨モニタリングと評価：持続的な品質向上のためのシステム開発にあたる。

岡山市は、先に述べた「デイサービスインセンティブ事業」に参加した通所介護と、参加しなかった通所介護の利用者のデータを収集し、分析を続け、2017年度には、この結果を受けて、市内で質の向上を達成した事業所を表彰する制度を創設した。

ただし、表彰にあたって用いられたスキームは厳密なRCTではなかった。だが、最初に市が求めるサービスの質の水準を明確に示したうえで、これを達成しうるかどうかを自己点検させる事業を立ち上げ、これに参加した通所介護事業所を公開するという方法を採用している。これは、この事業への参加と不参加の事業所が明確にされたこと、そして、これにより、これら両群のデータを分析し続け、あらかじめ決めたアウトカムに合致している事業所が、どういう特徴をもった事業所であったかを分析することができるようになったことを意味する。すなわち、実際的な効果として、定性的なレベルの臨床知見をエビデンスに高めることに成功したといえる。

このような事業所の選別からはじまり、データの収集、PDCAサイクルの実施、そして成績に対する表彰制度の確立、財政的インセンティブの付与といった一連のプロセスは、チェンジマネジメントのステップとして⑨のモニタリングと評価という最終段階

第10章　わが国におけるチェンジマネジメントによる地域包括ケアシステムの構築の実際　｜　389

を経ているといえよう。

モニタリングと評価の実際

　岡山市は、2014年度から、通所介護事業所を対象に利用者の状態像の維持・改善を評価するアウトカム指標の確立に向けた検証・研究を実施してきた。この事業では、通所介護サービスの質の高さを評価し、その結果を基に、このインセンティブ事業に参加した通所介護事業所を公表している。その成果については、行政と参加事業者の間での規範的統合を達成している。さらに、成果をあげた通所介護事業所に対しては表彰制度（報奨金の付与）を設けている。

　ここでは、岡山市のインセンティブ事業に参加していた通所介護事業所利用者の性、年齢、要介護度、日常生活機能評価得点、医療費（国民健康保険〈以下、「国保」〉、後期高齢者、生活保護における医療扶助）および介護給付費のデータ2時点分（2015年9月および2016年12月）を収集し、これらを突合したデータベースを作成し、分析した結果を示した。

　まず、アウトカム評価上位事業所、参加事業所と非参加事業所における利用者の日常生活機能評価得点や介護給付費の変化を統計的に分析した。ここでいうアウトカム評価は、事業所による利用者の日常生活機能の維持・改善に資する取り組みを評価したものであり、1回目調査得点と2回目調査得点の差によって、利用者を「悪化群」「維持群」「改善群」に分け、それぞれ、「0点」「1点」「2点」とし、事業所ごとの平均値を算出した。なお、ここでいうアウトカム評価上位事業所とは、2016年度事業において上位10か所（ただし、2015年不参加2か所）であった。

　また、日常生活機能評価を実施した者は、2015年9月と2016年12月において、同一事業所で同一人物であり、国保および後期高齢者の医療費は、医療費を利用している者のみの平均値が用いられた。

分析の結果、**図 10-3** に示されたように、要介護度別の介護給付費および医療費は、要介護度が高くなるにしたがって増加していた。ただし、生活保護受給者の医療扶助費の推移だけは、ほかの国保や後期高齢者の場合と異なった変化が示され、さらに詳細な検討と生活保護施策との連携の必要性を示す結果となっていた。

　次に、アウトカム評価上位事業所におけるサービス利用者の状態像（日常生活機能評価）の変化を分析した結果、ほかの事業所利用者よりも、移動や食事の自立度に関しては改善している割合が高い傾向がみられた（**表 10-7**）。

　介護給付費および医療費の変化も同様にアウトカム評価上位・参加事業所のほうが、不参加事業所よりも介護給付費、医療費が低く、その伸び率も低い傾向があった（**図 10-4**）。特に事業に参加し、自らが定めたサービスの質向上を示す指標の達成度が高い上位の事業所には、介護給付額の変化に関しては統計的に有意な差はみられず、サービス量は変化していなかった。

　これは、通所介護サービスの質が一定程度高いと介護給付だけでなく、医療費の増加にも影響を与えている可能性を示す結果とも解釈できる。

　モニタリングと評価のフレームワークを開発するうえで重要なことは、関連するステークホルダーを集めて総合的なケア戦略を判断し、重要な目標を達成するための共同計画と共同責任を促進するようなアウトカムを定義することにある。地域包括ケアシステム内で活動するステークホルダーが含まれることは、チェンジマネジメントプロセスにとってきわめて重要である。

　地域包括ケアシステムが SoS であることから鑑みれば、国家、都道府県、市町村の各行政主体では、個々に独立したシステムが密接に関連しながら、目標が達成されるように動くことが期待される。

　これらの行政主体の施策は、複雑に関連しており、この関連性

図 10-3　要介護度別介護給付費および医療費[38]

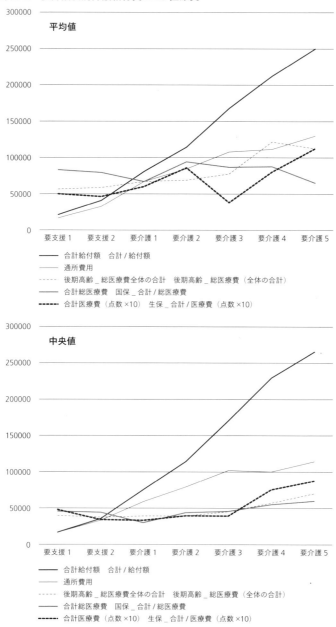

表 10-7　日常生活機能評価票を活用したアウトカム評価[39)]

① 日常生活機能評価票の合計得点はアウトカム上位事業所のほうが改善が大きい。
② アウトカム上位事業所は、「移乗」「移動方法」「食事摂取」「衣服の着脱」が改善傾向。

	2015 年 8 月と 2016 年 2 月の差		
	参加事業所 （123 事業所）	指標達成事業所 （72 事業所）	アウトカム 上位事業所 （12 事業所）
1　安静の判断	-0.0215	-0.0199	-0.1107
2　どちらかの手を胸元まで持ち上げられる	-0.0009	0.0013	-0.0027
3　寝返り	-0.0137	-0.0199	-0.0707
4　起き上がり	-0.0083	-0.0082	-0.0179
5　座位保持	-0.0121	-0.0218	-0.0408
6　移乗	0.0027	0.0002	-0.1959
7　移動方法	0.0005	-0.0094	-0.1229
8　口腔清潔	-0.0042	-0.0100	-0.0503
9　食事摂取	0.0010	-0.0016	-0.0685
10　衣服の着脱	0.0101	-0.0014	-0.1332
11　他者への意思伝達	-0.0149	-0.0136	-0.0645
12　介助の指示が通じる	-0.0122	0.0035	-0.0096
13　自傷行動	0.0006	0.0015	-0.0056
合計	-0.0621	-0.0787	-0.8728

注）2015 年度の事業実績より算出。表中の値は、各項目の平均値。マイナスの場合改善していることを示す。各調査月で対象となる人は同一ではない。

図 10-4 デイサービスインセンティブ事業の効果[38]

アウトカム評価上位事業所の利用者の要介護度は改善

実際の要介護度の推移を比較すると、要介護度の維持・改善を促した事業所によい結果が得られた。
○参加事業所のほうが、不参加事業所よりも要介護度の悪化は少なかった
○更にアウトカム評価上位については、要介護度が改善していた

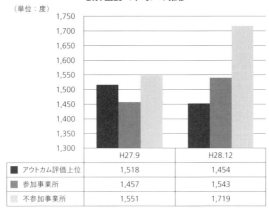

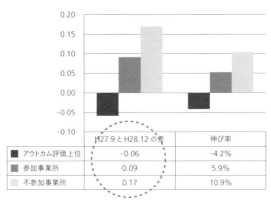

＊要介護度（平均）…便宜的に、要支援1＝0.3、要支援2＝0.5、要介護1～5＝1～5として平均を取った

評価上位事業所の利用者は、介護給付費の伸び率が少ない

介護給付費の一人当たりの推移を比較すると、要介護度の維持・改善を促した事業所によい結果が得られた。
○利用者の介護給付費の伸び率は、不参加事業所より参加事業所のほうが少なく、更に参加事業所より評価上位事業所のほうが少なかった
○介護給付費は、平成28年度事業費約200万円に対し、約△7,000万円/年の財政効果
　（評価上位事業所及び参加事業所の介護給付費の伸び率（1.9%と10.8%）による給付費と、不参加事業所の伸び率（14.2%）による給付費の差から算出）

介護給付費（総額・平均）の推移

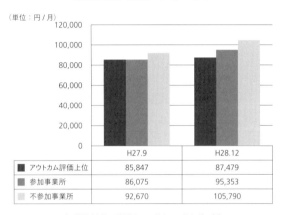

介護給付費（総額・平均）の差と伸び率

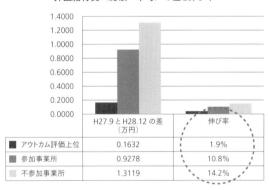

＊介護給付費（総額・平均）…介護給付費は、居宅計画サービス費を除く全ての給付費の合計月額

の位置づけに際しては、チェンジマネジメントが必須となっている。だからこそ、岡山市は、戦略計画を策定しなければならなかったし、チェンジマネジメントプロセスをたどることで、継続的な品質改善プロセスを構築していかなければならなかったのである。

第 3 節

医療および介護サービスの
提供体制におけるチェンジマネジメントの
必要性

(1) わが国における
「疾病変遷（epidemiological transition）」の状況

ケアへの移行

　現在、多くの先進諸国で医療や介護といった公的サービスへの投下の前提として考えられているのが、生活習慣病とされる慢性疾患のセルフマネジメントの促進である。第1節で紹介した駒ヶ根市では、チェンジマネジメントによって、セルフマネジメントを地域包括ケアシステム内に取り込むことを実現した。今後は、すべての自治体で、セルフマネジメント支援を実施し、駒ヶ根市と同様に、住民のセルフマネジメント機能を高めていく必要がある。

　それは「ケアへの移行（care transition）」がすでに始まっているからである。これは、医療や医療ケアに関する考え方について、根本的な転換を求めることになる[40), 41)]。そして、この「ケアへの移行」は、後述する Omran[42)] や、Olshansky[43)] らが提唱した概念である疾病変遷（epidemiological transition）に大きく影響を受けて確立してきた。

　図 10-5 に示したように 1910 年頃までに猛威をふるった天然痘やコレラなどの「流行性感染症」が種痘や検疫によって、ほぼ撲滅された後、1945 年から 10 年ほどは、結核等の「蔓延性感染症」が流行したが、これらの感染症は、衛生水準の向上等と相まって、おおむね 1950 年代の後半までには克服された。これに

続いたのが、「がん」「脳卒中」「心臓病」などのいわゆる生活習慣病[注10]とされる「早期退行性病変（early degenerative disease）」である。これは長期にわたる生活習慣の末に、中年期から初老期にかけて発症する疾病であり、この疾病との戦いは、現在もまだ終わっていない。

これらの生活習慣病は、現状でも死因の上位を占めているが、1995年に65歳以上人口が14%となり、高齢社会の仲間入りを果たした後に急増してきたのがアルツハイマー病、パーキンソン病という、いわゆる認知症や大腿骨頸部骨折などの高齢者に顕著に多いとされる「晩期退行性病変（late degenerative disease）」であった。

日本では、1950年代から始まった、「がん」「脳卒中」「心臓病」などが死因の約6割、国民医療費の約3割も占め続けている。直近の2017年人口動態統計（確定数）でも、1位は「悪性新生物（腫瘍）」で、2位が「心疾患（心臓）」、3位が「脳血管疾患」で、4位が「老衰」、5位が「肺炎」となっている。近年の動向から、「肺炎」が3位から5位に下がり、「脳血管疾患」と「老衰」の順位が上がり、長寿を背景に死因にはわずかではあるが、変化がみられる。

さらに、この昨今の統計からは、「女性」の死因の3位が「老衰」で、9位に「血管性等の認知症」、10位に「アルツハイマー病」が示された。このように老化に伴って罹患者が増加する「晩期退行性病変」が示されている。これは、疾病変遷においては、現状、考えられている範囲においては、最後の過程とされる。

現在、急激に増加している認知症患者は、2012年は462万人で、65歳以上の高齢者の有病率は約15.0%であったが、2025年には、約5人に1人になると予測され、高齢期の主要疾患となる。

注10）生活習慣病とは、いわゆる長年の不摂生の末に中年期から初老期にかけて発症するとされる病で、「早期退行性病変（early degenerative disease）」と呼ばれる疾病群は、いわば長寿によって増加してきたと説明される。

図 10-5　主要死因別の長期的推移

注）厚生労働省「人口動態統計月報」の「死因順位別死亡数・死亡率（人口 10 万対）」2017 より作成

　このように日本は、戦前の「感染症」などの急性期疾患を種痘や検疫、保健所の設置、老人保健制度などのさまざまな施策によって克服し、長寿を実現してきたという成功体験をもつ。

　だが、がんや循環器病などの「生活習慣病」の増加や、最近の「寝たきり」や「認知症」といった高齢化に伴う重大な障害を併発するという晩期退行性病変という明らかな疾病変遷への対応には、ほかの先進諸国と同様に日本もその対応に苦慮している。この晩期退行性病変が主となってきた今こそ、すべての人にセルフマネジメント力をつけることが求められているのである。

(2) 駒ヶ根市における セルフマネジメントシステムの構築

　駒ヶ根市では、2017年度は、890件のケアプラン（居宅サービス計画）が作成されたが、疾患別でみると脳血管疾患が多かったという。脳血管疾患で要介護2までが全体の65.1%を占めていたことから、居宅でのセルフマネジメントは、駒ヶ根市にとっては早急に対応しなければならない施策であったといえる。

　前述したように、駒ヶ根市では、その対応策として、退院後の脳卒中患者に対しては、セルフマネジメントを支援する伴走者を設定し、患者への強い動機づけをした。その際、脳血管疾患という既往症を踏まえて、介護職員もまた自立支援型ケアプランを作成するため、医療職と積極的に連携していった。これは臨床的統合を進めることに有益であった。

　このようなチェンジマネジメントの進展の結果として、駒ヶ根市には、**図10-6**に示した「脳卒中再発予防事業におけるセルフマネジメント支援システム」が構築された。

　このシステムでは、住民、住民組織、かかりつけ医、病院、そして、駒ヶ根市等との協働が示されており、このシステム的統合がなされつつあることが示されている。脳卒中で入院した患者は、入院中にセルフプランが作成される。そして、退院後も病院からの訪問を受け、このセルフプランの実施状況が確認される。さらにセルフプランに示されたセルフチェックができるように、市は、**図10-7**に示したような体重やBMIといった数値を患者自身が確認できるように健康づくり事業での継続的な健康管理を実施している。同時に、住民組織によるカフェ、ポールウォーキングの集いなどへの参加も募っている。

　こういったシステムによって、2018年度に脳卒中再発予防事業に参加した74.9±8.2歳の14名（男性9名、女性5名）の患者は、今日まで、再発することなく、在宅生活を継続しているとい

図 10-6 脳卒中再発予防事業におけるセルフマネジメント支援システムの構築

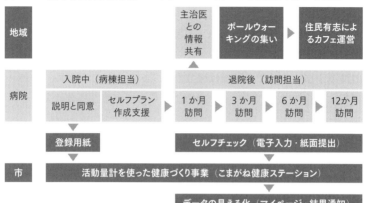

図 10-7 セルフチェックによるデータの「見える化」

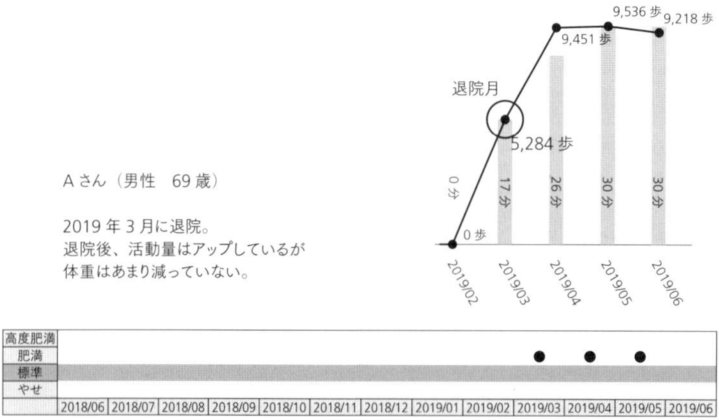

Aさん（男性　69歳）

2019年3月に退院。
退院後、活動量はアップしているが体重はあまり減っていない。

月	平均総消費カロリー	測定回数	最高体重	最低体重	平均体重	BMI
2019年6月	1,934					
2019年5月	2,006	31	71.5	69.0	70.1	27.0
2019年4月	2,038	30	71.0	69.5	69.9	27.0
2019年3月	1,512	19	71.0	69.5	70.3	27.1

う。

　ほかの市町村でも駒ヶ根市のようなユニークな取り組みを実現していかなければならないが、こういったセルフマネジメント支援と地域の各種サービスやコミュニティ資源に基づいたサポートの連携手法についての理論は確立されていない。このため、いわば行政職員のイノベーション能力に依存してしまう場合は少なくない。

　しかしながら、これまで取り上げてきたチェンジマネジメントのプロセスを理解し、それを経ることによって、その地域にあった手法の選択に向けたヒントは得ることができる。

　さらに、地域包括ケアシステムを構成する多様な組織的背景や境界線となる事項（状況）の払底には、特定のスキルが要求されるため、このような役割につく管理者に対しての訓練は必須であろう。また、システムを構成する組織に所属する職員それぞれの「協調的能力」の向上を図る機会をあらゆる場面で検討し続けることは重要である。

　したがって、担当者はこういった訓練に対する何らかの支援の仕組みを構築すべきことについて十分留意しながら推進しなければならないし、さらに第1節に示したような患者や家族、そしてそれぞれの専門職の行うべき内容を丁寧に文書化し、それを実行することで地域包括ケアシステムの構築が目指されていかなければならない。

(3) 岡山市における認知症早期発見プロジェクトへの展開

　岡山市は、通所介護事業者の評価指標のデータを得ることによって、サービスに関しては事実上、監査および評価のプロセスにかかわる情報を収集することを可能にした。このことは、将来的には各通所介護事業所の指標の標準値を基に、サービスの質に

関する偏差をなくしながら、さらに標準化を促すという準備が整ったことを意味する。

　岡山市のインセンティブ事業の実践からわかることは評価指標やベンチマークで評価した結果が、有効に機能してきたことである。また、これらを用いることで提供サービスの質の評価に基づいたインセンティブを付与する事業者の選定も可能となった。

　さらに、現在、これらの情報に加え、利用者にとっても有益と考えられる影響の大きい変化を特定するようなデータとして、認知症におけるMCIレベルの兆候を入手する試みが通所介護の事業所ですでに実施されている。このために作成されたのが、**図10-8**のフロー図である。

　これは、利用者が多い通所介護を新たなチャンネルとすることで医療との連携を図ろうとする試みといえる。すでに、2017年度は、①1回目のDASC[注11]調査を行った334人（＝認知症の診断

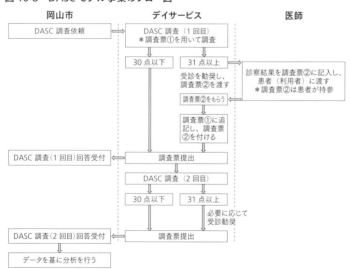

図10-8　DASCモデル事業のフロー図[44]

・デイサービスを利用し、認知症の人やその可能性がある人がどの程度いるのか把握する
・早期受診につなげることで、認知症の早期発見・早期治療に効果があるか調査する

を受けていない利用者）のうち、133 人（約 40％）に軽度の認知症の疑いがあるとの調査結果が示された。②軽度の認知症の疑いがあると調査結果が出た 133 人に受診勧奨をした結果、33 人（約 25％）に在宅医やかかりつけ医での診断がなされた。

これは、通所介護のサービスの質の向上とともに医療と介護との連携が図られるという相乗効果があることも示している。

また、1 回目調査で 31 点以上（133 人）かつ 2 回目調査で維持改善した人数は 60 人で、維持改善率は約 45％（60 人／133 人）とのデータも示されており、この事業の今後の発展が期待される。

このように岡山市は、通所介護におけるチェンジマネジメントの実行から、**図 10-9** に示したようにこのマネジメントの①目標の明確化とその再構築、②プロセスの再設計、③機能の統合、④リスクの統合、⑤パフォーマンス測定の開発、⑥パフォーマンス測定からの学習、重要な改善のためのフィードバックループの作成を支援するための「⑦改善プロセス」への工程を経験してきた。

これによって、岡山市は、さらに新たな認知症初期の高齢者を発見するという困難な事業においても、チェンジマネジメントを実施するためのノウハウを得ていたのである。

システムはシステムであり続ける限り、イノベーションされ続けなければならないという運命を背負っている。これがなくなれば、もはやシステムとは呼べないし、そのマネジメントも不可能となる。その結果は無残である。

また、このようなシステムイノベーションの過程では、住民に対しては長期的なコミットメントが求められるため、システムを構成するすべての構成員に対する何らかのインセンティブが必要

注 11）DASC（Dementia Assessment Sheet in community-based Integrated Care System：地域包括ケアシステムにおける認知症アセスメント）とは、認知症のスクリーニングツールであり、「認知機能障害」と「生活機能障害」を評価するために用いられる。

となる。

　これについては、先に成人教育の必要性を述べたが、今日すでに多くの自治体では地域包括ケアシステムにおける規範的統合の前提となる、当該自治体としての考え方を示さなければならない時期となっている。

　また、これからチェンジマネジメントを進めるにあたり、これまでタブーとされてきた「死」と、人々が「死への向かい方」を選択しうるかについての議論は不可欠であることから、死への準備を支援する世俗的プランニングやACP等への助言を含む地域包括ケアシステムの構築が期待される。

図10-9　岡山市におけるチェンジマネジメントのプロセス

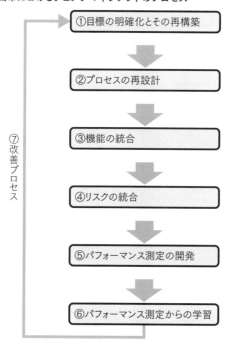

［引用文献］
1) Department of Health.（2001）. National Service Framework for Older People. London: Department of Health.
2) Department of Work and Pensions.（2005）. Opportunity age: opportunity and security throughout life. London: Department of Work and Pensions.
3) Parsons, S., et al.（2010）. Self management support amongst older adults: The availability, impact and potential of locally based services and resources. Report for the National Institute for Health Research Service Delivery and Organisation programme.
4) Government Actuaries Department.（2006）. Population projection 2006-based.
5) Office for National Statistics（2007）Social Trends. London: Palgrave / HMSO. Office for National Statistics（2009a）Office for National Statistics-Census website.
6) Department of Health.（2004）. The NHS Improvement Plan: Putting people at the heart of public services Cm6268. London: Stationery Office.
7) Wanless,D.（2002）. Securing our Future Health: taking a long-term view. London: Department of Health.Wanless D（2004）Securing Good Health for the Whole Population. London: HM Treasury.
8) Department of Work and Pensions.（2005）. Opportunity age: opportunity and security throughout life. London: Department of Work and Pensions.
9) Social Exclusion Unit: Department of Communities.（2006）. A Sure Start to Later: Ending Inequalities for Older People.
10) 厚生労働省（2016）. 新たな福祉サービスのシステム等のあり方検討プロジェクトチーム . 誰もが支え合う地域の構築に向けた福祉サービスの実現――新たな時代に対応した福祉の提供ビジョン.
11) 浜達哉（2017）. セルフマネジメントと入退院支援の取り組み――入院医療機関と地域包括支援センターの連動. 診療報酬・介護報酬を見据えた看護必要度ステップアップ研修（平成 29 年 11 月 5 日）, 8.
12) 浜達哉（2017）. 前掲書, 10.
13) 日本能率協会総合研究所（2016）. 要支援・要介護者に対する入退院時等における継続的な支援を実現するための介護支援専門員支援ツール開発及び効果検証のための調査研究事業 . 平成 27 年度老人保健健康増進等事業, 72.
14) Ellins, J. and Coulter, A.（2005）. How engaged are people in their healthcare? Oxford: Picker Institute Europe.
15) 浜達哉（2017）. 前掲書, 16.
16) Coulter, A. and Ellins, J.（2006）. The Quality Enhancing Interventions Project: Patient focused interventions. London: The Health Foundation.
17) Newbould, J., Taylor, D. & Bury, M.（2006）. "Lay-led self management in chronic illness: a review of the evidence". Chronic Illness, 2, 249-261.
18) Kennedy, A. & Reeves, D.（2007）. "The effectiveness and cost effectiveness of a national lay led self care support programme for patients with long term conditions: a pragmatic randomised controlled trial". Journal of Epidemiology and Community Health, 61,254-261.
19) EPP evaluation team.（2005）. Process evaluation of the expert patient programme-Report II. Manchester: National Primary Care Research and Development Centre.
20) Joseph Rowntree Foundation.（2004）. Building a Good Life for Older People in Local communities. York: Joseph Rowntree Foundation.
21) Putnam, R.（2001）. Social capital: Measurement and consequences. Canadian journal of policy research, 2（1）, 41-51.
22) Halpern, D.（2006）. Social Capital Polity Press, Cambridge.
23) Cattell, V.（2001）. "Poor people, poor places and poor health: the mediating role of social networks and social capital". Social Science and Medicine, 52,1501-1506.

24） Shaw, M. & Dorling, D.（2004）. "Who cares in England and Wales? The positive care law:cross sectional study." British Journal of General Practice, 54, 899-903.

25） Donabedian, A.（1985）. The Methods and Findings of Quality Assessment and Monitoring: An Illustrated Analysis. Ann Arbor, MI: Health Administration Press.

26） Capitman, J., Leutz, W., Bishop, C. and Casler, R.（2005）. Long-term care quality: Historical overview and current initiatives. *Waltham, MA: Schneider Institute for Health Policy, Heller School for Social Policy and Management, Brandeis University.*

27） 嶋森好子，筒井孝子（2018）. 看護必要度データから始まる臨床看護マネジメント. サイオ出版，東京.

28） 一般社団法人シルバーサービス振興会（2016）. 介護プロフェッショナルキャリア段位制度ホームページ.

29） WHO.（2003）. Lessons for LTC Policies.

30） Clark, L.A.（2007）. "Measuring Quality in Long-Term Care: A 360-Degree Approach" Journal of Health care Quality, 29,（6）, 25-32.

31） 岡山市（2016）. 通所介護サービスにおけるアウトカム指標に関する調査研究事業（平成27年度老人保健事業推進費等補助金老人保健健康増進等事業）, 2.

32） 岡山市（2014）. 通所介護サービスにおける質の評価に関する調査研究事業（平成25年度老人保健事業推進費等補助金老人保健健康増進等事業）.

33） 岡山市（2016）. 前掲書, 6.

34） 岡山市（2015）. 通所介護サービスにおける質の評価に関する調査研究事業（平成26年度老人保健事業推進費等補助金老人保健健康増進等事業）.

35） 岡山市（2016）. 前掲書, 21.

36） 岡山市（2016）. 前掲書, 5.

37） Valentijn, P., Vrijhoef, B., Ruwaard, D., de Bont, A., Arends, R., Bruijnzeels, M., Exploring the success of an integrated primary care partnership: a longitudinal study of collaboration, BMC Health Services Research, 2015, 15（1）:32.

38） 東野定律，筒井孝子，大夛賀政昭（2017）. 要介護高齢者の状態像別の医療及び介護費用分析からみたサービスの質評価の試み. 日本公衆衛生学会総会抄録集（2017年10月15日）.

39） 日本能率協会総合研究所（2017）. 入退院を繰り返す可能性のある要介護者等における再発防止のためのセルフマネジメントの在り方に関する調査研究事業. 平成28年度老人保健健康増進等事業, 122.

40） Bury, M. & Taylor, D.（2008）. "Towards a theory of care transition: from medical dominance to managed consumerism". Social Theory and Health, 6, 201-219.

41） Taylor, D. & Bury, M.（2007）. "Chronic illness, expert patients and care transition". Sociology of Health and Illness, 29, 27-45.

42） Omran,AR.（1971）. The Epidemiologic Transition. Milbank Mem Fund Q. 49:509–538.

43） Olshansky, SJ, Ault AB.（1986）. The fourth stage of the epidemiologic transition:The age of delayed degenerative diseases. Milbank Memorial Fund Quarterly 64（3）: 355–391.

44） 日本能率協会総合研究所（2017）. 前掲書, 124.

第11章

地域包括ケアシステムの深化のためのチェンジマネジメント

第 1 節

継続的なチェンジマネジメントのための要件
——会議体を利用した managed care の推進

(1)　地域ケア会議の設置の経緯とその役割

規範的統合を推進するために

　地域包括ケアシステムの推進から、その深化に向けては、数々のイノベーションが必要であるが、主要な利害関係者による会議体（協議会）の構築とそのマネジメントにおけるイノベーションは今後、特に重要となるだろう。

　ここでいう会議体の構築に際しては、地域包括ケアシステムの目標や使命に関して、合意を得ること（規範的統合）が前提となる。

　また、規範的統合によって相互に協調した活動を調整していくためには、これを運用したシステムマネジメントが前提になる。

　このような規範的統合を日本では、市町村が主体となって実施

408 ｜ 第4部　地域包括ケアシステム推進のためのチェンジマネジメントとその展開

するものとされた。基本的には、関係団体が参画する地域ケア会議や介護保険運営協議会等の機能強化を図る機能も市町村が有するとの法律が規定されてきた。つまり、地域ケア会議等の会議体が関係団体との連携に基づく取り組みを推進していくための改革のプラットフォームの整備と、その運営は市町村が担わなければならないとされている。

地域ケア会議設置の経緯

地域ケア会議については、2012年3月の「地域包括支援センターの設置運営について[1]」において、改めて市町村における多職種、多機関間のコーディネーションレベルの連携を強化するための方針が示された。

これにより、会議は多職種協働による個別ケースの支援内容の検討を通じた、①高齢者の実態把握や課題解決のための地域包括支援ネットワークの構築、②地域のケアマネジャー（介護支援専門員）の法の理念に基づいた高齢者の自立支援に資するケアマネジメントの支援、③個別ケースの課題分析等を行うことによる地域課題の把握などを行う機関であることが定義された。すなわち、ケアマネジャーが策定した計画をより適正化することや、多職種協働によるサービス担当者会議の実施を推進することなどが期待されたのである。

また、ケアマネジャーの知識や力量不足から連携がうまくいかなかった医療機関やインフォーマルサービスの組み込み、支援困難事例に対する高度な、あるいは専門的な支援に関しても、地域ケア会議での議論を通じて保険者が責任をもつこととし、個々のケアマネジャーの能力に依存していた利用者の支援を市町村が一定程度、介入することで適切化を図らなければならないとされた。

このような地域ケア会議の原型とされたのは、埼玉県和光市における中央コミュニティケア会議であり、和光市では、この会議

第11章　地域包括ケアシステムの深化のためのチェンジマネジメント　409

の開催を保険者が責任をもって実施することによって、従来の
サービス担当者会議だけでは想定することができなかった広域的
な支援や、専門性が必要とされる支援を実現してきた。

　和光市では、個別事例の積み重ねによって、市内の地域包括ケ
ア圏域の課題を把握し、当該圏域だけでは解決できない地域に必
要な資源開発や地域づくりを実施し、さらには次期介護保険事業
計画への反映などの政策形成をしながら、着実に地域包括ケアシ
ステムを実現してきた（**図 11-1**）。

　そこで、国は、和光市をモデルとした市町村が主導する会議体
をインテグレーターとし、市町村の保険者機能の強化のための
チェンジマネジメントをすべての自治体にも期待したのであっ
た。

会議体を用いた managed care の難しさ

　2012 年当時、国は、地域ケア会議の運営手順書の整備、先進
的な取り組みを行っているモデル事例の収集およびその全国の保
険者への紹介、議論を行ううえで有益な情報を提供できる基盤の
整備も進め、在宅を基本とした生活の継続ができるよう包括的な
支援体制を推進していく要として、**図 11-2** に示したように地域
ケア会議を機能させることを推奨し続けている。国は、会議体と
いう場を用いて多職種協働による介護サービスの提供、医療との
連携の推進、地域の支え合いやインフォーマルサービスの充実な
どを包括的に進めていくことを目標としてきた。そして、この方
策によって、市町村の managed care は強化されるはずであった。
すなわち、地域ケア会議や介護保険運営協議会など、医療・介護
の関係団体および行政が参画する「会議」は、システムレベルの
コーディネーションを推進するための「装置」として機能するは
ずだったのである。

　だが、今のところ市町村で開催されるこうした会議体がエンジ
ンとなりえた事例は少ない。

図 11-1　和光市における地域包括ケアシステム[2]

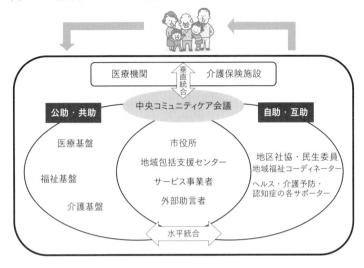

　その理由は、自治体にとって会議が単なる顔合わせだけに終わるといった形骸化したものとなっており、会議体を動かすというよりは、会議の開催そのものが目的とされてきたという現状がある。しかもイノベーションを実現するために必要とされるPDCAサイクルのうち、行政ではPlan（計画）に重きが置かれる傾向が長年にわたって継続されてきた。つまり、計画は立てられても、それは単なる机上のものであり、具体策の検討・実施、そしてそれがうまくいかなかったことを想定した立て直しについては、十分に検討されずに会議は終わってしまうということが繰り返されてきたのである。これは、市町村だけでなく、都道府県や国でも同様の状況であるといえよう。

　先に紹介した和光市は、会議体をエンジンにしてシステム的なマネジメントを実現した稀な例であり、多くの市町村では、依然として地域ケア会議を通じたシステムレベルのコーディネーションは実現していない。

　しかし、会議体間のコーディネーションレベルの連携を実現さ

図 11-2　厚生労働省が示した地域ケア会議の機能[3]

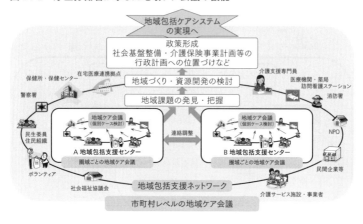

せることは、地域包括ケアシステムの深化には必須となる。そこで、次に、会議体の機能を強化することで自治体が医師会と協働し、新たな組織的統合を達成した、千葉県松戸市の事例を紹介する。

(2) 都市型（首都圏における）地域包括ケアシステム構築プロセスにおける会議体の機能
——松戸市における会議体を用いたチェンジマネジメント

松戸市の現状

2015年における全国1719市町村のうち、人口30万人以上の市町村数は72（構成比：4.2％、人口比：45.6％）である一方、人口1万人以下は512（構成比：29.8％、人口比：2.0％）となった[4]。第1章第1節で述べたように、過疎関係市町村はわが国全体の半数に近づきつつある。そして、わが国の多くを占める、こういった人口規模の小さな市町村では、さらなる人口減を見据えた地域包括ケアシステム構築とその推進が求められている。

一方、首都圏に位置する人口規模が大きい市町村では、これから高齢化を迎え、人口増によるニーズの増大が予想されるなかでのシステム構築とその推進がなされなければならず、全く別のアプローチを必要としている。

　全国を見渡せば、2015年から2025年の11年間に全国合計の75歳以上高齢者数は、1632万人から2180万人へと約30%強も増加するとされる。特に、最も増加率の大きい茨城県守谷市（東京のベッドタウン）では高齢者数が増加し、約2倍になる。

　一方で、すでに高齢者数の減少が始まっている地域も少なくない。例えば、山梨県早川町（過疎地域）では、これから約40%も減少すると見込まれている。

　このように首都圏の都市部では、今後も20年程度は高齢化が進行するとされる一方で、多くの過疎関係市町村では、すでに人口減少と高齢化が同時に進んでいるのである。同じ国でありながら、否、同じ県内であっても居住地によっても未来の姿は大きく異なる。

　地域包括ケアシステムは、このような地域の事情を反映して構築することができるように考えられた政策概念ともいえる。

　ここでは、首都圏のベッドタウンとして、これからも高齢化と人口増加が続く松戸市における「会議体を用いたチェンジマネジメント」の事例を紹介する。

　松戸市は、千葉県北西部の人口約50万人の都市で75歳以上高齢者数（常住人口）は、2017年から2025年の8年間で、6万2000人から8万9000人へと増加すると予想されている。

　このため、早急に医療・介護サービス供給量の確保と、その提供システムの整備が求められている。市内には、看取り実績がある機能強化型在宅療養支援診療所が22か所あり、市全域での在宅看取りは、2016年データで480人、訪問診療患者は2733人と示され、こういった数値からは比較的、医療・介護資源が潤沢であることがわかる。

今後の急激な高齢化に向けて、松戸市では、在宅医療や介護資源の適正な利用のために地域ケア会議や介護保険運営協議会などの、システムレベルのコーディネーションが進められてきた。

　松戸市がとった手法は会議体の機能を明確にし、これらを有機的に連携させることで、資源適正化のためのプラットフォームをつくることであった。しかし、これには、自治体が貴重な社会資源を最大限利用するためのシステムレベルのコーディネーションを実現する必要があり、地域ケア会議や介護保険運営協議会などといった会議体のマネジメントを円滑にするためのスキルを高めなければならなかった。

「地域個別ケア会議」「地域包括ケア推進会議」「市地域ケア会議」のシステム的統合

　松戸市では、①個別事例を議論する「地域個別ケア会議」、②日常生活圏域レベルの「地域包括ケア推進会議」、③市レベルの「市地域ケア会議」が設置されている。①および②は地域（日常生活圏域）レベルで15か所設置され地域包括支援センターが主催している。③は市レベルで1か所設置され、これは市が主催している。松戸市における3層構造の地域ケア会議の具体的な仕組みは、**図11-3** のとおりである。

　第1階層となる個別事例を議論する「地域個別ケア会議」は、個別事例に関係する地域の専門職が幅広く参加し、ケアマネジャー等が抱える困難事例等の課題の解決を図ることが目的とされている。ここに参加するのは医療・介護の専門職が主となることから、臨床的統合が図られている。また事例の困難さのレベルや内容に応じて、間接的臨床統合のメンバーとなる警察・消防・法曹などの専門職も参加する仕組みとなっている。このような多職種による具体的事例の解決は、ケアマネジャー等のOJT（職務を通じたトレーニング）としての機能も果たしているという。

　第2階層となる日常生活圏域レベルの「地域包括ケア推進会

図 11-3　松戸市地域ケア会議の各レベルにおける役割[5]

基本的に各レベルで解決を行い、解決できない問題を上位で検討する仕組みが整っている。

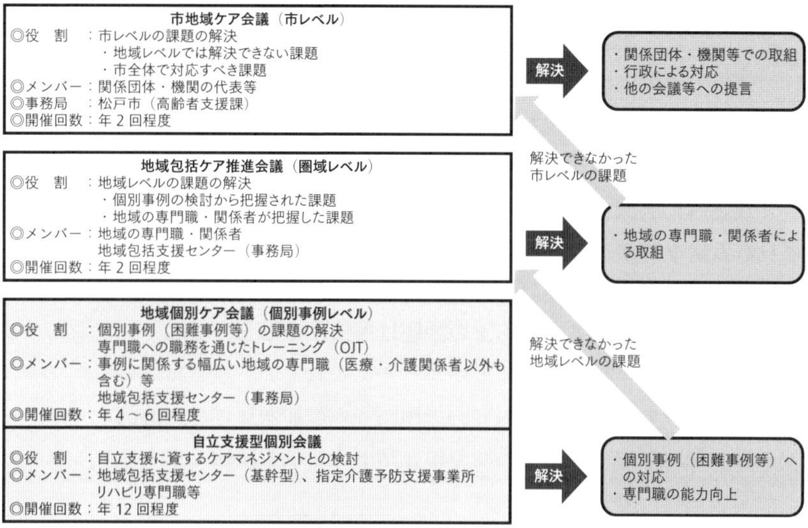

市地域ケア会議（市レベル）
- ◎役　割：市レベルの課題の解決
  - ・地域レベルでは解決できない課題
  - ・市全体で対応すべき課題
- ◎メンバー：関係団体・機関の代表等
- ◎事務局：松戸市（高齢者支援課）
- ◎開催回数：年 2 回程度

解決 →
- ・関係団体・機関等での取組
- ・行政による対応
- ・他の会議等への提言

解決できなかった市レベルの課題

地域包括ケア推進会議（圏域レベル）
- ◎役　割：地域レベルの課題の解決
  - ・個別事例の検討から把握された課題
  - ・地域の専門職・関係者が把握した課題
- ◎メンバー：地域の専門職・関係者
  - 地域包括支援センター（事務局）
- ◎開催回数：年 2 回程度

解決 →
- ・地域の専門職・関係者による取組

解決できなかった地域レベルの課題

地域個別ケア会議（個別事例レベル）
- ◎役　割：個別事例（困難事例等）の課題の解決
  - 専門職への職務を通じたトレーニング（OJT）
- ◎メンバー：事例に関係する幅広い地域の専門職（医療・介護関係者以外も含む）等
  - 地域包括支援センター（事務局）
- ◎開催回数：年 4 ～ 6 回程度

自立支援型個別会議
- ◎役　割：自立支援に資するケアマネジメントとの検討
- ◎メンバー：地域包括支援センター（基幹型）、指定介護予防支援事業所
  - リハビリ専門職等
- ◎開催回数：年 12 回程度

解決 →
- ・個別事例（困難事例等）への対応
- ・専門職の能力向上

議」は、さらに幅広い地域の専門職・関係者の参加が求められている。ここでは、第 1 階層で示された個別事例の検討から把握され、第 1 階層で解決できなかった地域の課題の解決を図ることが目的とされる。この会議体のメンバーとしては、医療・介護やそれ以外の分野の専門職のほか、民生委員、地区社会福祉協議会、町会・自治会関係者、高齢者支援にかかわるボランティアなどである。

　第 3 階層となる市レベルの「市地域ケア会議」は、地区医師会など、市レベルの関係団体・機関の代表等が参画し、圏域レベル・個別事例レベルの地域ケア会議から抽出された地域レベルでも解決できなかった課題が扱われる。このような階層化された会議体の構造は、多くの市町村と同様である（**図 11-3**）。

　それでは、松戸市では一体、何が違うのだろうか。

　松戸市では、これらのそれぞれの階層の会議体の運営が円滑になされるために、実に丁寧な地域ケア会議運営マニュアルが作成

第 11 章　地域包括ケアシステムの深化のためのチェンジマネジメント

され（**図 11-4**）、これら 3 層構造の地域ケア会議の目的や果たすべき役割について、厳格なルール化が図られている。

　具体的には、参加メンバー・テーマ選定等の事前準備や会議当日の運営方法のほか、それぞれの圏域レベル・個別事例レベルの地域ケア会議の統一様式を定めて、課題の抽出方法や議論のまとめ方の標準化が図られている。会議終了後は、その内容が文書として残され、解決できたこととできなかったことが明確に書き分けられるようになっている。

　また、松戸市の会議体の基本的な方針は、現場に近い第 1 階層の地域個別ケア会議でほとんどの課題は解決すること、そして、その解決策を議事録に残すことがルール化されている。したがって、より広域のレベルや幅広い関係機関等の参加がなければ解決できない課題だけが、第 2 階層や第 3 階層の会議で議題となることが徹底されている。

　そして、これらの解決できなかった課題については、事務局と

図 11-4　松戸市地域ケア会議運営マニュアルの構成[6]

1. 地域ケア会議の意義と仕組み (1)　地域ケア会議の意義 (2)　松戸市における地域ケア会議の仕組み	**3. 会議の議事運営** (1)　司会・時間管理 　　・1 事例 30 分×3 例程度が望ましい (2)　守秘義務 (3)　議論のまとめ 　　・会議終了前に、検討結果（対応方針、抽出された課題等）をまとめる
2. 会議開催前の事前準備 (1)　参加メンバー 　　・個別ケア会議：医療・介護・福祉関係者中心 　　・推進会議：上記を含めて、広範な地域関係者 　　・毎回の出席者、テーマごとの出席者 (2)　参加メンバーへの守秘義務の伝達 (3)　日程調整 (4)　個別会議における議題（テーマ）の選定 　　・通常のケアマネ支援業務からの選定 　　・関係者へのテーマ募集 (5)　推進会議における議題（テーマ）の選定 　　・個別会議の事例から抽出した地域課題 　　・関係者からのテーマ募集 　　・関係者同士の連携を深める方策（KJ 法、地域の社会資源等のマッピング、ワールドカフェ等） 　　・課題の対応状況・市ケア会議合意事項等の報告 (6)　資料の作成・事前送付	**4. 会議終了後の対応** (1)　報告様式の市への提出等 　　・会議終了後 2 週間以内に市へ提出 　　・参加メンバーによる議論の共有 (2)　検討結果に沿った対応とモニタリング 　　・次回の会議で対応状況を報告 　　・解決困難な課題は上位の会議へ報告（3 層構造） **5. 地域包括支援センターにおける評価との連動** 様式 1. 地域個別ケア会議報告様式 様式 2. 地域包括ケア推進会議報告様式① 様式 3. 地域包括ケア推進会議報告様式② 参考資料

なった自治体が実際の会議前に実施可能な取り組み案を検討できるように、関係者の意見をもち寄って課題解決に向けた具体的な対応方針をあらかじめ示すのだという。したがって、会議では、この困難な問題を解決するための案についての具体的な方法が議論され、実行できるか、実行できなかった場合の対策をどうすべきかといった本質的な内容が議論され、決定される。

(3)　チェンジマネジメントの前提となる内部環境および外部環境整備

イノベーションサポートの構築

　会議を実質的な決定機関とするためには、自治体における会議事務局が担う事前準備にかかる事務量は膨大であるが、このプロセスこそが、前述した**表 11-1**（p. 297、**表 8-1**の再掲）に示したチェンジマネジメントを実現するための環境の整備における 3 つの要件の能力のうちの 1 つである「重要な専門家グループと integrated care が展開されることとなる実践のコミュニティ内や間のボトムアップのイノベーションサポートの構築」にあたる。

　すなわち、松戸市では、トップダウンの会議体の推進と、そのシステム化を目指す過程で、ボトムアップを図るためのサポート体制が構築されている。このような体制が構築されていることで、地域包括ケアシステム構築にあたってのチェンジマネジメントにおけるイノベーションが生み出されてきたのであろう。

　松戸市ではボトムアップにおけるイノベーションサポート体制整備のために、第 1 階層、第 2 階層の会議で示された検討結果を**表 11-2** にあるような様式に従ってまとめることとされている。このような経緯を経て、第 3 階層の地域ケア会議での議題となることが明示されている。つまり、工程を 1 つひとつ経ることで解決を図るというプロセスと成果が明らかにされている。このよう

表 11-1　integrated care のイノベーションの 3 つの活動

①イノベーションをトップダウンで推進するためのリーダーや主要な利害関係者
　の会議体（協議会等）の構築
②重要な専門家グループと integrated care が展開されることとなる実践のコ
　ミュニティ内や間の「ボトムアップ」のイノベーションサポートの構築であ
　る。これはイノベーションの実現を可能にする規範、信念、価値観、前提条
　件の開発を含め、成功の主要な活動の明確化となる
③他分野または機関横断チームとして、専門家グループが効果的に連携するの
　を実現及び支援する地域レベルでの連携能力の開発と評価方法

(p. 297、**表 8-1** 再掲)

な工程があることによって、新たなイノベーションは生み出される。

　松戸市の臨床的統合を組織的統合へと発展させた「在宅医療・介護連携支援センター」は、このような解決のプロセスを経て、創設されたのである。

表 11-2　松戸市における地域包括ケア推進会議での主な議論と解決策[7]

(1) 参加者・議題

日時	参加者				議題
12月7日 (水) 13：30〜 15：00	町会	医師	ケアマネ	5	1. 活動報告 統計資料、相談ケースから見えてくる特性 2016年7月松戸市ケア会議に報告した本庁の事例 地域課題、および地域包括の活動計画と報告 2. グループワーク 〜本庁地区の地域課題を考える〜 3. その他 関係機関、事業所からの情報提供
	地区社協	歯科医師	介護事業者	2	
	市社協	薬剤師	1		
	民生委員	4	看護師		
	ボランティア		保健師	1	
	高支連	医療相談員	1	地域包括	4
		社会福祉士		市役所	1
		警察		大学教授	1
		消防		しぐなるあいず	1
				合計	21人

(2) 議論のまとめ

	①課題	②関係する個別事例 （①に関係する個別事例がある場合に記入）	③地域での解決の是非 （○・×）	④地域での対応方針 （③が○の場合に記入）	⑤市レベルで期待すること （任意記入）
ア	マンションのセキュリティが高く見守りが困難、個人情報の観点から情報が得られない。	大規模マンション老々介護、高齢者のみ世帯。夫は通所系サービスの利用はあるが妻の拒否が強く緊急時の対応、日常の見守りが困難。	○	マンションへの周知として、管理人に依頼して包括などのチラシを掲示してもらう。	○マンション管理者などへ高齢者の見守り協定、コミュニティづくりなどのはたらきかけ。 ○企業と自治体との提携。
イ	世代を問わず認知症の理解を得ていく必要がある。	レビー小体型認知症の妻と夫の老々介護、高齢者夫婦のみ世帯。レビー小体型認知症の妻が退院するにあたり、夫も結核で退院したばかりで介護力が心配であるが、家族の理解、かかわりが薄い。	○	認知症について理解を深めるための講座などを幅広い年齢層に行っていく。老い、介護について学びあう機会を地域でもつようにする。	○教育委員会と開催方法について検討していただきたい。

解決しているか、していないかがはっきりわかる

解決策が明示される様式となっている

第 2 節

「松戸市在宅医療・介護連携支援センター」新設におけるチェンジマネジメントのステップ

　これまで述べてきたように、価値共創モデルとしての新たな医療と介護サービス提供体制づくりを必要とする地域包括ケアシステムにおいては、チェンジマネジメントは必須となる。以下では、松戸市の在宅医療・介護連携支援センター新設にあたってのチェンジマネジメントの工程について説明する（図 11-5）。

図 11-5　チェンジマネジメントの 9 つのステップ

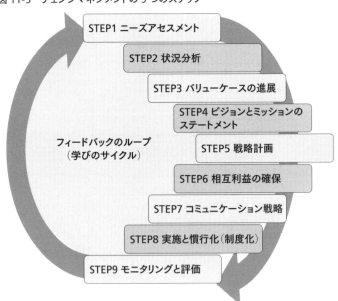

(p. 324、図 9-1 再掲)

①ニーズアセスメントおよび②状況分析、③バリューケースの進展

松戸市は、p. 413に示したように首都圏にあり、人口約50万人の都市で75歳以上高齢者数（常住人口）は、2017年から2025年の8年間で2万7000人もの増加が見込まれている。市内には、看取り実績がある機能強化型在宅療養支援診療所が22か所、在宅看取りは、2016年データで480人、訪問診療患者は2733人であった。人口増加は2025年まで続くと予想され、さらなる医療・介護資源の整備とその中核となる在宅医療の充実が課題となっている。

②状況分析の結果から、松戸市では、市内の医療資源は比較的豊富であるにもかかわらず、訪問診療実績が低いことが課題として把握され、これを解決する方策が検討された。

チェンジマネジメントにおける①ニーズアセスメントは、利用者のニーズだけでなく、価値共創モデルに基づけば、提供者側のニーズとの共創的価値を追求することが求められる。

今回のチェンジマネジメントにおける③バリューケースは、市内で開業はしているが、「訪問診療はしていない」医師であった。

これらの医師に対する①ニーズアセスメントとして、松戸医師会によるヒアリング調査がなされた。その結果、訪問診療を実施できない理由の第一は、診療体制整備や報酬請求事務の煩雑さであることが明らかにされ、第二としては、医師単独での訪問診療への精神的負担の重さがあったという。さらに、第三として、夜間などの緊急時対応の困難さが示された。こういった①ニーズアセスメント、②状況分析、③バリューケースの進展という工程から、次の④ビジョンとミッションのステートメントが導かれたのである。

④ビジョンとミッションのステートメント

松戸市は在宅医療体制の整備という④ビジョン実現のためには、市内で開業する医師の訪問診療への新規参入が必須と考えら

れた。その解決のために、構想されたのが「松戸市在宅医療・介護連携支援センター」であった。

センターの④ミッションは、在宅医療のスタートアップ支援をすることで訪問診療をする医師を増加させることであった。そのため、センターの機能として、❶診療体制整備や報酬請求事務の支援、❷訪問看護師による訪問診療同行支援、❸薬剤師による医師の初期訪問診療同行支援、❹診診連携（診療所間連携）グループへの参加や訪問看護との連携が示されたのである。

これらのミッションは、いずれも開業医師の訪問診療ができないという問題を解決する内容となっている。先にも述べたとおり、松戸市におけるチェンジマネジメントのプロセスで最も重要だったのは、②状況分析で、現状の開業医に対して、訪問診療を推進するためには、新たな仕組みを医師会単独でなく、松戸市や各関係団体と連携をすべきということを明らかにしたことであった。

これによって、ミッション遂行のためには、在宅医療・介護連携支援センターの設置が必要との計画がなされたのである。

⑤戦略計画、⑥相互利益の確保、⑦コミュニケーション戦略

松戸市における在宅での訪問診療体制整備のための⑤戦略計画で課題となるのは、松戸市医師会との調整であったと推察される。

松戸市も患者も訪問診療体制が整備されることは望ましいとされただろうが、すでに、在宅医療に従事している訪問診療所にとっては、競争相手となる医療機関が参入してくることになる。したがって、センターの設置については、必ずしもすべての人々が賛成する状況ではなかっただろう。

このため、ここで重要であったのは、⑥相互利益の確保に関する松戸市と医師会との調整であった。事実上のかかりつけ医となる訪問診療医を支援するための方策を充実させることが、現在、

すでに訪問診療を実施している医療機関にとって不利益にならないことを十分説明することはもちろんであるが、おそらく、センターが支援する看護師や薬剤師等の専門職との連携については、医師会にとって、有益な内容であることも説明されたものと推測する。訪問診療で何をやるのか、やるべきなのかを市と調整するなかで、臨床的統合が実現し、多職種のそれぞれの役割が明確にされたものと推察される。

この過程は、チェンジマネジメントにおける⑦コミュニケーション戦略にあたる内容となるが、**図11-6**に示された松戸市における在宅医と訪問看護師の連携ルールづくり[注1]等のマニュアルは、その成果物といえる。同様のマニュアルは、ケアマネジャーとの間にもあるという。これらは、患者が地域での生活を維持するための医療、介護サービスに専門職がいかにかかわるかを示したものとして重要である。

⑧実施の慣行化、⑨モニタリングと評価

なお、このあとの工程となる⑧実施の慣行化、⑨モニタリングと評価：持続的な品質向上のためのシステム開発は、センターの運営は、医師会・歯科医師会・薬剤師会・訪問看護連絡協議会・介護支援専門員協議会・リハビリテーション連絡協議会・松戸市役所等で構成される松戸市医師会在宅ケア委員会や、同委員会の下に設置されたプロジェクトチームでの議論に沿うといった⑧実施の慣行化がなされている。

具体的には、松戸市医師会在宅ケア委員会の下に主要なテーマごとのプロジェクトチームを設置し、在宅ケア委員会およびプロジェクトチームにおいて、在宅医療・介護連携に係る現状の把握と課題の抽出、解決策等の検討がなされることとされ、在宅ケア委員会およびプロジェクトチームによって、⑨モニタリングと評

注1）石島秀紀（2018）. わがまちの在宅医療・介護連携推進事業. 第20回在宅医学会講演資料.

図 11-6 松戸市における在宅医と訪問看護師の連携ルールづくり[8]

価がなされることも示されている。したがって、センター新設後の実情とその評価を含めて報告されることになるだろう。

第 3 節

チェンジマネジメントによって誘起された価値共創モデル
── 「在宅医療・介護連携支援センター」の創設

(1) ボトムアップ型イノベーション体制の確立

臨床的統合の水平化から、組織的統合へ

　松戸市では、各会議体のシステム化を通じて、すでに地域サポート医の配置を実現していた。このような基盤があったことで、「松戸市在宅医療・介護連携支援センター」（以下、「センター」）の創設という新たなイノベーションが起こされたのである。

　このセンターは、地域ケア会議で取り扱った困難事例の分類・検証の結果から、受診・サービス拒否やかかりつけ医不在など、より困難な事例に対するアウトリーチ等の支援のために 2018 年 4 月に設立された。なお、センターは、松戸市の委託に基づき、松戸市医師会が創設し、運営されている。

　これまで医療に関する行政は、そのほとんどが都道府県の所管であったため、多くの市町村は地区医師会等との間での「顔の見える関係」が構築できず、苦戦している。一方、松戸市では、毎月、開催される在宅ケア委員会[注2]での意見交換を通じて医師会との関係を密にし、市担当者が事務局として、プラットフォームとしての機能を果たしてきた。これにより各協議会のキーパーソン同士の「顔の見える関係」は「信頼できる関係」へと進展し、

注 2）松戸市医師会が開催する在宅ケア委員会は医師会・歯科医師会・薬剤師会・訪問看護連絡協議会・介護支援専門員協議会・リハビリテーション連絡協議会の委員らが出席する。さらに松戸市役所の担当部署の職員が事務局として参加する。

第 11 章　地域包括ケアシステムの深化のためのチェンジマネジメント　｜　425

さらに、多職種、多機関における組織的統合が実現したのである。

　センターの構想とその実現は、介護保険法に定められた必須事業である在宅医療・介護連携推進事業の推進の一環として位置づけられている。つまり、この事業は、在宅医療・介護連携に関する課題抽出と対応策検討、切れ目のない在宅医療・介護の提供体制の構築推進（一人開業医等による在宅医療を支援するための取り組みなど）、在宅医療・介護連携に関する相談支援、医療・介護関係の多職種合同の研修などの介護保険制度行政の施策の一部として位置づけられている。

会議体を利用したイノベーション

　市町村の主催にせよ、地区医師会の主催にせよ、市町村が地区医師会等との間で医療・介護連携の推進に関する定期的な会議をもち続けていたことは、「在宅医療・介護連携支援センター」創設の礎であった。すなわち、松戸市は**図 11-7** に示したように会議体を用いた「ボトムアップにおけるイノベーションサポート体制」を医師会とともに構築していた。

　これは、松戸市側から見れば、在宅医療・介護連携を推進するために、地域に幅広く存在する医療関連の相談事例への対応を強化し、これらの対応策を蓄積しつつ、さらなる充実を図るために専門性が高い執行機能を市がもつことが有用と考えたからであろう。言い換えるならば、地域ケア会議で指摘された**表 11-3** に示された課題を直接、解決するために実働部隊としての「在宅医療・介護連携支援センター」という組織的統合を生み出したということになる。

　従前の在宅医療・介護連携推進事業では、松戸市医師会の複数の会員医療機関が分担して事務局を担っていたという。だが、専従ではない、分断された事務局体制では、医療・介護関係者が合意した取り組みを安定的・継続的に執行しにくいという課題が

図 11-7　チェンジマネジメントの各ステップと 3 つの活動

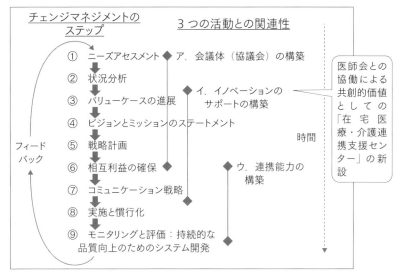

あったという。これは、臨床的統合から、組織的統合への進展が図られたものと説明できる。つまり、チェンジマネジメントによって組織的統合が企図された結果として、先に述べたように、2018 年 4 月から、松戸市医師会への委託を通じて、「在宅医療・介護連携支援センター」が設置されたのである。

在宅医療・介護連携支援センターの機能

このセンターの具体的な業務は、**図 11-8** に示したように「連携システム構築」「相談支援」「情報共有支援、研修、普及啓発等」である。具体的には、①在宅医療のスタートアップ支援・質向上、②2 人主治医制の推進、③困難事例への相談支援・アウトリーチ（地域サポート医）が、センターの 3 本柱とされた。

センターには、在宅療養支援診療所や行政機関等において在宅医療・介護連携に関する事務経験を得た専門職および事務職員が配置された。

表11-3 松戸市における地域ケア会議の個別事例から抽出した地域課題（医療関連）[6]

事例	地域関連				家族関連		本人関連			医療連携				他領域にわたる課題
	見守り不在	地縁の欠如	ゴミ出し問題	その他	世帯の困難	その他	助けを求める力の欠如	認知症	その他	かかりつけ医不在	医療連携困難	精神疾患	その他疾病	
A					独居		サービス利用拒否	疑い		○				4
B						家族要介護者				○		○		3
C					独居			疑い		○				3
D		○			独居		ゴミ屋敷							3
E		○			実態独居					○	○		がん	5
F	○				独居		サービス利用拒否	○						5
G					日中独居	家族不干渉		○					アルコール	4
H		○					サービス利用拒否	○						4
I	○			個人情報	日中独居			○	買い物					5
J		○		個人情報	独居			○	徘徊					5
K	○				認認世帯	家族関与拒否								3
L	○		○		独居			○		○	服薬困難			6
M					独居	家族不干渉	サービス利用拒否	疑い		○				5
N						家族障害者							脳疾患	2
O		○								不信感		○		3

（著者一部改変）

　2018年6月現在、専門職としては保健師・社会福祉士・理学療法士・作業療法士・歯科衛生士・管理栄養士が常勤換算で3人配置され、各専門職の多彩な専門性を背景にした多様な支援が実現しつつある。

　このような機能をもつセンター設置は、国内だけでなく、前述した7か国におけるintegrated careの取り組みと比べても先駆的

図 11-8　松戸市における在宅医療・介護連携支援センターの図[9]

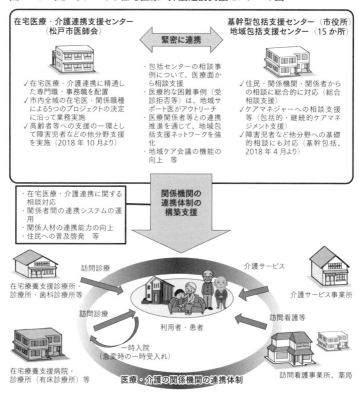

な例といえる。

　また、その運営は、医師会・歯科医師会・薬剤師会・訪問看護連絡協議会・介護支援専門員協議会・リハビリテーション連絡協議会・松戸市役所等で構成される松戸市医師会在宅ケア委員会や、同委員会のもとに設置されたプロジェクトチームでの議論に沿うこととされた。

　具体的には、松戸市医師会在宅ケア委員会のもとに主要なテーマごとのプロジェクトチームが設置され、在宅ケア委員会およびプロジェクトチームにおいて、在宅医療・介護連携にかかる現状

の把握と課題の抽出、解決策等の検討がなされるという。

このような形態は、第 8 章で紹介した、スペインのバスク地方の問題解決の鍵となる人々や組織の「指導チーム」の結集と類似の内容であるが、松戸市の場合は、バスク地方の例よりも会議体のシステム化を発展させた形態として注目に値する。

前述のバスク地方では、関係する医療や介護等の専門職と患者グループ間のイノベーションが促されたというが、松戸市のイノベーションとしては、このセンターの機能としての「在宅医療のスタートアップ支援」はユニークであり、今後の都市型の在宅医療における大きな一歩として記憶されることになるだろう。

(2) 価値共創モデルとしての 「松戸市在宅医療スタートアップ支援」

2016 年に松戸市医師会は、在宅医療に取り組んでいない開業医を対象に「在宅医療開始にあたっての課題」に関するインタビュー調査を実施した。在宅医療のスタートアップ支援は、この調査結果をもとに、訪問診療ができる医師を増やすことを目的として、行政と医師会が考えた価値共創モデルの実現といえる。

「松戸市在宅医療スタートアップ支援」実現の背景

松戸市医師会が実施した訪問診療をしていない開業医へのインタビュー調査結果からは、訪問診療をしない理由の第一として、「保険請求等の制度が複雑」「介護保険制度についての知識がない」「在宅医療を始めるための準備には手間がかかりそう」といった報酬請求事務の煩雑さをはじめとする事務的な体制整備に課題があることがわかった。第二として、「自院には、訪問診療に同行してくれる看護師がいないので心細い」「急病の知らせがあっても、外来診療中には、すぐに往診できる体制がない」「慣れない疾患をみることへの不安がある」「専門外の病気の人の最

期を決めてしまうことにためらいがある」といった、単独で自宅等の診療の場に赴くことへの精神的負担の重さがあった。そして、第三には、「夜間緊急時にすぐ駆けつけられない」「急な往診があると思うと、アルコールを飲めなくなるのではないか」など、夜間などの緊急時対応への不安や、これを実現するにあたって、自らの私生活との兼ね合いをつけかねるといった個別的な内容が示されたという。

スタートアップ支援の内容

これらの不安や課題に対処でき、在宅医療への新規参入を推進するために、センターが実施した在宅医療のスタートアップ支援は、第2節のチェンジマネジメントステップでも詳しく説明してきたように、①診療体制整備や報酬請求事務の支援、②訪問看護師による訪問診療同行支援、③薬剤師による医師の初期訪問診療同行支援、④診診連携（診療所間連携）グループへの参加や訪問看護との連携の推奨である。

このなかでも、開業医に好評なのは、①診療体制整備や報酬請求事務の支援だという。こういった事務的な手続きを個別の診療所が実施するには、人材の確保や、事務コスト等、医師個人での解決は難しかったと予想される。これをセンターに所属する実務経験豊富な事務職員が代替してくれるというサービスは、開業医にとっては、有益なサービスである。

また、在宅医療の経験豊富な②訪問看護師による訪問診療同行支援は、在宅への訪問診療経験が少ない医師の精神的負担の軽減に寄与している。また、患者側にとっても医師と看護師との2人訪問のメリットは大きいものと予想される。

すでに、センターでは、在宅医療に新規参入する開業医に対しては、センターで訪問看護師の配置調整（マッチング）を行っているが、これについても**図 11-6**（p. 424）に示したように事前に松戸市医師会と松戸市訪問看護連絡協議会の協議に基づき、訪問看

護師を配置する際の諸条件を取り決めたうえで、松戸市訪問看護連絡協議会に加盟する訪問看護ステーションの訪問看護師が選定されることとなっているという。

さらに、③薬剤師による医師の初期訪問診療同行支援は高齢患者への適切な薬剤管理の促進や、残薬の確認などが可能となるだけでなく、医師の負担が大きく軽減される支援となっている。このような新たな臨床的統合に際し、松戸市は保険者機能を発揮し、松戸市薬剤師会との連携体制を構築し、薬剤師による服薬状況の把握や処方提案、訪問薬剤管理指導の意義の周知を行ったという。

そのほかにも、④診診連携（診療所間連携）グループへの参加や訪問看護との連携が推奨されているが、これは訪問看護との緊密な連携を実現するために、「状態変化時は訪問看護師が先に訪問する」「ファーストコールは訪問看護師が受ける」など、訪問看護ステーションにおいて、相当程度の夜間対応が可能であるといった丁寧な説明がなされている。

以上のようなセンターによる支援策は、さまざまな理由で訪問診療の不安を抱えていた医師らが在宅医療に一歩を踏み出すきっかけになったのではないかと推察される。

センター設置前にも、学会や私的な会食、旅行という用件で医師が診療所不在時に対応できる体制として、診診連携（診療所間連携）グループへの参加は推奨されていた。また、市内には、連携型の機能強化型在宅療養支援診療所のグループが3つあった。このような体制に加えて、在宅医療に新規参入する開業医に対しては、これまで構築してきた診診連携グループへの参加もできるという。

すでに松戸市内の診診連携グループでは、学会や休暇等での不在時に担当できる医師を募り、その期間に対応できる医師が挙手するという方式で不在時の副主治医を決定する仕組みもあり、365日対応体制が整備されていた。これまでの実績からは、副主

治医の出動は数年間で数件しかないが、医師にとって、副主治医がいるという安心感が大きいことはいうまでもない。

なお、診療報酬上で義務づけられているようにこの診診連携グループには毎月、カンファレンスが実施される。このカンファレンスへの参加を通じて、在宅医療実施にあたってのノウハウの習得や不安の解消につながる効果も期待されている。

首都圏周辺の都市部では、医師はいるものの、訪問診療を行う医師が少ないという課題を抱えている自治体は少なくない。この解決にあたって、自治体がマネジメント機能を発揮し、在宅医療・介護連携にかかる現状の把握と課題の抽出、解決策等の検討を行ったうえで設立した、この新たな「在宅医療・介護連携支援センター」は、きわめてユニークな実践といえる。

また、このセンターの機能である「在宅医療のスタートアップ支援」は、市と医師会等、関係団体とのチェンジマネジメントのよい例であり、訪問診療推進のための価値共創型のイノベーションモデルである。

松戸市は、多職種間の臨床的統合を基盤として、これを装置化した、「在宅医療・介護連携支援センター」を新設し、結果として、関係団体の組織的統合をも実現させることになった。これは、わが国だけでなく、国際的にも稀少な例であるが、ビジョン設定の考え方やスキーム、その運用方式は、多くの自治体にとっても、有益なモデルとなるだろう。

(3) チェンジマネジメントを実現できる自治体の保険者機能

内部環境および外部環境の整備

これまで述べたように、地域包括ケアシステムにチェンジマネジメントを導入するにあたっての大きな課題は、変化を好まない

第11章　地域包括ケアシステムの深化のためのチェンジマネジメント　｜　433

人々が必ず存在することであった。

　本章で紹介した松戸市でも、こうした状況は存在しただろう。しかし、これに対して、松戸市では、3階層の会議体をシステム化することで、この合議内容を核として、市が managed care 機能を高めることに成功し、イノベーションの結果としての「在宅医療・介護連携支援センター」を創立できた。

　このセンター創立は、臨床的統合を前提とした、組織的統合を図るための執行機関と位置づけられる。それは単一の財源で運用されており、組織的統合と同時に運営的統合をも成立させている。このように松戸市は、価値共創型のチェンジマネジメントを達成しえた稀少な例である。

　多くの先行研究から示唆されているのは、こういったチェンジマネジメントを受け入れる地域においては、これにかかわるイノベーションを受け入れる環境が存在していたということである。

　例えば、松戸市は、すでに実質的な2人主治医制が導入され、医師会活動が活発であることから、自治体がこの地区医師会の実力を冷静に判断し、これと協働し、そのための予算を獲得できたことが今回のイノベーションにつながっている。

　したがって、いずれの地域においても、こういったセンターが機能しうるかといえば、そうではない。つまり、地域の内部、そして外部環境によって、起こしうるイノベーションのありようは変化するのである。

　しかしながら、イノベーションを起こしうる環境やその要素に関する基本的なことは共通するものと考えられ、チェンジマネジメントに際しては、例えば、最初の段階から、直接的な利害の関係者となる患者、サービス利用者や彼らの代弁をするようなコミュニティにおける患者グループ等の関与ができる協議体を組織しておくことは重要である。

　また、チェンジマネジメントの対象となる事象に関する客観化できるようなエビデンスがあれば、それを収集し、データベース

を構築することも共通する行動となる。

ただし、こういったチェンジマネジメントによって創造された新たな統合的なサービスのありようと、これらの行動に関しては、これを統合した提供主体と旧来の方法で提供している場合とを比較し、どのような違いが提供側と提供される側に生じるかを情報として蓄積し、分析できるシステム構築も同時に求められる。さらには、このようなチェンジマネジメント過程を当事者や住民らに丁寧に伝えるコミュニケーションスキルが保険者には具備されていなければならないのである。

自治体のチェンジマネジメント力の評価方法

これまで述べてきたように、日本の医療や介護サービスの提供体制には、チェンジマネジメントが求められている。しかし、チェンジマネジメントは2000年の介護保険制度施行時の要介護認定システム導入のような手法で成し遂げられるものではない。すなわち、国が一律にシステムを配布し、地方自治体がシステム使用を始められるよう全国で統一されたマニュアルを整備するといった中央集権的な方法では達成できないのである。その理由は、本書で繰り返し述べてきたように地方自治体が抱える課題は、それぞれ異なっており、これを解決するための方法もまた多様とならざるをえないからである。

つまり、自治体は、それぞれが抱える問題に応じて解決に必要となる人の能力や資源の多寡を把握し、チェンジマネジメントの工程を辿ることで地域包括ケアシステムの深化を遂げていくしかないのである。

そのためには、自治体の保険者機能の強化は必須となる。保険者機能を向上させるためのエンジンこそが、松戸市がシステム化してきた地域ケア会議等の会議体である。各自治体は、本章第3節で紹介したような各会議体のルールを参照し、それぞれの自治体別のルール化を急がなければならない。そして、医療や介護、

第11章　地域包括ケアシステムの深化のためのチェンジマネジメント　｜　435

生活支援サービスの提供体制の改革に向けて、①ニーズアセスメント、②状況分析、③バリューケースの進展は、④ビジョンとミッションのステートメント、⑤の戦略計画といった工程を経て、⑥相互利益の確保、⑦コミュニケーション戦略、⑧実施と慣行化、⑨モニタリングと評価を実現するチェンジマネジメントを着実にすすめていくしかない。

　保険者機能強化推進交付金（財政的インセンティブ）は、このチェンジマネジメントを実践する際のモニタリングと評価に際してよいメルクマールとなる。なぜなら、ここで用いられる評価指標は、市町村が介護保険制度の保険者として実施すべきとされた内容を評価指標化した61項目と、これらに係る取り組みに関し、都道府県の支援に係る保険者のニーズを把握しているかといった都道府県向け評価指標（20項目）によって成立しているため、自治体の取り組み状況が明確に得点によって示されるからである。この指標の達成率によって配分される予算は、初年度の2018年度は200億円（うち10億円程度が都道府県分）の規模で運用され、2019年度予算額も同規模とされている。

　ここでいう都道府県の支援とは、例えば、第10章で述べたセルフマネジメント支援を実現した駒ヶ根市のような取り組みは、他の地域では、市町村だけでは難しく、都道府県から医療機関に対して、医師、看護師、理学療法士等の協力要請をしなければ、うまくいかないかもしれない。それは、これまで医療と介護の連携に関する施策は、都道府県が所管してきたからである。このことからは、都道府県による支援は現時点でも有用だと考えられる。

　すでに、都道府県の市町村支援の義務化は、介護保険法改正によって、介護保険事業支援計画に位置づけられ、市町村の介護保険事業計画と同様にPDCAサイクルが盛り込まれ、計画期間3か年での評価がなされることとされた。

　これから、都道府県や市町村は、地域包括ケア圏域別の高齢化

の状況や同居率、医療や介護サービスの整備状況といった圏域別の状況を把握・認識したうえで、それぞれのビジョン設定を会議体のなかで明確にしていかなければならない。そして、先に述べた保険者機能強化推進交付金の根拠となる、市町村が介護保険制度の保険者として実施すべきとされた評価内容を着実に実施していかなければならないのである。

駒ヶ根市、松戸市の保険者能力

　本書で紹介してきた、チェンジマネジメントを実践し、セルフマネジメント支援システムを構築してきた駒ヶ根は、人口3万人程度の小さな地方自治体であるが、駒ヶ根市の2018年度保険者機能強化推進交付金の評価指標の得点（以下、保険者機能得点）は、**表11-4**に示すように577点（達成率94.3%）であり、全国平均411.0点、長野県平均の418.7点よりも、約160点も高い得点であった。特に、セルフマネジメント支援と関連性が高い、Ⅱの自立支援、重度化防止等に資する施策の推進は、440点（達成率95.7%）と示され、全国平均313.2点、長野県平均の317.2点に比較しても顕著に高かった。

　さらに、第10章で述べたように、駒ヶ根市では、地域内の病院と連携をすすめ、セルフマネジメント支援を実現してきた。その結果は、如実に表れており、在宅医療・介護連携にかかわる施策も満点（70点）であった。これは全国平均49.8点、長野県平均の52.5点と比較してもかなり高い得点であった（**表11-4**）。

　一方、松戸市では、会議体を用いたmanaged careを推進しながら、チェンジマネジメントを実現してきた。このことによって、組織的統合としての「在宅医療・介護連携支援センター」を新設した。

　松戸市は、駒ヶ根市の人口の16倍となる50万人弱の首都圏の都市である。松戸市の保険者機能得点も572点（達成率93.5%）で、全国平均411点よりも160点ほど高く、千葉県内の市町村の

平均点 343.8 点からは、なんと 228 点も高かった。

　松戸市は、駒ヶ根市と同様に、国が重点課題としている、Ⅱの自立支援、重度化防止等に資する施策の推進は、420 点（達成率91.3%）と高く、全国平均 313.2 点、千葉県の 260.7 点に比較すると、県内平均からは、160 点も高かったのである。

　施策の実効性が高い理由は、本章で述べてきたように会議体の有機的な連携が達成され、「Ⅰ　PDCA サイクルの活用による保険者機能の活用に向けた体制の構築」がなされているためである。したがって、この指標については、松戸市は 82 点で達成率は 100%であった。この得点からは全国平均 57.9 点、千葉県平均の 50.1 点に比較しても明らかに体制整備が堅固であることが示されていた。

表 11-4　駒ヶ根市、松戸市における 2018 年度保険者機能得点

	満点	全国平均		長野県平均（参考）	駒ヶ根市		千葉県平均（参考）	松戸市	
	得点	得点	達成率	得点	得点	達成率	得点	得点	達成率
合計	612	411.0	67.2	418.7	577	94.3	343.8	572	93.5
Ⅰ　PDCA サイクルの活用による保険者機能の活用に向けた体制の構築	82	57.9	70.6	63.8	77	93.9	50.1	82	100.0
Ⅱ　自立支援、重度化防止等に資する施策の推進	460	313.2	68.1	317.2	440	95.7	260.7	420	91.3
Ⅱ(1)地域密着型サービス	40	19.2	48.0	18.1	40	100.0	18.2	40	100.0
Ⅱ(2)介護支援専門員・介護サービス事業者	20	12.6	63.0	14.4	20	100.0	8.9	20	100.0
Ⅱ(3)地域包括支援センター	150	104.4	69.6	107.4	150	100.0	88.8	140	93.3
Ⅱ(4)医療・介護連携	70	49.8	71.1	52.5	70	100.0	32.3	60	85.7
Ⅱ(5)認知症総合支援	40	30.7	76.8	30.4	40	100.0	24.9	40	100.0
Ⅱ(6)介護予防・日常生活支援	80	53.0	66.3	52.9	80	100.0	45.5	70	87.5
Ⅱ(7)生活支援体制整備	40	30.9	77.3	29.5	40	100.0	27.7	40	100.0
Ⅱ(8)要介護状態の維持・改善の状況等	20	12.6	63.0	11.9	0	0.0	14.3	10	50.0
Ⅲ　介護保険運営の安定化に資する施策の推進	70	39.9	57.0	37.7	60	85.7	33	70	100.0
Ⅲ(1)介護給付の適正化	60	34.1	56.8	32.1	50	83.3	26.2	60	100.0
Ⅲ(2)介護人材の確保	10	5.7	57.0	5.6	10	100.0	6.7	10	100.0

この他の評価指標に関しても、駒ヶ根市、松戸市ともに、「Ⅱ(1)地域密着型サービス」、「Ⅱ(2)介護支援専門員・介護サービス事業者」、「Ⅱ(5)認知症総合支援」、「Ⅱ(7)生活支援体制整備」、「Ⅲ(2)介護人材の確保」は100％の達成率を示していた。

　以上の結果からは、人口規模にかかわらず、チェンジマネジメントを実施していくことで着実に保険者機能は強化されることが示されたといえる。

　また、これまで地方自治体の保険者機能については、定性的な評価がほとんどであったが、保険者機能得点は、定量的な評価が可能であること、しかも得点によって、市町村の保険者能力が明示化されることは、都道府県による支援の戦略計画立案に際しても有益な資料となることと考えられ重要である。

地域包括ケアシステムの深化のためには

　本書において示してきたように、日本における地域包括ケアシステムは、任意に設定された地域包括ケア圏域における「医療や介護サービスの供給提供体制の統合（integrated care）」を目指し、「すべての住民が在宅等の住み慣れた地域で終生、生活を継続できるコミュニティを基盤とした支援の仕組み（community-based care）」である。

　このシステムは、当初想定されていた医療や介護領域だけでなく、生活支援にかかわるサービスの統合も射程範囲とし、高齢者だけでなく地域住民すべてをシステムの構成員とすることが盛り込まれてきた。このため、その実態を把握することも、システムをどのように構築すべきかというビジョン設定も容易ではない。それでも自治体は、システム構築のために従来の医療や介護、そして生活支援サービスシステムを見直し、チェンジマネジメントを推進するしかないし、どこに向かうべきかについても、ひたすらに考え続けるしかない。

無謬性からの脱却

　地域包括ケアシステムの構築、推進、深化への道筋は、見えにくい状況となっている。おそらく、このような大きな試みに携わる人にとって、大事なことは、行政職は無謬であるべきだという思いから脱却することかもしれない。多くの住民は、行政は確かなものであってほしいと思っている。だが「人は誰でも失敗する」という可謬性を前提として、この困難なシステム改革には臨むしかないように思う。

　政府や行政組織には、「政策を成功させる責任を負った当事者の組織は、その政策が失敗したときのことを考えたりしてはいけない」という「無謬性の原則」があるとされる[10]。政治学者ハンナ・アーレントは、この原則の恐ろしさを分析して、次のようなことを指摘している。世の中が不安定になり、人々が孤独になることによって、心のよりどころとして何か確かなもの、無謬性を求める。これが独裁者をつくりあげる土壌となり、例えば、第二次世界大戦前のドイツを代表とする全体主義への道を開くといったことがある[11]というのである。

　人は、失敗する、だから、人によって構成される組織である行政組織は、失敗することは前提である。過去にも何度も失敗してきたし、おそらく将来も失敗することはあるだろう。だからこそ、これらの失敗を前提とし、事前に最悪の事態を想定し、オープンな文化をもとに議論することでしか、チェンジマネジメントの道筋は見えないのである。

　地域包括ケアシステムの構築は、いずれの自治体にとっても、初めての試みである。誰も成功していないからこそ、やりがいもある。さまざまな試行錯誤がなされるだろうし、そのなかには失敗もあるだろう。だからこそ、チェンジマネジメントにはモニタリングと評価というステップが存在する。

　行政に携わる者としては、無謬であるべきだという思いは、信

念としては大事かもしれない。また、住民の立場としても、これを求めたい心情はあるだろう。しかし、地域包括ケアシステムのつくり方は多様であり、唯一の、そして、正答というものはないのである。

人類は、史上類を見ないほどの相互依存関係を構築し、経済や情報のグローバル化を実現したにもかかわらず、世界では、国家や民族、宗教に根差すとされる争いは絶えることがない。解決の道筋が見えず、途方に暮れるしかないこともある。人は、そんなときに弱体化したジャーナリズムがつくり出す嘘の跋扈を利用する強いリーダーの無謬性を信じてしまうこともある。だが、今日の複雑で、多様な価値を基とする錯綜した依存関係性をほどくことができるような強いリーダーは決して、存在しない。

共創型価値を育む共感力

また、何が解かを探るのに、よく日本がやってきたような、先進事例として海外の事例、ベストプラクティスの推奨は、知識としては無駄ではないが、日本の社会保障制度を改革するためには、共創型価値を基盤とするしかない。その本質は、自らの隣人に関心をもち、他者の痛みを感じられるというきわめて人間的な営みの延長線上にある。

今、人々は、日常に溢れ出ている膨大な情報から、自分が信じたい情報だけを取り込んで、とりあえず、解決できそうにないことは、決して来ることのない余裕がある時に考えようと決めるのである。あるいは、これらの複雑な問いへの解については、選択された、誰かのもっともらしい言説で効率的に説明しようとする。

しかし、こういった解を得ることも、日本で地域包括ケアシステムを構築し、推進することも、このシステムの構成員すべてのそれぞれの営みが、「もし頭の数だけ人の考えも違うというのであれば、人の心の数だけ、愛情の種類も違うのじゃないかし

第11章　地域包括ケアシステムの深化のためのチェンジマネジメント　｜　441

ら[12]」という素朴な真実を認めあうことができることから始まる。このようなことを理解しうる感性を育むこと、「他者を認め、他者との共感（empathy）を育む力」が地域包括ケアシステムの基盤となる。

　そういった意味において、このシステムが、この国で定着しうるかについては、まさに新たな人新世（Anthropocene）[注3], [13]における試みとして、きわめて興味深いものといえる。

注3）　新たな人新世（Anthropocene）とは、大気化学者のパウル・クルッツェンらによって提案された用語である（Crutzen and Stoermer 2000）。産業革命以後の人間の活動は、二酸化炭素濃度の上昇、動植物の大量絶滅、大量のプラスチックなどを通じて、地球に半永久的な痕跡を残すほどになっている。これを地球の地質年代の完新世と対比し、新しい時代、つまり「人間の時代」に入ったと説明したもの。この概念は、人間がこのような気候と生態系の変化にどう向き合うべきなのか、という問いを提起するものとされている。このような切迫性や地球レベルでの全体性は、国際機関の施策から地域政策、都市デザイン、エンジニアの技術開発など、さまざまなレベルで人々の想像力や実践に大きな影響力を与えている。

［引用文献］
1）厚生労働省（2012）．地域包括支援センターの設置運営について．
2）和光市（2018）．第二次健康わこう21計画・第三次和光市食育推進計画, 10.
3）厚生労働省老健局振興課（2016）．地域包括ケアシステムにおける地域ケア会議の役割について．
4）総務省（2018）．住民基本台帳人口移動報告平成29年（2017年）結果．
5）松戸市ホームページ．松戸市地域ケア会議．
6）草野哲也（2018）．医療・介護・市町村行政の参画による会議を通じた地域包括ケアの推進. 第20回在宅医学会講演資料．
7）松戸市ホームページ．第1回（平成29年7月11日）地域包括ケア推進会議における主な議論．
8）石島秀紀（2018）．わがまちの在宅医療・介護連携推進事業. 第20回在宅医学会講演資料．
9）松戸市ホームページ．いきいき安心プランⅥまつど概要, 6.
10）無謬性の原則と全体主義. 日本経済新聞（2018年5月22日）．
11）ハンナ・アーレント．（1972）．全体主義の起原. 大島通義・大島かおり訳. みすず書房．
12）レフ・トルストイ．（1989）．アンナ・カレーニナ〈上〉. 中村融訳. 岩波文庫．
13）Crutzen, P. J. & Stoermer, E. F.（2000）. The Anthropocene, Global change newsletter. 41, 17-18. International Geosphere–Biosphere Programme（IGBP）.

終 章

「分相応」の社会の
地域包括ケアシステム

(1) 令和時代、「標準世帯」という幻想からの脱却

　わが国の社会保障制度にかかわる家計の税や社会保障の給付・負担に関する説明に際しては、「標準世帯」[注1]という概念が用いられることが少なくない。しかし、この「標準世帯」と呼ばれる世帯類型は、日本の総世帯数の5%にも達していない。

　それでは、なぜ、この世帯類型が標準世帯と呼ばれているかといえば、昭和40年代にはじめられた総務省（当時は総理府）の「家計調査」で、この世帯類型「4人世帯・有業者数1人」が最も高い割合（14.56%）を示していたからである。だが、昭和63（1988）年には、「有業の1人世帯」が世帯類型として、最も割合が高くなった。そして、平成を迎える前には、すでに「4人世帯・有業者数1人」が総世帯に占める割合は9.67%と1割にも満たなくなっていた。それでも統計データの継続性のためであろうか、今日まで標準世帯という呼称は用いられ、典型例として示され続けている。

　平成29（2017）年に世帯類型で最も高い割合を示すことになったのは、「無業の1人世帯」となった。標準世帯と呼ばれる「4

注1）　標準世帯は、夫が働いて収入を得て、妻は専業主婦、子どもは2人の4人世帯という家族構成をいう。

終章　「分相応」の社会の地域包括ケアシステム　｜　445

人世帯・有業者数1人」は、世帯類型別割合では9番目（4.60％）で、この20年でその割合は半減した。しかし、この世帯類型が標準世帯とされ続けたことで国民には、いまだ、この世帯類型が一般的であり、高い割合を占めているとの錯覚が続いているのかもしれない。

　わが国で単身世帯のなかでも、特に近年、増加が激しい「高齢の無業世帯」が、かなりの割合を占めるようになっても、依然として「4人世帯・有業者数1人」が標準世帯であるとされているのと同様に高齢者の単独世帯は稀であるとの幻想が国民にある。

　このことは、いまだに医療や介護の現場では、高齢者単身世帯を前提としたサービス提供体制が構築されずにいることと無関係ではないように思う。この標準世帯という幻想がわが国の社会で依然として強固であることは、現在でも家族が同伴しないと入院、入所の説明は受けられない、また、家族がいない高齢者には、賃貸住宅の入居は困難であるということからも堅固な社会通念になっているのであろう。

　最近、公表された「人口減社会」をテーマに実施した世論調査からは、自分の孤独死を心配する人が半数に達し、平成22（2010）年の調査結果37％から、大きく増えたことが報告された。この調査では「孤独死することが心配か」との質問において、「大いに心配」が13％で、これに「ある程度、心配」との37％の回答を合わせると半数を占めることが明らかとなった。また、この結果を単身世帯に限ると、67％が「心配」と回答とされた[1]。

　『平成29年版高齢社会白書』でも孤独死（誰にも看取られることなく、亡くなったあとに発見される死）を身近な問題だと感じる（「とても感じる」と「まあ感じる」の合計）人の割合は、60歳以上の高齢者全体では17.3％だが、一人暮らしに限定すると45.4％と4割を超え、孤独死は単身世帯者にとって大きな問題となっている。

　孤独死に関する公的データは未整備であり、内閣府の『平成

29年度版高齢社会白書』に示されたデータは、独立行政法人都市再生機構が運営管理する賃貸住宅約74万戸において、単身の居住者で死亡から、相当期間経過後（1週間を超えて）に発見された件数（自殺や他殺などを除く）が平成27（2015）年度に179件あったことと、それを65歳以上に限ると136件となっていると紹介されているだけである。

　だが、孤独死数は、ここ数年で急増していることが予想される。これは、自宅を清掃・消毒して原状回復することを業とする「特殊清掃業者」の業界団体調べによれば、団体が民間資格の認定制度を始めた5年前から、業者数は15倍超に膨らんでおり、全国で5000社以上が参入したとされているからである[2]。

　この新たな資格認定者となった特殊清掃業者の仕事とは、故人の住宅の管理人や親族らから依頼を受け、清掃や消毒のほか遺品整理の請け負いなどであるが、孤独死の場合、遺体発見までの時間経過によっては、室内の臭いや汚れがひどくなるため、業者は特殊薬品や殺虫剤、電動のこぎりなどを使って室内を回復し、感染症予防もするのだという。このような孤独死への対応に関しては、公的には、ほとんど支援が整備されていない。そのため、現在は民間が主となって、静かに、そして急速に整備されているのである。

　新たな時代に必要な社会保障制度のスキームづくりは、現状の世帯のありようや、そのライフスタイルの変化を強く意識したインフラ整備を含めたソーシャルデザインが求められるが、その改革の歩みは遅々としている。

(2)　新たなシステムを生むためのチェンジマネジメント

　本書で繰り返し述べてきた点は、すべての市町村あるいは組織に当てはまる、いわば標準型の地域包括ケアシステムというよう

なモデルは存在しないことであった。つまり、保健医療や介護に係るサービスを供給するヘルスケアシステムを含む地域包括ケアシステムとして、すべての市町村が使えるようなモデルはない。

したがって、各自治体で、いくつかの先進モデルを組み合わせ、それを状況に合わせて変更し続けるといったチェンジマネジメントを繰り返すしか、システム構築とその深化はなされないものと考えられる。

それは地域包括ケアシステムが日々、チェンジマネジメントを実践し、構築し続けなければならない動的なシステムだからともいえる。

これまでに、わが国には、地域包括ケアシステムの原初的なモデルとして、村落地域での公的病院を核として地域医療連携（水平的統合）を実現した佐久総合病院モデルや、公立みつぎ総合病院モデルがあった。

また、これまでの日本の慣習として、欧米、北欧からのキャッチアップモデルも多々、紹介されてきた。だが、これらは、あくまでも参考であり、同じモデルをつくればよしというものではない。

むしろ、昨今のわが国の状況から鑑みると、こういった先行したモデルの踏襲という手法は実現性が低く、本書で示したような地域の特徴に応じた相応しいデザインを考え続け、チェンジマネジメントというプロセスが積み上げられることで、なんとかシステムが構築されるという状況にある。

本書の第10章および第11章で紹介した駒ヶ根市、岡山市、松戸市は、PDCAサイクルによって、計画を立案し、進め、見直すというチェンジマネジメントプロセスを繰り返しながら、さらに進むといった現在進行形で深化を続けている。

現時点では、地域包括ケアシステムをデザインする主体は、介護保険制度の保険者である地方自治体が想定されている。そのため、今回は、公を主としたモデルを紹介したが、地域圏域内の在

宅医療のあり方を見直し、医療・介護連携モデルの取り組みを普及させるといった公私のミックス型が将来的には有望なモデルとなるだろう。

前述したように、日本には、地域の中核となる公的病院がほかの福祉や介護サービス提供機関と協働によって、ケア提供システムを積極的に進めてきた先駆的事例がある。こういった在宅要介護高齢者と地域における保健・医療・福祉サービスの間の水平的統合を推進するモデルはわかりやすい。

また、地域内の介護保険施設や入院医療機関が連携メカニズムの中核となることも考えやすいモデルかもしれない。しかし、このようなわかりやすいモデルであっても、このシステムのマネジメント機能を担う主体と、その結果についての責任は、自治体が担わねばならないのである。これを十分に理解したうえで自治体は、医療や介護、生活支援サービスの提供システムの整備に際して、当該自治体に存在する地域資源を最大限、活用することを考えなければならない。

そして、直近の課題となる医療・介護とそして、生活支援サービスの連携に際しては、基本的には以下の4要素を検討しなればならない。本書で紹介したように、日本には、すでに連携に必要とされる各種のツールは存在していることから、その課題はマネジメントとガバナンスのあり方となる。

① 多職種協働を可能にする業務組織をつくる
　　認知症初期集中支援チームや地域包括支援センター、あるいは総合的な医療法人・社会福祉法人のコーディネーターを中心としたチームなどが考えられる。
② 標準化された評価手法・利用者分類システム
　　包括的なアセスメントツールを多職種で共有することにより、情報共有が可能になる。日本においては、すでに要介護認定、看護必要度といったアセスメントツールが報酬上、用いら

終章　「分相応」の社会の地域包括ケアシステム　｜　449

れており、国際的にも類がない個々の患者や利用者の状態像の
データが市町村単位で蓄積されている。今後は、これらのアセ
スメントを共通に運用するルールづくりと、地域別の患者や利
用者の状態像についての検討が求められる。

③　単一の予算

　医療保険・介護保険を熟知し、サービスのコーディネーショ
ンを行うことができ、可能であれば、これらの予算を包括的に
使用する権限をもっている者がいれば、なおよい。

④　ケースマネジメント

　医療・保健・福祉分野すべての領域にまたがるサービスの
コーディネーションを行える人材、あるいは機能が具備されな
ければならない。

　地域包括ケアシステムの構築を目指すことは、分断化された
サービスの統合をいかに実現するかを念頭において、新たなケア
提供システムをデザインすることにある。すなわち、サービスデ
ザインは地域包括ケア圏域別につくられなければならないのであ
る。そのためには、まず、現状のケア提供システムを構造的にと
らえる必要がある。

　そして、その具体は、実務者の統合、扱うケアの統合、そし
て、ケア提供システムのデザインをどのように行い、さらにこの
マネジメントをどう行うかということになる。

　これからは、このマネジメントのありようが人々の暮らしを大
きく変えるのである。

(3)　「相応」の再定義──「共に生きること」への自由

　「青侍は、年相応な上調子なもの言いをして、下唇を舐めなが
ら、きょろきょろ、仕事場の中を見廻した[3]」、ここで芥川が用

いた年相応という言葉は、これまでは、わが国でも重要な概念として存在してきた。例えば、若者が読む雑誌をいい年の会社員が読むのはいかがなものかとか、面接に相応しいリクルートスーツとはこういうものだとか、いわゆる相応の装いや態度といったことが暗黙の裡に決められていた。ただ、このようなTPOに合わせた服装、つまり、相応の装いをすべきであるといった暗黙の了解の考え方は急激に変化しつつある。特に地方都市では、道で行き交う老若男女のほとんどが、ユニクロやファッションセンターしまむらの服を着ているような感じさえする。

　近代は個性に重きをおいた時代であり、例えば、ファッションは、自らの個性の一部ととらえられ、自分だけの物語をつくる手段として存在してきた。しかし、先に述べたように、年齢を重ねた装いがなくなりつつある背景には、多様な社会的期待を伴い、責任の重さと成熟が年齢に伴って求められるというような社会通念の大きな変動、既成概念の変化がある。

　ノームコアは、これまで個性的な自分を目指していた人々が個性的であるがゆえに、むしろ、ほかの個性的な人々のなかに埋没したという苦い経験を通して、自分をベーシックにしてしまうことを選択したことで起き、個性的でない、きどらない服装のほうが実は個性的に見えることに気づいた時代といわれている。この傾向は、2000年代から顕著となり、時代の雰囲気としては、ユニクロを代表とするようなベーシックに人々が引き寄せられたことに象徴される流行といえる。いわば個性的であることに疲れた人々がノームコアを求めたのである[4]。

　ごく普通の服を、普通に着こなそうというような意味でノームコアは使われているが、以前の他人と違うことを見せつけるような個性的な服を着るのではなく、集団のなかで、ベーシックであることを認め合う、それこそが重要という雰囲気をまとうこと、これがノームコアである。

　20世紀、多くの人々は共同体のなかで生まれ、年齢を重ねる

ごとに、そこで生きるための立場を与えられてきた。だが、この共同体における相応の位置は、いささか窮屈であったり、共同体から、一定の責務を担うことを要求されたりしていた。

これに耐えられない人々は、自由を求めて共同体を出て行った。個性的な服装を好んだ人々は共同体を出ていった人々であった。

だが、21世紀になると、所属してきた共同体そのものが静かに崩壊しはじめてきたことによって、多くの人々は、これまでのように共同体内で相応の位置さえも得ることができなくなってきた。当然、一定の責務も果たす必要はなくなった。結果として、人々は共同体を出ていった。自由を求めて出て行くのではなく、出ていかざるを得なかったのであった。

以前は、一握りの個性的な、そして、何者かになりたい人々だけが、共同体から旅立っていたというのに、21世紀は、人々は自らが所属できる共同体を探すために、つまり、逆の旅路をたどって、「誰かとともにいたい」ために旅をしているのではないか。

2018年の西日本豪雨の発生原因となったのは、6月29日に日本の南海上で発生した台風7号であった。低気圧から伸びた梅雨前線によって岡山県内では7月5日から7日までの3日間、県内全域で「観測史上最大レベル」の雨が降り続けた。倉敷市真備町と総社市下原地区では、住宅への被害も深刻で、多くの人が避難所や仮設住宅などに身を寄せた。

この下原地区では、自主防災組織が「ここは16軒くらい（班長が）全部1軒ずつ回って、回ったところはチェックを入れ、誰もいないのを確認して次に行く」という、災害時の人命救助の原則に忠実な対策を行ったという。

下原地区は豪雨災害が起きる前から防災活動に熱心で定期的に避難訓練などもしていたというが、災害にもかかわらず、死者や

重傷者はなかった。その背景には、東日本大震災をきっかけにつくられた自主防災組織の存在があったという。

　この自主防災組織とは、先に述べた安心できる共同体としての象徴的な団体であろう。「誰かとともにいる」という安心を得るためには、こういった共同体に所属しておかなければならない。また、いつ来るかはわからない災害に処すための定期的な避難訓練にも出席し、年や能力に応じた相応の義務を担うことが求められる。もちろん、災害時には、自分だけでなく、共同体の構成員の無事を確かめて、避難所に行かせるという責務を負う。あるいは、無駄かもしれないと思いながらも、呼びかけに応じて、避難所に行くということも構成員としての相応の義務となる。

　災害の多い日本で、こういった共同体が果たす役割が大きいことを近年、国民はわずかながら気づきはじめている。

　この世にあるいのちは、互いが互いを必要とする相互依存によって成り立っている。人が共同体への希求をもつことは、このいのちが相互に支え合って日々送られていることを改めて認識するためである。だが、いったん崩壊した共同体の再構築は至難の業である。

　しかも人は、生きている限り、煩悩という執着からは逃げられない。「唯識三十頌」によれば、生きている限り、煩悩というものは拡大再生産されるという。いくつかの例外を除き、煩悩とともにはたらく第6識が常に生起しているからである。煩悩は、我見、我癡、我慢、我愛として展開する^{注2)}。

　誰かとともにいるためには、人は、なくなることのない煩悩をコントロールしながら、さまざまな役割を果たさなければならない。共同体にいるためには、その構成員として責務を果たすために、多くの煩悩を自らコントロールしなければならないのであ

注2) 我見、我癡、我慢、我愛とは、宇宙との一体性に無知で（我癡）、自分だけはほかと分離した実体としていると思い込み（我見）、そういう自分を誇りにし（我慢）、そういう錯覚した自分へのこだわり、愛着し、執着する（我愛）という煩悩を指す。

る。共同体のなかで生きるためには、自己を滅して、責務を果たさなければならないことがたくさんある。そして、こういった共同体の構成員となるためには、本来、共同体のなかで育まれるべき規範を理解し、年齢や、その立場に相応な態度を身につけていなければならない。

これは分相応ということと意味的には近いが、当該共同体の独自の慣習や責務の意味、そして、その遂行といった「相応さ」が求められることを意味する。

今、分相応の生活と、終の棲家を探しつづけている人々は、この国では少なくない。

本書では、地域包括ケアシステム構築の方法論としてのチェンジマネジメントや、ソーシャルデザイン等の考え方を紹介した。これらが共同体を求めて旅を続ける人々にとって有用で、そして、価値共創モデルを基盤としたシステムの深化がなされることを期待している。

[引用文献]
1) 自分の孤独死「心配」増加、50％に. 朝日世論調査. 朝日新聞社（2019 年 1 月 12 日）.
2) 特殊清掃業 5 年間で 15 倍増. 家族関係の希薄化背景に. 毎日新聞（2018 年 5 月 13 日）.
3) 芥川龍之介（1986）. 芥川龍之介全集 1. 筑摩書房.
4) Alex Williams. (2014). The New Normal:Calling these clothing items part of a trend or an inside joke misses the point. The New York Times https://www.nytimes.com/2014/04/03/fashion/normcore-fashion-movement-or-massive-in-joke.html（2019/3/1 accessed）

おわりに
—— 「捨命住寿[注1]」、いのちへの転回

　rta というサンスクリットは、「天則」と訳されるが、これは、宇宙のすべてを支配するルール（法則）ということを意味している。寿命に長短があるのをこう説明している。天空から紐を垂らす、天女が天空から紐をどんどん垂らす。そして、どんどん垂らしていったら、いずれ切れる。これが、なぜ切れるのかというと、紐はそれぞれ紐本来の、あるいは、ロープならロープそれぞれの強度があり、紐それ自身の重さもあるからで、どんどん垂らしていくと、垂らせば垂らすほど重くなる。そうすると、紐自体が、自らの重さとその強さのバランスが取れなくなったところで自ずと切れる。誰かがハサミで切るのでもない、引っ張るのでもない、自ずと切れるべくして、切れるべき時に、切れるべき所で切れる。これが天則である。この紐が、いのちの喩えなのだという。垂らされた無数のそれぞれの紐には、それぞれ強さや重さは異なっているが、これもまた、前世あるいは前々世など過去世で自分がつくり出してきた積み重ねてきた業の力で得た、「いのち」の力とされる。

　私たちは、この積み重ねてきた業によって、それぞれが紐をつくるが、これが、いわゆる寿命となる。その寿命が尽きて、私たちは必ず死ぬ。私たちは、無限の過去世以来、積み重ねてきた自

注1）　本稿は、早島理.（2015）.「捨命住寿」ということ―生老病死の視点から先端医療を考える―. 山口真宗教学第 26 号を参考に記述した。

らの業によるいのち、そのいのちのルール（天則）に従って、生きて死んで逝く。

「捨命住寿」、これは遊行経という仏陀最後の説法の旅を記した経典にのみ存在するテキストである。「命を捨てて寿に住む」こととは、仏陀の入滅、仏陀がこの世の命をなくすこと、それによって終わらない寿を得たという転回を表している。

現世での命を失っても仏陀だけは、終わらない「いのち」のあり方（寿）になった、いのちの根本的な転換が起きた、これを転回という。遊行経という経典だけが、「捨命」だけでなく、「住寿」という、このようないのちのありようを示しているのだという。この転回は仏陀だからこそできたものであるが、このようないのちに係わる根本的、劇的な転回とは、いったい、どういうことなのか、長らく疑問であった。

ある伝道者[注2]の話である。慰問をしていたハンセン病施設の高齢の女性信者は疾病が進行し、指がきかなくなり、もはや点字で聖書を読むことはできなくなった。彼が慰問した当時は、唇で少しだけ、さらには舌で聖書を読んでいた。

ある日、彼女は、慰問に来ていた彼に、「毎朝、目が開くと、天国かしらと思うのです。ああまだ、天国に迎えてもらえていない。目が覚めたら、天国だったらよいのに」とうれしそうに話されたという。

また、ある時、知り合いの僧が、ご高齢の女性信者とずいぶんと楽しそうに話をされていたので何を話されていたのですかと聞いたところ、「私は、もうずいぶん、長いこと生きてきたので、この世には飽きました。次の世に早く、逝かせてもらえないでしょうか」とおっしゃったので、「もう少し、こっちにいなさい

注2）　この伝道者は、前橋キリスト集会の北野修先生である。群馬県でらい病院、結核療養所、刑務所、農村での活動をされるなかで北野先生が語られた内容である。

よ。あわてなくても、必ず、お迎えはきますよ」と話すと、「も
う少しかしらねえ」と笑いながら答えられていたのだと教えてく
ださった。

現世の最期を「十分、生きることができた。いつ死んでもい
い」と安心して死を迎えられる人は、それほど多くないだろう。
これから、どこに逝くのか、この行き先がわからない不安という
ものを払拭してしまうことは、なかなかできることではない。
　彼女たちは、死んだ後に、どこに逝くのかについて、例えば、
旅行の目的地のように住所がわかっているわけではないし、そこ
に逝くまでに、電車やバスに乗って、どのくらいの時間がかかる
のか、といったところまで定かにわかっているわけではないのだ
ろう。
　けれども、彼女たちには、確かに逝く場所が見えており、そこ
に逝くのを楽しみに待つという「準備」ができていたのではない
だろうか。
　彼女たちは、命がなくなったあと、次のいのちを得ることと、
逝く場があることを確かに知っていた。そう、彼女たちには、死
へ逝く力があり、転回を受け入れたのだということが、今は、な
んとなくわかる。

　本書は、事業者、専門職（臨床家）、管理者に向けて、地域包括
ケアシステムにおける課題を整理し、展望した『地域包括ケアシ
ステム構築のためのマネジメント戦略——integrated care の理論と
その応用（2014 年）』に続くものである。
　この 5 年あまりで、地域包括ケアシステムの深化を遂げた自治
体もあったが、そうでないところもあった。そして、この差は顕
著となりつつある。前書では、「地域住民すべてが、地域包括ケ
アシステムのビジョンを共有し、この理解を深めることなしに
は、地域をベースとした統合的なケア提供システムを可能にする

ことは困難であった」と述べたが、やはり、システムの構成員となる人々が相互に依存しあって生きていることを認め合うことができない自治体では、このシステムは構築されないし、その深化もないということであろう。

　さらに、この国では、分相応というものに基づいた社会基盤を失った多くの国民に対して、新たに、この時代にあった相応さを提示することも求められている。こういった根本的な問い直しが、地域包括ケアシステムの構築の検討に際して、行われなければならないと考えている。

Tout était encore là et existait?

2019 年 7 月

筒井 孝子

索引

欧文

ACP 186
Advance Care Planning 186
Anthropocene.. 442
Care integration Performance Index
　for Community-based care 248
CCOI 256
Clinical integration 129
Co-Creation 2
community-based care............... 90、93、95
coordination................................. 343、345
CPIC 248
DASC 403
early degenerative disease......................... 398
EBM 48
EBPM 48
epidemiological transition 397
EPP..................................... 369
Evidence-Based Medicine 48
Evidence-Based Policy Making 48
expert patient 313
Expert Patient Program 369
fragmented care 93
full integration 343
GDL 78
Good's Dominant Logic.......................... 78
Health One 116
integrated care .... 57、59、92、93、109
integrator 314
late degenerative disease........................... 398
linkage.. 343、345
Long-term Care Cost Optimization
　Index by Estimated Care Time 256
managed care..................................... 61
Mass General..................................... 114

MCA.................................... 245
Multiple Correspondence Analysis 245
principle of proportionality analysis........... 51
PRISMA 119
Program of Research to Integrate
　the Services for the Maintenance
　of Autonomy 119
Randomized Controlled Trial 50
RCT..................................... 50
realistic evaluation 210
Reseaux de services integres aux
　personnes agees ＝ Integrated
　networks of services for the elderly 120
RSIPA 120
SDL 77
Service-Dominant Logic.......................... 77
Service logic 81
SoS..................................... 42、254
System of Systems .... 42、254
S ロジック..................................... 81
Task..................................... 290
The Massachusetts General Care
　Management Programme 114
Win-Win のシナリオ.............................. 333

あ

アウトカムの質........................... 374
アウトカム評価........................... 373
アセッサー 73
アドバンス・ケア・プランニング 4
イコールフッティング...................... 40、69
イノベーション .... 297、308、322、340
　——のサポート体制..................... 299
イノベーションサポート 417
医療介護総合確保推進法.................... 34
インダストリー 4.0 46

索引　459

インテグレーター 314
エネイブラー 98
エビデンス 50
　──に基づく医療 48
　──に基づく政策立案 48
　──の質 50
　──の用途 50
遠隔医療 142
遠隔ケア 142
エンド・オブ・ライフケア 4
尾道方式 132

か

介護プロフェッショナルキャリア段
　位制度 .... 69、375
「介護・保育事業等における経営
　管理の強化とイコールフッティン
　グ確立に関する論点整理」に
　対する考え方 39
改善プロセス 337
学習する文化 .... 307、323
傍らで見守る力 5
価値ある対象 327
価値共創 2
価値共創モデル .... 3、82
価値創造 2
看護必要度 375
患者ナビゲーター 214
完全統合 343
完全な統合 112
疑似市場 65
キャピテーション 189
キャンベル共同計画 49
共助 37
共生型サービス 102
共創型価値 .... 4、77、79、81、441
共創体験 82
協調プロセス 334
共同生産性 68
共同体 451

業務達成度評価項目 248
共有されるビジョン 333
グッズ・ドミナント・ロジック ...78
クリームスキミング 379
ケアナビゲーター 98
健康改善 101
現実的評価 210
交換価値 79
公助 37
行動変容 350
高齢者保健福祉推進十か年戦略 32
ゴールドプラン 32
国民医療費 55
コクラン共同計画 49
互助 37
コミュニケーション戦略 335
コミュニティヘルスワーカー 214
コモディティ化 78

さ

サービス・ドミナント・ロジック ...77
サービスの質 374
　──の評価 374
財政的インセンティブ 44
在宅医療・介護連携コーディネー
　ター 316
在宅医療・介護連携支援センター 420
サッチャリズム 25
産業構造の高度化 64
自助 37
システム統合 111
実施と慣行化 336
疾病変遷 397
社会保障・税一体改革 33
社会保障・税一体改革大綱 37
社会保障制度改革国民会議 33
捨命住寿 456
終活 3
準市場 65
生涯学習 350

状況分析................................326
情報の非対称性...........................3
消滅性.................................67
自律性を維持するためのサービス
　統合についての研究プログラム........119
人新世................................442
ストラクチャーの質......................374
生活支援コーディネーター
　.......................153、155、316
生活習慣病.............................398
政策管理...............................43
成人学習論.............................350
世界最先端 IT 国家創造宣言...............49
世俗的プランニング.......................4
セルフマネジメント............159、161、354
セルフマネジメント支援
　.............159、162、183、354、402
セルフマネジメント支援システム............367
セルフマネジメント力.....................319
専門家としての患者......................313
戦略計画...............................331
相応.................................452
早期退行性病変.........................398
相互利益の確保.........................332
ソーシャルキャピタル.....................371
組織的統合............................111

た

多死社会...............................27
多重コレスポンデンス分析.................245
タスク................................290
団塊の世代.............................97
断片的なケア...........................93
地域完結型.............................33
地域共生社会...........................102
地域ケア会議...........................409
地域支え合い推進員.............153、155
地域主導..............................101
地域における医療及び介護の総
　合的な確保を推進するための

関係法律の整備等に関する法
　律................................33
地域ファシリテーター......................98
地域包括ケアシステム.....................
　29、38、57、92、104、109、439、447
地域包括ケアシステム強化法................44
地域包括ケアシステムの強化のた
　めの介護保険法等の一部を改
　正する法律...........................44
地域包括支援センター....................240
地域包括支援センターの業務達
　成度評価項目.........................245
地域包括支援センター評価指標.............245
地域を基盤としたケア.....................90
小さな政府.............................25
チェンジマネジメント
　........287、323、324、340、439、447
　――のプロセス.........................290
地方制度調査会.........................36
つながり...............................343
提供型価値.........................3、71
デイサービスインセンティブ事業...........379
ディジーズマネジメント...................166
適応型価値...................4、72、74
テレケア..............................142
テレヘルス.............................142
動機づけ面接...........................183
同時性................................65

な

ニーズアセスメント......................325
日常生活機能評価.......................378
認知症地域支援推進員...........153、155
脳卒中再発予防事業.....................400
ノームコア.............................451

は

バリューケースの進展.....................327
バリューチェーン........................111

索引　│　461

晩期退行性病変.................................398
非均一性...66
ビジョンとミッションのステートメント.....330
非貯蔵性...67
非有形性...65
病院完結型.......................................33
標準世帯...445
比例的分析の原則.................................51
不可分性...65
プロセスの質....................................374
平成の大合併.....................................35
ペティ＝クラークの法則..........................64
ヘルスケアシステム..............................57
変動性...66
保険者機能......................................223
　　——の評価..................................223
保険者機能強化推進交付金......223、253
保険者機能評価指標.............................265
保険者等取組評価指標............................253

ま

松戸市在宅医療スタートアップ支援.....430
学びのサイクル..................................324
マネジメントの変革..............................336
無形性...65
無謬性の原則....................................440
モジュール化.....................................47
モニタリングと評価..............................337

や

要介護認定基準時間.............................256

ら

療養病床...88
リンクワーカー..................................98
臨床的統合................................111、129

［著者紹介］

筒井孝子（つつい・たかこ）

現在、兵庫県立大学大学院経営研究科教授、前厚生労働省国立保健医療科学院統括研究官（福祉サービス分野）。
工学博士、社会学修士、教育学修士。筑波大学大学院修了後、1994年より旧厚生省国立医療・病院管理研究所医療経済研究部へ。1997年には、旧厚生省国立公衆衛生院公衆衛生行政学部を併任。両研究所の合併に伴い、2000年より、厚生労働省国立保健医療科学院福祉サービス部室長となり、2011年より2014年まで同統括研究官（福祉サービス分野）。2014年4月より、兵庫県立大学大学院教授となり、現在に至る。
研究領域は、医療・保健・福祉領域のサービス評価。介護保険制度設計の際には、要介護認定システムにおけるコンピューターによる一次判定システムの開発および研究、全国の要介護認定ネットワークシステム設計に関する研究を担当。一貫して行政で実用化できる研究に携わっている。
国の審議会では、平成24年度「介護支援専門員（ケアマネジャー）の資質向上と今後のあり方に関する検討会」委員や、平成26年度より内閣官房「医療・介護情報の活用による改革の推進に関する専門調査会」委員等を務め、研究事業では、平成20年度、平成21年度、平成24年度、平成25年度、平成27年度、平成28年度、平成30年度と組織された「地域包括ケア研究会」の委員をはじめ、厚生労働省老人保健健康増進等事業においては、キャリア段位制度にかかわる「利用者の状況像に応じた介護職における技術評価のレベル分類に関する調査研究事業」や、介護保険制度にかかわる「介護保険の保険者機能強化に関する調査研究」「介護支援専門員及びケアマネジメントの質の評価に関する調査研究事業」「ケアマネジメントへの高齢者の積極的な参画に関する調査研究事業」において研究委員長を務めるなど、多くの事業に参画している。

主な著書：『介護サービス論──ケアの基準化と家族介護のゆくえ』（有斐閣，2001年）、『高齢社会のケアサイエンス──老いと介護のセイフティネット』（中央法規出版，2004年）、『看護必要度の成り立ちとその活用──医療制度改革における意味と役割』（照林社，2008年）、『看護必要度の看護管理への応用──診療報酬に活用された看護必要度』（医療文化社，2008年）、『「看護必要度」評価者のための学習ノート 第4版』（日本看護協会出版会，2018年）
　　等多数

地域包括ケアシステムの深化
――integrated care 理論を用いたチェンジマネジメント

2019 年 9 月 20 日　発行

著　者　　筒井孝子

発行者　　荘村明彦

発行所　　中央法規出版株式会社
　　　　　〒 110-0016　東京都台東区台東 3-29-1 中央法規ビル
　　　　　営　　業　TEL 03-3834-5817　FAX 03-3837-8037
　　　　　書店窓口　TEL 03-3834-5815　FAX 03-3837-8035
　　　　　編　　集　TEL 03-3834-5812　FAX 03-3837-8032
　　　　　https://www.chuohoki.co.jp/

ブックデザイン　加藤愛子（オフィスキントン）

印刷・製本　　長野印刷商工株式会社

本書のコピー、スキャン、デジタル化等の無断複製は、著作権法上での例外
を除き禁じられています。また、本書を代行業者等の第三者に依頼してコピー、
スキャン、デジタル化することは、たとえ個人や家庭内での利用であっても著作
権法違反です。

定価はカバーに表示してあります。落丁本・乱丁本はお取り替えいたします。
ISBN978-4-8058-5941-4